Christian Klein/Matías Martínez (Hrsg.)

Wirklichkeitserzählungen

Felder, Formen und Funktionen
nicht-literarischen Erzählens

2009
Verlag J. B. Metzler Stuttgart · Weimar

Bibliografische Information der Deutschen Nationalbibliothek
Die Deutsche Nationalbibliothek verzeichnet diese Publikation in der Deutschen Nationalbibliografie;
detaillierte bibliografische Daten sind im Internet über http://dnb.d-nb.de abrufbar.

ISBN 978-3-476-02250-9
ISBN 978-3-476-05228-5 (eBook)
DOI 10.1007/978-3-476-05228-5

Dieses Werk einschließlich aller seiner Teile ist urheberrechtlich geschützt. Jede Verwertung außerhalb der engen Grenzen des Urheberrechtsgesetzes ist ohne Zustimmung des Verlages unzulässig und strafbar. Das gilt insbesondere für Vervielfältigungen, Übersetzungen, Mikroverfilmungen und die Einspeicherung und Verarbeitung in elektronischen Systemen.

© 2009 Springer-Verlag GmbH Deutschland
Ursprünglich erschienen bei J.B. Metzler'sche Verlagsbuchhandlung und Carl
Ernst Poeschel Verlag GmbH in Stuttgart 2009
www.metzlerverlag.de
info@metzlerverlag.de

Inhaltsverzeichnis

Christian Klein / Matías Martínez
Wirklichkeitserzählungen. Felder, Formen und
Funktionen nicht-literarischen Erzählens 1

Andreas von Arnauld
Was war, was ist – und was sein soll.
Erzählen im juristischen Diskurs 14

Brigitte Boothe
Erzählen im medizinischen und psychotherapeutischen Diskurs 51

Christina Brandt
Wissenschaftserzählungen. Narrative Strukturen im
naturwissenschaftlichen Diskurs 81

Stephan Jaeger
Erzählen im historiographischen Diskurs 110

Berhard Kleeberg
Gewinn maximieren, Gleichgewicht modellieren.
Erzählen im ökonomischen Diskurs 136

Christian Klein
Von rechter Sittlichkeit und richtigem Betragen.
Erzählen im moralisch-ethischen Diskurs 160

Matías Martínez
Erzählen im Journalismus 179

Andreas Mauz
In Gottesgeschichten verstrickt. Erzählen
im christlich-religiösen Diskurs 192

Gary S. Schaal
Narrationen in der Politik 217

Roy Sommer
Kollektiverzählungen. Definition, Fallbeispiele und Erklärungsansätze 229

Doris Tophinke
Wirklichkeitserzählungen im Internet 245

Die Autorinnen und Autoren 275

Dank

Die Idee zum vorliegenden Band entstand im Arbeitskontext des *Zentrums für Erzählforschung* (ZEF) der Bergischen Universität Wuppertal. Erste Fassungen der Beiträge wurden am ZEF im Frühjahr 2008 auf einer Konferenz vorgestellt, die ohne den organisatorischen Einsatz Stefanie Jansens nicht so reibungslos über die Bühne gegangen wäre. Unterstützt wurde sie dabei von Eliane Picard, die außerdem bei der redaktionellen Einrichtung des Bandes mitwirkte, deren Hauptlast Lukas Werner so gewissenhaft schulterte. Ohne diese drei wäre aus der Idee vermutlich irgendetwas, aber nicht dieses Buch geworden.

Christian Klein und Matías Martínez
Wuppertal, im Mai 2009

Wirklichkeitserzählungen. Felder, Formen und Funktionen nicht-literarischen Erzählens

Christian Klein / Matías Martínez

Erzählen ist eine grundlegende Form unseres Zugriffs auf Wirklichkeit. In den verschiedensten Bereichen der alltäglichen Lebenswelt und nicht zuletzt auf den Gebieten wissenschaftlicher Erkenntnis orientieren und verständigen wir uns mit Hilfe von Erzählungen. Reportagen des investigativen Journalismus, Selbstdarstellungen von Politikern im Wahlkampf, Erlebnisberichte in Internetblogs, Anamnesen im medizinischen Patientengespräch, Plädoyers vor Gericht, Vermittlungen von Verhaltensnormen in populärer Ratgeberliteratur, Heilserzählungen im Gottesdienst, Fallgeschichten in juristischen Lehrbüchern, ökonomische Prognosen von Kursverläufen – all diese Kommunikationen erfolgen wesentlich in erzählender Form. Anders als in den erfundenen Geschichten der Literatur bezieht man sich in diesen Erzählungen direkt auf unsere konkrete Wirklichkeit und trifft Aussagen mit einem spezifischen Geltungsanspruch: ›So ist es (gewesen)‹.[1] Solche Erzählungen mit unmittelbarem Bezug auf die konkrete außersprachliche Realität nennen wir *Wirklichkeitserzählungen*.

In den vergangenen Jahrzehnten wurde die referentielle Leistung sprachlicher Kommunikation im Zeichen strukturalistischer und poststrukturalistischer Theorien allzu oft zugunsten eines pauschalen ›Panfiktionalismus‹ unterschlagen.[2] Zweifellos ›konstruieren‹ Wirklichkeitserzählungen in erheblichem Maße eine Realität; aber sie sind eben auch auf eine intersubjektiv gegebene Wirklichkeit bezogen. Wirklichkeitserzählungen sind sowohl konstruktiv als auch referentiell – darin liegt ihre besondere erkenntnistheoretische Bedeutung. Es gilt, den referentiellen Aspekt von Wirklichkeitserzählungen angemessen zu berücksichtigen, ohne deren konstruktive Elemente zu vernachlässigen.

Literarisch-fiktionales und faktuales Erzählen

Was unterscheidet Wirklichkeitserzählungen von literarischen Erzählungen? Wir wollen den Unterschied zwischen diesen beiden Arten des Erzählens präziser als den Gegensatz zwischen *faktualen* und *fiktionalen* Texten bestimmen. Häufig begegnet man der Ansicht, das Besondere an literarischen Erzählungen (an Romanen, Kurzgeschichten etc.) sei, dass sie keine realen, sondern fiktive (d.h. erfundene) Geschehnisse schilderten. In der bekannten Unterscheidung der aristoteli-

---

1   Wir werden unten zeigen, dass sich der faktuale Wirklichkeitsbezug auch in anderer Weise ausdrücken kann: ›so soll es sein‹ oder ›so wird es sein‹.
2   Vgl. zur ›Panfiktionalismus‹-Debatte z.B.: Peter Blume: *Fiktion und Weltwissen. Der Beitrag nichtfiktionaler Konzepte zur Sinnkonstitution fiktionaler Erzählliteratur*, Berlin 2004, S. 12–16.

schen *Poetik* (1451b) ausgedrückt: Der Dichter teilt mit, was geschehen könnte, während der Geschichtsschreiber (als Repräsentant nicht-literarischen Erzählens) das tatsächlich Geschehene darstellt. Die Frage danach, ob ein geschildertes Geschehen fiktiv ist oder nicht, bezieht sich darauf, *was* erzählt wird. Entscheidend für die Bestimmung eines dargestellten Geschehens als real oder fiktiv ist die Referenz, nämlich die Frage, ob der im Text dargestellte Sachverhalt in der außersprachlichen Realität tatsächlich der Fall war/ist oder nicht.[3]

Mit dieser Unterscheidung wird allerdings der besondere Charakter fiktional-literarischer Erzählungen nicht angemessen erfasst. Während ›fiktiv‹ im Gegensatz zu ›real‹ steht und die Frage nach der Fiktivität auf den ontologischen Status der dargestellten Sachverhalte zielt, steht ›fiktional‹ im Gegensatz zu ›faktual‹ und bezeichnet einen bestimmten Modus von erzählender Rede.[4] Faktuale Erzählungen (z.B. Thomas Nipperdeys *Deutsche Geschichte 1800–1918*) sind Teil einer realen Kommunikation und bestehen aus Sätzen, die vom Leser als wahrheitsheischende Behauptungen des Autors (Thomas Nipperdey) verstanden werden. Fiktionale Texte (z.B. Günter Grass' Roman *Die Blechtrommel*) sind ebenfalls Teil einer realen Kommunikation, in der ein realer Autor (Günter Grass) Sätze produziert, die von einem realen Leser gelesen werden. Fiktionale Texte sind jedoch komplexer als faktuale, weil sie außer der realen auch noch eine zweite, imaginäre Kommunikationssituation gestalten. In dieser zweiten Situation kommt ein erfundener Erzähler zu Wort (z.B. der fiktive Ich-Erzähler Oskar Matzerath). Die fiktionale Erzählung enthält also sowohl eine reale wie eine imaginäre Kommunikation und stellt insofern eine »kommunizierte Kommunikation« dar.[5] Anders als der reale Sprecher einer faktualen Rede ist das fiktive Aussagesubjekt der fiktionalen Rede nicht an die ›natürlichen‹ Beschränkungen menschlicher Rede gebunden und kann deshalb z.B. ungestraft die Position eines allwissenden Erzählers einnehmen. Und der reale Autor eines fiktionalen Textes kann nicht für den Wahrheitsgehalt der in seinem Text aufgestellten Aussagen verantwortlich gemacht werden, weil er diese zwar produziert, aber nicht behauptet – vielmehr ist es der imaginäre Erzähler, der diese Sätze mit Wahrheitsanspruch behauptet. Die reale Kommunikation zwischen Autor und Leser findet hier nur indirekt statt und ähnelt dem Zitieren der Rede eines anderen. Denn auch beim Zitieren übermittelt man Sätze, die jemand anders behauptet hat, die aber nun, im Akt des Zitierens, ohne behauptende Kraft weitergegeben werden. Fiktionale Rede stellt Sachverhalte als wirkliche dar, ohne jedoch

---

[3] Wie es sich wiederum mit dieser ›Realität‹ verhält, inwiefern sie ein Konstrukt unseres Erkenntnisapparats ist, ob sie absolut gegeben oder kulturell relativ ist – das sind fundamentale erkenntnistheoretische Fragen, die nicht in unseren Zusammenhang gehören. Entscheidend für Wirklichkeitserzählungen ist der mit ihnen verbundene – und sie von fiktionalen Erzählungen unterscheidende – *Geltungsanspruch*, reale Sachverhalte darzustellen.

[4] Der Terminus ›faktuale Erzählung‹ (bzw. ›récit factuel‹) wurde eingeführt von Gérard Genette: *Fiktion und Diktion*, München 1992, S. 11–40. Zur Unterscheidung von ›fiktional‹ und ›fiktiv‹ vgl. Frank Zipfel: *Fiktion, Fiktivität, Fiktionalität. Analysen zur Fiktion in der Literatur und zum Fiktionsbegriff in der Literaturwissenschaft*, Berlin 2001, insb. S. 61–68; Matías Martínez/Michael Scheffel: *Einführung in die Erzähltheorie*, 7. Aufl., München 2007, S. 9–20.

[5] Dieter Janik: *Die Kommunikationsstruktur des Erzählwerks. Ein semiologisches Modell*, Bebenhausen 1973, S. 12.

eine Referenz dieser Darstellung auf *unsere* Wirklichkeit zu behaupten. Mit anderen Worten: Unter allen möglichen Verfassern lügen die Dichter am wenigsten, weil sie – im Gegensatz z.B. zu den Geschichtsschreibern – in ihren Werken gar nichts selbst behaupten, sondern einen imaginären Erzähler erfinden, der immer nur etwas mit Bezug auf seine fiktive Welt behauptet. Dichter erzählen von etwas, das nicht ist, und so ist es sinnlos, sie des Irrtums, der Lüge oder Täuschung überführen zu wollen.

Die Rezeption faktualer Erzählungen geht indes mit einer anderen Leseerwartung einher: Ihr Leser erwartet nicht die Schilderung eines möglichen (oder gar fantastisch-unmöglichen), sondern eines wirklichen Geschehens. Textpragmatisch zeichnen sich faktuale Erzählungen im Gegensatz zu fiktionalen dadurch aus, dass der Autor zugleich auch der Erzähler seines Textes ist. Er muss für die Wahrheit der vorgebrachten Behauptungen einstehen. Verfasser faktualer Texte schließen mit ihren Lesern eine Art Abkommen. Indem sie ihren Text als faktual markieren, sichern sie zu, dass sie wahrhaftig, knapp, klar und relevant berichten. Gérard Genette spricht in diesem Zusammenhang von einer »Wahrheitsverpflichtung« des Autors faktualer Texte, Philippe Lejeune von einem »Pakt«.[6]

Woran erkennt man aber, ob man einen fiktionalen oder einen faktualen Erzähltext vor sich hat? Die Fiktionalität eines Textes kann, erstens, textpragmatisch dadurch angezeigt werden, dass Name und Person des realen Autors (z.B. Günter Grass) nicht mit dem übereinstimmen, was aus dem Text über den Erzähler (z.B. den »Insassen einer Heil- und Pflegeanstalt« Oskar Matzerath) zu erschließen ist. Zweitens können paratextuelle Informationen wie Gattungsbezeichnungen (»Roman«) oder andere Hinweise (»Personen und Handlung des Buches sind frei erfunden«) einen Text wie *Die Blechtrommel* von vornherein als fiktional kennzeichnen. Drittens sind für fiktionales Erzählen bestimmte textinterne Merkmale charakteristisch, die eine übermenschliche Allwissenheit des Erzählers voraussetzen; dazu gehören insbesondere Einblicke des Erzählers in die Gedanken- und Gefühlswelt seiner Figuren.[7] Allerdings ermöglichen diese textinternen Signale keine trennscharfe Abgrenzung zwischen fiktionalen und faktualen Texten. Nicht alle fiktionalen Texte enthalten Charakteristika allwissenden Erzählens, weshalb diese Kennzeichen nicht als ein notwendiges Kriterium für Fiktionalität gelten können. Und andererseits greifen auch faktuale Texte, beispielsweise des Journalismus oder der Geschichtsschreibung, gelegentlich zu Darstellungsmitteln, die streng genommen den Standpunkt eines allwissenden Erzählers voraussetzen (z.B. die wörtliche Wiedergabe unprotokollierter Dialoge oder Aussagen über Gedanken und Gefühle historischer Personen), ohne jedoch deswegen ihren faktualen Geltungsanspruch aufzugeben; allerdings muss der Autor hier seine fiktionalisierenden Erzählverfahren durch den Verweis auf eigene Recherchen, Dokumente o.ä. als plausible Vermutungen faktual legitimieren. Folglich können solche textinternen Merkmale auch kein hinreichendes Kriterium für die Entschei-

---

6   Genette (Anm. 4), S. 78; Philippe Lejeune: *Der autobiographische Pakt*, Frankfurt a.M. 1994.
7   Vgl. Matías Martínez: »Allwissendes Erzählen«, in: Manfred Engel/Rüdiger Zymner (Hg.): *Anthropologie der Literatur*, Paderborn 2004, S. 139–154.

dung sein, ob nun ein fiktionaler oder faktualer Erzähltext vorliegt – sie liefern allenfalls Hinweise und Signale. Die Klassifikation eines Textes als fiktional oder faktual ist eine Entscheidung, die letztlich auf textpragmatischer Ebene getroffen wird.[8]

Durch die Tatsache, dass auch in (manchen) faktualen Texten Erzähltechniken Verwendung finden, die gemeinhin fiktionalem Erzählen vorbehalten zu sein scheinen, sehen Vertreter eines ›Panfiktionalismus‹ ihre radikal-konstruktivistische Auffassung gestützt, derzufolge jede sprachliche Darstellung von Wirklichkeit sich konstruktiver Fiktionen bedienen müsse, eine Trennung zwischen fiktionaler und nicht-fiktionaler Rede mithin unmöglich sei. Doch wird hier das Kind mit dem Bade ausgeschüttet. Ergiebiger ist es, die Verwendung genuin fiktionaler Erzählformen in faktualen Texten ernst zu nehmen, ohne deshalb gleich den Referentialitätsanspruch dieser Texte abzustreiten, der sie fundamental von den Geschichten der fiktionalen Literatur unterscheidet.

Der grundsätzliche Unterschied zwischen fiktionalen und faktualen Erzählungen wird auch nicht durch die Existenz von ›Borderline-Texten‹ aufgehoben, die auf unterschiedliche Art und Weise mit dieser Grenze spielen. Solche Fälle machen allerdings in besonderem Maße darauf aufmerksam, dass die Opposition fiktional vs. faktual nicht trennscharf ist, sondern verschiedene Kombinationen und Hybridisierungen erlaubt. Unterscheidet man zwischen der *Fiktivität* der erzählten Geschichte (besitzen die erzählten Sachverhalte eine Referenz in unserer Wirklichkeit oder nicht?) und der *Fiktionalität* der Erzählrede (wahrheitsheischende Rede des realen Autors oder imaginäre Rede eines fiktiven Erzählers?), lassen sich verschiedenartige Grenzfälle unterscheiden.

Faktuale Erzählungen mit fiktionalisierenden Erzählverfahren

Zu diesem Typ gehören z.B. Texte des New Journalism wie Truman Capotes *In Cold Blood* (1965). Capote erzählt hier die authentische Geschichte der Ermordung einer Familie durch zwei Jugendliche und verwendet dabei ›literarische‹ Erzähltechniken wie erlebte Rede oder die Wiedergabe von (nicht durch Protokolle o.ä. dokumentierten) Gesprächen in wörtlicher Rede, also Verfahren, die, streng genommen, einen allwissenden Erzähler voraussetzen. Capotes Anspruch, eine wahre Geschichte zu erzählen, wird durch diese fiktionalisierenden Elemente aber nicht außer Kraft gesetzt.

---

8 Vgl. Irmgard Nickel-Bacon/Norbert Groeben/Margit Schreier: »Fiktionssignale pragmatisch. Ein medienübergreifendes Modell zur Unterscheidung von Fiktion(en) und Realität(en)«, *Poetica* 32 (2000), Heft 3/4, S. 267–299, und Meike Herrmann: *Fiktionalität gegen den Strich lesen. Was kann die Fiktionstheorie zu einer Poetik des Sachbuchs beitragen?* Reihe Arbeitsblätter für die Sachbuchforschung, Nr. 7. (als Download unter http://www.sachbuchforschung.de/html/literatur.html, Aufruf 15.5.09). Umfangreichere kontrastive Untersuchungen über die Unterschiede zwischen fiktionalem und nicht-fiktionalem Erzählen aus pragmatischer Perspektive stehen noch aus.

Faktuale Erzählungen mit fiktiven Inhalten

Zu diesem Typ gehören Texte, die im faktualen Modus auftreten und einen referentiellen Geltungsanspruch erheben, aber gleichwohl Unwahres erzählen. Innerhalb dieser Gruppe wäre zu unterscheiden zwischen Texten, die (a) irrtümlich Unwahres behaupten und solchen, die es (b) wider besseres Wissen tun. Eine Biographie, die etwa guten Glaubens aus Stasi-Unterlagen, welche sich dann im Nachhinein als Erfindungen eines IM herausstellen, einen Lebenslauf rekonstruiert, würde zur ersten Gruppe gehören, die von Konrad Kujau gefälschten Tagebücher Adolf Hitlers zählen zur zweiten. Solche Texte erheben zwar den Anspruch, auf reale Tatsachen (die vermeintlich protokollierten Lebensgewohnheiten des Bespitzelten, Hitlers Alltag) zu referieren, lösen diesen Referenzanspruch jedoch nicht ein. Aber die mangelnde Referenz macht sie nicht schon zu fiktionalen Texten, sondern zu defizitären (nämlich falschen oder lügnerischen) faktualen Texten. Ausschlaggebend für die Unterscheidung zwischen fiktionalen und faktualen Texten ist der jeweils mit den Texten erhobene Geltungsanspruch.

Fiktionale Erzählungen mit faktualen Inhalten

Selbstverständlich werden in vielen fiktional-literarischen Erzählungen Personen, Orte oder Ereignisse aus unserer Wirklichkeit erwähnt (z.B. Adolf Hitler, Danzig und der Zweite Weltkrieg in der *Blechtrommel*). In fiktionaler Rede kommt solchen Elementen jedoch ein grundsätzlich anderer Status als in Wirklichkeitserzählungen zu.[9] Und sie geben zumeist nur den Horizont für eine ansonsten fiktive Geschichte ab, die vielleicht in unserer Wirklichkeit möglich sein mag, sich aber eben nicht so zugetragen hat. Auch innerhalb dieser Gruppe gibt es sicherlich ein breites Spektrum an Varianten. So unterliegen historische Romane strengeren Erwartungen an historische Triftigkeit als kontrafaktische Romane wie Robert Harris' *Fatherland* (1992), der eine Geschichte aus Berlin im Jahr 1964 erzählt – in einer Welt, in der Deutschland und seine Verbündeten den Zweiten Weltkrieg gewonnen haben.

Fiktionale Erzählungen mit faktualem Redemodus

Manche literarische Werke vermeiden Erzählverfahren und Inhalte, die sie sofort als fiktional erkennbar machen, und inszenieren sich spielerisch als faktual. Auch hier findet sich ein breites Spektrum von Möglichkeiten. Einerseits gibt es Romane mit faktualisierenden Erzählverfahren wie Herausgeberberichten, Quellenangaben o.ä., wie etwa in Miguel de Cervantes' *Don Quijote* (1605/15), die unschwer als literarische Konventionen zu erkennen sind. Andererseits gibt es Texte, die alles daran setzen, ihren fiktionalen Status zu kaschieren, wie etwa Wolfgang Hildesheimers Text *Marbot. Eine Biographie* (1981) über den fiktiven englischen Kunsttheoretiker Andrew Marbot.

---

9 Vgl. hierzu Blume (Anm. 2).

Wirklichkeitserzählungen

Dreh- und Angelpunkt für die Bestimmung jener Art von Texten, um die es in diesem Band geht, ist ihr referentieller Anspruch – daher unsere Begriffsschöpfung *Wirklichkeitserzählungen*: Wesentliches Merkmal dieser Erzählungen ist ihr konkreter Bezug auf reale Begebenheiten, auf Wirklichkeit: Sie liefern Aussagen über konkrete Sachverhalte unserer Lebenswelt. Freilich ist nicht jede sprachliche Kommunikation mit Referenz auf Wirklichkeit gleich eine Wirklichkeits*erzählung* – unter einer Erzählung verstehen wir die sprachliche Darstellung eines Geschehens, also einer zeitlich organisierten Abfolge von Ereignissen. Der Begriff Wirklichkeitserzählung weist außerdem darauf hin, dass Gegenstand dieses Bandes mündliche oder schriftliche Erzählungen sind, die nicht literarisch in einem engeren Verständnis sind, weil sie eben (a) einen Anspruch auf unmittelbare Verankerbarkeit in der außersprachlichen Wirklichkeit erheben, sich also im Zweifelsfall auf reale Sachverhalte oder Begebenheiten beziehen, und/oder (b) keinen hohen Grad an Poetizität aufweisen.

Auf der Grundlage dieser Überlegungen lassen sich nun einige Merkmale jener Art von Erzählungen benennen, die wir als Wirklichkeitserzählungen bezeichnen. Wirklichkeitserzählungen beanspruchen, auf reale, räumlich und zeitlich konkrete Sachverhalte und Ereignisse zu referieren und sind in diesem Sinne faktuale Erzählungen. Im Rahmen ihres faktualen Geltungsanspruchs lassen sich drei Varianten von Wirklichkeitserzählungen unterscheiden. Mit Wirklichkeitserzählungen ist der Anspruch verbunden, dass die dargestellten Ereignisse entweder (a) tatsächlich stattgefunden haben oder dass sie (b) stattfinden sollten oder dass sie (c) stattfinden werden. Dementsprechend lassen sich drei Typen von Wirklichkeitserzählungen bestimmen:

(a) *Deskriptive Wirklichkeitserzählungen*: Die Funktion dieses Typs ist die Darstellung realer Sachverhalte. Der hier erhobene Geltungsanspruch orientiert sich an der Dichotomie ›wahr vs. falsch‹. Als Beispiele wären die Rekonstruktionen von Ereignissen in der Geschichtsschreibung oder im Journalismus anzuführen.

(b) *Normative Wirklichkeitserzählungen*: Bei diesem Typ wird ein erwünschter Zustand von Wirklichkeit geschildert mit dem Ziel, eine bestimmte (gesellschaftliche oder individuelle) Praxis zu regulieren, das geschieht durch exemplifikatorische Darstellungen (menschlicher Handlungen). Der Geltungsanspruch orientiert sich an der Dichotomie ›richtig handeln vs. falsch handeln‹. Beispiele wären Verhaltens-Ratgeber, moralische Handlungsnormen oder juristische Gesetze.

(c) *Voraussagende Wirklichkeitserzählungen*: Bei diesem Typ wird ein erwarteter künftiger Zustand der Wirklichkeit geschildert. Seine Funktion ist die Festlegung allgemeiner Strukturmerkmale. Der erhobene Geltungsanspruch orientiert sich an der Dichotomie ›plausibel vs. unplausibel‹. Als Beispiele wären hier naturwissenschaftlich begründete Voraussagen (etwa über den globalen Klimawandel), medizinische Prognosen (etwa über das Herzinfarktrisiko eines Patienten) oder Modellierungen künftiger Aktienverläufe im wirtschaftlichen Diskurs zu nennen.

Die Unterteilung ist idealtypisch – Wirklichkeitserzählungen kombinieren häufig diese Typen. Überhaupt sind Wirklichkeitserzählungen häufig hybride Texte, wobei sich diese Hybridität auf zwei Ebenen abspielen kann: (1) Auf der Ebene der *histoire* (der Ebene des Erzählten) werden mitunter nicht nur reale Geschehnisse geschildert, sondern z.B. auch fiktive Fallgeschichten (etwa im wirtschaftlichen oder juristischen Diskurs). Da diese fiktiven Elemente aber im Sinne der Praxisregulierung oder der Festlegung allgemeiner Strukturmerkmale mit Bezug auf die außersprachliche Wirklichkeit funktionalisiert werden, verstehen wir sie als Wirklichkeitserzählungen. Ferner finden sich (2) auf der Ebene des *discours* (der Ebene des Erzählens) häufig nicht-erzählende Passagen, etwa Zustandsbeschreibungen oder Argumentationen. Diese Textteile werden hier berücksichtigt, insofern sie funktional in die jeweilige Wirklichkeitserzählung eingebettet sind.

Erzählen im sozialen Kontext

Mehrfach wurde bereits die Position des ›Panfiktionalismus‹ erwähnt, also jener Auffassung, derzufolge es keinen grundsätzlichen Unterschied gebe zwischen dem Wahrheitsanspruch eines fiktionalen bzw. eines faktualen Textes. Als ein Beispiel für viele sei die Literaturwissenschaftlerin Aleida Assmann zitiert, die die Differenz zwischen Fiktion und Realität als ein »verabschiedetes Paradigma« bezeichnet und behauptet: »nicht die Differenz, sondern die Indifferenz zwischen Fiktion und Realität ist das Datum, von dem heute ausgegangen werden muß«.[10] Auch der Historiker Hayden White spricht bekanntlich von den angeblich unvermeidlichen »fictions of factual representations«.[11] Diese Beobachtungen waren insofern wichtig, als sie auf die häufig vernachlässigte Bedeutung rhetorischer und konstruktiver Elemente des faktualen Erzählens aufmerksam machten. Sie haben inzwischen jedoch vielerorts zu dogmatischen Pauschalisierungen geführt, die eine angemessene Beschreibung der charakteristischen Leistungen von Wirklichkeitserzählungen verhindern.

Dabei gab es durchaus in verschiedenen Disziplinen Versuche, Formen und Funktionen faktualen Erzählens differenziert zu beschreiben. Die Texte, die wir hier unter den Begriff Wirklichkeitserzählung fassen, sind alles andere als homogen. Wie kann man sie systematisch erfassen und unter ihnen bestimmte Grundformen und -funktionen unterscheiden, um ihre jeweilige Rolle in der sozialen Konstruktion unserer Wirklichkeit zu beschreiben? Drei ältere Versuche, faktuales Erzählen zu typologisieren, seien kurz aufgeführt.

---

10 Aleida Assmann: »Fiktion als Differenz«, *Poetica* 21 (1989), S. 239–260, hier: S. 240.
11 So der Titel eines Aufsatzes von Hayden White, abgedruckt in: Ders.: *The Tropics of Discourse. Essays in Cultural Criticism*, Baltimore 1978, S. 121–134.

Sitz im Leben

Eine erste Typologie stammt aus der protestantischen Theologie und wurde zu Beginn des 20. Jahrhunderts in der sogenannten Religionsgeschichtlichen Schule von Hermann Gunkel entwickelt. Gunkel wollte die Bedeutung von Texten des Alten Testaments durch die Rekonstruktion ihrer ursprünglichen soziokulturellen Kontexte erklären: Im »alten Israel [ist] die Literatur ein Teil des Volkslebens und muß aus diesem begriffen werden«.[12] Nun enthält das Alte Testament ganz unterschiedliche Gattungen: Psalmen, Sprichwörter, Legenden, Lieder, Hymnen, Prophezeiungen, Gebete, Listen, Annalen u.a. Gunkel meint, alle diese Gattungen seien jeweils in typischen Situationen der alltäglichen Lebenswelt des israelitischen Volkes gebraucht worden.

> Wer also eine antike Gattung verstehen will, hat zunächst zu fragen, wo sie ihren Sitz im Volksleben habe: den Rechtsspruch z.B. zitiert der Richter vor Gericht zur Begründung der Entscheidung, und das Siegeslied singen die Mädchen beim Einzug des siegreichen Heeres. Sehr häufig wird auch die Gattung durch einen Stand getragen, der über ihre Reinheit wacht: so die ›Tora‹ von den Priestern, die ›Weissagung‹ von den Propheten.[13]

Gunkel bestimmt Textgattungen also pragmatisch durch die Funktion, die sie in ihrem ursprünglichen »Sitz im Leben« erfüllen. In Gunkels Gattungsbegriff kommen somit drei Elemente zusammen: (a) Inhalt (»ein bestimmter Schatz von Gedanken und Stimmungen«), (b) Form (»eine deutliche Formensprache, in der diese sich äußern«), (c) soziale Funktion (»ein Sitz im Leben, aus dem Inhalt und Form erst verstanden werden können«).[14]

Einfache Formen

Einen anderen Ansatz findet man im Konzept der Einfachen Formen von André Jolles. In seinem gleichnamigen Buch, das der morphologischen Literaturwissenschaft der 1920er Jahre entstammt, unterscheidet Jolles neun Einfache Formen, die er zwar mit gängigen Gattungsnamen bezeichnet, aber ganz neu bestimmt: Legende, Sage, Mythe, Rätsel, Spruch, Kasus, Memorabile, Märchen, Witz.[15] Auch Jolles' Typologie bezieht lebensweltliche Kommunikationssituationen, abstrakte Erzählstrukturen und sprachlich-literarische Verfahren der Textgestaltung aufeinander. Jeder Einfachen Form ist eine lebensweltliche Standardsituation (Jolles: »Geistesbeschäftigung«) zugeordnet. Die Einfache Form als solche ist als

---

12 Hermann Gunkel: »Die israelitische Literatur« [1906], in: Ders.: *Hermann Gunkel zur israelitischen Literatur und Literaturgeschichte*, hg. v. Rüdiger Liwak, Waltrop 2004, S. 1–60, hier: S. 3. Vgl. Andreas Wagner: »Gattung und ›Sitz im Leben‹. Zur Bedeutung der formgeschichtlichen Arbeit Hermann Gunkels (1862–1932) für das Verstehen der sprachlichen Größe Text«, in: Susanne Michaelis/Doris Tophinke (Hg.): *Texte – Konstitution, Verarbeitung, Typik*. München/Newcastle 1996, S. 117–129.
13 Gunkel (Anm. 12), S. 3.
14 Gunkel (Anm. 12), S. 57.
15 André Jolles: *Einfache Formen. Legende – Sage – Mythe – Rätsel – Spruch – Kasus – Memorabile – Märchen – Witz*, Halle 1930. Von den neun Einfachen Formen sind zwei, Rätsel und Spruch, keine narrativen Gattungen.

ein invariantes abstraktes Schema zu verstehen, das in unterschiedlicher Weise, je nach gegebenem kulturellen Rahmen, als faktual-pragmatische Textsorte realisiert wird (»gegenwärtige Form«), aber auch in ästhetisch-literarischer Gestalt (»Kunstform«) oder auch abgewandelt oder hybridisiert (»bezogene Form«) erscheinen kann. Jolles entwickelt damit eine kontextbezogene Typologie des Erzählens. Der Zugriff auf die Wirklichkeit der Lebenswelt mit Hilfe der Einfachen Formen ist dabei durchaus flexibel konzipiert: Die kommunikative Bedeutung eines Ereignisses (z.b. die Herrschaft Napoleons oder der Weltmeistertitel für die deutsche Fußballnationalmannschaft 1954), aber auch seine textliche Gestaltung können ganz verschieden ausfallen, je nachdem, ob es z.B. als Gründungsmythos (›Sage‹), als Verklärung von Heiligen (›Legende‹), als Wunscherfüllung (›Märchen‹), als Darstellung eines kasuistischen Normenkonfliktes (›Kasus‹) oder als prägnante historische Begebenheit (›Memorabile‹) ausgeformt wird. Die Einfachen Formen gestalten so in einem »mittleren Allgemeinheitsgrad« jeweils bestimmte »Subsinnwelten« (Hans Robert Jauß, mit Bezug auf William James und auf Alfred Schütz' und Thomas Luckmanns *Strukturen der Lebenswelt*).[16] Literarische Texte berücksichtigen sie eher am Rande und zielen vor allem auf faktuale Erzählungen unter Berücksichtigung ihrer pragmatischen und soziokulturellen Kontexte. Diese Orientierung an Kontexten des Erzählens wurde in der späteren, formalistisch und strukturalistisch geprägten Narratologie vernachlässigt. Die Theorie der Einfachen Formen wurde besonders in der literaturwissenschaftlichen Mediävistik (in der germanistischen von Hugo Kuhn, in der romanistischen von Hans Robert Jauß) aufgenommen. In der Volkskunde wird der Begriff ebenfalls verwendet. Man bezeichnet hier mit Einfacher Form pauschal die Textsorten der Alltagskommunikation – der systematische Anspruch von Jolles' Theorie ist dabei verschwunden. Allerdings hat auch Jolles selbst diesen Anspruch nicht wirklich eingelöst. Obwohl er in seinem Buch vom »geschlossenen System unsrer Einfachen Formen« spricht,[17] begründet er nirgendwo systematisch die unterstellte Vollständigkeit seiner neun Typen.

Kommunikative Gattungen

Der dritte und jüngste Versuch, Erzählgattungen systematisch über ihre soziale Funktion zu definieren, wurde in der verstehenden Soziologie der 1980er Jahre entwickelt: Thomas Luckmanns Konzept der ›kommunikativen Gattungen‹. Mit diesem Begriff bezeichnet Luckmann »gesellschaftlich vorgeprägte und mit mehr oder minder verbindlichen Gebrauchsanweisungen versehene Muster kommuni-

---

16 Hans Robert Jauß: »Alterität und Modernität der mittelalterlichen Literatur«, in: Ders.: *Alterität und Modernität der mittelalterlichen Literatur. Gesammelte Aufsätze 1956–76*, München 1977, S. 9–48, hier: S. 39 u. 41. Vgl. Ulla Fix: »Was ist aus André Jolles' ›Einfachen Formen‹ heute geworden? Eine kulturanalytische und textlinguistische Betrachtung«, in: Volker Hertel (Hg.): *Sprache und Kommunikation im Kulturkontext*, Fs. Gotthard Lerchner, Frankfurt a.M. 1996, S. 105–120.
17 Jolles (Anm. 15), S. 172.

kativen Handelns«.[18] Die grundlegende Funktion kommunikativer Gattungen, so Luckmann, liege in der Sicherung sozialer Ordnung durch die Bereitstellung von sprachlichen Verhaltensmustern zur Bewältigung spezifischer kommunikativer Probleme. Kommunikative Gattungen bestehen aus einer verfestigten (allerdings historisch und kulturell spezifischen) Verbindung vorgeprägter Elemente, die in aktuellen Situationen variabel angewendet werden können. Zu diesen Elementen gehören neben einem bestimmten sprachlichen und außersprachlichen Repertoire von Ausdrucksmitteln und Stilebenen eine korrespondierende soziale Situation sowie der soziale Status der Kommunikationsteilnehmer und deren jeweilige Rolle im Vollzug der kommunikativen Gattung. Einzelne kommunikative Gattungen, die Luckmann und andere untersucht haben, sind das Gerücht, der Klatsch, die Predigt, die Alltagsgeschichte, die Beratung und die Konversionserzählung.

Die Ansätze von Gunkel, Jolles und Luckmann haben drei Dinge gemeinsam: (a) Sie ordnen den Bereich faktualen Erzählens mit Hilfe einer Gattungstypologie, (b) sie weisen den Gattungen jeweils bestimmte soziale Funktionen zu, und (c) sie leiten spezifische Textmerkmale dieser Gattungen aus ihrer jeweiligen sozialen Funktion ab. Alle drei Konzepte haben aber Schwierigkeiten, den Status der postulierten Typologie systematisch zu begründen. Gunkel bezieht sein Konzept vom Sitz im Leben ohnehin nur auf alttestamentarische Texte, ohne eine allgemeine Gattungstypologie faktualen Erzählens zu beabsichtigen. Jolles hingegen erhebt durchaus einen systematischen Anspruch, ohne aber die Vollständigkeit seiner neun Einfachen Formen zu rechtfertigen. Luckmann unterstellt ebenfalls, dass die kommunikativen Gattungen, die eine bestimmte Gesellschaft benutzt, ein geschlossenes System bilden. Aber auch er liefert zwar Untersuchungen zu einzelnen Gattungstypen, präsentiert aber keine umfassende oder gar systematisch abgeschlossene Übersicht existierender kommunikativer Gattungen.

Felder und Leitdifferenzen

Angesichts der Beobachtung, dass Wirklichkeitserzählungen in allen Bereichen sozialer Kommunikation eine wichtige Rolle spielen, stellt sich die Frage, wie man diese Bereiche voneinander abgrenzen kann. In den Gesellschaftswissenschaften konkurrieren verschiedene Beschreibungsversuche gesellschaftlicher Teilbereiche und ihrer Differenzierung, von denen die Konzepte Pierre Bourdieus und Niklas Luhmanns besonders wirkungsmächtig geworden sind.

---

18 Thomas Luckmann: »Der kommunikative Aufbau der sozialen Welt und die Sozialwissenschaften« [1995], in: Ders.: *Wissen und Gesellschaft. Ausgewählte Aufsätze 1981–2002*, Konstanz 2002, S. 157–181, hier: S. 165; Ders.: »Grundformen der gesellschaftlichen Vermittlung des Wissens: Kommunikative Gattungen«, in: Friedhelm Neidhardt u.a. (Hg.): *Kultur und Gesellschaft*, Opladen 1986, S. 191–211; Susanne Günthner: »Von Konstruktionen zu kommunikativen Gattungen. Die Relevanz sedimentierter Muster für die Ausführung kommunikativer Aufgaben«, *Deutsche Sprache* 34 (2006), S. 173–190.

Für Pierre Bourdieu lässt sich Gesellschaft in verschiedene Felder aufteilen, die als relativ eigenständige und nach je eigenen Gesetzmäßigkeiten strukturierte Bereiche zu verstehen sind. Die Geschichte eines Feldes ist dabei ein Kampf um die Etablierung legitimer Wahrnehmungs- und Bewertungskategorien.[19] Im Zuge der Autonomisierung des Feldes bilden sich die jeweils spezifischen Instanzen und Mechanismen zur Durchsetzung dieser Ansprüche heraus. Je autonomer schließlich das Feld ist, desto unabhängiger sind die Bewertungskategorien von denen anderer Felder.[20] Über die spezifische Position der einzelnen Akteure im Feld entscheidet die Summe des für das spezifische Feld relevanten Kapitals.[21]

Auch bei Niklas Luhmann ist der Aspekt der gesellschaftlichen Differenzierung ein Kernpunkt der Theorie. Er entwirft eine Art Evolution gesellschaftlicher Differenzierungsformen: Auf eine erste Phase der *segmentären Differenzierung* (Gesellschaft spalte sich auf in zahlreiche gleiche Einheiten wie Familien, Stämme etc.) folge eine zweite Phase: die der *stratifikatorischen Differenzierung*. Hier teile sich Gesellschaft in ungleiche, hierarchisch organisierte Schichten auf, wobei die Kriterien, nach denen diese Differenzierung erfolge, letztlich sekundär seien. Ungeachtet der verschiedenen sozialen Positionen teilten alle Mitglieder der Gesellschaft die gleiche Grundsymbolik (nämlich eine im Wesentlichen religiös fundamentierte Seins- und Weltauslegung). Seit dem 16. Jahrhundert sei die Gesellschaft zunehmend komplex geworden und habe sich in einer dritten Phase in Teilsysteme ausdifferenziert, die nicht mehr über eine gemeinsame Grundsymbolik verfügten (*funktionale Differenzierung*) – diese Entwicklung schlage spätestens zur Mitte des 19. Jahrhunderts durch.[22] In dieser dritten Phase sei für die Differenzierung der jeweiligen Teilsysteme ihre gesellschaftliche Funktion entscheidend: Jedes Teilsystem habe eine exklusive gesellschaftliche Funktion, die die anderen Teilsysteme nicht übernehmen könnten. Jedes Teilsystem operiere mit Hilfe spezifischer Grundunterscheidungen, den binären Codes, denen sogenannte Leitdifferenzen zugrunde lägen.

Wir wollen Luhmanns Idee, verschiedene gesellschaftliche Teilbereiche anhand unterschiedlicher Leitdifferenzen zu unterscheiden, für eine Typologie faktualen Erzählens übernehmen. Für die in diesem Band vertretenen Felder wären folgende Leitdifferenzen anzusetzen: Rechtswissenschaft: legal/illegal;[23] Medizin und Psychologie: gesund/krank bzw. erweiternd: lebensförderlich/lebenshinderlich;[24] Wissenschaft: wahr/unwahr;[25] Wirtschaft: zahlen/nicht-zahlen;[26] Moral:

---

19 Pierre Bourdieu: *Die Regeln der Kunst. Genese und Struktur des literarischen Feldes*, Frankfurt a.M. 1999, S. 253.
20 Vgl. Bourdieu (Anm. 19), S. 116ff.
21 Pierre Bourdieu: *Die feinen Unterschiede. Kritik der gesellschaftlichen Urteilskraft*, Frankfurt a.M. 1987, S. 194f. Vgl. zum Konzept der verschiedenen Kapitalsorten auch: Pierre Bourdieu: »Ökonomisches Kapital, kulturelles Kapital, soziales Kapital«, in: Reinhard Kreckel (Hg.): *Soziale Ungleichheiten*, Göttingen 1983, S. 183–198.
22 Vgl. hierzu einführend: Niklas Luhmann: »Gesellschaftliche Struktur und semantische Tradition«, in: Ders.: *Gesellschaftsstruktur und Semantik. Studien zur Wissenssoziologie der modernen Gesellschaft*, Bd. 1, Frankfurt a.M. 1980, S. 9–71.
23 Niklas Luhmann: *Das Recht der Gesellschaft*, Frankfurt a.M. 1995.
24 Jost Bauch: *Gesundheit als sozialer Code. Von der Vergesellschaftung des Gesundheitswesens zur Me-

gut/böse bzw. im Bezug auf Handlungen: richtig/falsch;[27] Journalismus: aktuell/ nicht-aktuell bzw. informativ/nicht-informativ;[28] Religion: dem Heil förderlich/ dem Heil nicht förderlich;[29] Politik: Regierung/Opposition bzw. Amtsmacht/ ohne Amtsmacht.[30] Das Konzept dieses Bandes ordnet den Bereich der Wirklichkeitserzählungen systematisch anhand dieser spezifischen Leitdifferenzen, die das Erzählen in den verschiedenen Feldern sozialer Kommunikation jeweils bestimmen. Ergänzt werden müssen diese Teilsysteme differenzierenden Leitdifferenzen durch zwei grundsätzliche Unterscheidungen, die quer zu den gesellschaftlichen Teilsystemen liegen, weil sie letztlich für alle Kommunikationsteilnehmer gelten, unabhängig davon, in welchem Teilsystem sie agieren: ich/du (Typ der Wirklichkeitserzählung: Ego-Erzählungen) sowie wir/ihr (Typ der Wirklichkeitserzählung: Kollektiverzählungen).

Luhmanns Ansatz ermöglicht einen differenzierten Blick auf die verschiedenen gesellschaftlichen Felder, in denen Wirklichkeitserzählungen eine Rolle spielen. Die Orientierung an spezifischen Leitdifferenzen fokussiert die Betrachtung der jeweils kursierenden Wirklichkeitserzählungen auf die Eigenheiten der Kommunikation innerhalb der jeweiligen Teilsysteme: So kreist die Kommunikation im juristischen Diskurs vor allem um die Frage, ob etwas rechtmäßig sei oder nicht, im wirtschaftlichen Diskurs um die Frage, ob sich eine Investition lohne oder nicht usw.

Als analytisches Instrumentarium ist diese Differenzierung hilfreich. Als Beschreibungsmodell für moderne Gesellschaften scheint Luhmanns Ansatz indes zu starr, schließt die zweiwertige Codierung der Teilsysteme doch alles aus, was nicht innerhalb des durch die Leitdifferenz markierten Raumes Platz hat. Hier bietet wiederum Bourdieus Feldtheorie mehr Offenheit. Denn für Bourdieu existieren zwischen den einzelnen sozialen Feldern (die in ihrer Funktion durchaus Luhmanns Teilsystemen vergleichbar sind) strukturale und funktionelle Homologien, die dazu führen, dass eine besonders einflussreiche Stellung in einem Feld die Einflussmöglichkeiten innerhalb eines anderen Feldes vergrößert.[31] So kann z.B. ein Politiker Entscheidungen treffen oder beeinflussen, die das Feld der Wirtschaft betreffen usw. Deshalb scheint es sinnvoll, das Konzept der gesellschaftlichen Felder mit der Idee der Leitdifferenzen zu verbinden.

---

dikalisierung der Gesellschaft, Weinheim/München 1996, hier: S. 12ff.
25 Niklas Luhmann: *Die Wissenschaft der Gesellschaft*, Frankfurt a.M. 1992.
26 Niklas Luhmann: *Die Wirtschaft der Gesellschaft*, Frankfurt a.M. 1994.
27 Niklas Luhmann: *Die Moral der Gesellschaft*, hg. v. Detlef Horster, Frankfurt a.M. 2008.
28 Maja Malik: *Journalismusjournalismus. Funktion, Strukturen und Strategien der journalistischen Selbstthematisierung*, Wiesbaden 2004, S. 35–56.
29 Niklas Luhmann: *Die Religion der Gesellschaft*, hg. v. André Kieserling, Frankfurt a.M. 2002.
30 Niklas Luhmann: *Die Politik der Gesellschaft*, hg. v. André Kieserling, Frankfurt a.M. 2002.
31 Bourdieu (Anm. 19), S. 291.

Terminologie und Aufbau der Beiträge

Der vorliegende Band möchte einen systematisierten interdisziplinären Zugriff auf das breite Forschungsfeld der Wirklichkeitserzählungen vorstellen, Perspektiven eröffnen und zu weiterer Beschäftigung mit faktualem Erzählen anregen – dass er nicht den Anspruch erhebt, das Thema erschöpfend zu behandeln, versteht sich von selbst. Interdisziplinarität birgt dabei stets Chancen, ist aber auch riskant. Dieser Band enthält Beiträge von Autorinnen und Autoren verschiedener wissenschaftlicher Disziplinen über unterschiedliche soziale Felder, in denen Erzählungen Wissen und Verhaltensweisen vermitteln. Da diese Felder divers und die für sie jeweils zuständigen wissenschaftlichen Disziplinen eigene Begriffsinventare und Analysemethoden herausgebildet haben, könnte die interdisziplinäre Anlage unseres Bandes im schlechtesten Fall einen weiteren Beleg dafür liefern, dass eine echte Verständigung über die Grenzen unterschiedlicher Gegenstandsbereiche und Disziplinen hinweg oft mehr beschworen als eingelöst wird. Unser Ziel war es jedenfalls, den Eigenheiten des Erzählens in den verschiedenen Feldern angemessen Rechnung zu tragen, ohne deshalb den Anspruch auf eine übergreifende Systematik und vergleichende Zusammenschau aufzugeben.

Die Beiträge sollen diesen Anspruch über zwei Wege einlösen. Zum einen verwenden sie (wo es geraten scheint) ein in der philologischen Erzähltextanalyse inzwischen weithin gebräuchliches erzähltheoretisches Instrumentarium, das vor allem von Gérard Genette geprägt wurde. Genette unterscheidet im Hinblick auf die Art und Weise des Erzählens drei Aspekte:[32] (a) *Zeit* (Verhältnis zwischen Zeit der Erzählung und Zeit des Geschehens), (b) *Modus* (Mittelbarkeit und Perspektivierung des Erzählten) und (c) *Stimme* (Akt des Erzählens, Verhältnis von Erzähler, Erzähltem und Leser). Im Hinblick auf die Besonderheiten von Wirklichkeitserzählungen scheint vor allem die Kategorie des Modus relevant und hier (erstens) die Frage nach der Distanz (wie mittelbar wird das Erzählte präsentiert?) sowie (zweitens) die Frage nach der Fokalisierung (aus welcher Sicht wird erzählt?).

Zum anderen liegt allen Beiträgen ein einheitlicher Aufbau zugrunde: Sie beginnen mit einer Kurzbestimmung des Wirklichkeitsfeldes und gehen dabei auch auf die dominante Leitdifferenz ein, die dieses Feld charakterisiert. Daran schließt ein systematischer Überblick über die spezifischen Formen und Funktionen des Erzählens in dem diskutierten Wirklichkeitsfeld an. Es folgen exemplarische Einzelfalldarstellungen, bevor in einem forschungsgeschichtlichen Überblick aktuelle Probleme und Desiderate der Forschung angerissen werden. Die Beiträge schließen mit einer kommentierten Auswahlbibliographie zur weiterführenden Lektüre.

---

32 Vgl. zum Folgenden: Gérard Genette: *Die Erzählung*, München 1994, und Martínez/Scheffel (Anm. 4), Kap. II.1–3 (S. 27–89).

Was war, was ist – und was sein soll. Erzählen im juristischen Diskurs

Andreas von Arnauld

1. Charakteristika des juristischen Diskurses

Im Zentrum des juristischen Diskurses steht der Umgang mit Rechtsnormen, die menschliches Verhalten regulieren sollen. Typischerweise teilen solche Normen Verhaltensweisen in rechtmäßige und rechtswidrige ein. Gleichwohl griffe es zu kurz, das Recht auf die Leitdifferenz legal/illegal reduzieren zu wollen.[1] Zum einen, weil nicht alle Rechtsnormen diesem binären Code folgen; eine Reihe von Vorschriften (z.B. Formvorschriften) teilt Handlungen in rechtsgültige und nicht rechtsgültige ein und betont so die Systemgrenzen zwischen Recht und Nichtrecht. Zum anderen, weil das Recht sich nicht nur mit dem Sollen beschäftigt, sondern auch das Sein am Sollen misst. Nur so kann es seinem Anspruch gerecht werden, Verhalten zu regulieren. Es gilt dabei, den (realen) Sachverhalt und den (normativen) Tatbestand abzugleichen.[2] Dieser Vorgang wird im Gerichtsverfahren besonders deutlich: Hier tritt zu der Entscheidung über die Rechtmäßigkeit bzw. die Rechtsgültigkeit die Ermittlung des tatsächlichen Sachverhalts hinzu – und damit die Differenz wahr/unwahr.[3]

2. Systematischer Überblick

Für eine Analyse aus narratologischer Sicht bieten sich innerhalb des rechtlichen Feldes eine Reihe von Objekten an: Rechtstexte im weiteren Sinne, Aussagen vor Behörden und Gerichten, aber auch rechtswissenschaftliche Texte und die juristische Ausbildungsliteratur lassen sich auf ihren erzählerischen Gehalt hin untersuchen.

---

1 Bzw. auf den binären Code Recht/Unrecht: Niklas Luhmann: *Das Recht der Gesellschaft*, Frankfurt a.M. 1993, S. 165ff.
2 Klaus F. Röhl/Hans Christian Röhl: *Allgemeine Rechtslehre*, 3. Aufl., Köln/Berlin 2008, S. 129ff., 151ff.
3 Damit ist noch nichts über das zu Grunde zu legende Wahrheitsverständnis gesagt: Gegen ein Referenzmodell der Wahrheit und für einen narrativ konstituierten Wahrheitsbegriff Bernard S. Jackson: *Law, Fact and Narrative Coherence*, Roby/Merseyside 1988, S. 37ff., 58ff., 89ff.

2.1 Rechtstexte im weiteren Sinne

Ein wichtiger Unterschied zwischen *Gesetzen* und anderen *Rechtsnormen*, wie z.B. Rechtsverordnungen (zu Gesetzen näher unten 3.1) einerseits und *Urteilen* und *Bescheiden* (Verwaltungsakten) andererseits, liegt in deren Adressaten: Rechtsnormen sind an die Allgemeinheit adressiert. Sie bedürfen daher auch der Verkündung in Gesetzblättern, um in Kraft zu treten, und sind generell-abstrakt gefasst. Urteile und Verwaltungsakte dagegen befassen sich mit Einzelfällen und sind individuell-konkret abgefasst:[4] Wo sich Gesetze mit sparsam skizzierten Situationen und blutleeren Typen begnügen, zeichnen Urteile und Bescheide einen Lebenssachverhalt möglichst plastisch nach (im sog. Urteilstatbestand bzw. im Sachbericht) und begründen sodann die für diesen Einzelfall getroffene Regelung (in den sog. Gründen). Intendierter Leser (Adressat) ist hier in erster Linie derjenige, dessen Rechtsstellung durch die Entscheidung geregelt wird. Während jedoch Verwaltungsakte in aller Regel auf die Kommunikation im konkreten Verwaltungsrechtsverhältnis beschränkt sind, kommunizieren Gerichte, namentlich Obergerichte,[5] in ihren Entscheidungen oft auch mit einer weiteren Öffentlichkeit: Dies gilt nicht bloß für die Saalöffentlichkeit bei der Verkündung von Urteilen und Beschlüssen. Gerichte leisten einen wichtigen Beitrag zur Interpretation der Gesetze und zur Fortbildung des Rechts. Zu diesem Zweck werden Entscheidungen in Fachzeitschriften, in amtlichen Entscheidungssammlungen oder zunehmend in Datenbanken veröffentlicht. Wo Urteile allgemeine Rechtsausführungen enthalten, die über den einzelnen Fall hinausweisen, kommunizieren Gerichte mit der Fachöffentlichkeit, namentlich mit anderen Gerichten. Dies wird besonders deutlich, wo Gerichte sich mit anderen Judikaten auseinandersetzen oder wo sie die allgemeingültigen Rechtsaussagen ihrer Entscheidung in Form von Leitsätzen voranstellen.[6]

Legt man einen engen Erzählbegriff zu Grunde, ist es vor allem die Schilderung des Sachverhalts im Tatbestand eines Urteils, die narrative Elemente aufweist. So beginnt z.B. ein Urteil des Bundesverwaltungsgerichts (es geht darin um den Ausschluss des Asylrechts bei einer Einreise nach Deutschland auf dem Landweg) mit folgenden Worten:

---

4   Differenzierter dazu Röhl/Röhl (Anm. 2), S. 151f., 196ff., 298ff.
5   Hierunter fallen, in der Terminologie des Gerichtsverfassungsgesetzes, die »oberen Landesgerichte« (Oberlandesgerichte, Oberverwaltungsgerichte bzw. Verwaltungsgerichtshöfe, Landesarbeitsgerichte, Landessozialgerichte, Finanzgerichte) und die »obersten Gerichtshöfe des Bundes« (Bundesgerichtshof, Bundesverwaltungsgericht, Bundesarbeitsgericht, Bundessozialgericht, Bundesfinanzhof). Die Verfassungsgerichtsbarkeit steht außerhalb des regulären Instanzenzuges, kann aber in diesem Zusammenhang in die Betrachtung einbezogen werden.
6   Näher Hildebert Kirchner: »Stufen der Öffentlichkeit richterlicher Erkenntnisse: Zur Geschichte der Entscheidungssammlungen und der Bildung von Leitsätzen«, in: Wolfgang Zeidler u.a. (Hg.): *Festschrift für Hans Joachim Faller*, München 1984, S. 503–523; Andreas von Arnauld: *Rechtssicherheit: Perspektivische Annäherungen an eine idée directrice des Rechts*, Tübingen 2006, S. 186f., 473.

> Der 1959 geborene Kläger ist türkischer Staatsangehöriger kurdischer Volkszugehörigkeit. Er verließ sein Heimatland Mitte April 1994 in einem Lastkraftwagen, der nach seinen Angaben fünf Tage später in Deutschland eintraf. Dort beantragte der Kläger Ende April 1994 Asyl. Bei seiner Anhörung vor dem Bundesamt für die Anerkennung ausländischer Flüchtlinge (Bundesamt) gab er an, er habe den Lastkraftwagen, der verplombt gewesen sei, während der Fahrt nicht verlassen können. Er sei geflohen, weil er als Sekretär der Demokratischen Partei (DEP) in dem Ort K. bedroht und verfolgt worden sei. Das Bundesamt lehnte den Asylantrag ab und stellte fest, daß die Voraussetzungen des § 51 Abs. 1 AuslG sowie Abschiebungshindernisse nach § 53 AuslG nicht vorliegen. Außerdem enthielt der Bescheid die Aufforderung zur Ausreise in die Türkei und eine Abschiebungsandrohung. Das Verwaltungsgericht hob den Bescheid des Bundesamts auf und verpflichtete die Beklagte, den Kläger als Asylberechtigten anzuerkennen und festzustellen, daß in seiner Person die Voraussetzungen des § 51 Abs. 1 AuslG vorliegen.[7]

Gerade beim Stil von Urteilen gibt es signifikante Unterschiede zwischen den verschiedenen Rechtsordnungen, die sich auf eine dahinter stehende staatstheoretische Konzeption des *Récit*[8] zurückführen lassen:[9] Die o.g. Charakteristika beziehen sich primär auf das deutsche Rechtssystem. In Frankreich, wo der Richter der Tradition nach nur das Sprachrohr des Gesetzes (die viel zitierte »bouche de la loi«) sein und den objektiven »Geist der Gesetze« verkünden soll, bestehen Urteile aus einer scheinbar logischen Kette cartesianischer Deduktionen (stets eingeleitet mit »in der Erwägung, dass...«: »considerant que...«), die in die Conclusio des Urteilsausspruchs münden. Folgerichtig bleibt auch die Schilderung des Sachverhalts an Konkretheit deutlich hinter dem Standard deutscher Urteile zurück.[10] Den Gegenpol bildet der angelsächsische Rechtskreis: Hier sind es die Richter als Personen, die ihre individuellen Rechtsansichten präsentieren. Die Folge ist ein spezifischer »Sound« der Urteile: der distanzierten Knappheit à la française, die Narratives meidet, steht in England eine involvierte narratio gegenüber. Ein schönes Beispiel bietet die genüsslich ausgebreitete Sachverhaltsschilderung durch Lord Denning im Verfahren *Ex parte Hook* aus dem Jahre 1976:

> To some this may appear to be a small matter, but to Mr. Harry Hook it is very important. He is a street trader in the Barnsley market. He has been trading there for some six years without any complaint being made against him; but, nevertheless, he has now been banned from trading in the market for life. All because of a trifling incident. On Wednesday, October 16, 1974, the market closed at 5.30. So were all the lavatories, or ›toilets‹ as they are now called. They were locked up. Three quarters of an hour later, at 6.20, Harry Hook had an urgent call of nature. He wanted to relieve himself. He went into a side street near the market and there made water, or ›urinated‹, as it is now said. No one was about except one or two employees of the council, who were cleaning up. They rebuked him. He said: ›I can do it here if I like.‹ They reported him to a security officer who came

---

7 Bundesverwaltungsgericht, Urteil v. 2.9.1997, 9 C 5/97, *BVerwGE* 105, 194ff. – Das Zitat wird hier aus Platzgründen abgebrochen.
8 Begriff nach Gérard Genette: *Die Erzählung*, übers. v. Andreas Knop, München 1994, S. 16 (dort übersetzt als »Erzählung«).
9 Vertiefend Hein Kötz: *Über den Stil höchstrichterlicher Entscheidungen*, Konstanz 1973.
10 Zu sublimierten Formen der Narration in französischen Urteilen Danièle Bourcier: »Gendarmes et Œdipes. Le Procès des narrations: Notes sur le système narratif du Droit«, in: Collectif Change (Jean-Pierre Faye u.a.) (Hg.): *La Narration nouvelle*, Paris 1978, S. 135–149, hier: S. 145ff.

up. The security officer reprimanded Harry Hook. We are not told the words used by the security officer. I expect they were in language which street traders understand. Harry Hook made an appropriate reply. Again we are not told the actual words, but it is not difficult to guess. I expect it was an emphatic version of ›You be off.‹ At any rate, the security officer described them as words of abuse. Touchstone would say the security officer gave the ›reproof valiant‹ and Harry Hook gave the ›countercheck quarrelsome‹: ›As You Like It‹, Act V, Scene IV.[11]

Während in Deutschland Gerichte als Spruchkörper eine einheitliche Entscheidung verkünden (nur in der Verfassungsgerichtsbarkeit gibt es die Möglichkeit zu Sondervoten von Richtern, die der Mehrheit im Ergebnis und/oder in der Begründung nicht folgen wollen, § 30 Abs. 2 BVerfGG), steht im angelsächsischen Gerichtssystem die Gesamtheit oder Mehrheit von Einzelauffassungen im Zentrum. Hinzu tritt, dass in England der Mündlichkeitsgedanke eine zentrale Rolle spielt(e). Lange Zeit wurden Urteile hier nur mündlich verkündet und nicht schriftlich fixiert. Ihre Verbreitung war Sache der privaten sog. Law Reporter, die mit größerer oder geringerer Genauigkeit Inhalt und (wenn möglich) Wortlaut der Entscheidung notierten und veröffentlichten. Seit einigen Jahrzehnten jedoch sorgen auch hier offizielle Urteilsausfertigungen für größere »Authentizität« des Berichts.[12]

Eine gewisse Parallele findet sich in Deutschland bei zwei konkurrierenden Stilen für die Abfassung von *Bescheiden*: Dem unpersönlichen Stil, in dem die Behörde ohne Anrede ihre Regelung verkündet (»Dem Widerspruch des Antragstellers wird stattgegeben...«), steht in einigen Bundesländern der persönliche Stil entgegen, bei dem sich die Behörde nicht als Sprachrohr eines objektiven Rechtsgeists geriert, sondern der Amtsträger in direkte Kommunikation mit dem Antragsteller eintritt (»Ihrem Widerspruch gebe ich statt...«). Auch die Schilderung des Sachverhalts sowie die Gründe folgen dann entweder dem persönlichen oder unpersönlichen Duktus.[13]

Während die bisher genannten Rechtstexte allesamt die Staatsgewalt zum Autor haben, werden zivilrechtliche *Verträge* von Privatpersonen geschlossen (auf öffentlich-rechtliche und völkerrechtliche Verträge sei an dieser Stelle nur verwiesen). Dabei bestehen Verträge aus wechselseitig empfangsbedürftigen Willenserklärungen (Angebot und Annahme), in denen sich die Parteien gegenseitig ein bestimmtes Verhalten versprechen (z.B. Lieferung und Übereignung der Kaufsache und Zahlung des Kaufpreises). Jeder Vertragspartner ist hier zugleich Autor/Erzähler und intendierter Empfänger. Dies wird v.a. bei mündlich geschlossenen Verträgen deutlich. Bei schriftlichen Verträgen wird ein Dritter latent mitgedacht, an den man sich im Konfliktfall wenden kann, um den Streit zu ent-

---

11 Lord Denning, in: Regina v. Barnsley Metropolitan Borough Council, Ex parte Hook [1976], 1 *Weekly Law Review* 1052, hier: 1055. Das Zitat wird aus Platzgründen hier abgebrochen.
12 Dieter Blumenwitz: *Einführung in das anglo-amerikanische Recht*, 6. Aufl., München 1998, S. 76ff., 133ff.; Ian McLeod: *Legal Method*, 4. Aufl., Houndsmill/Basingstoke 2002, S. 105ff.
13 Hans Büchner/Gernot Joerger/Martin Trockels/Ute Vondung: *Übungen zum Verwaltungsrecht und zur Bescheidtechnik. Ein Übungsbuch zur Methodik der Fallbearbeitung*, 4. Aufl., Stuttgart 2006, S. 86ff.

scheiden: Umso wichtiger wird es, Formulierungen zu finden, aus denen das (Schieds-)Gericht im Streitfall das tatsächlich Gemeinte herauslesen kann. Die Formenvielfalt von Verträgen verbietet zwar allgemeingültige Aussagen; gleichwohl dürften sich im engeren Sinne narrative Elemente zumindest in privatrechtlichen Verträgen eher selten finden. Im Kern steht eine den Gesetzen ähnliche Formulierung von Rechtspflichten, obgleich Verträge naturgemäß hinsichtlich der Benennung von Personen, Orten und Gegenständen konkreter werden können. Zum narrativen Gehalt von Präambeln völkerrechtlicher Verträge siehe noch 3.1.1.

2.2 Äußerungen vor Gerichten

Im Unterschied zu den soeben behandelten Texten steht im Vordergrund der Aussagen vor Gericht nicht das rechtliche Sollen, sondern vielmehr das Sein, d.h. die Schilderung, wie sich der streitbefangene Sachverhalt zugetragen hat. Aufgabe der Parteien ist es, Tatsachen vorzutragen, damit das Gericht aufbauend auf die Tatsachenerkenntnis seine Entscheidung treffen kann (eine Differenzierung, die in der Praxis allerdings nicht strikt durchgehalten wird: Natürlich präsentieren die Parteien, insbesondere wenn sie anwaltlich vertreten sind, dem Gericht auch ihre Rechtsansichten). Im gerichtlichen Verfahren werden »durch die Transformation von Geschichten zu Argumenten erstere als Produkte des Prozesses der Wahrheitskonstitution etabliert«.[14] Näheres zu »Gerichtserzählungen« unter 3.2.

Die Gerichtsrede ist nicht allein ergebnisorientierte »Aussage«; sie dient auch dazu, die eigene Geschichte erzählen zu können. Dem sich Äußernden wird ein Forum geboten, seine Sicht der Dinge vorzutragen. Die Möglichkeit hierzu ist freilich in das prozessrechtliche Korsett eingebunden. Noch deutlicher tritt diese deeskalierende und konfliktbereinigende Funktion des Erzählens der eigenen Geschichte in außergerichtlichen Formen der Streitbeilegung zu Tage. Im Zentrum der Mediation steht die Phase der Interessenklärung (Exploration), in der es darum geht, Sichtweisen, Positionen, Erwartungen und Bedürfnisse der Konfliktparteien zur Sprache zu bringen.[15] Je nach Art des Konflikts und der Konfliktlösung kann es auch um Emotionen, um Rollen- und Selbstbilder der beteiligten Personen gehen. Hier wird z.T. die Grenze zum Erzählen in der psychologischen Praxis überschritten. Mediationsverfahren enden nicht mit diesem Zur-Sprache-Bringen; sie sollen regelmäßig zu einer Vereinbarung zwischen den Streitenden führen.[16] Das Erzählen ist also nur ein, wenn auch zentrales, Durchgangsstadium im Prozess der Konfliktlösung. Allein um die klärende Wirkung des Erzählens geht es bei den sog. Wahrheitskommissionen, wie sie insbesondere

---

14 Kati Hannken-Illjes: »Mit Geschichten argumentieren – Argumentation und Narration im Strafverfahren«, *Zeitschrift für Rechtssoziologie* 27 (2006), S. 211–223, hier: S. 212.
15 Näher Stefan Kessen/Markus Troja: »Die Phasen und Schritte der Mediation als Kommunikationsprozess«, in: Fritjof Haft/Katharina Gräfin von Schlieffen (Hg.): *Handbuch Mediation*, München 2002, § 16 Rn. 26ff.
16 Kessen/Troja (Anm. 15), Rn. 79ff.

in Südafrika nach dem Ende des Apartheid-Regimes eingerichtet wurden.[17] An die Stelle einer juristischen Konfliktbereinigung (den Teilnehmern wird Amnestie zugesichert) tritt hier die Idee, den Anderen mit seiner Geschichte anzuhören und damit die Stimmen der Ausgeschlossenen und Unterdrückten hörbar zu machen.[18] Solche Verfahren unterstreichen eine performative Dimension, die auch dem Gerichtsverfahren sensu proprio eigen ist.[19]

2.3 Rechtswissenschaftliche Texte

Die dogmatische Rechtswissenschaft als Kerndisziplin der Jurisprudenz sieht ihre Aufgabe darin, den Rechtsstoff zu ordnen, zu systematisieren und aus der Vielheit von Gesetzen und Einzelfallentscheidungen ein möglichst stimmiges und dadurch berechenbares Gebäude zu schaffen.[20] Auf diese Weise arbeitet sie in Arbeitsteilung mit Rechtsetzer und Rechtsanwender an der Herausbildung einer Rechts*ordnung* mit.[21] Dieses Eingebundensein in eine überindividuelle Ordnung mag eine Erklärung für den unpersönlichen Stil rechtswissenschaftlicher Texte sein: Das »ich« ist unter Juristen verpönt, und auch das in manchen Disziplinen verbreitete »wir« ist ungebräuchlich. Stattdessen formuliert der Rechtswissenschaftler entsubjektiviert: Das Gesetz entfaltet sich quasi von selbst (»§ xy bestimmt, dass...«); Passivkonstruktionen deuten einen im Dunkeln bleibenden Akteur an (»im Zusammenspiel mit § xy werden die Regelungen des 1. Teils zum Garanten für...«); die Stimme des Autors wird allenfalls in der dritten Person vernehmlich (»Wie der Verfasser bereits an anderer Stelle näher ausgeführt hat...«).

---

17 Dazu näher Emily Hahn-Godeffroy: *Die südafrikanische Truth and Reconciliation Commission*, Baden-Baden 1998; Rachel Kerr/Eirin Mobekk: *Peace and Justice: Seeking Accountability after War*, Cambridge 2007, S. 128–150.
18 Zu diesem Anliegen Hillary Charlesworth: »Feminist Methods in International Law«, *American Journal of International Law* 93 (1999), S. 379–394, hier: S. 381ff.; Andreas von Arnauld: »Feministische Theorien und Völkerrecht«, in: Beate Rudolf (Hg.): *Frauen und Völkerrecht*, Baden-Baden 2006, S. 13–45, hier: S. 40ff. Zur Rolle von Opfern in Strafverfahren Paul Gewirtz: »Victims and Voyeurs: Two Narrative Problems at the Criminal Trial«, in: Peter Brooks/Paul Gewirtz (Hg.): *Law's Stories. Narrative and Rhetoric in Law*, New Haven 1996, S. 135–161, hier: S. 137ff.
19 Simona Andrini: »Huizinga et le droit: le procès et le jeu en Italie«, in: François Ost/Michel van de Kerchove (Hg.): *Le jeu: un paradigme pour le droit*, Paris 1992, S. 49–65, hier: S. 62f.; Andreas von Arnauld: »Recht – Spiel – Magie: Hommage à Johan Huizinga«, in: Ders. (Hg.): *Recht und Spielregeln*, Tübingen 2003, S. 101–117, hier: S. 102f.; Paula Diehl u.a. (Hg.): *Performanz des Rechts: Inszenierung und Diskurs*, Berlin 2006.
20 Ronald Dworkin: *Law's Empire*, Cambridge Mass. 1986, vergleicht das Recht mit einem Kettenroman, bei dem der Richter seine Einzelfallentscheidung in den Gesamtkontext des Rechts stimmig zu fügen hat. Jede einzelne Entscheidung muss an das Übrige des Rechts anschließen und selbst anschlussfähig sein.
21 Näher dazu Andreas von Arnauld: »Die Wissenschaft vom Öffentlichen Recht nach einer Öffnung für sozialwissenschaftliche Theorien«, in: Andreas Funke/Jörn Lüdemann (Hg.): *Öffentliches Recht und Wissenschaftstheorie* (i.E.), Abschnitt II.

Um Ordnung zu stiften, ist es unerlässlich, Sinnzusammenhänge herauszuarbeiten. Die Einzelphänomene werden auf hintergründige Prinzipien zurückgeführt, die Einheit in der Vielheit zu stiften vermögen.[22] Viele dieser Prinzipien liegen dem konkreten Gesetzestext voraus und müssen daher auf ideengeschichtliche Traditionen zurückgeführt werden: So ist z.B. vom Gewaltmonopol des Staates im Grundgesetz nirgends die Rede; der Rückgriff auf die Staatstheorie, namentlich auf die Lehre vom Gesellschaftsvertrag, ermöglicht hier die Einzelnormen verklammernde Ableitung und vermag zudem auch das Widerstandsrecht (Art. 20 Abs. 4 GG) in das System zu integrieren.[23] Im Legendenton werden »große Erzählungen«[24] geboten, deren Ziel es ist, die Legitimation für die interpretatorischen Überformungen des Normtextes zu beschaffen.

Diese Funktion »großer Erzählungen« lässt sich freilich nicht nur in der Rechtswissenschaft beobachten, sondern auch in der Gerichtsbarkeit. Namentlich Verfassungsgerichte haben es mit einem in hohem Maße interpretationsbedürftigen Text zu tun, von dessen meist wenig detaillierten abstrakten Normen der Übergang zu einem konkreten praktischen Fall zu machen ist. Vor allem Historisierungen stellen hier ein verbreitetes Mittel zur Legitimationsbeschaffung dar.[25] In dem wichtigen Urteil *Boumediene v. Bush* z.B., mit dem er das »System Guantánamo« 2008 für unvereinbar mit der Verfassung der USA erklärte, hat der U.S. Supreme Court sein Urteil vor allem auf eine ausgreifende historische Erzählung gestützt: Über den Willen der Verfassungsväter (»The Framers«) wird die Geschichte der Sicherungen gegen willkürliche Inhaftierung von der *Magna Charta* (»The Barons at Runnymede«) über den *Habeas Corpus Act* (als »festes Bollwerk unserer Freiheiten«, zitiert nach Blackstone) in eingehender Schilderung einbezogen und über die *Federalist Papers* und die in das 19. Jahrhundert zurückreichende Rechtsprechung des Supreme Court selbst in die Gegenwart verlängert.[26] Diesen Zusammenhang zwischen (Verfassungs)Recht und fundierenden Narrationen beschreibt Robert Cover mit den folgenden Worten:

> No set of legal institutions or prescriptions exists apart from the narratives that locate it and give it meaning. For each constitution there is an epic, for each decalogue a scripture.

---

22 Vgl. zum Recht als (gedachtem) dogmatischem System Röhl/Röhl (Anm. 2), S. 438ff.
23 Siehe z.B. Josef Isensee: *Das Grundrecht auf Sicherheit*, Berlin 1983, S. 3ff., 15ff., 23ff., passim. Kritisch Christoph Gusy: »Brauchen wir eine juristische Staatslehre?«, *Jahrbuch des öffentlichen Rechts der Gegenwart* 55 (2007), S. 41–71, hier: S. 65ff.
24 Christian Bumke: »Entwicklung der verwaltungsrechtswissenschaftlichen Methodik in der Bundesrepublik Deutschland«, in: Eberhard Schmidt-Aßmann/Wolfgang Hoffmann-Riem (Hg.): *Methoden der Verwaltungsrechtswissenschaft*, Baden-Baden 2004, S. 73–130, hier: S. 95f.
25 Vgl. Milner S. Ball: »Stories of Origin and Constitutional Possibilities«, *Michigan Law Review* 87 (1989), S. 2280–2319, hier: S. 2285ff. Eingehend Lewis H. LaRue: *Constitutional Law as Fiction. Narrative in the Rhetoric of Authority*, University Park/Pennsylvania 1995, S. 16ff., passim.
26 Kennedy J., in: U.S. Supreme Court, Boumediene v. Bush, Urt. v. 12.6.2008, 06-1195 und 06-1196, 553 U.S. (noch nicht in der amtlichen Sammlung veröffentlicht).

> Once understood in the context of the narratives that give it meaning, law becomes not merely a system of rules to be observed, but a world in which we live.[27]

Historisierungen sind ein Mittel zur Legitimationsbeschaffung auch in der Rechtswissenschaft und können über die Erzählung von »Neuansätzen« sogar habituell Verheißungscharakter annehmen.[28] In einem Aufsatz zur Entwicklung der verwaltungsrechtswissenschaftlichen Methodik in der Bundesrepublik Deutschland spricht Christian Bumke von der »Zeit der großen Erzählungen vom Kommenden: Untergang der Nachkriegsordnung und Aufbruch zur ›Neuen Verwaltungsrechtswissenschaft‹«.[29] Im Kern der dort beschriebenen Neuausrichtung steht die Forderung nach stärkerer Einbeziehung der Wissensbestände anderer Disziplinen: Durch das Eindringen eines neuen Paradigmas, der »globalen Wissensgesellschaft«, in das Recht, seien die traditionellen Strukturen des Verwaltungsrechts einem Veränderungsdruck ausgesetzt, auf den auch die Rechtswissenschaft reagieren müsse. In ihren Grundstrukturen zeigen derartige Legitimationsstrategien durchaus erzählungstypische Muster:[30] Ein von außen kommendes Ereignis (das neue Paradigma) stellt die Aktanten (die »scientific community«) vor neue Herausforderungen, die nur mittels eines Entwicklungsprozesses (der Öffnung zu den Sozialwissenschaften) zu bewältigen sind. Am Ende steht eine »Neue Wissenschaft«.

2.4 Fallgeschichten in der Juristenausbildung

Eine zentrale Rolle spielen Erzählungen schließlich auch in der Juristenausbildung. Studierende der Jurisprudenz verbringen einen Großteil ihrer Ausbildung mit dem Lösen juristischer Fälle. Ein vom Aufgabensteller vorgegebener Sachverhalt ist unter Beachtung der methodischen Handwerksregeln einer juristischen Lösung zuzuführen. Diese Sachverhalte sind zumeist fiktionale Texte, kurze Erzählungen, die im Idealfall ohne überflüssige Ausschmückungen die juristisch relevanten Elemente enthalten (erst im Assessorexamen erhält der deutsche Jurist

---

27 Robert Cover: »Nomos and Narrative«, in: *Narrative, Violence, and the Law. The Essays of Robert Cover*, hg. von Martha Minow, Michael Ryan und Austin Sarat, Ann Arbor 1992, S. 95–172, hier: S. 95f.
28 Zur Rolle legitimierender Erzählungen gerade in Kreisen einer »oppositional scholarship«, wo Geschichten der Unterdrückung durch einen übermächtigen Gegenspieler und das Ziel von dessen Überwindung konstitutive Bedeutung annehmen können, Richard A. Posner: »Legal Narratology«, *The University of Chicago Law Review* 64 (1997), S. 737–747, hier: S. 739f., 743f.
29 Bumke (Anm. 24), S. 103. Den inszenatorischen Gehalt der Selbstbeschreibung als »Neue Verwaltungsrechtswissenschaft« kritisiert Hubert Treiber: »Verwaltungsrechtswissenschaft als Steuerungswissenschaft – eine ›Revolution auf dem Papier‹? Anmerkungen zu einem intendierten Paradigmenwechsel und zur ›Kühnheit‹ von Schlüsselbegriffen«, *Kritische Justiz* 40 (2007), S. 328–346, und 41 (2008), S. 48–70, indem er eine veritable »Gegengeschichte« erzählt.
30 Vgl. auch Gunnar Folke Schuppert: »Verwaltungsrecht und Verwaltungsrechtswissenschaft im Wandel. Von Planung über Steuerung zu Governance?«, *Archiv des öffentlichen Rechts* 133 (2008), S. 79–106, hier: S. 80.

ein – präpariertes – Aktenstück, aus dem selbständig die relevanten von den nicht relevanten Informationen zu trennen sind).

Die Rechtfertigung, solche Fallgeschichten in einen Beitrag zu Wirklichkeitserzählungen aufzunehmen, liegt in der mittelbaren Referenz auf reale Geschehnisse: Den Ausbildungsfällen liegen reale Fälle zu Grunde, die zum Zwecke der Ausbildung jedoch regelmäßig fiktionalisiert werden. Die Fiktionalisierung ermöglicht die ausbildungsorientierte Reduktion von Komplexität, und sie ermöglicht Abwandlungen und Kombinationen realer Fälle.[31] Eine Fiktionalisierung ist aber keineswegs notwendig: In der juristischen Ausbildung werden genauso auch reale Fälle herangezogen, und es wird der zu Grunde liegende Lebenssachverhalt »nacherzählt«. Ins Fiktive gewandelte Fälle können teilweise so nah an ihren realen Vorbildern entlanggeführt werden, dass man lediglich die Namen und Daten austauschen müsste, um vom fiktiven zum faktualen Erzählen überzugehen.[32] Beide Typen von Narration sind für die Zwecke der juristischen Ausbildung funktionsäquivalent und daher austauschbar.

In einer Podiumsdiskussion über das Folterverbot berichtete der Heidelberger Rechtsprofessor Winfried Brugger, erklärter Befürworter einer »Rettungsfolter«, er habe in einem Klausurenkurs Examenskandidaten den folgenden Klausurfall zur Lösung gegeben:

> Die Stadt S wird von einem Terroristen mit einer chemischen Bombe bedroht und erpresst. Bei der Geldübergabe wird der Erpresser von der Polizei gefasst und in Gewahrsam genommen. Der Erpresser schildert der Polizei glaubhaft, dass er vor der Übergabe den Zünder der Bombe aktiviert hat. Die Bombe werde in drei Stunden explodieren und alle Bewohner der Stadt töten. Diese würden eines qualvollen Todes sterben, die schlimmste Folter sei dagegen nichts. Trotz Aufforderung gibt der Erpresser das Versteck der Bombe nicht bekannt. Androhungen aller zulässigen Zwangsmittel helfen nichts. Der Erpresser fordert eine hohe Geldsumme, die Freilassung rechtskräftig verurteilter politischer Kampfgenossen sowie ein Fluchtflugzeug mit Besatzung. Als Sicherheit sollen ihn namentlich benannte Politiker begleiten. Die Polizei sieht, nachdem eine Evakuierung der Stadt nicht möglich erscheint, nur noch ein einziges Mittel der Gefahrbeseitigung, nämlich das ›Herausholen‹ des Verstecks der Bombe aus dem Erpresser, notfalls mit Einsatz von Gewalt. Darf sie das?[33]

Der sich an diese Fallschilderung anschließende Dialog zwischen Brugger und seinem Berliner Kollegen Bernhard Schlink verdeutlicht das Oszillieren zwischen Fiktion und Faktum und führt vor, wie der Ausbildungsfall zum Szenario in der rechtspolitischen Debatte wird:[34]

---

31 Andreas von Arnauld: *Völkerrecht: Klausurfälle und Lösungen*, Tübingen 2005, S. 8 bei Anm. 14.
32 Als ein Beispiel: von Arnauld (Anm. 31), Fall 13 als Nachbildung der US-Invasion im Irak 2003.
33 Winfried Brugger/Dieter Grimm/Bernhard Schlink: »Darf der Staat foltern?«, *Humboldt Forum Recht* 2002, S. 45 ff.: http://www.humboldt-forum-recht.de/english/4-2002/index.html, Rn. 10, Aufruf 20.5.09.
34 Brugger und Schlink (Anm. 33), Rn. 22 f., 31. Instruktiv zu den Argumentationsstrategien Bruggers und zur »Macht der Imagination« Jan Philipp Reemtsma: *Folter im Rechtsstaat?*, Hamburg 2005, S. 73ff.

Schlink: ›Wir Juristen sind nicht kleinlich, wenn es um Fälle geht. Was wir an Fällen lösen und was wir an Fällen stellen und was die Fälle mit der Wirklichkeit zu tun haben – so genau nehmen wir's oft nicht. Denn oft sind die Fälle nur Spielmaterial. Herrn Bruggers Beispiel soll dagegen eine gewichtige These tragen. [...] Also, Herr Brugger, als Erstes, glaube ich Ihnen Ihr Beispiel nicht. Und nicht umsonst ist es so oder so ähnlich auch nicht passiert. Die Wirklichkeit ist vernünftiger als Ihre Phantasie. Aber gut, auch wenn es ganz unvernünftig und ganz unwahrscheinlich sein sollte – Sie werden von mir wissen wollen, wie es damit steht. Wirklich? Wollen wir uns wirklich auf alle unvernünftigen und unwahrscheinlichen Beispiele einlassen? [...] Irreale Beispiele führen zu Diskussionen über Irreales. [...] Warum statt des irrealen Beispiels nicht ein reales? Wäre das nicht aktueller, interessanter, ehrlicher? Denn wir wissen doch, dass die Welt des Rechts eine Welt der Generalisierungen ist. Und dass die Generalisierungen, die wir für die erdachten Fälle bilden, sich an den wirklichen Fällen zu bewähren haben. Also wie steht es mit der Folter im Fall Hinze, den Sie in Ihrem JA-Aufsatz angesprochen haben? [...]‹

Brugger: ›[E]s existieren Fälle, die entweder so sind, wie ich das geschildert habe, oder die im Umkreis dieses Falles angesiedelt sind. Nehmen Sie mal Timothy McVeigh, der vor ein paar Jahren in Oklahoma eine Bombe gezündet hat und viele Menschen umgebracht hat. Der war knallhart, kaltblütig, der wollte ein Fanal setzen. Das ist die Art von Täter, die, wenn man ihn vorher erwischt hätte, genau in den Fall hineinpasst, den ich Ihnen geschildert habe. Solche Menschen gibt es. Und die Verfügbarkeit von Informationen zur Herstellung von gefährlichen Bomben und sonstigen Gerätschaften, die viele Menschen bedrohen, nimmt durch das Internet eminent zu. Das weiß man, das kann man im SPIEGEL nachlesen, das sind reale Bedrohungen. Der Fall, den ich Ihnen geschildert habe, ist in Deutschland noch nicht geschehen, aber er könnte jederzeit passieren. [...] Mein Argument gegen Herrn Schlinks Einwand Nummer eins ist also: Solche Fälle können passieren und wir müssen gewappnet sein; wir müssen also solche Fälle überlegen und nach einer Lösung suchen, die vernünftig ist. [...]‹

3. Exemplarische Einzelanalysen

Im Folgenden sollen zwei der genannten Untersuchungsobjekte herausgegriffen und einer näheren Analyse in narratologischer Sicht[35] unterzogen werden: das Gesetz (bezogen auf das Sollen) sowie die Gerichtserzählungen (bezogen auf das Sein).

3.1 Gesetze

3.1.1 Vielgestaltigkeit von Gesetzen

Die Vielgestaltigkeit von Gesetzen macht einheitliche Aussagen unmöglich. Das moderne Recht kennt zunächst z.B. vollständige und unvollständige Rechtssätze.[36] Während vollständige Rechtssätze nach dem »Wenn-dann«-Schema an das Vorliegen sämtlicher Voraussetzungen eines Tatbestandes eine Rechtsfolge knüpfen und damit auf die Lebenswirklichkeit regelnd zurückwirken wollen (vgl.

---

35 Zu Grunde gelegt werden im Wesentlichen die Analysekategorien von Gérard Genette (Anm. 8). Einführend dazu Matías Martínez/Michael Scheffel: *Einführung in die Erzähltheorie*, 6. Aufl., München 2005.
36 Röhl/Röhl (Anm. 2), S. 231f.

z.B. § 212 StGB: Hat jemand einen anderen Menschen getötet, ohne Mörder zu sein [Tatbestand], so wird er mit Freiheitsstrafe bestraft [Rechtsfolge]), sind unvollständige Rechtssätze primär selbstreferenziell auf das Recht bezogen (z.b. Legaldefinitionen wie § 11 Abs. 1 Nr. 5 StGB: »Im Sinne dieses Gesetzes ist [...] 5. rechtswidrige Tat: nur eine solche, die den Tatbestand eines Strafgesetzes verwirklicht«). Neben Rechtsnormen, die eher technische Details in einem Spezialbereich regeln (z.B. Bundesimmissionsschutzgesetz oder Atomgesetz) stehen Normen des Verfassungsrechts, in denen die Gründungsmythen des Gemeinwesens, seine »großen Erzählungen«, deutlich hör- oder lesbar mitschwingen. Über einen solchen Verweis wird eine historische Legitimation beschworen.[37] Besonders Präambeln zu Verfassungen (aber auch zu völkerrechtlichen Verträgen[38]) dienen als Speicher dieser fundierenden Narrationen,[39] wie das Beispiel der Bayerischen Verfassung von 1946 verdeutlicht:

> Angesichts des Trümmerfeldes, zu dem eine Staats- und Gesellschaftsordnung ohne Gott, ohne Gewissen und ohne Achtung vor der Würde des Menschen die Überlebenden des zweiten Weltkrieges geführt hat, in dem festen Entschlusse, den kommenden deutschen Geschlechtern die Segnungen des Friedens, der Menschlichkeit und des Rechtes dauernd zu sichern, gibt sich das Bayerische Volk, eingedenk seiner mehr als tausendjährigen Geschichte, nachstehende demokratische Verfassung.

Sieht man von solchen Sonderfällen ab, sind die Gesetze des modernen Rechtsstaates nüchtern-funktional gekleidet. Im Vergleich hierzu scheinen historische Rechtstexte weit »narrativer«.[40] So finden sich im *Corpus Iuris* des Justinian Erzählungen aus der teils mythischen, teils realen Geschichte Roms; das sächsische Gewohnheitsrecht des frühen 13. Jahrhunderts wird im *Sachsenspiegel* des Eike von Repgow immer wieder auch in erzählender Form präsentiert; die reichen Bebilderungen der Rechtshandlungen in den Handschriften nehmen sich z.T. wie Vorläufer heutiger Comic-Strips aus. Die größere Farbigkeit historischer Rechts-

---

37 Allgemein Robert Weisberg: »Proclaiming Trials as Narratives: Premises and Pretenses«, in: Brooks/Gewirtz (Anm. 18), S. 61–83, hier: 76ff.
38 Deutlich z.B. die Präambel zur Charta der Vereinten Nationen: »Wir, die Völker, der Vereinten Nationen, fest entschlossen, künftige Geschlechter vor der Geißel des Krieges zu bewahren, die zweimal zu unseren Lebzeiten unsagbares Leid über die Menschheit gebracht hat, unseren Glauben an die Grundrechte des Menschen, an Würde und Wert der menschlichen Persönlichkeit, an die Gleichberechtigung von Mann und Frau sowie von allen Nationen, ob groß oder klein, erneut zu bekräftigen...«
39 Näher Peter Häberle: »Präambeln im Text und Kontext von Verfassungen«, in: Joseph Listl u.a. (Hg.): *Demokratie in Anfechtung und Bewährung. Festschrift für Johannes Broermann*, Berlin 1982, S. 211–249. Vgl. auch Erik Jayme: *Narrative Normen im Internationalen Privat- und Verfahrensrecht*, Tübingen 1993, zu Präambeln als »narrativen Normen«, d.h. als Rechtsregeln, »die eher erzählen als binden« (a.a.O., S. 16f.).
40 Klaus Lüderssen: »Das Narrative in der Jurisprudenz«, in: Ders.: *Produktive Spiegelungen. Recht in Literatur, Theater und Film*, 2. Aufl., Baden-Baden 2002, S. 66–78, hier: S. 66. – Für eine Wiederbelebung von Volksmärchen als Quelle des Rechtsempfindens plädiert Alexander Shytov: »Folktales as the Source of Law«, *Archiv für Rechts- und Sozialphilosophie* 94 (2008), S. 325–336, um einer Entfremdung vom »technisierten« modernen Recht in Thailand und China entgegenzuwirken.

regeln liegt vor allem in deren stärker kasuistischer Natur begründet; sie zielen noch nicht auf jene verallgemeinernde Abstraktion, die das moderne Gesetz kennzeichnet, sondern nehmen ihren Ausgang mehr bei konkreten Vorfällen, realen oder gedachten, die gleichsam nacherzählt werden.[41] Doch auch hier findet sich bereits die für heutige Rechtsnormen typische Struktur von Tatbestand (protasis) und Rechtsfolge (apodosis). So heißt es z.B. in 2. Mose, 22:4:

> Wenn jemand einen Acker oder Weinberg beschädigt, daß er sein Vieh läßt Schaden tun in eines andern Acker, der soll von dem Besten auf seinem Acker und Weinberg wiedererstatten.

Sinngemäß bestimmt § 833 Satz 1 BGB:

> Wird durch ein Tier [...] eine Sache beschädigt, so ist derjenige, welcher das Tier hält, verpflichtet, dem Verletzten den daraus entstehenden Schaden zu ersetzen.

Das Alte Testament lässt den Vorfall, der den Anlass für die Formulierung der Rechtsnorm gegeben haben mag, noch gut erkennen;[42] er verblasst dagegen in der abstrakten Zeichnung des BGB. Dies indes ist eine Frage der Farbigkeit und ändert nichts an der gemeinsamen Grundstruktur: auch im modernen Gesetz ist Narratives eingeschlossen.[43] Der normative Text findet Ursprung und Bestimmung in einer Erfahrung, die narrativ verarbeitet wird.[44]

Jackson sieht die Ursachen für den Stilwandel im modernen Recht in Prozessen der Bürokratisierung und Spezialisierung;[45] man wird aber auch die aufklärerische Idee der Allgemeinheit des Gesetzes als Garant von Gleichheit ebenso wenig außer Acht lassen dürfen wie die kontinentaleuropäische Vorstellung einer umgreifenden Rechtsordnung, die alle erdenklichen Fälle erfasst: Beschädigt ein Tier den Garten eines Nachbarn des Tierhalters, schließt § 833 Satz 1 BGB in seiner abstrakten Fassung diesen Fall ein. Auf Grundlage von 2. Mose, 22:4 hin-

---

41 Zum erzählenden Charakter von Kundschaftsaufzeichnungen und Weistümern im Prozess der Verschriftlichung mündlich tradierten Rechts Simon Teuscher: *Erzähltes Recht. Lokale Herrschaft, Verschriftlichung und Traditionsbildung im Spätmittelalter*, Frankfurt a.M./New York 2007, S. 152ff., 175ff., passim.
42 Auch hier freilich hat eine gewisse Abstraktion stattgefunden. James Boyd White: *Heracles' Bow. Essays on the Rhetoric and Poetics of the Law*, Madison 1985, S. 171, führt solche Abstraktionsprozesse auf die Unfähigkeit des Menschen zurück, sich an alle Einzelheiten einer Geschichte zu erinnern, sei es individuell oder kollektiv: »We normally deal with this problem by making skeletal outlines or formulas, which we *can* remember and which we use to organize the rest of what has happened and what will happen.«
43 Jackson (Anm. 3), S. 97 ff. Auf S. 99 bei Anm. 16 berichtet Jackson von dem Entwurf für ein Strafgesetzbuch in England (1985), dessen generell-abstrakt formulierten Normen in einem Anhang zur Illustration Beispielsfälle im folgenden Stil beigegeben wurden: »D, a doctor, finding P trapped and unable to speak after a road accident, injects a pain-killing drug.«
44 Cover (Anm. 27), S. 96.
45 Jackson (Anm. 3), S. 3, 106.

gegen wäre eine Analogie zur Beschädigung von Acker und Weinberg erforderlich.[46]

Das Common Law ist im Unterschied zur kontinentaleuropäischen Rechtstradition dem kasuistischen Denken verpflichtet, wie es im alten Recht dominiert. Hier bilden Präzedenzfälle den Referenzpunkt für eine Rechtsfindung, die durch Bildung von Analogien geprägt ist.[47] Es überrascht daher nicht, dass in England die Verbindung zwischen Recht und historischer Narration lange Zeit eng war. Die bedeutendsten Rechtsgelehrten waren »Rechtshistoriker« in einem sehr spezifischen Sinne; sie waren Kenner des Common Law, des über die Jahrhunderte gewachsenen und damit in die historischen Überlieferungen eingebetteten Volksrechts.[48]

3.1.2 Récit: Wer erzählt wem?

Beim Gesetz fallen Autor und Erzähler zusammen; es passte nur schlecht zu der Struktur rechtlicher Sollenssätze, wenn diese vom Autor durch das Sprachrohr einer Erzählerfigur vermittelt würden. Allenfalls ließe sich zwischen dem Volk als Souverän (vgl. Art. 20 Abs. 3 GG: »Alle Staatsgewalt geht vom Volke aus«) als Autor und dem konkret entscheidenden Staatsorgan (Gesetzgeber, Verwaltung, Gericht) als »Erzähler« differenzieren; dies allerdings würde einen spezifisch staatstheoretisch gefärbten Autorbegriff erfordern.

Gerade umgekehrt stellt sich das Verhältnis in der Präambel zur Verfassung der USA von 1787 dar:[49]

> We the people of the United States, in order to form a more perfect union, establish justice, insure domestic tranquility, provide for the common defense, promote the general welfare, and secure the blessings of liberty to ourselves and our posterity, do ordain and establish this Constitution for the United States of America.

Die Verfassungsväter als Autoren sprechen durch den Mund des Volkes der Vereinigten Staaten von Amerika und verweisen so auf das mehrdimensionale

---

46 Zu atypischen (»schwierigen«) Fällen Jackson (Anm. 3), S. 106ff.: Diese zeichnen sich durch erhebliche Abweichungen von der zu Grunde liegenden Geschichte aus. Während kasuistische Regeln solche Abweichungen leichter verarbeiten können, muss bei abstrakt formulierten Regeln gegebenenfalls bei der Normanwendung differenziert werden, sollte die Generalisierung zu unvertretbaren Ergebnissen (»Typisierungsopfern«) führen. Dass die juristische Hermeneutik an dieser Stelle an ihre Grenzen stößt, weil sie in »ausgefallenen« Fällen auf einen alltäglichen Sprachgebrauch rekurriert, »wo es längst keinen alltäglichen Sprachgebrauch mehr gibt«, merkt Gerhard Struck an, in: »Die Menschenwürde gilt als unantastbar«. Zur Rhetorik der juristischen Fiktion«, *Zeitschrift für Semiotik* 12 (1990), S. 179–186, hier: S. 185.
47 Wolfgang Fikentscher: *Methoden des Rechts in vergleichender Darstellung*, Bd. II: Anglo-amerikanischer Rechtskreis, Tübingen 1975, S. 69ff.
48 William Searle Holdsworth: *The Historians of Anglo-American Law*, New York 1928.
49 Zum identitätsstiftenden Charakter der Verfassung in den USA Ball (Anm. 25), S. 2280ff.; Paul W. Kahn: *The Reign of Law. Marbury v. Madison and the Construction of America*, New Haven/London 2002.

Verhältnis von Volkssouveränität und Repräsentation.[50] In ähnlicher Weise hat sich »das deutsche Volk« laut Präambel das Grundgesetz gegeben.[51] Bemerkenswert ist, dass in diesen Texten ein Ich-Erzähler in Erscheinung tritt, während sonst Gesetzesnormen heute den Erzähler/Autor verschleiern. Dies war in früheren Zeiten anders. Gesetze und Dekrete des Monarchen waren vordem in Wir-Form abgefasst, um die Legitimationsquelle offenzulegen. Im modernen parlamentarischen Gesetz erschließt sich der Autor nur kontextuell bzw., in der Terminologie von Genette,[52] paratextuell. Dass eine Norm im Bundesgesetzblatt abgedruckt ist, erschließt, dass der Bundesgesetzgeber sie erlassen hat; Ausfertigung durch den Bundespräsidenten und Gegenzeichnung durch die Bundesregierung haben nach Art. 82 GG lediglich Beglaubigungsfunktion.

Der intendierte Leser des Gesetzestextes ist zumindest der rechtsstaatlich-demokratischen Theorie nach die Allgemeinheit, zumindest aber der Kreis aller (potentiell) von der Norm Betroffenen. Dass die Realität oft anders aussieht und Gesetze vielfach nur mit Spezialistenwissen dechiffrierbar sind, ist ein alter Topos der Gesetzeskritik. Sentenzen von Jeremy Bentham (»if the style of the book of the laws were distingueshed from the style of other books, it should be by its superior perspicuity – by its greater precision – by its greater familiarity, because it is to be understood by all, and particularly by those least enlightened«[53]) oder Rudolf von Ihering (»der Gesetzgeber solle denken wie ein Philosoph, aber reden wie ein Bauer«[54]) mögen dies verdeutlichen.[55]

3.1.3 Discours: Wie wird erzählt?

Bei der Frage, wie erzählt wird, scheinen die narratologischen Kategorien von *Modus* und *Stimme* nicht recht zu passen: Das moderne Recht offenbart sich nicht länger in Gestalt von Gleichnissen und Fallgeschichten, bei denen Nähe oder Distanz zum Erzählten, Mittelbarkeit oder Unmittelbarkeit vielleicht taugliche Analysekriterien bieten könnten. Der Gesetzgeber formuliert typischerweise losgelöst von einem Einzelfall eine Regel. Seine Stellung zur Erzählung ist dabei stets die des legitimierten Autors eines Sollenssatzes. Der seinsprägenden Kraft des Rechts ist es gedankt, dass der Gesetzgeber seine Anordnungen sowohl in die Gestalt ausdrücklicher Sollenssätze (Art. 104 Abs. 1 Satz 2 GG: »Festgehaltene

---

50 Dazu statt vieler Ernst-Wolfgang Böckenförde: »Demokratische Willensbildung und Repräsentation«, in: Josef Isensee/Paul Kirchhof (Hg.): *Handbuch des Staatsrechts für die Bundesrepublik Deutschland*, Bd. III, 3. Aufl., Heidelberg 2005, § 34.
51 Näher Dietrich Murswiek: *Die verfassunggebende Gewalt nach dem Grundgesetz für die Bundesrepublik Deutschland*, Berlin 1978.
52 Gérard Genette: *Paratexte: das Buch vom Beiwerk des Buches*, übers. v. Dieter Hornig, Frankfurt a.M. 1989.
53 Jeremy Bentham: »Principles of the Civil Code« [1802], in: John Bowring (Hg.): *The Works of Jeremy Bentham*, Vol. I, Edinburgh 1843, Nachdruck Bristol 1995, S. 297–364, hier: S. 326.
54 Zitiert nach Wilhelm Herschel: »Rechtssicherheit und Rechtsklarheit«, *Juristenzeitung* 1967, S. 727–737, hier: S. 736.
55 Dazu näher von Arnauld (Anm. 6), S. 226ff., 230ff.

Personen dürfen weder seelisch noch körperlich mißhandelt werden.«) kleiden kann als auch in die Gestalt scheinbarer Feststellungen (Art. 1 Abs. 1 Satz 1 GG: »Die Würde des Menschen ist unantastbar.«). Erst der Kontext erschließt hier den normativen Sinn.[56] Die stilistische Bandbreite von Gesetzestexten i.Ü. ist eingangs schon angesprochen worden.

Das Kriterium der *Zeit* erhält durch die Idee der Geltung von Rechtsnormen eine spezifische Färbung: Das Gesetz will in aller Regel künftiges Verhalten steuern. Es bezieht daher in seine »Erzählung« alle künftigen Situationen ein, die mit dem Gesetzestatbestand übereinstimmen; die Abstraktheit seiner Erzählung erhebt den Anspruch, Gegenwart und Zukunft einzuschließen. Die »erzählte Zeit« ist die jeweilige Gegenwart – bis zum Außerkrafttreten des Gesetzes. Das Recht arbeitet hier mit Iterativen, mit patterns, die zugleich regelmäßig Abstraktionen realer Vorkommnisse in der Vergangenheit sind und als Blaupausen künftigen Ereignissen zu Grunde gelegt werden können.

Ausnahmsweise »erzählen« Gesetze auch von Vergangenem. Nicht nur dort, wo in Präambeln die Geschichte (oder historische Imagination) zur Legitimationsstiftung bemüht wird, sondern auch dort, wo Gesetze rückwirkend die Rechtslage verändern. Rückwirkende Gesetze behaupten mit Befolgungsanspruch eine Rechtswirklichkeit, die in dem betreffenden Zeitraum nicht existiert hat. Sie spielen mit einer Fiktion[57] und unterminieren den verhaltenssteuernden Anspruch des Rechts: Man hat sich seinerzeit an einem Recht orientiert, von dem nun behauptet wird, es habe nicht gegolten: Dies frustriert das in die Verlässlichkeit des Rechts gesetzte Vertrauen des Bürgers.[58]

3.1.4 Histoire: Was wird erzählt?

Handlung, Kausalität, Ereignis und Figur sind Kategorien, mit denen sich Gesetzesinhalte gut beschreiben lassen. Dies sei am Beispiel des § 221 Abs. 1 StGB illustriert, der die Strafbarkeit der Aussetzung bestimmt:

Wer einen Menschen
1. in eine hilflose Lage versetzt oder
2. in einer hilflosen Lage im Stich läßt, obwohl er ihn in seiner Obhut hat oder ihm sonst beizustehen verpflichtet ist,
und ihn dadurch der Gefahr des Todes oder einer schweren Gesundheitsschädigung aussetzt, wird mit Freiheitsstrafe von drei Monaten bis zu fünf Jahren bestraft.

---

56 Röhl/Röhl (Anm. 2), S. 86. Zu dieser Beobachtung auch Reemtsma (Anm. 34), S. 17.
57 Juristische Fiktionen lassen sich als faktual-fiktive Texte (dazu Christian Klein/Matías Martínez in diesem Band, S. 1–13) lesen, bei denen eine Wirklichkeitsreferenz suggeriert wird, die so nicht existiert. Zu diesem »Als ob« m.w.N. von Arnauld (Anm. 6), S. 235f. Zur Gegenüberstellung von Fiktionen im juristischen und im literarischen Sinn Peter M. Heijl: »Nicht alle Realitäten sind gleich wirklich. Wirklichkeitskonstruktionen im Recht und in der Literatur«, *Zeitschrift für Semiotik* 12 (1990), S. 221–228.
58 von Arnauld (Anm. 6), S. 325ff. Nahezu alle Rechtsordnungen versuchen daher, rückwirkende Gesetzgebung möglichst zu unterbinden. Dazu im europäischen Rechtsvergleich ebd., S. 552ff., 561ff., 574ff., 614ff., 618ff.

Als Figuren stehen hier Täter (der Aussetzende) und Opfer (der Ausgesetzte) zur Verfügung; in der Tatbestandsvariante Nr. 2 stehen beide in einer besonderen Beziehung zueinander (Obhut oder sonstige Beistandspflicht). Zwei temporal geordnete[59] Ereignisse – Aussetzung sowie der Eintritt der Todes- bzw. Gesundheitsgefahr – sind kausal verknüpft (»dadurch«) und machen das Geschehen zu einer Geschichte mit einer in Umrissen erkennbaren Handlung. Noch eine weitere Geschichte deutet sich an: Verknüpft sind nicht nur die beiden Ereignisse auf Tatbestandsseite, sondern auch Tatbestand und Rechtsfolge: Die Norm antizipiert in ihrer Rechtsfolge die Bestrafung des Täters. Für diese Art der Verknüpfung, die spezifisch an die Sollensstruktur des Rechts anknüpft, passen die erzähltheoretischen Figuren einer empirisch orientierten Kausalität und einer numinosen Finalität nicht völlig (noch weniger freilich die kompositorisch-ästhetische Verknüpfung, es sei denn, man betont einen auch ästhetischen Aspekt der Bestrafung als Wiederherstellung des sozialen Gleichgewichts[60]). Es liegt vielmehr eine Art normativ-kausaler Verknüpfung vor, die das Ereignis »Bestrafung« mit den vorangegangenen Ereignissen verbindet. Für James Boyd White liegt hierin geradezu der Witz von Geschichten:

> The meaning of the story, uncertain as it is, extends into the futures, in the law and elsewhere, for stories about the real world are told as grounds of action. The injury requires revenge; innocent suffering requires compassion; and so on. The idea of Hume and others that domains of fact and value are by definition distinct – ›one can't get an ›ought‹ from an ›is‹ – is certainly not supported by our experience of narrative and moral action. It is from the ›is‹ from the story told a certain way, that we get our most important ›oughts‹: our sense that a particular story is incomplete without a certain ending, which we can supply.[61]

Der regelmäßig abstrakte Charakter des Gesetzes und seine Neigung zur Vertypung (Typisierung) lassen v.a. strukturalistische Analysen reizvoll erscheinen. Wenn es zutrifft, dass »[d]as Gemeinsame und Übertragbare von Geschichten [...] nicht die Art und Weise der Darstellung in ihren sprachlichen und erzählerischen Modalitäten« ist, »sondern die Abfolge von Ereignissen und Aktionen, die auf der Handlungsebene eine autonome Sinnstruktur ergeben«[62], dann muss es möglich sein, diese narrativen Tiefenstrukturen in Gesetzen zu suchen.

Legt man die Raumsemantik Jurij Lotmans[63] zu Grunde, ist ein Text narrativ, wenn er sujethaft ist. Die Sujethaftigkeit fällt bei Lotman mit einer Grenzüber-

---

59 William Labov: »Der Niederschlag von Erfahrungen in der Syntax von Erzählungen«, übers. v. Monika Krah, in: Ders.: *Sprache im sozialen Kontext*, hg. von Norbert Dittmar und Bert-Olaf Rieck, Bd. 2, Königstein/Ts. 1978, S. 58–99, hier: S. 65: Minimal-Erzählung als »Abfolge von zwei Teilsätzen [...], die temporal geordnet sind«.
60 Zu diesem Gleichgewicht Jan M. Broekman: *Recht und Anthropologie*, Freiburg/München 1979, S. 14 ff. Zu einer möglichen ästhetischen Dimension Andreas von Arnauld/Wolfgang Durner: »Heinrich Triepel und die Ästhetik des Rechts«, in: Heinrich Triepel: *Vom Stil des Rechts* (1947), Neuausgabe Berlin 2007, S. V–XLII, hier: S. XXXIVf.
61 White (Anm. 42), S. 175.
62 Martínez/Scheffel (Anm. 35), S. 138.
63 Jurij M. Lotman: *Die Struktur des künstlerischen Textes*, hg. v. Rainer Grübel, Frankfurt a.M. 1973, S. 327ff., 347ff. Einführung bei Martínez/Scheffel (Anm. 35), S. 140ff.

schreitung durch den Helden als außerordentlichem Ereignis zusammen. Im Beispiel des § 221 Abs. 1 StGB ist es der Täter, der als (negativer) Held, die mit »legal vs. illegal« semantisch codierte Grenze überschreitet,[64] indem er sein Opfer in hilfloser Lage aussetzt. Solche Normübertretungen sind revolutionär, wenn sie nicht nur ungeahndet bleiben, sondern zudem Grundlage einer neuen Ordnung werden;[65] mit seiner Strafandrohung zielt § 221 StGB jedoch auf die Bewahrung bzw. Wiederherstellung der Ordnung, ist also restitutiv ausgelegt: die Überschreitung soll scheitern (Abschreckungswirkung der Strafnorm) oder durch Strafe gleichsam aufgehoben werden.[66] Der semantischen Codierung der Verbotsnorm liegt ein Schema sozialer Inklusion und Exklusion zu Grunde, das mit der Unterscheidung von »innen« und »außen« auf einen topologischen Gegensatz im Sinne Lotmans zielt. Die topographischen Gegensätze bei Lotman hingegen sind im Recht weniger sichtbar. Im Fall der Aussetzung lassen sich zwar leicht »Verortungen« denken (das Aussetzen des Opfers in einer einsamen Berggegend etwa); dies ist indes eher zufällig dem Inhalt der konkreten Verbotsnorm geschuldet. Auf ein Raumdenken in den Rechtsstrukturen stößt man indes, wenn man betrachtet, wie die Zuteilung von Verantwortung über Räume der »Zuständigkeit« erfolgt.[67]

Doch nicht nur der Strukturalismus nach Lotman lässt analytische Perspektiven auf Gesetze zu; auch wenn man im Anschluss an Propp stärker das Beziehungsgeflecht von »Aktant« (Greimas) und Funktion in den Mittelpunkt stellt,[68] lassen sich Parallelen erkennen. Viele Rechtsnormen konstruieren ein wiederkehrendes Muster aus Geschädigtem (Held/Opfer) und Schädiger (Gegenspieler/Täter), aus Wiederherstellung und Wiedergutmachung.[69] Auch dort, wo Recht nicht Konflikt, sondern Kooperation regelt, finden sich Aktionen, die sich unter dem Aspekt der Funktion beschreiben lassen, etwa beim Abschluss eines Vertrages (poetischer: eines Paktes), der Gründung eines Vereins (poetischer: eines Bundes) usw. Dass die Funktionalität einer Aktion sich letztlich aus ihrer Bedeu-

---

64 Im Rechtsbruch sieht Robert Burns: *A Theory of the Trial*, Princeton 1999, S. 162 f. geradezu den Archetyp einer Grenzüberschreitung als Impuls für Erzählungen – und damit den inneren Zusammenhang von Narrativ und Gerechtigkeit.
65 Zu Tabubruch und Rechtsordnung Giorgi Maisuradze: »Tabu im Spiel und in der Ordnung der Rechts«, in: von Arnauld (Anm. 19), S. 119–127, hier: S. 126f.
66 Vgl. die Differenzierungen bei Martínez/Scheffel (Anm. 35), S. 142.
67 Andreas von Arnauld: »Zufall in Recht und Spiel«, in: Ders. (Anm. 19), S. 171–190, hier: S. 176ff. Eingehend zum Verhältnis von Recht und Raum Günther Winkler: *Raum und Recht: Dogmatische und theoretische Perspektiven eines empirisch-rationalen Rechtsdenkens*, Wien/New York 1999. Zum räumlichen Denken in der Philosophie James Van Cleve/Robert E. Frederick (Hg.): *The Philosophy of Right and Left*, Dordrecht u.a. 1991.
68 Vladimir Propp: *Morphologie des Märchens*, übers. v. Christel Wendt, Frankfurt a.M. 1975. Siehe einführend Martínez/Scheffel (Anm. 35), S. 137ff. Zu Propp aus rechtswissenschaftlicher Perspektive Jackson (Anm. 3), S. 28, 78f., 82.
69 W. Lance Bennett/Martha S. Feldman: *Reconstructing Reality in the Courtroom. Justice and Judgment in American Culture*, 2. Aufl., New Brunswick 1984, S. 62, ziehen eine Parallele zwischen den typischen Strukturen rechtlicher Erzählungen vor Gericht und der Propp und Greimas verwandten »Pentade« von Elementen sozialen Handelns bei Kenneth Burke (*A Grammar of Motives*, Berkeley 1969): scene, act, agent, agency, purpose.

tung für den Gang der Handlung ergibt,⁷⁰ lässt sich auch auf das Recht übertragen, bei dem Handlungen nur dann als Rechtshandlungen gelten können, wenn sie geeignet sind, die angestrebte Rechtsfolge zu bewirken. Der Eintritt dieser Rechtsfolge schafft, durch die symbolisierende Kulturleistung, die mit dem Begriff der »Rechtsgeltung« chiffriert wird, eine neue Realität: Das Element der Wandlung, das in Propps Zaubermärchen eine zentrale Rolle spielt, ist auch dem Recht immanent. Schließlich verfügt das Recht (ebenso wie die Magie) über deklarative Sprechakte, die den Anspruch erheben, eine Veränderung der Realität zu bewirken.⁷¹ »Rechte können wie Lebewesen etwas bewirken, begründen, hemmen, lösen, übertragen, – sie können bestehen, zusammenfallen, zugrunde gehen und wieder aufleben.«⁷²

Die narrativen Strukturen von Rechtsnormen lassen sich unterschiedlich deuten. In »kulturalistischer« Perspektive mag man sie als Relikte historischen »erzählten« Rechts interpretieren oder aber umgekehrt an ihnen ablesen, dass sich unsere Erzählungen wie unser Recht aus fundierenden Vorstellungen von Gerechtigkeit ableiten.⁷³ Man mag aber auch, den semiotischen Strukturalismus Greimas'⁷⁴ aufgreifend, hier Tiefenstrukturen am Werk sehen, die, der generativen Grammatik Noam Chomskys⁷⁵ vergleichbar, unsere Weltwahrnehmung und unsere Wirklichkeitsorganisation fundamental prägen.⁷⁶ Dabei gilt es, verschiedene Ebenen der narratologischen Analyse auseinander zu halten: Auf einer »soziolinguistischen« Oberflächenebene (oder Manifestationsebene) geht es um den Inhalt sowie die Art und Weise konkreter Äußerungen; auf »thematischer« Ebene geht es um (kulturell kontingentes) narrativ organisiertes soziales Wissen, dessen Verstehbarkeit letztlich auf universelle Strukturen der Bedeutungsproduktion verweisen könnte (»strukturelle« Ebene).⁷⁷

---

70 Propp (Anm. 68), S. 27.
71 von Arnauld (Anm. 19), S. 108.
72 Katharina Sobota: »Stimmigkeit als Rechtsstruktur«, *Archiv für Rechts- und Sozialphilosophie* 77 (1991), S. 243–256, hier: S. 253.
73 Cover (Anm. 27), S. 95ff. Allgemein Jan Assmann: *Das kulturelle Gedächtnis: Schrift, Erinnerung und politische Identität in frühen Hochkulturen*, 3. Aufl., München 2000, S. 229ff., 232ff.; Andreas von Arnauld: »Regelentstehung und kulturelles Gedächtnis«, in: Ders. (Anm. 19), S. 209–227.
74 Algirdas Julien Greimas: *Strukturale Semantik: Methodologische Untersuchungen*, übers. v. Jens Ihwe, Braunschweig 1971.
75 Noam Chomsky: *Thesen zur Theorie der generativen Grammatik*, übers. v. Florian Coulmas und Bernd Wiese, 2. Aufl., Weinheim 1995. Bezugnahme bei Jackson (Anm. 3), S. 62, 156.
76 Jackson (Anm. 3), S. 27ff., 94ff., passim. Kritisch Costas Douzinas/Ronnie Warrington: »Law's Tales: Semiotics and Narratology«, in: Dies./Shaun McVeigh: *Postmodern Jurisprudence. The Law of Text in the Texts of Law*, London/New York 1991, S. 92–110.
77 Jackson (Anm. 3), S. 79.

3.2 Gerichtserzählungen

Dass vor Gericht Geschichten erzählt werden, ist banal.[78] Dass der Ausgang des Verfahrens auch davon abhängen kann, ob man seine Geschichte gut erzählt, mag vielleicht nicht überraschen, kratzt aber an dem Anspruch der juristischen Profession, die »Wahrheit« zu ermitteln, um eine »gerechte« Entscheidung zu treffen.[79]

Für eine narratologische Analyse der Erzählungen vor Gericht ist es unerlässlich, sich die spezifische Anordnung der Erzählebenen zu verdeutlichen: Vor Gericht hat man es, zumindest im streitigen Verfahren, mit mindestens zwei[80] konkurrierenden Narrativen (Kläger/Beklagter, Anklage/Verteidigung)[81] zu tun, die in ein »Masternarrativ« münden.[82] Dessen Autor ist der Richter, der zugleich als Beglaubigungsinstanz wirkt. Für die konkurrierenden Erzählungen der Prozessbeteiligten ist das Gericht der intendierte Leser bzw. Zuhörer, während das Urteil des Gerichts sich zugleich an die Prozessparteien wie auch an die Öffentlichkeit richtet, die als Repräsentant des Souveräns (Urteile ergehen »im Namen des Volkes«) im Regelfall der Urteilsverkündung beiwohnen soll (vgl. §§ 173 GVG, 268 StPO, 311 ZPO, 117 VwGO).[83] In dem »Masternarrativ« findet die verbindliche Verknüpfung von Sein und Sollen statt:[84] Der Richter stellt fest, wie es war, und ordnet an, was in Folge dessen gilt. Im Prozess der performativen Konstruktion juridisch relevanter Wirklichkeit[85] erhalten damit die Kriterien, die an Erzählungen auf Mikroebene angelegt werden, nicht allein klassifikatorische

---

78 Weisberg (Anm. 37), S. 66. Überblick über die Rolle von Erzählungen in den verschiedenen Stadien des US-amerikanischen Strafprozesses bei Richard Lempert: »Telling Tales in Court: Trial Procedure and the Story Model«, *Cardozo Law Review* 13 (1991), S. 559–573.
79 An diesem Punkt setzen Studien aus dem anglo-amerikanischen Rechtskreis an, die sich mit »courtroom narratives« befassen. Näher dazu bei Anm. 143.
80 Natürlich steht es dem Angeklagten (bzw. dem Beklagten im Zivilprozess) frei zu schweigen. Unter dem Druck von Kommunikationserwartungen wird die Wahrnehmung des Schweigerechts freilich als Symptom der Nicht-Kooperation aufgefasst; die kommunikativen Erwartungen können das Recht zu schweigen leer laufen lassen: Monica den Boer: »Sie sind nicht konsequent«. Das fiktive Schweigerecht des Beschuldigten«, *Zeitschrift für Semiotik* 12 (1990), S. 211–219.
81 Zu der Akkumulation und Transformation von Erzählungen im Lauf von Strafverfahren (inklusive vorprozessualer Aussagen und Dokumente) Bourcier (Anm. 10), S. 135ff.
82 Hannken-Illjes (Anm. 14), S. 213, im Anschluss an Michael Lynch/David Bogen: *The Spectacle of History. Speech, Text, and Memory at the Iran-Contra Hearings*, Durham/London 1996, S. 71. Zum Fehlen eines Metanarrativs in US-amerikanischen Juryprozessen, in denen der Richter keine autoritativen Sachverhaltsfeststellungen trifft, Burns (Anm. 64), S. 166.
83 Zur ambivalenten Rolle der Öffentlichkeit in US-amerikanischen Strafverfahren Gewirtz (Anm. 18), S. 149ff.
84 Hannken-Illjes (Anm. 14), S. 221.
85 Dazu aus konstruktivistischer Perspektive Jackson (Anm. 3), S. 16 f. mit Kritik an Referenzmodellen der Wahrheit.

Bedeutung; die Beachtung der Regeln für »gutes Erzählen« ist von latenter normativer Relevanz.[86]

Analytisch lassen sich drei Dimensionen der gerichtlichen Narration unterscheiden: interne Anforderungen, Kontextbezug, Adressierung.

3.2.1 Interne Anforderungen: die gelungene Ge/sch/r/ichtserzählung

Zunächst muss die vor Gericht erzählte Geschichte *kohärent*, d.h. in sich *stimmig* sein.[87] Dazu sind innere Widersprüche zu vermeiden. Besonderheiten ergeben sich hier unter dem Aspekt des *Discours*: Es handelt sich um einen »gestreckten« Erzählverlauf, der vorprozessuale Aussagen und vorprozessualen Schriftverkehr ebenso umfasst wie die eigentliche Verhandlung vor Gericht[88], die sich gegebenenfalls über mehrere Sitzungstage erstrecken kann.[89] Hier erhält das Gebot der Kohärenz seine besondere Ausprägung im Gebot der Konstanz der Aussage. Außerdem wird oft in mehreren Aussagesituationen (z.B. vor der Polizei, vor Gericht usw.) dieselbe Geschichte mehrfach erzählt werden müssen. Unter diesem Aspekt der Frequenz der Erzählung folgt aus dem Kohärenzgebot die Pflicht zur Invarianz. Unstimmig kann eine Aussage schließlich auch wirken, wenn sie Ereignisse in chronologisch nicht geordneter Folge nebeneinander stellt. Auch die Frage nach der zeitlichen Ordnung, d.h. in welcher Reihenfolge erzählt wird, kann sich so auf den forensischen Erfolg der Erzählung auswirken.[90]

Auch die *Detailliertheit* des Parteivortrags ist ein wichtiges Kriterium. Ein Mindestmaß an inhaltlicher »Dichte« gibt bereits das Prozessrecht verbindlich vor: Ein Parteivortrag ist nur dann »substantiiert«, wenn jedem Tatbestandselement der Norm, auf die sich die Partei beruft, ein Element in der Geschichtser-

---

86 Zu möglichen Veränderungen (im US-amerikanischen Strafverfahren) durch die Einführung von DNA-Tests als Beweismittel Randolph N. Jonakait: »Stories, Forensic Science, and Improved Verdicts«, *Cardozo Law Review* 13 (1991), S. 343–352.
87 Zur Bedeutung der Kohärenz Neil MacCormick: »Coherence in Legal Justification«, in: Werner Krawietz u.a. (Hg.): *Theorie der Normen. Festgabe für Ota Weinberger zum 65. Geburtstag*, Berlin 1984, S. 37–53, hier: S. 48ff.; Bennett/Feldman (Anm. 69), S. 66ff.; Jackson (Anm. 3), S. 18ff., passim; Sobota (Anm. 72), S. 243ff.; Burns (Anm. 64), S. 150f., 167f.
88 Zur Stabilisierung von Geschichten im schriftlichen Vorverfahren vgl. aus eher sprachwissenschaftlicher Sicht Thomas-Michael Seibert: »Schriftform und Mündlichkeitsprinzip im Rechtsdiskurs«, in: Ludger Hoffmann (Hg.): *Rechtsdiskurse. Untersuchungen zur Kommunikation in Gerichtsverfahren*, Tübingen 1989, S. 217–250.
89 Vgl. Hannken-Illjes (Anm. 14), S. 214: »Diese Geschichten erscheinen [...] nicht immer als geschlossene diskursive Einheiten, sie werden nicht notwendigerweise ›in einem Rutsch‹ erzählt, sondern konstituieren sich auch im Laufe des Verfahrens: sie werden also eher, als dass sie sind.« Zu den Modifikationen nach Abschluss des Gerichtsverfahrens durch öffentliche Rezeption in den Medien usw. Robert A. Ferguson: »Untold Stories in the Law«, in: Brooks/Gewirtz (Anm. 18), S. 84ff.
90 Jackson (Anm. 3), S. 11 f.; Nancy Pennington/Reid Hastie: »Explanation-Based Decision Making: Effects of Memory Structure on Judgement«, *Journal of Experimental Psychology: Learning, Memory and Cognition* 14 (1988), S. 521–533, hier: S. 528ff.

zählung zugeordnet ist.[91] Im Übrigen ist die »Farbigkeit« und »Lebendigkeit« ein wichtiges Kriterium für die Glaubhaftigkeit der Aussage bzw. für die Glaubwürdigkeit des Aussagenden.[92]

In einem in der juristischen Literatur weithin rezipierten Werk[93] hat der Gerichtspsychologe Friedrich Arntzen Glaubwürdigkeitskriterien für Aussagen vor Gericht zusammengestellt,[94] die sich narratologisch z.T. mühelos einordnen lassen:

1. Glaubwürdigkeitskriterien, die sich aus dem Aussageinhalt ergeben:
a) Detaillierung und inhaltliche Besonderheiten – u.a. vom Zeugen wiedergegebene Gespräche und Interaktionen, eigenpsychische Vorgänge, phänomengebundene Beobachtungen, vielfältige Verflechtungen mit veränderlichen äußeren Umständen, negative Komplikationen, Reaktionsketten, inhaltliche Verschachtelungen, ausgefallene, originelle Einzelheiten.
b) Homogenität der Aussage [...]
2. Glaubwürdigkeitskriterien, die sich aus dem Verlauf der Aussageentwicklung ergeben:
a) relative Konstanz und Inkonstanz einer Aussage in zeitlich auseinanderliegenden Befragungen
b) Ergänzbarkeit einer Aussage bei nachfolgenden Befragungen
3. Glaubwürdigkeitskriterien, die sich aus der Aussageweise ergeben:
a) Inkontinenz,
b) nacherlebte Gefühlsbeteiligung,
c) ungesteuerte Aussageweise
4. Kriterien aus dem Motivationsumfeld der Aussage:
Objektivität der Aussage

---

91 Zum Substantiierungserfordernis Bundesgerichtshof, Urteil v. 12.7.1984, VII ZR 123/83, *Neue Juristische Wochenschrift* 1984, S. 2888–2889; Ders., Urteil v. 5.7.1995, XII ZR 246/93, *Neue Juristische Wochenschrift* 1996, S. 663–664; Rolf Mayke: »Plausibilitätskontrolle und Beweis«, *Neue Juristische Wochenschrift* 2000, S. 2230–2235.

92 In der prozessrechtlichen Terminologie werden üblicherweise Glaubhaftigkeit und Glaubwürdigkeit unterschieden: Glaubwürdigkeit ist die Eigenschaft einer Person, während die Aussage glaubhaft erscheinen muss. Beide hängen freilich zusammen, Sobota (Anm. 72), S. 255: »Zur immanenten Stimmigkeit des Vortrags muß [...] auch die soziale Integration, die offenbare Stimmigkeit des Sozialverhaltens treten.«

93 Z.B. Ulrich Eisenberg/Bettina Zötsch: »Der Zeugenbeweis im Strafverfahren – Tendenzen in der höchstrichterlichen Rechtsprechung«, *Neue Juristische Wochenschrift* 2003, S. 3676–3678, hier: S. 3677f. Anm. 12, 26, 32; Thomas Fischer: »Glaubwürdigkeitsbeurteilung und Beweiswürdigung: Von der Last der ureigenen Aufgabe«, *Neue Zeitschrift für Strafrecht* 1994, S. 1–5, hier: S. 2ff. Anm. 17, 28, 31, 33, 35, 43, 44, 46; Martin Schöpflin: »Die Parteianhörung als Beweismittel«, *Neue Juristische Wochenschrift* 1996, S. 2134–2138, hier: S. 2137f. Anm. 52, 58, 59; Martin Hohlweck: »Die Beweiswürdigung im Zivilurteil«, *Juristische Schulung* 2001, S. 584–589, hier: S. 587 Anm. 27; Joachim Renzikowski, in: Wolfgang Joecks u.a. (Hg.): *Münchener Kommentar zum StGB*, Bd. 2/2, München 2005, Vorbemerkung zu den §§ 174ff., Rn. 58ff. Anm. 147; Richard Rudisile, in: Friedrich Schoch/Eberhard Schmidt-Aßmann/Rainer Pietzner (Hg.), *Verwaltungsgerichtsordnung*, § 98, Literaturverzeichnis; Karsten-Michael Ortloff, ebd., § 104, Rn. 7 Anm. 14. Aus der Rechtsprechung z.B.: BGH, Beschluss v. 16.5.1995, 4 StR 237/95, *Neue Juristische Wochenschrift* 1996, S. 207–208, hier: S. 208; BGH, Urteil v. 30.7.1999, 1 StR 618/98, *Neue Zeitschrift für Strafrecht* 2000, S. 100–106, hier: S. 103 f.; OLG Stuttgart, Beschluss v. 8.12.2005, 4 Ws 163/05, *Neue Juristische Wochenschrift* 2006, S. 3506–3507, hier: S. 3507.

94 Friedrich Arntzen: *Psychologie der Zeugenaussage: System der Glaubwürdigkeitsmerkmale*, 2. Aufl., München 1983, S. 15ff., 27ff.

Zunächst lassen sich Elemente der *Histoire* ausmachen: Im Vordergrund der Aussagen vor Gericht stehen naturgemäß Handlungen, Ereignisse und Figuren. Zu klären, was vorgefallen ist und wer was getan hat, ist Hauptziel der Verhandlung. Die Verknüpfung von Ereignissen erfolgt dabei in der Regel kausal. Der Richter wird versuchen, im Masternarrativ die Bausteine der Erzählungen zu einem kausal motivierten *plot* zu verknüpfen, bei dem Ereignisse auseinander folgen. Der Aussagende kann dem Richter diese Arbeit erleichtern, indem er selbst bereits eine kausal-logisch geordnete Abfolge von Ereignissen schildert. Arntzen bezeichnet dies mit der Schilderung von »Reaktionsketten«. Enttäuschte Erwartungen dagegen bezeichnet er als »negative Komplikationen«: Hier werden kausale Zusammenhänge ex negativo erkennbar.

Je nach den Umständen kann es aber auch zur Glaubhaftigkeit der Aussage beitragen, wenn ein Zeuge eine *story* erzählt, indem er Ereignisse aufeinander folgen lässt, ohne selbst eine Verknüpfung vorzunehmen. Die Schilderung »phänomengebundener Beobachtungen« kann besondere Objektivität suggerieren, weil sie es dem Adressaten überlässt, die Ereignisse sinnhaft zu ordnen, etwa wenn ein Zeuge in einem Strafprozess aussagt, er habe den Angeklagten um die Ecke gehen sehen; anschließend habe er ein dumpfes Geräusch gehört; etwa drei Minuten später sei der Angeklagte wieder auf demselben Weg zurückgekehrt. Hier bleibt es dem Richter überlassen zu entscheiden, ob der Angeklagte das Opfer niedergeschlagen und beraubt hat oder ob der Raub hinter jener für den Zeugen uneinsehbaren Ecke von jemand anderem zufällig zwischen dem Weggang und der Rückkehr des Angeklagten verübt wurde.

Zu beachten ist dabei freilich, dass der Zuhörer von sich aus nach Verknüpfungen suchen wird, die tradierten narrativen Mustern folgen. Dies verdeutlicht ein Beispiel von Alan M. Dershowitz:[95] Jemand hatte eine Lebensversicherung für seinen Partner abgeschlossen, der kurz darauf erschossen wurde. Wie bei dem Nagel in der Wand, von dem Čechov sagt, dass, wenn er am Anfang einer Erzählung erwähnt werde, der Held sich am Ende an eben diesem Nagel aufhängen müsse,[96] erwartet der Zuhörer eine Verbindung zwischen beiden Ereignissen; seine Vorstellung sträubt sich gegen das Zufällige und ordnet die vorhandenen Elemente intuitiv nach vertrauten Handlungsmustern.[97] Die Geschichte der Anklage, die den Abschluss der Lebensversicherung mit dem Tod des Partners verknüpft und dem Angeklagten Mord aus Habgier vorwirft, hat damit eine gewisse

---

95 Alan M. Dershowitz: »Life Is Not a Dramatic Narrative«, in: Brooks/Gewirtz (Anm. 18), S. 99–105.
96 Zitiert nach Martínez/Scheffel (Anm. 35), S. 114.
97 Bennett/Feldman (Anm. 69), S. 3 ff., 7 ff. Vertiefend Steven L. Winter: »The Cognitive Dimension of the *Agon* Between Legal Power and Narrative Meaning«, *Michigan Law Review* 87 (1989), S. 2225–2279; MacCormick (Anm. 87), S. 50ff.; Burns (Anm. 64), S. 158f. Zur Herstellung von Übersichtlichkeit durch sprachliche und rezeptive Operationen (»Fiktionalisierungen«) Christoph Sauer: »›Drogenkarriere‹ oder ›Heilsgeschichte‹? Zur Herstellung von Übersichtlichkeit im Strafprozeß«, *Zeitschrift für Semiotik* 12 (1990), S. 203–209.

Plausibilität – ungeachtet der Unschuldsvermutung, die einem solchen (Kurz-) Schluss eigentlich widerstreiten soll.[98]

Es findet sich in Arntzens Kriterienkatalog auch wieder, was Roland Barthes als »Realitätseffekte« (effets de réel) bezeichnet:[99] »Originelle Einzelheiten« als für die eigentliche Handlung funktionslose Details und »Verflechtungen mit veränderlichen äußeren Umständen« (»Ich hatte mir an jenem Tag freigenommen, weil meine Tochter krank war, und war deshalb ausnahmsweise vormittags daheim...«) steigern die Glaubhaftigkeit einer Aussage.

Schließlich finden sich auch dem *Discours* zuzuordnende Aspekte. So beziehen sich »vom Zeugen wiedergegebene Gespräche und Interaktionen« auf einen dramatischen (im Gegensatz zum narrativen) Modus: der Zeuge wiederholt Dialoge in wörtlicher Rede. Die Schilderung »eigenpsychischer Vorgänge« (»da habe ich einen riesigen Schreck bekommen und dachte schon, mein letztes Stündlein hätte geschlagen«) macht ein inneres Involviertsein des Erzählers deutlich; »Inkontinenz« im Sinne einer »unzusammenhängend-sprunghaften, ungeordneten Darstellungsweise«[100] kann ein Indiz für eine starke emotionale Beteiligung der Aussageperson sein. Umgekehrt spricht ein Zeuge vom Hörensagen oder ein Polizist als beobachtender »professioneller« Zeuge mit ganz anderer »Stimme«.

Im Gerichtsverfahren findet eine Verschiebung des kommunikativen Modus von »Wahrheit« auf »Plausibilität« statt. Nach Ludger Hoffmann sollen dabei drei Parameter maßgeblich sein: Normalisierung (d.h. Kontrolle anhand alltagslogischer Kriterien), Kohärenzerwartung (verstanden als innere Konsistenz der Aussage) und Personalisierung (d.h. ständige Überprüfung der darstellenden Person auf ihre Glaubwürdigkeit).[101] Die hier zusammengestellten Kriterien machen deutlich, wie sehr es dabei auch auf die Erzählweise und Erzählstruktur ankommt.[102] Es scheint, als würde die Bewertung von Aussagen vor Gericht nicht ohne dasselbe Arsenal an Klassifikationen auskommen, wie es in der Narratologie zur Anwendung kommt. Zu beachten ist freilich, dass viele Kriterien hinsichtlich einer Bewertung der Aussage ambivalent sind: Je nach den Umständen und je nach der Kombination von Kriterien kann es der Glaubhaftigkeit zu- oder abträglich sein, wenn der Aussagende emotional engagiert wirkt (Objektivität versus nacherlebte Gefühlsbeteiligung); je nachdem entscheidet sich auch, ob die Beschreibung einer *story* durch einen ahnungslosen Beobachter oder die Beschreibung eines in sich stimmigen, motivierten *plot* durch einen wissenden Zeugen größere Überzeugungskraft besitzt.

---

98 Nancy Pennington/Reid Hastie: »A Cognitive Theory of Juror Decision Making: The Story Model«, *Cardozo Law Review* 13 (1991), S. 519–557. Zur Rekonstruktion von Fallgeschichten von ihrem Ausgang her (im Sinne einer »retrospective prophecy«) Peter Brooks: »›Inevitable Discovery‹ – Law, Narrative, Retrospectivity«, *Yale Journal of Law & the Humanities* 15 (2003), S. 71–101.
99 Roland Barthes: »L'Effet de Réel«, *Communications* 8 (1968), H. 11, S. 84–89.
100 Arntzen (Anm. 94), S. 80.
101 Ludger Hoffmann: »Einleitung: Recht – Sprache – Diskurs«, in: Ders. (Anm. 88), S. 9–38, hier: S. 12f.
102 Zur narrativen Konstruktion von Plausibilität im gerichtlichen Verfahren Jackson (Anm. 3), S. 10f.

3.2.2 Kontextbezug

Aus der besonderen Erzählsituation folgt die Pflicht zur *Kongruenz* auch der konkurrierenden Erzählungen.[103] Naturgemäß gibt es zwischen den Aussagen der Streitparteien inhaltliche Abweichungen (sonst gäbe es keinen Streit); eine vollständige Inkongruenz aber ist ebenfalls schädlich.[104] Der (An-)Kläger setzt das Thema, und zu diesem Thema, nicht zu irgendeiner anderen Sache, muss sich die andere Seite verhalten.[105] Trotz der Konkurrenzsituation arbeiten daher beide Parteien an der Mastererzählung mit. Damit endet das kooperative Moment jedoch. Anders als bei dem vordergründig verwandten Erzählphänomen der »second story« geht es nicht darum, eine andere, ähnliche Geschichte zu erzählen, die einem widerfahren ist oder von der man gehört hat; beide Seiten beziehen sich auf denselben Vorfall und wollen ihre Sicht der Dinge vom Gericht übernommen sehen.

Rechtlich präformiert wird diese Pflicht zur Kongruenz dadurch, dass das Gericht auf einen substantiierten Vortrag der einen Seite ein erhebliches Bestreiten der Gegenseite (oder natürlich ein Zugeständnis) verlangt.[106] Erheblich aber ist ein Bestreiten nur, wenn es sich mit den Aussagen der anderen Seite auseinandersetzt und hierauf bezogen eine Gegengeschichte erzählt.[107] Auch optisch verdeutlicht wird dies im Zivilprozess in der sog. Relationstechnik[108], bei der der Vortrag der Parteien in zwei nebeneinander liegende Spalten übertragen wird. Fehlt es an einem erheblichen Bestreiten, so steht dem Vortrag der Gegenseite nichts gegenüber: Der »Punkt« geht an die Gegenseite.

Eine weitere Dimension der Kongruenz verdient Erwähnung: Ziel des Gerichtsverfahrens ist der Abgleich zwischen dem im Verfahren ermittelten Lebenssachverhalt und der maßgeblichen Rechtsnorm: Erfüllt der Sachverhalt alle notwendigen Elemente des gesetzlichen Tatbestandes, so tritt die angeordnete Rechtsfolge ein. Das im Gesetz eingeschlossene narrative *pattern* (dazu oben 3.1) wird aktualisiert, es wird gewissermaßen »belebt«. Der Strafrichter stellt z.B. fest, dass der angeklagte Taxifahrer den volltrunkenen Fahrgast an einer einsamen Landstraße aus dem Wagen geworfen und damit den Tatbestand der Aussetzung nach § 221 Abs. 1 StGB erfüllt hat. In dem Moment, in dem der Richter Sachverhalt und Norm zur Deckung bringt, wird die Narration zur Argumentation.[109]

---

103 Hannken-Illjes (Anm. 14), S. 213, 220f., spricht von »Kohärenz zwischen Geschichten«.
104 Plastisch White (Anm. 42), S. 174, der das kompetitive Moment des Erzählens vor Gericht mit der notwendigen Unabgeschlossenheit und Offenheit jeder einzelner Erzählung kontrastiert. Burns (Anm. 64), S. 164ff., spricht vom »two-story scheme«.
105 Ferguson (Anm. 89), S. 86f.
106 Meyke (Anm. 91), S. 2231; Günter Prechtel: *Erfolgreiche Taktik im Zivilprozess. Das erstinstanzliche Verfahren*, 3. Aufl., München 2006, S. 137ff., 203ff.
107 Aus narratologischer Perspektive Hannken-Illjes (Anm. 14), S. 217ff.
108 Dazu eingehend Otto Tempel/Clemens Theimer/Anette Theimer: *Mustertexte zum Zivilprozeß II: Besondere Verfahren erster und zweiter Instanz, Relationstechnik*, 6. Aufl., München 2007, S. 462ff. In historischer Dimension Filippo Ranieri: »Stilus Curiae: Zum historischen Hintergrund der Relationstechnik«, *Rechtshistorisches Journal* 1985, S. 75–88.
109 Hannken-Illjes (Anm. 14), S. 218, 221f.

Im traditionellen Modell des Syllogismus geschieht dies durch die Subsumtion des Sachverhalts unter die Norm.[110] Die scheinbar logische Konzeption dieses Vorgangs verdeckt allerdings, dass es sich vielmehr um einen Vorgang des Vergleichens handelt, indem die im Normtatbestand erzählte Geschichte mit der im Prozess entwickelten (Master)Erzählung abgeglichen wird:[111] Die abstrakte Geschichte des § 221 StGB wird vom Gericht mit der des Taxifahrers verglichen, der seinen Fahrgast aus dem Auto warf.

Der normative Kontext wird jedoch nicht erst in diesem Moment relevant; vielmehr prägt er latent schon zuvor die Schilderungen des Vorfalls: Der Polizist, der den Fall aufnimmt, wird in seinem Bericht bereits die für die Subsumtion relevanten Daten versammeln und andere auslassen; in ihren Aussagen werden die Verfahrensbeteiligten sich ebenfalls um Orientierung an der Rechtsnorm bemühen (jedenfalls soweit sie um die rechtlichen Aspekte des Falls wissen).[112] Diese latente Verpflichtung auf Kongruenz mit der Rechtsnorm lässt sich gut an einem Fall ablesen, den die Sprachwissenschaftlerin Kati Hannken-Illjes dokumentiert:[113] Es geht dabei um einen jungen Mann, dem vorgeworfen wird, einen nicht versicherten Motor-Scooter im Straßenverkehr geführt zu haben. Die relevante Strafnorm, § 6 Abs. 1 PflVersG, lautet:

> Wer ein Fahrzeug auf öffentlichen Wegen oder Plätzen gebraucht oder den Gebrauch gestattet, obwohl der für das Fahrzeug nach § 1 erforderliche Haftpflichtversicherungsvertrag nicht oder nicht mehr besteht, wird mit Freiheitsstrafe bis zu einem Jahr oder mit Geldstrafe bestraft.

In dem Aktenvermerk der Polizei zu dem Vorfall, der das von Hannken-Illjes dokumentierte Strafverfahren nach sich ziehen wird, heißt es:

> Am 17.11.2001 gegen 14:00 befanden sich die Polizeibeamten Krause POM und Meyer POM in X zu Prüfung eines Sachverhalts. Es wurde zu diesem Zeitpunkt der Kuhnau, Kai [Angaben zur Person] mit dem [Motor Scooter Typ X] im öffentlichen Verkehrsraum fahrend festgestellt. Das Motor lief und das KKR wurde durch Herrn Kuhnau geführt. Als dieser wiederum den Fstkw. erblickte, stieg er ab und schaltete den Motor aus. Fahrzeug und dessen Führer wurden einer Verkehrskontrolle unterzogen. Am Fahrzeug fehlte das Versicherungskennzeichen. Eine Haftpflichtversicherung habe er nicht abgeschlossen, erklärte der Fahrzeugführer. ... Im Anschluss an die Prüfungshandlungen der Polizei wurde der Beschuldigte belehrt und vom Ort entlassen.

---

110 Ein Modell, das seiner Grundidee nach noch immer dominant ist – vgl. Reinhold Zippelius: *Juristische Methodenlehre*, 10. Aufl., München 2006, S. 97ff.; Röhl/Röhl (Anm. 2), S. 123ff., 151ff. –, in seiner Reinform in der heutigen Methodendiskussion freilich nicht mehr vertreten wird: Robert Alexy: *Theorie der juristischen Argumentation: Die Theorie des rationalen Diskurses als Theorie der juristischen Begründung*, Frankfurt a.M. 1987, S. 17. Eingehend Jochen Bung: *Subsumtion und Interpretation*, Baden-Baden 2004.
111 Jackson (Anm. 3), S. 3 f., 37 ff., 101 ff. Vgl. auch Hoffmann (Anm. 101), S. 13; Lüderssen (Anm. 40), S. 73f. Ähnlich MacCormick (Anm. 87), S. 45.
112 Vgl. Bourcier (Anm. 10), S. 135f.; Hoffmann (Anm. 101), S. 12; Kim Lane Scheppele: »Foreword: Telling Stories«, *Michigan Law Review* 87 (1989), S. 2073–2098, hier: S. 2086ff.
113 Hannken-Illjes (Anm. 14), S. 216ff.

Dieser Aktenvermerk beschränkt sich im Wesentlichen auf die für die Subsumtion unter § 6 Abs. 1 PflVersG notwendigen Angaben und enthält kaum hierüber hinaus Gehendes. Er orientiert sich teils in der Sprache (»öffentlicher Verkehrsraum«) und in der gesamten Abfolge der Schilderung am gesetzlichen Tatbestand:

§ 6 Abs. 1 PflVersG	Aktenvermerk
»Wer ein Fahrzeug...«	»Es wurde zu diesem Zeitpunkt der Kuhnau, Kai [Angaben zur Person] mit dem [Motor Scooter Typ X]...«
»...auf öffentlichen Wegen oder Plätzen...«	»...im öffentlichen Verkehrsraum...«
»...gebraucht«	»...fahrend festgestellt. Das Motor lief und das KKR wurde durch Herrn Kuhnau geführt. Als dieser wiederum den Fstkw. erblickte, stieg er ab und schaltete den Motor aus.«
kein Haftpflichtversicherungsvertrag	»Fahrzeug und dessen Führer wurden einer Verkehrskontrolle unterzogen. Am Fahrzeug fehlte das Versicherungskennzeichen. Eine Haftpflichtversicherung habe er nicht abgeschlossen, erklärte der Fahrzeugführer.«

Tabelle 1: Synopse Gesetz/Aktenvermerk

Der Staatsanwaltschaft wird so die rechtliche Bewertung erleichtert; außerdem wird ein Thema vorgegeben, zu dem sich der Angeklagte wie die Zeugen verhalten müssen. Die maßgebliche Rechtsvorschrift, § 6 Abs. 1 PflVersG, wird gewissermaßen zu einem *basso continuo* des gesamten Verfahrens, zu dem sich alle nachfolgenden Erzählungen in harmonischer Weise fügen müssen.

3.2.3 Adressierung

(Haupt)Adressat der Gerichtserzählungen ist der Richter. Dieser ist selbstredend nicht bloß passiver Zuhörer; vielmehr arbeitet er an der Erzählung auch vor dem eigentlichen Verfassen des Masternarrativs aktiv mit.[114] Er kann sich durch Fragen und Reformulierung des Gehörten selbst steuernd in die Erzählung einmischen, um diese in eine aus seiner Sicht sinnvolle Richtung zu lenken.[115]

---

114 Pennington/Hastie (Anm. 98), S. 523ff.
115 Dabei variiert die Rolle des Richters: So wird der Zivilprozess weitgehend vom Beibringungsgrundsatz (auch: Verhandlungsmaxime) dominiert, d.h. die Parteien sind selbst dafür verantwortlich, ihren Vortrag zu plausibilisieren, Beweise anzubieten etc. Im Straf- und Verwaltungsprozess dagegen steht der Amtsermittlungsgrundsatz im Vordergrund (auch: Inquisitionsmaxime), d.h. die Ermittlung dessen, was wirklich gewesen ist, ist Aufgabe des Gerichts. Zur narratologischen Dimension dieser Differenzierung Brenda Danet: »Language in the Legal Process«, *Law & Society Review* 14 (1980), H. 3, S. 445–564, hier: S.

Zu bedenken ist darüber hinaus die kommunikative Koproduktion, die jeden Prozess des Lesens bzw. Anhörens einer Erzählung kennzeichnet.[116] Die Aussagen beschränken sich stets darauf, Ausschnitte zu erzählen. Um von der Erzählung einer Partei zur Totalität der »erzählten Welt« zu gelangen, muss der Zuhörer/Leser Leerstellen nach seinem eigenen Erfahrungs- und Erwartungshorizont ausfüllen und im Laufe des Prozesses nachjustieren, wo sich eine unpassende Vorstellung gebildet hat.[117] Die Folge aus diesem unumgänglichen Verhältnis von Erzählung und erzählter Welt ist, dass die vom Hörer/Leser imaginierte Welt immer von den Vorstellungen des »Senders« (»Autors«) abweicht. Der Grad der Abweichung entscheidet im Gerichtsverfahren darüber, ob ein Justizirrtum vorliegt: Betrifft die Abweichung ein wesentliches oder unwesentliches Element der Geschichte?

Wo Autor und Zuhörer/Leser im Wesentlichen denselben Erfahrungs- und Erwartungshorizont besitzen, ist die Wahrscheinlichkeit eines Fehlurteils geringer: Beide Seiten wissen, worauf es ankommt, und können ungefähr erahnen, welche Ergänzungen der Gegenüber an der Geschichte vornehmen wird. Probleme indes ergeben sich bei abweichenden kulturellen Hintergründen, z.B. abweichenden Erzählkulturen. Orale Kulturen kennen bei der Zusammenführung von Ereignissen kaum kausale Motivierung.[118] Versucht der Richter, das Erzählte kausal zusammenzuführen, können Irritationen entstehen. Das Geschilderte erscheint ihm nicht plausibel. Diese Gefahr besteht gerade in Asylverfahren. Desgleichen droht hier, dass Leerstellen mit einem abweichenden »Erfahrungswissen« gefüllt werden.[119] Gibt z.B. ein afrikanischer Asylbewerber an, sich auf der Flucht im »Wohnzimmer« seines Elternhauses versteckt zu haben, können dem deutschen Richter Zweifel an der Verfolgungssituation kommen, weil nicht Dachboden oder Keller als Versteck gewählt wurden. Besitzen die Häuser in der Heimatregion des Asylbewerbers aber weder Keller noch Dachboden, so kann das falsche Bild beim Richter, sofern es nicht korrigiert wird, zu einem Fehlurteil führen.[120] Oder: ein im Umgang mit traumatisierten Flüchtlingen unerfahrener Richter wird möglicherweise die Aussage eines Folteropfers für unplausibel halten, die den entscheidenden Punkt ausblendet; dabei ist es gerade die traumatisie-

---

514ff. Vgl. auch Jackson (Anm. 3), S. 17, zur Gegenüberstellung eines »narrative« und eines »fragmented testimony style« (nach O'Barr) – je nachdem, ob der Zeuge zusammenhängend »seine Geschichte« erzählen kann oder durch Fragen unterbrochen wird. Posner (Anm. 28), S. 739, referiert die in diesem Kontext interessante Rechtsprechung des U.S. Supreme Court, wonach in Fällen, in denen die Todesstrafe droht, der Angeklagte die Möglichkeit haben muss, seine Geschichte ohne Unterbrechung »durcherzählen« zu können.

116 Dazu Martínez/Scheffel (Anm. 35), S. 123ff.
117 Burns (Anm. 64), S. 150, 168ff.
118 Martínez/Scheffel (Anm. 35), S. 118.
119 Hinzu tritt, dass der Asylbewerber regelmäßig über einen Dolmetscher mit dem Gericht kommuniziert, was sich darauf auswirkt, wie erzählt wird, aber auch beeinflussen kann, was erzählt wird.
120 Alexander Schmitt Glaeser: »Die Untersuchungsmaxime im Asylrecht«, in: Oliver Dörr (Hg.): *Ein Rechtslehrer in Berlin. Symposium für Albrecht Randelzhofer*, Berlin u.a. 2004, S. 81–91, hier: S. 85ff.

rende Wirkung der Folter, die es dem Betroffenen verwehrt, über das verletzende Ereignis zu sprechen.[121] Wo derartige Kommunikationsverzerrungen existieren, ist diejenige Geschichte erfolgreich, die mögliche Fehlvorstellungen des Adressaten antizipiert: Vielfach siegt, gerade im Asylverfahren, die gut erzählte, nicht die wahre Geschichte.[122] Dies mag eine Erklärung für das Phänomen »wandernder« Verfolgungsgeschichten sein, ähnlich wie unter Kriegsdienstverweigerern erfolgreiche Begründungen kursierten und möglicherweise noch kursieren.

3.2.4 Narrative Strukturen von Urteil und Prozess

Das »Masternarrativ« findet sich im Urteil in erster Linie im Urteilstatbestand. Hier erzählt das Gericht den Lebenssachverhalt nach, wie er sich zu seiner Überzeugung und gegebenenfalls nach einer Beweisaufnahme zugetragen hat. Dass es sich hier um eine Wirklichkeitserzählung handelt, dürfte kaum zu bestreiten sein. Doch auch im Aufbau von Urteilen insgesamt lassen sich Strukturen erkennen, die Labov und Waletzky in der »Normalform« rekapitulierender Alltagserzählungen entdeckt haben.[123] Der Begriff der Erzählung wird bei einer solchen Übertragung recht weit gefasst, vielleicht sogar überdehnt werden müssen; gleichwohl lohnt sich der Versuch. Als Beispiel mag hier das sog. Lebach-Urteil des Bundesverfassungsgerichts dienen.[124] Dieses Urteil beginnt mit einem regelrechten *abstract*, der klärt, worum es im Folgenden geht:

> Die Verfassungsbeschwerde richtet sich gegen die Ablehnung eines Antrags des Beschwerdeführers auf Erlaß einer einstweiligen Verfügung durch zivilgerichtliche Entscheidungen. Durch die begehrte einstweilige Verfügung sollte dem Zweiten Deutschen Fernsehen (ZDF) untersagt werden, ein von ihm produziertes Dokumentarspiel auszustrahlen, soweit darin der Beschwerdeführer dargestellt oder sein Name erwähnt wird.

Es folgt die *orientation*, die notwendige Hintergrundinformationen gibt. Man erfährt, dass der Beschwerdeführer, 1945 geboren, mit zwei Freunden (die Beziehung hatte »zum Teil eine homosexuelle Komponente«) im Jahr 1969 ein Munitionsdepot der Bundeswehr überfallen hatte; mit den zu erbeutenden Waffen hatten sich die drei Männer Geld für eine Hochseeyacht beschaffen wollen, um in der Südsee fern der Gesellschaft zu leben. Bei dem Überfall wurden seinerzeit

---

121 Näher Reinhard Marx: »Gutachten zur Glaubhaftigkeit im Asylprozess«, *Informationsbrief Ausländerrecht* 2003, S. 21–28; Andreas Middeke: »Posttraumatisierte Flüchtlinge im Asyl- und Abschiebungsprozess«, *Deutsches Verwaltungsblatt* 2004, S. 150–159.
122 Bennett/Feldman (Anm. 69), S. 88ff.; Burns (Anm. 64), S. 158ff. Speziell zum Asylverfahren in Deutschland Schmitt Glaeser (Anm. 120), S. 88.
123 Vgl. William Labov/Joshua Waletzky: »Erzählanalyse: Mündliche Versionen persönlicher Erfahrung«, in: Jens Ihwe (Hg.): *Literaturwissenschaft und Linguistik*, Bd. 2, Frankfurt a.M. 1973, S. 78–126, hier: S. 111ff.; Labov (Anm. 59), S. 67ff. Einführend Martínez/Scheffel (Anm. 35), S. 145ff.
124 Urteil v. 5.6.1973, 1 BvR 536/72, *BVerfGE* 35, 202. Zwar ist das Bundesverfassungsgericht insofern kein typisches Gericht, als es (wie Revisionsgerichte) keine Tatsachenermittlung vornimmt; Tatsachenschilderungen bleiben aber auch hier erforderlich. Zudem soll es an dieser Stelle um die Urteilsstruktur gehen, nicht um die Sachverhaltsschilderung.

vier Soldaten getötet, ein weiterer schwer verletzt. Die Täter wurden gefasst und zu lebenslangen Haftstrafen verurteilt; der Beschwerdeführer erhielt wegen Beihilfe zur Tat eine Strafe von sechs Jahren. Die *complicating action* setzt erst hiernach ein, als das ZDF 1972 ein Dokumentarspiel über den »Soldatenmord von Lebach« ausstrahlen wollte. Der Beschwerdeführer sah hierin eine Verletzung seines Persönlichkeitsrechts, namentlich wegen der möglichen negativen Folgewirkungen auf eine Wiedereingliederung in die Gesellschaft nach seiner Haftentlassung. Es folgt die Schilderung des Gangs durch die Instanzen, bis hin zu der Verfassungsbeschwerde des Verurteilten. In Anbetracht der Aufgabe von Gerichten, Vorkommnisse rechtlich zu würdigen, verwundert es nicht, dass die *evaluation* zentralen Raum einnimmt. Das Gericht hält hier der Rundfunkfreiheit des ZDF ein aus dem allgemeinen Persönlichkeitsrecht abgeleitetes Recht des Beschwerdeführers auf Resozialisierung entgegen, das jedenfalls verletzt ist, »wenn eine den Täter identifizierende Sendung nach seiner Entlassung oder in zeitlicher Nähe zu der bevorstehenden Entlassung ausgestrahlt werden soll«. Nach Maßgabe dieser Wertung werden die angefochtenen Gerichtsentscheidungen für verfassungswidrig erklärt und aufgehoben (*result or resolution*). Als *coda* mag man die Rückverweisung der Sache an das Oberlandesgericht Koblenz sehen (»und nun seid ihr wieder dran«), die im Beispielsfall lediglich wegen der Kostenentscheidung erfolgte. Die Aufhebung von Urteilen und Beschlüssen anderer Gerichte und die Rückverweisung zur neuerlichen Entscheidung ist typisch nur für Revisionsgerichte und Verfassungsgerichte. Bei Urteilen der übrigen Gerichte findet sich eine solche *coda* im strengen Sinne nicht, es sei denn, man sieht in den Unterschriften der Richter den Ausstieg aus der Erzählung und die Rückkehr in den – hier institutionalisierten – Erzählkontext.

Bedenkt man, dass Labov und Waletzky ihre Erkenntnisse zunächst aus mündlichen Alltagserzählungen gewonnen haben, erscheint eine weitere Übertragung reizvoll: Am Beispiel des Strafprozesses kann man das Gerichtsverfahren in seinem Ablauf ebenfalls als große »Erzählung« deuten. Der Aufruf der Sache führt als *abstract* in das Thema ein; das Verlesen der Anklageschrift verdeutlicht, wem was vorgeworfen wird und wo sich wann der Vorfall abgespielt hat (*orientation*). Die Hauptverhandlung einschließlich Beweisaufnahme lässt sich sodann als *complicating action* deuten, während sich die *evaluation* durch das Gericht, vom Beratungsgeheimnis geschützt, hinter verschlossenen Türen abspielt. Die Urteilsverkündung bringt die *resolution*, während der Schluss der Verhandlung mit dem Hinweis auf gegebenenfalls zur Verfügung stehende Rechtsmittel die *coda* darstellt. Natürlich ist eine solche, vom »Drehbuch« der Prozessordnung vorgesehene Erzählstruktur, in der sich verschiedene Personen zugleich als Akteure wie als Elemente des Erzählprozesses definiert finden, von den Alltagserzählungen schwarzer Jugendlicher in den USA weit entfernt; die ähnlichen Strukturen könnten aber Anlass für weitere Überlegungen geben.[125]

---

125 Eine Deutung des angelsächsischen Gerichtsverfahrens als narrative Struktur im Sinne Greimas' findet sich z.B. bei Jackson (Anm. 3), S. 33ff., eine Analyse der Abschlussreden vor einer Geschworenenbank als Erzählstruktur nach Propp und Greimas bei Anthony G. Amsterdam/Randy Hertz: »An Analysis of Closing Arguments to a Jury«, *New York Law*

4. Forschungsgeschichtlicher Rückblick

Der »literarische« Blick auf das Recht ist der Rechtswissenschaft fremd geworden. Noch bis etwa zur Mitte des 19. Jahrhunderts wurden Zusammenhänge zwischen Recht und Literatur bewusster artikuliert. Akten und Fallgeschichten als mögliches Bindeglied zwischen zwei noch nicht ausdifferenzierten Disziplinen[126] oder das Wort Jakob Grimms von Recht und Poesie, die »miteinander aus einem bette aufgestanden« seien[127], mögen als Beispiele dieser frühen Verbindung dienen. Auch disziplinär stand die Jurisprudenz Pate: Dem Streit zwischen »Germanisten« (die einem gewachsenen deutschen Volksrecht anhingen) und »Romanisten« (die in den Pandekten Justinians die eigentliche Rechtsquelle suchten) verdankte sich der erste deutsche »Germanistentag« 1846 in Frankfurt a.M., zu dessen Rednern auch Jakob Grimm zählte. Grimm hatte bei dem Begründer der Historischen Rechtsschule, Friedrich Carl von Savigny, Rechtswissenschaften studiert, und war mit dessen Volksgeistlehre bestens vertraut.[128] Bei seiner Sammlung der Weistümer ließ er sich von denselben Ideen und Prinzipien leiten wie bei der Sammlung deutscher Volksmärchen.[129] Die Pflege des deutschen Rechts und die Pflege der deutschen Sprache gingen also zu dieser Zeit noch Hand in Hand, auch wenn von einer narratologischen Perspektive nicht die Rede sein kann.

Mit dem Siegeszug des juristischen Positivismus emanzipiert sich das Recht ab der zweiten Hälfte des 19. Jahrhunderts unter den Bedingungen von Rationalität und Zweckmäßigkeit von volkstümlich-kulturellen Quellen; als Mittel rationaler Steuerung gesellschaftlicher Prozesse kommt ihm nach der von nun an vorherrschenden Anschauung kaum poetischer oder narrativer Gehalt zu. Aus dieser Perspektive, die auch heute noch dominant ist, ist Sprechen und Sprache im Recht allein unter zweckrationalen Gesichtspunkten zu beurteilen: Zeugenaussagen z.B. werden daraufhin bewertet, ob sie ihrem Inhalt nach zur Wahrheitsfindung beitragen können; die v.a. in den 1970er Jahren aufkommende Gesetzgebungslehre (Legistik), die in den letzten Jahren eine Renaissance erlebt, bewertet die Gesetzessprache danach, ob sie möglichst klar, konzise und eindeutig die

---

School Review 37 (1992), S. 55–122, hier: S. 64ff. Eingehende Untersuchung von Gerichts- und anderen Streitverfahren aus linguistischer Perspektive im Kulturenvergleich bei Danet (Anm. 115), S. 490ff.

126 Cornelia Vismann: *Akten: Medientechnik und Recht*, 2. Aufl., Frankfurt a.M. 2001.
127 Jakob Grimm: »Von der Poesie im Recht«, *Zeitschrift für die geschichtliche Rechtswissenschaft*, Bd. II (1816), H. 1, S. 25–99, Reprint Darmstadt 1957, hier: S. 8, 23ff.
128 Vgl. als Dokument die von Grimm verfertigte Mitschrift der Vorlesung Savignys zur *Juristischen Methodenlehre* aus dem akademischen Jahr 1802/03, hg. von Gerhard Wesenberg, Stuttgart 1951. Eingehend zu Grimm und Savigny Hedwig Vonessen: *Friedrich Karl von Savigny und Jakob Grimm*, Köln 1958.
129 Teuscher (Anm. 41), S. 13, 15ff. Näher Werner Ogris: »Jacob Grimm und die Rechtsgeschichte«, in: *Jacob und Wilhelm Grimm. Vorträge und Ansprachen in den Veranstaltungen der Akademie der Wissenschaften und der Georg-August-Universität in Göttingen anlässlich der 200. Wiederkehr ihrer Geburtstage, am 24., 26. und 28. Juni 1985 in der Aula der Georg-August-Universität Göttingen*, Göttingen 1987, S. 67–96.

Normaussage transportiert.[130] Für Kategorien der Erzählforschung ist hier (zunächst) kein Raum.

In jüngerer Zeit wird diese orthodoxe Sicht auf das Recht verstärkt herausgefordert. Vorreiterin ist dabei die in den USA seit Jahren prominente Law-as-Literature-Bewegung,[131] die in Deutschland nur zögerlich rezipiert wird.[132] Diese Bewegung verbindet kein geschlossenes theoretisches Konzept, sondern das Anliegen, das klassische positivistische Methodenverständnis der Jurisprudenz durch Konfrontation mit der Literatur bzw. der Literaturwissenschaft als Illusion zu enttarnen.[133] Eine Strömung z.B. stellt den aus der Literaturwissenschaft lange vertrauten Leser als Mitgestalter im Kommunikationsprozess einem traditionellen juristischen Verständnis der Textinterpretation entgegen.[134] Eine weitere dekonstruiert im Anschluss an Foucault[135] und Derrida[136] die Möglichkeit rechtlicher Bindung durch Sprache.[137] Wieder andere Strömungen wollen aufdecken, dass

---

130 Statt vieler Peter Noll: *Gesetzgebungslehre*, Reinbek 1973; Eberhard Baden: *Gesetzgebung und Gesetzesanwendung im Kommunikationsprozeß. Studien zur juristischen Hermeneutik und zur Gesetzgebungslehre*, Baden-Baden 1977. Aus neuerer Zeit Gunnar Folke Schuppert: *Gute Gesetzgebung. Bausteine einer kritischen Gesetzgebungslehre*, Heidelberg 2003 (= *Zeitschrift für Gesetzgebung*, Sonderheft 18); von Arnauld (Anm. 6), S. 167ff.

131 Grundlegend James Boyd White: *The Legal Imagination: Studies in the Nature of Legal Thought and Expression*, Boston u.a. 1973. Zusammenstellung von Texten bei Michael Freeman/Andrew Lewis (Hg.): *Law and Literature*, Oxford 1999 (= *Current Legal Issues* 1999, Vol. 2); Brook Thomas (Hg.): *Law and Literature*, Tübingen 2002 (= *Yearbook of Research on English and American Literature*, Vol. 18). Siehe ferner Christian Klein: »Ästhetik des Spiels als Ästhetik des Rechts«, in: von Arnauld (Anm. 19), S. 273–297, hier: S. 294ff. (auf S. 294 in Fn. 90 auch zur Begriffsverwirrung um »Law as Literature«, »Law and Literature« usw.).

132 Vgl. aber Klaus Lüderssen, »Law as Literature« oder wenn die Wissenschaft zur Kunst wird: Dekonstruktion in der Jurisprudenz«, in: Ders. (Anm. 40), S. 47–57; Ders.: »Das Narrative in der Jurisprudenz«, ebd., S. 66–78.

133 Robert Weisberg: »The Law-Literature Enterprise«, *Yale Journal of Law & the Humanities* 1 (1988), S. 1–67, hier: S. 1f., 5ff.; Guyora Binder: »The Law-as-Literature Trope«, in: Freeman/Lewis (Anm. 131), S. 63–89, hier: S. 63.

134 Owen Fiss: »Objectivity and Interpretation«, in: *Stanford Law Review* 34 (1982), S. 739–763; Ronald Dworkin: *Law's Empire*, Cambridge Mass. 1986, insbes. S. 45ff., 225ff.; Timothy Endicott: »Putting Interpretation in its Place«, in: *Law and Philosophy* 13 (1994), S. 451–479; Joseph Raz: »On the Nature of Law«, *Archiv für Rechts- und Sozialphilosophie* 82 (1996), S. 1–25, hier: S. 18ff.; James Boyd White: »Writing and Reading in Philosophy, Law, and Poetry«, in: Freeman/Lewis (Anm. 131), S. 1–20. Aus der deutschen Literatur Heinz Wagner: »Interpretation in Literatur- und Rechtswissenschaft«, *Archiv für civilistische Praxis* 165 (1965), S. 520–558; Heinz Müller-Dietz: »Zur literarischen und juristischen Hermeneutik«, in: Winfried Hassemer (Hg.): *Dimensionen der Hermeneutik: Arthur Kaufmann zum 60. Geburtstag*, Heidelberg 1984, S. 157–171.

135 V.a. Michel Foucault: *Die Ordnung des Diskurses*, übers. v. Walter Seitter, Frankfurt a.M. 1991.

136 Siehe insbesondere Jacques Derrida: »Force of Law: The Mystical Foundation of Authority«, in: *Cardozo Law Review* 11 (1989/90), S. 919–1045.

137 Etwa James Boyle: »The Politics of Reason: Critical Legal Theory and Local Social Thought«, *University of Pennsylvania Law Review* 133 (1985), S. 685–780; Clare Dalton: »An Essay in the Deconstruction of Contract Doctrine«, *Yale Law Journal* 94 (1985), S. 997–1114; Gary Peller: »The Metaphysics of American Law«, *California Law Review* 73 (1985), S. 1151–1290; Jack Balkin: »Deconstructive Practice and Legal Theory«, *Yale Law Journal* 96

das Recht neben ethischen auch anderen, namentlich ästhetischen Rationalitäten unterworfen ist.[138]

Eine Strömung innerhalb des »law and literature movement« hat auch das Forschungsfeld der Narrative im Recht für sich entdeckt. Erneut jedoch differieren Gegenstand, Ziel und Methoden der Untersuchung erheblich.[139] Für den hiesigen Kontext unergiebig dürften Arbeiten sein, die sich Repräsentationen des Rechts in fiktionaler Literatur widmen.[140] Es handelt sich hier um Untersuchungen zum Recht *in der* Literatur (law *in* literature), bei denen der Begriff des Narrativen allenfalls dazu dient, bestimmte Textsorten (z.b. Gedichte) auszuschließen, nicht aber, Erzählstrukturen zu untersuchen. Ein anderes Forschungsfeld bietet der Vergleich literarischer und juristischer Genres. Hier kann das Erkenntnisinteresse eher strukturalistisch ausgerichtet sein, um z.b. bestimmten »narrativen Strukturen« wie Romanze, Tragödie, Komödie und Satire korrespondierende Institutionen der Wissenschaft, des Sozialen und des Rechts zuzuordnen;[141] es ist aber auch denkbar, Verbindungslinien zu ziehen, um z.b. einem möglicherweise gemeinsamen Ursprung von literarischen und juristischen »Novellen« in den Fallgeschichten früherer Epochen nachzuspüren.[142] Sofern es weniger um literarische Genres als um deren prägende narrative Charakteristika geht, die sich auf

---

(1987), S. 743–786; John Leubsdorf: »Deconstructing the Constitution«, in: *Stanford Law Review* 40 (1987), S. 181–201; Pierre Schlag: »Le hors de texte, c'est moi«: The Politics of Form and the Domestication of Deconstruction«, *Cardozo Law Review* 11 (1989/90), S. 1631–1674; Thomas Keenan: »Deconstruction and the Impossibility of Justice«, ebd., S. 1675–1686; Drucilla Cornell: »From the Lighthouse: The Promise of Redemption and the Possibility of Legal Interpretation«, ebd., S. 1687–1714 (unter Betonung des konstruktiven Ansatzes der Dekonstruktion); Duncan Kennedy: »A Semiotics of Legal Argument«, *Syracuse Law Review* 42 (1991), S. 75–116. Zur Kritik dieser Kritik Andrew Altman: *Critical Legal Studies. A Liberal Critique*, Princeton 1989, S. 80ff., 94ff.; Binder (Anm. 133), S. 80ff.; von Arnauld (Anm. 6), S. 409ff., 412ff.

138 S. bereits Heinrich Triepel: *Vom Stil des Rechts: Beiträge zu einer Ästhetik des Rechts* (1947), Neuausgabe Berlin 2007. Dazu von Arnauld/Durner (Anm. 60), S. XXXVIIIff.

139 Überblick bei Adam Gearey: »Law and Narrative«, in: David Herman/Manfred Jahn/Marie-Laure Ryan (Hg.): *Routledge Encyclopedia of Narrative Theory*, London/New York 2005, S. 271–275. S. ferner Jane B. Baron/Julia Epstein: »Language and the Law: Literature, Narrative, and Legal Theory«, in: David Kayris (Hg.): *The Politics of Law: A Progressive Critique*, 3. Aufl., New York 1998, S. 662–679; Binder (Anm. 133), S. 72ff.

140 So z.B. Richard Weisberg: *The Failure of the Word. The Lawyer as Protagonist in Modern Fiction*, New Haven/London 1984; Paul W. Kahn: *Law and Love. The Trials of King Lear*, New Haven/London 2000.

141 Im Anschluss an Northrop Frye: *Anatomy of Criticism: Four Essays*, Princeton/N.J. 1957, S. 33ff., v.a. Hayden White: *Auch Klio dichtet oder Die Fiktion des Faktischen. Studien zur Tropologie des historischen Diskurses*, übers. v. Brigitte Brinkmann-Siepmann und Thomas Siepmann, Stuttgart 1986, S. 64ff. In rechtswissenschaftlichem Kontext etwa Weisberg (Anm. 37), S. 77ff.; Robin West: »Jurisprudence as Narrative: An Aesthetic Analysis of Modern Legal Theory«, in: Dies.: *Narrative, Authority and the Law*, Ann Arbor 1993, S. 345–418.

142 Zu diesen Zusammenhängen Vismann (Anm. 126), S. 111ff. S. dazu ebenfalls Klein (Anm. 131), S. 277 f. Mit Blick in die Gegenwart auch Klaus Günther: »Variationsspielraum des Erzählbaren. Juristische Normen und individuelle Fallgeschichten: Verbindungslinien zwischen Recht und Literatur«, *Frankfurter Rundschau* v. 20.11.2001, S. 20.

Erzählungen allgemein beziehen lassen, können solche Arbeiten auch für die Befassung mit Wirklichkeitserzählungen anschlussfähig sein.

Ohne weiteres anschlussfähig für die hiesige Fragestellung sind die im angelsächsischen Raum zahlreichen Studien zu Gerichtserzählungen (»courtroom narratives«).[143] Dass vor Gericht gute Geschichten gut erzählt werden müssen, gehört vor allem im angelsächsischen Strafprozess (der noch stärker als das deutsche Prozessrecht vom Grundsatz der Mündlichkeit geprägt ist und durch die Beteiligung von Geschworenen eine andere Dramaturgie erhält) zum Einmaleins der praktischen Anwaltsausbildung. Im guten/geschickten/überzeugenden Erzählen überlappen sich Elemente des Narrativen und der Rhetorik.[144] Spezifisch narrative Dimensionen scheinen in wissenschaftlichen Arbeiten zu »courtroom narratives« dort auf, wo Strukturen und Rahmenbedingungen des Erzählens vor Gericht ebenso untersucht werden wie die Konstruktion von Wahrheit und Glaubwürdigkeit/Integrität über Parameter des Narrativen.

Während das Gerichtsverfahren zahlreiche und vielfältige Analysen provoziert hat, sind Studien zu narrativen Elementen von Rechtstexten, namentlich Rechtsnormen nach wie vor selten. Zwar werden bisweilen in historischer Perspektive an Fallgeschichten orientierte Gesetze früherer Epochen der abstrakten Rechtsnorm unserer Tage gegenübergestellt,[145] die strukturalistische Analyse narrativer Gehalte zeitgenössischer Gesetze jedoch hat noch immer Seltenheitswert. Mit seinen an Greimas anknüpfenden Untersuchungen hat hier insbesondere Bernard S. Jackson eine Brücke zur (Rechts)Semiotik aufgezeigt.[146]

Im Gegensatz zu solchen Arbeiten, die in die Tiefenstrukturen von Sprache und Zeichen eindringen, stehen Arbeiten, die sich an kulturwissenschaftlichen Großtheorien orientieren. Hier taucht das Narrativ in Gestalt von Ursprungserzählungen und Gründungsmythen auf.[147] Im Mittelpunkt steht dabei deren

---

143 Grundlegend Bennett/Feldman (Anm. 69). Außerdem z.B. Bourcier (Anm. 10), S. 135ff.; Jackson (Anm. 3), S. 7ff., 33ff., 61ff., 112ff.; Pennington/Hastie (Anm. 90), S. 521ff.; Dies. (Anm. 98), S. 519ff.; Lempert (Anm. 78), S. 559ff.; Amsterdam/Hertz (Anm. 125), S. 55ff.; Burns (Anm. 64), S. 155ff., passim. Überblick bei Elizabeth Mertz/Jonathan Yovel: »Courtroom Narrative«, in: Herman/Jahn/Ryan (Anm. 139), S. 86–88.
144 Zu »Recht als Rhetorik« James Boyd White: »Law as Rhetoric, Rhetoric as Law: The Arts of Cultural and Communal Life«, *University of Chicago Law Review* 52 (1985), S. 684–702; Gerald Wetlaufer: »Rhetoric and Its Denial in Legal Discourse«, *Virginia Law Review* 76 (1990), S. 1545–1597. Hierzu Binder (Anm. 133), S. 76ff.
145 Hans Fehr: *Die Dichtung im Recht*, Bern 1936, S. 10f., 251ff., 293ff.; Triepel (Anm. 138), S. 88ff.; Lüderssen (Anm. 40), S. 66.
146 Jackson (Anm. 3), S. 27ff., passim. Dazu Sobota (Anm. 72), S. 243ff. Siehe auch Eric Landowski: »Vérité et véridiction en droit«, *Droit et Société* 8-1988, S. 47–63.
147 Z.B. bei Cover (Anm. 27), S. 95ff.; Paul W. Kahn: *The Cultural Study of Law: Reconstructing Legal Scholarship*, Chicago 2000, S. 40ff.; Ders. (Anm. 49), passim; Ulrich Haltern: *Europarecht und das Politische*, Tübingen 2005, S. 10ff., 92ff., passim. S. auch von Arnauld (Anm. 73), S. 209ff.; Ders. (Anm. 6), S. 476ff. S. auch Homi K. Bhabha (Hg.): *Nations and Narration*, London/New York 1990.

Funktion, kollektive Identitäten zu stiften,[148] nicht selten unter Rückgriff auf (z.T. unfreiwillig) idealisierte Bilder vormoderner Gesellschaften und verbunden mit einer Kritik des zeitgenössischen Liberalismus.[149] Gewissermaßen mit der Kehrseite solcher dominanter Narrationen befassen sich die Theoretiker des »counterhegemonic storytelling«.[150] Ihnen geht es um die unterdrückten Geschichten, die Stimmen der wegen ihrer Rasse, ihres Geschlechts oder ihrer sexuellen Orientierung Ausgeschlossenen.[151]

In solchen Arbeiten geht es jedoch nicht so sehr darum, *wie* erzählt wird (obgleich auch hier Erkenntnisse zu gewinnen wären), sondern *wozu* erzählt wird. Entsprechend diffus bleibt der Begriff des Narrativen – eine Beobachtung, die freilich nicht nur auf Arbeiten aus diesem Themenkreis zutrifft. Eine große Zahl von Abhandlungen zu Recht und Narration zeichnet sich durch einen unspezifischen Begriff der Erzählung aus.[152] Das »Narrativ« wird in metaphorischer Verwendung zum Synonym jeglicher kultureller Sinnproduktion; der Pan-Narrativismus droht an die Stelle eines vordem modischen Pan-Fiktionalismus[153] zu treten.[154] Verweise auf Klassiker der Erzählforschung wie Genette oder Propp sucht man oft vergebens. Begünstigt wird dieser Austausch von Metaphern durch die fiktionale Literatur als Maßstab des Narrativen.[155] Für eine spezifisch narratologische Analyse von Rechtstexten und rechtlich relevanten Äußerungen bringen derartige Abhandlungen wenig.

---

148 Insbesondere im Anschluss an Benedict Anderson: *Imagined Communities: Reflections on the Origin and Spread of Nationalism*, 2. Aufl., London/New York 1991, oder (in Deutschland) Jan Assmann (Anm. 73).
149 Deutlich etwa Paul W. Kahn: *Putting Liberalism in Its Place*, Princeton 2005; Haltern (Anm. 147), S. 50ff. passim. Kritisch Lutz Niethammer: *Kollektive Identität. Heimliche Quellen einer unheimlichen Konjunktur*, Reinbek 2000; von Arnauld (Anm. 21), Abschnitt III.4.c). Weisberg (Anm. 133), S. 12 ff., warnt hier vor dem »totemic lawyer-poet«.
150 Begriff bei Scheppele (Anm. 112), S. 2075 nach Richard Delgado.
151 So z.B. Peter Fitzpatrick: *The Mythology of Modern Law*, London u.a. 1992; Ball (Anm. 25), S. 2288ff., 2296ff.; Richard Delgado: »Storytelling for Oppositionists and Others: A Plea for Narrative«, *Michigan Law Review* 87 (1989), S. 2411–2441. Zum diskriminierenden Ausschluss von Minderheitensichtweisen durch scheinbare Objektivität des gerichtlichen Verfahrens Scheppele (Anm. 112), S. 2077ff.
152 Vgl. die meisten Beiträge in Brooks/Gewirtz (Anm. 18). Ferner z.B. John Borneman: »Uniting the German Nation: Law, Narrative, and Historicity«, *American Ethnologist* 20 (1993), S. 288–311; Brooks (Anm. 98), S. 79ff.
153 Zu diesem kritisch Peter Blume: *Fiktion und Weltwissen. Der Beitrag nichtfiktionaler Konzepte zur Sinnkonstitution fiktionaler Erzählliteratur*, Berlin 2004, S. 12ff.
154 Deutlich dargestellt z.B. bei Gearey (Anm. 139), S. 273, wonach einige Autoren – angeblich Douzinas und Warrington (Anm. 76) – das narrative Moment im »Als ob« des Kategorischen Imperativs Kants sehen – und damit die Grenze zwischen Narration und Fiktion auflösen.
155 Posner (Anm. 28), S. 740ff., kritisiert an solchen Untersuchungen eine nur vordergründige Interdisziplinarität, bei der Juristen kaum Erkenntnisse der Literaturtheorie oder der Epistemologie aufgriffen, sondern innerjuristische Reflexionen metaphorisch auflüden. Erstaunlicherweise sind die literaturwissenschaftlichen Beiträge aus diesen Kreisen kaum methodisch genauer. Auch bei ihnen lässt sich oft ein metaphorisches Spiel der Assoziationen betrachten, in dem der Begriff des Narrativen letztlich austauschbar bleibt.

Sieht man von der Beschäftigung mit dem Recht als Gegenstand literarischer Erzählungen ab, die sich auch in Deutschland großer Beliebtheit erfreut,[156] hat sich hierzulande allenfalls die kulturwissenschaftlich orientierte Auseinandersetzung mit fundierenden Narrationen in der Rechtswissenschaft etablieren können. Im Gerichtsverfahren ist es eher das Element des Performativen, das wissenschaftliche Analysen herausgefordert hat;[157] wenn die Gerichtsrede untersucht wird, dann primär unter rhetorischen Aspekten;[158] narratologische Untersuchungen finden sich hingegen kaum.[159] Auch strukturalistische Analysen, die an der literaturwissenschaftlichen Erzähltheorie ansetzen, finden sich praktisch nicht.

Die transdisziplinäre Methode der Narratologie ist in der deutschen Rechtswissenschaft bislang also noch nicht heimisch geworden. Hier wie im führenden angloamerikanischen Schrifttum ist es insbesondere eine an den konkreten narratologischen Kategorien ansetzende Feinanalyse, die weitgehend fehlt. Die Einbeziehung von Wirklichkeitserzählungen könnte dabei die zu beobachtende Fixierung auf fiktionale Erzähltexte aufbrechen und den Fokus stärker auf das Eigentliche des Erzählens richten helfen.

Eine solche Analyse hat in erster Linie eine kritische Funktion, zeigt sie doch, wo und wie an literarischen und nichtliterarischen Erzählweisen geschulte Erwartungen den Prozess der Rechtsetzung wie der Rechtsanwendung prägen.[160] Sie fordert das tradierte Verständnis syllogistischer Schlüsse heraus und kann bis in die Tiefenstrukturen unseres Verhältnisses zu der uns umgebenden Wirklichkeit führen (ohne indes untrennbar mit einem radikalen Konstruktivismus oder einem grammatischen Universalismus verbunden zu sein). Bei alledem gilt es freilich, stets die blinden Flecken einer solchen Betrachtung zu berücksichtigen und die Gesamtperspektive zu bewahren: Bei der Beschäftigung mit dem »Wie« der Kommunikation darf das »Was« nicht aus dem Blick verloren werden.[161] Auch wenn das Wie der Erzählung das Was stärker beeinflusst, als einem dies in der

---

156 Vgl. etwa, neben den jährlich erscheinenden Themenheften der *Neuen Juristischen Wochenschrift*, Albert von Schirding: *Recht und Richter im Spiegel der Literatur*, Stuttgart u.a. 1990; Jörg Schönert (Hg.): *Literatur und Kriminalität. Die gesellschaftliche Erfahrung von Verbrechen und Strafverfolgung als Gegenstand des Erzählens. Deutschland, England und Frankreich 1850–1880*, Tübingen 1991; Lüderssen (Anm. 40), Beiträge im 2. Teil (S. 89–331). Dazu auch Klein (Anm. 131), S. 273f.
157 Siehe Nachweise in Anm. 19.
158 Katharina Sobota: *Sachlichkeit, rhetorische Kunst der Juristen*, Frankfurt a.M. 1990; Dies.: »Rhetorisches Seismogramm – eine neue Methode in der Rechtswissenschaft«, *Juristenzeitung* 1992, S. 231–237; Dies. (unter dem Namen Katharina Gräfin von Schlieffen): »Rhetorik und rechtsmethodologische Aufklärung«, *Rechtstheorie* 32 (2001), S. 175–196. S. auch Beiträge in: Günther Kreuzbauer/Silvia Augeneder (Hg.): *Der juristische Streit. Recht zwischen Rhetorik, Argumentation und Dogmatik* (= *Archiv für Rechts- und Sozialphilosophie*, Beiheft 99), Stuttgart 2004, von Götz Schulze (S. 26–35), Christian Hiebaum (S. 36–49) und Andreas Lyra (S. 50–64).
159 Als seltenes Beispiel Hannken-Illjes (Anm. 14), S. 211ff. S. aber auch Sauer (Anm. 97), S. 203ff. sowie, aus kommunikationstheoretischer Perspektive, Hoffmann (Anm. 101), S. 9ff.
160 Zu dieser Funktion und möglichen produktiven Beiträgen zur Rechtsetzung Lüderssen (Anm. 40), S. 67ff.
161 Martínez/Scheffel (Anm. 35), S. 20ff.

alltäglichen Wahrnehmung bewusst sein mag, erscheint es noch immer möglich und sinnvoll, an der Unterscheidung zwischen dem Erzählen und dem Erzählten festzuhalten. Queneaus *Stilübungen*, in denen dieselbe Geschichte auf 99 verschiedene Arten erzählt wird,[162] sind vielleicht ein gutes Beispiel für das eine wie für das andere – dafür, dass die Art und Weise, wie erzählt wird, die Rezeption des Inhalts beeinflusst, ebenso wie dafür, dass es zwischen Inhalt und Form der Erzählung eben doch einen Unterschied gibt.

Zwar handeln viele Geschichten vom Recht und von Gerechtigkeit (im Großen wie im Kleinen); das Recht jedoch erzählt sie mit einem anderen Anspruch: Wahrheit und Gerechtigkeit mögen Begriffe sein, die man nur noch in dem Bewusstsein verwenden kann, dass sie vielfach bedingt und gebrochen sind. Das Recht aber bedarf ihrer auch weiterhin als regulativer Ideen, um seinen ethischen Anspruch zu erfüllen.[163]

5. Kommentierte Auswahlbibliographie

Amsterdam, Anthony G./ Hertz, Randy: »An Analysis of Closing Arguments to a Jury«, *New York Law School Review* 37 (1992), S. 55–122. – Analyse der Abschlussreden vor einer Geschworenenbank nach Kategorien von Propp und Greimas.

Bennett, W. Lance/Feldman, Martha S.: *Reconstructing Reality in the Courtroom. Justice and Judgment in American Culture*, 2. Aufl., New Brunswick 1984. – Sozialwissenschaftliche Untersuchung auf empirischer Grundlage über die Relevanz des Erzählens bei der Wirklichkeitskonstruktion im Gerichtsverfahren. Ein »Courtroom-narrative«-Klassiker.

Bourcier, Danièle: »Gendarmes et Œdipes. Le Procès des narrations: Notes sur le système narratif du Droit«, in: Collectif Change (Jean-Pierre Faye u.a.) (Hg.): *La Narration nouvelle*, Paris 1978, S. 135–149. – Studie, die an konkreten Beispielsfällen Akkumulation und Transformation von Fallgeschichten im Laufe von Strafverfahren analysiert.

Brooks, Peter/Gewirtz, Paul (Hg.): *Law's Stories. Narrative and Rhetoric in Law*, New Haven 1996. – Tagungsband mit Beiträgen aus verschiedenen Strömungen der »Legal Narratology«. Der Begriff des »Narrativs« wird vielfach sehr weit verstanden. Empfehlenswert u.a. Beiträge von Robert Weisberg (S. 61–83) und Alan M. Dershowitz (S. 99–105).

Cover, Robert: »Nomos and Narrative«, in: *Narration, Violence, and the Law. The Essays of Robert Cover*, hg. von Martha Minow, Michael Ryan und Austin Sarat, Ann Arbor 1992, S. 95–172. – In den USA einflussreicher Text. Stellt die Einbettung des Rechts in fundierende Narrationen der Gemeinschaft in den Mittelpunkt.

Danet, Brenda: »Language in the Legal Process«, *Law & Society Review* 14 (1980), H. 3, S. 445–564. – Umfangreiche und tief gehende Studie zur Rolle von

---

[162] Raymond Queneau: *Stilübungen* (1947), übers. v. Ludwig Harig und Eugen Helmlé, Frankfurt a.M. 1990. Hierzu Martínez/Scheffel (Anm. 35), S. 27ff.

[163] In diesem Sinne wohl auch MacCormick (Anm. 87), S. 52f.; Anthony Julius: »Introduction«, in: Freeman/Lewis (Anm. 131), S. XVIIIff.

Sprache im Recht und in Verfahren der Streitentscheidung bzw. -beilegung mit interessanten ethnographischen Bezügen. Der Ansatz ist linguistisch und kommunikationstheoretisch orientiert, nicht narratologisch im eigentlichen Sinne.

Freeman, Michael/Lewis, Andrew (Hg.): *Law and Literature*, Oxford 1999 (= *Current Legal Issues* 1999 Vol. 2). – Umfangreiche Sammlung von Beiträgen zu den verschiedenen Zweigen der Bewegung. Wenig zu Erzählungen. Empfehlenswert v.a. der Überblicksbeitrag von Guyora Binder (S. 63–89).

Hannken-Illjes, Kati: »Mit Geschichten argumentieren – Argumentation und Narration im Strafverfahren«, *Zeitschrift für Rechtssoziologie* 27 (2006), S. 211–223. – Instruktive Fallstudie zur Konstruktion von Wahrheit im Gerichtsverfahren und zu den Punkten des Übergangs von der Narration zur Argumentation im Gerichtsverfahren. Eine der seltenen narratologischen Analysen des deutschen Gerichtsverfahrens unter Einbeziehung vorprozessualer Aussagen und Dokumente.

Herman, David/Jahn, Manfred/Ryan, Marie-Laure (Hg.): *Routledge Encyclopedia of Narrative Theory*, London/New York 2005. – Darin Einträge zu »Courtroom Narrative« (Elizabeth Mertz/Jonathan Yovel, S. 86–88) und »Law and Narrative« (Adam Greary, S. 271–275). Guter Überblick über den Stand der Diskussion in der angloamerikanischen Rechtswissenschaft.

Jackson, Bernard S.: *Law, Fact and Narrative Coherence*, Roby/Merseyside 1988. – Tiefgründige und weit gespannte, am Strukturalismus Greimas' orientierte Auseinandersetzung mit den narrativen Elementen des Rechts und der Konstruktion von Plausibilität im gerichtlichen Verfahren.

Pennington, Nancy/Hastie, Reid: »A Cognitive Theory of Juror Decision Making: The Story Model«, *Cardozo Law Review* 13 (1991), S. 519–557. – Empiriegeleitete Studie über narrative Ordnungsmuster bei der Organisation des Verfahrensstoffs durch Geschworenengerichte.

West, Robin: »Jurisprudence as Narrative: An Aesthetic Analysis of Modern Legal Theory«, in: Dies.: *Narrative, Authority and the Law*, Ann Arbor 1993, S. 345–418. – Anregende Übertragung der fiktional-narrativen Genres bei Northrop Frye auf rechtliche Institutionen.

Erzählen im medizinischen und psychotherapeutischen Diskurs

Brigitte Boothe

1. Bestimmung des Wirklichkeitsfeldes

Ein Patient erzählt im Kontext der ärztlichen Konsultation, der Exploration und Anamnese, des ärztlichen Gesprächs und der psychotherapeutischen Kooperation. Erzählen im medizinischen und psychotherapeutischen Diskurs bezieht sich auf das Wirklichkeitsfeld physischer oder psychischer Krankheiten und Störungen sowie Beeinträchtigungen, die im Kontext körperlicher Krankheiten auftreten. Als Krankheiten bezeichnet man im Verständnis der Schulmedizin naturwissenschaftlicher Orientierung Störungen der körperlichen, mentalen oder sozialen Funktionen, die auf physische oder psychische Defizite, Verwundungen, Entzündungen oder Schädigungen zurückgehen.[1] Die dem medizinischen und psychotherapeutischen Diskurs zugrunde liegende Leitdifferenz ist folglich gesund vs. krank. Krankheiten haben einen Beginn, einen akuten oder chronischen, einen benignen oder malignen Verlauf, klingen restlos oder mit Folgewirkungen ab, sind durch kurative Maßnahmen beeinflussbar oder behandlungsresistent. Krankheiten lassen sich nach Krankheitsbildern – nach Symptomen, Syndromen sowie charakteristischen Befunden und Verlaufsmustern – klassifizieren und auf Krankheitsursachen hin erforschen. Krankheiten werden mit kurativen Maßnahmen behandelt, deren Wirksamkeit wissenschaftlich geprüft wird. Krankheit wird im gesundheitspolitischen oder versicherungsrechtlichen Rahmen pragmatisch festgelegt. Hier geht es um Entscheidungsgrundlagen über finanzielle Mittel, Behandlungs- und Nachsorgeeinrichtungen. Für die deutsche Kranken- und Unfallversicherung ist Krankheit derzeit als körperliche oder mentale Verfassung mit ärztlich behandlungsbedürftigen Funktions-, Leistungs- und Befindlichkeitsdefiziten gefasst, die die Arbeitsfähigkeit einschränken.

2. Krankheit und Narration

Wer *körperlich krank* ist, steht unter dem Einfluss eines Prozesses organischer Veränderung. Er hat Symptome und Beschwerden. Sie sind Ausdruck des Krankheitsprozesses. Die Situation des Krankseins und Leidens lässt sich als normative Organisation der Praxis, der Beziehungen und der Kommunikation formulieren: So erwartet man etwa vom körperlich Kranken, dass Leiden zum Ausdruck

---

1 Meinrad Perez/Urs Baumann (Hg.): *Lehrbuch klinische Psychologie – Psychotherapie*, 3. vollständig überarbeitete Aufl., Bern 2005, S. 32ff.

kommt und dass eine Auseinandersetzung mit diesem Leiden stattfindet. Man rechnet damit, dass dem Kranksein Defizienzen, Beeinträchtigungen, Schädigungen zugrunde liegen, weswegen der Kranke Beistand erwarten kann und Anspruch hat auf genesungsförderlichen sozialen Rückzug und darauf, von diversen Pflichten im professionellen und privaten Bereich entlastet zu werden. Die Situation des Krankseins bringt die Nötigung und Chance zur vorübergehenden Neuorientierung der Lebensverfassung mit sich und verweist auf die existentielle Fragilität. Dabei ist Kranksein nicht reduzierbar auf Defizienz: Der Leidende ist vielmehr in einer besonderen Lebensverfassung, die ihn zum Mitteilenden, zum Botschafter und besonderen Dialogpartner werden lässt.

Wer *psychisch krank* ist, steht nicht notwendig unter dem Einfluss eines Prozesses organischer Veränderung. Er hat Symptome und Beschwerden; sie können Ausdruck einer Konfliktdynamik sein, die der Patient in seinem mentalen Leben bewegt und die er symbolisch vermittelt zur Darstellung bringt, ohne sich diesen Konflikten stellen zu können. Die Situation des Krankseins und Leidens ist hier etwas anders als bei organischen Erkrankungen organisiert: Ob und wann und unter welchen Bedingungen Personen mit psychischer Auffälligkeit sich selbst als krank deklarieren oder von anderen als krank deklariert werden, ist ein potenziell längerfristiger, auch reversibler, gelegentlich kontroverser Aushandlungsprozess mit partiell offenen Grenzen. Auch im Falle psychischer Erkrankungen erwartet man vom Kranken eine Auseinandersetzung mit dem Leiden, das allerdings nicht immer als solches sinnfällig wird und entsprechend nicht immer Bereitschaft zum Beistand weckt. Der Kranke hat nicht immer Anspruch darauf, von diversen Pflichten im professionellen und privaten Bereich entlastet zu sein – vielmehr ist es häufig nützlich, ihn in Pflichten und Verantwortung einzubinden. Sozialer Rückzug kann bereits Teil der Beeinträchtigung des Kranken sein und störungserhaltend wirken. Die Situation des Krankseins bringt auch hier die Nötigung und Chance zur vorübergehenden Neuorientierung der Lebensverfassung mit sich. Auch im Falle psychischer Erkrankungen teilt der Leidende seine individuelle Geschichte mit, deren Verständnis ein Schlüssel zur Gesundung sein kann.

Ein frühes Beispiel für die Fruchtbarkeit eines Verständnisses von Krankheit als narrativer Darstellung und dramatischer Inszenierung stellen etwa die Beobachtungen dar, die in der Pariser Salpêtrière unter der Leitung des Psychiaters Charcot gemacht wurden, wo Sigmund Freud 1885–1886 vier Monate hospitierte. Die Beschwerdeschilderungen und Beschwerdedemonstrationen der damals als hysterisch diagnostizierten Patienten und Patientinnen legten den Eindruck nahe, dass diese Personen Krankheit darstellten und kommunikativ vermittelten. Sie zeigten Schwäche und Kontrollverlust und präsentierten sich dem Arzt als Belastete, die dem Einfluss organischer Schädigung ausgesetzt und den Herausforderungen des Alltagslebens gegenwärtig nicht gewachsen seien. Sie führten ein Schauspiel auf, das sie selbst nicht verstanden und bei dem sie nicht intentional Regie führten, das aber für den Betrachter häufig als sinnvolle Episode erzählbar wurde.² Auch erzählten die Patienten vom Krankheitsgeschehen so, dass für den Hörer im Narrativ eine Geschichte von Beziehung und Konflikt, Wunsch und Angst aufschien. Die körperlich oder psychisch Leidenden offenbarten Krankheit als gelebtes Kranksein.

Körperliche Krankheit und auch psychische Beeinträchtigungen im Sinne von gelebtem Kranksein sind auch das zentrale Interesse der narrativ-basierten Medizin,³ die sich der evidenz-basierten Medizin gegenüberstellt und das ärztliche Hören, das Gespräch und den kurativen Dialog fördert.⁴ Ausgehend von den seit Beginn des zwanzigsten Jahrhunderts viel beachteten Erkrankungen aus dem psychosomatischen oder psychophysiologischen Formenkreis stellte Thure von Uexküll⁵ das heute breit etablierte bio-psycho-soziale Kreismodell vor. Krankheiten können demnach verschiedene Ursachen und Wirkungen bündeln, dabei kommen biologische, psychische und soziale Faktoren, in Wechselwirkung, in Betracht. Krankheiten sind nicht nur auf objektivierbare Befunde hin zu erforschen und zu behandeln, sie entstehen auf der Basis bestimmter Vulnerabilitätsdispositionen und bestimmter Stressoren im Rahmen der körperlichen und sozialen Lebensbewältigung. Krankheiten sind immer auch Ausdrucks- und Leidensphänomene, dies wird auf der narrativen Ebene und in Fallnarrativen besonders fassbar. Ebenso wichtig sind Aspekte des Milieus und der Lebenswelt, sowohl für den organmedizinischen wie für den psychischen Bereich.

Kranksein ist verbunden mit Gratifikationen und Entlastungen, wie die Psychoanalyse mit dem Verweis auf den Krankheitsgewinn hervorhob. Sie machte damit auf den wichtigen Umstand aufmerksam, dass nicht jeder Kranke im Therapieprozess kooperiert, nicht jeder Kranke gesund werden will. Der Soziologe Parsons beschrieb in diesem Sinne die Rolle des Kranken mit ihrer Entlastungslegitimation.⁶

Andererseits ist Krankheit in der Perspektive sozialer Abweichung zu sehen. Soziale Abweichung ist ein Ausgrenzungsgeschehen, das auf Basis der sozialen Zuschreibung einer krankhaften Abnormität zustande kommt. Das Ausgren-

---

2   Brigitte Boothe: »Appell und Kontrolle. Beziehungsmuster in der männlichen Hysterie«, in: Günter H. Seidler (Hg.): *Hysterie heute – Metamorphosen eines Paradiesvogels*, Stuttgart 1996, S. 166–193; Dies.: *Der Patient als Erzähler in der Psychotherapie*, Neuaufl., Gießen 2004; Donald P. Spence: »Narrative Smoothing and Clinical Wisdom«, in: Theodore R. Sarbin (Hg.): *Narrative Psychology. The Storied Nature of Human Conduct*, New York 1986, S. 211–232; Ders.: *The Rhetorical Voice of Psychoanalysis*, Cambridge 1994.

3   Rita Charon: »Narrative Medicine. A Model for Empathy, Reflection, Profession, and Trust«, *Journal of the American Medical Association* 28 (2001), S. 1897–1902; Hagen Sandholzer u.a.: »Entwicklung einer ›narrativ-basierten‹ Leitlinie zur Diagnoseeröffnung in der Allgemeinpraxis«, *Psychoneuro* 29 (2003), H. 5, S. 234–239.

4   Kathryn Hunter: *Doctor's Stories: The Narrative Structure of Medical Knowledge*, Princeton 1991; Armin Koerfer/Rainer Obliers/Karl Köhle: »Das Visitengespräch. Chancen einer dialogischen Medizin«, in: Mechthild Neises (Hg.): *Psychosomatische Gesprächsführung in der Frauenheilkunde*, Stuttgart 2005, S. 256–284; Oliver Sacks: *The Man Who Mistook His Wife for a Hat*, London 1985.

5   Thure von Uexküll: *Psychosomatische Medizin*, hg. v. Rolf H. Adler u.a., 6., neu bearbeitete und erweiterte Aufl., München 2002.

6   Talcott Parsons: *The Social System*, London 1951.

zungsgeschehen wird gerade auf narrativer Basis – durch Ausgrenzungsnarrative – erfolgreich, weil der Glaubensbonus, den die »narrative persuasion«[7] genießt, zuungunsten der als abnorm Etikettierten und Marginalisierten in den Dienst genommen wird. Die Zuschreibungen, insbesondere die Abweichungsnarrative, haben machtvolle Wirkung auf den, der als krank gilt. Der Zuschreibungsprozess führt zu Ausgrenzung und Stigmatisierung. Das gilt insbesondere für Erkrankungen mit hoher Auffälligkeit, was die Persönlichkeit, das Verhalten und das Erscheinungsbild betrifft. So formulierte es in den 1960er und 1970er Jahren auch der Etikettierungs- oder Labeling-Ansatz.[8]

Personen, die von den Folgen einer Anomalie betroffen sind oder von der Chronifizierung eines Leidens oder den Einschränkungen, die ein fortschreitender Krankheitsprozess mit sich bringt, sind nicht nur herausgefordert, mit der kontinuierlichen professionellen medizinischen Expertise zu kooperieren und dabei selbst zu Experten ihrer Krankheit zu werden, sondern darüber hinaus wird ihr Kranksein Teil ihres Lebensentwurfs und eines neuen Selbstverständnisses. Sie positionieren sich neu als Individuen, für die der Diabetes, die Lähmung, die degenerative Erkrankung, die Erblindung, der Schmerz Teil ihrer Situation wird. Diese Strategien der Bewältigung, des Coping, lassen sich besonders gut als narrative Formen der Selbstmitteilung erfassen und beispielsweise mit der Methode der narrativen Positionierungsanalyse erschließen, wie Lucius-Hoene (2000) sowie Lucius-Hoene & Deppermann (2002, 2004) in zahlreichen Studien auf der Basis narrativer Interviews zeigen.[9]

Personen, die lebensbedrohlich erkrankt sind und mit ihrem baldigen Tod rechnen, schätzen das biographische Erzählen, oft auch in publizierter Form, hoch ein: als Auseinandersetzung mit der letzten Lebensphase, als Lebensrückblick, als Imagination des Kommenden und als Vermächtnis. Erzählen im Lebensrückblick ist auch für gesunde ältere Personen eine bedeutsame Form der Selbstmitteilung und Selbstvergewisserung.[10]

Krankheit ist ein Geschehen in Beziehungen. Und Krankheit wird zur gelebten gemeinsamen Geschichte in Familiennarrativen. Das ist der programmatische Ausgangspunkt der systemischen Familientherapie. Das Leben einer Familie

---

7 Donald P. Spence: »Narrative Persuasion«, *Psychoanalysis and Contemporary Thought* 6 (1983), S. 457–481.

8 Zusammenfassend dargestellt bei Heiner Keupp: *Psychische Störungen als abweichendes Verhalten*, München 1972.

9 Gabriele Lucius-Hoene: »Konstruktion und Rekonstruktion narrativer Identität«, *Forum für qualitative Sozialforschung* 1 (2000), H. 2, http://www.qualitative-research.net/index.php/fqs/article/view/1087/2380, Aufruf 10.5.09; Gabriele Lucius-Hoene/Arnulf Deppermann: *Rekonstruktion narrativer Identität. Ein Arbeitsbuch zur Analyse narrativer Interviews*, Opladen 2002; Dies.: »Narrative Identität und Positionierung. Gesprächsforschung«, *Gesprächsforschung* 5 (2004), S. 166–183, http://www.gespraechsforschung-ozs.de/heft2004/ga-lucius.pdf, Aufruf 10.5.09.

10 Geneviève Grimm/Brigitte Boothe: »Glücks- und Unglückserfahrungen im Lebensrückblick alter Menschen«, *Psychotherapie im Alter* 2 (2007), H. 4, S. 63–73; Dies.: »Narratives of Life: Storytelling in the Perspective of Happiness and Disaster«, *Journal of Aging, Humanities, and the Arts* 1 (2007), H. 3/4, S. 137–146.

kann sich ganz im Zeichen der Krankheit und Pflegebedürftigkeit eines einzelnen organisieren: Ein Mitglied der Familie kann schicksalhaft körperlich erkranken; das System Familie wird die Krankenrolle etablieren und sich insgesamt im Kontext der Erkrankung positionieren. Oft kommt es dabei zu einer massiven Reduktion der Außenkontakte, des Interessenhorizonts und dessen, was erzählend ausgetauscht wird. Wenn ein einzelner in der Familie ein psychisches oder psychosomatisches Beschwerdebild entwickelt, so lässt sich das ganze Familiensystem daraufhin untersuchen, welche Funktion die übernommene Krankenrolle des einen im Gefüge der gesamten Familie hat.[11] Weiter gefasst »stellt sich die Frage, welche Merkmale die Funktionstüchtigkeit sozialer Systeme (Dyaden, Familien, komplexere Einheiten) kennzeichnen«.[12] Die physische oder psychische Beeinträchtigung eines einzelnen oder mehrerer Personen innerhalb einer privaten oder professionellen Gruppierung ist immer auch Teil einer größeren Dynamik.

Der Kranke tritt ferner immer in Beziehung zu sich selbst. Die persönliche Auseinandersetzung mit Krankheit führt zu etwas Neuem: Das Selbstverständnis verändert sich, neue Selbst- und Lebensvergewisserung artikuliert sich in narrativen Mustern.[13] So entwickelt sich, begünstigt durch edukative Maßnahmen im Bewältigungs- und Rehabilitationsprozess, der wissende Patient, der die Krankheit als Teil der Person adaptiert.[14] Für krankheitsorientierte Selbstporträts und Selbstpositionierungen ist die narrative Präsentation von zentraler Bedeutung.[15]

Der Patient, nicht der Arzt oder der Psychotherapeut, ist der eigentliche Erzähler im Behandlungszimmer. Der Patient rechnet mit der professionellen Expertise des Therapeuten und ist im günstigen Fall bereit, von seiner Krankheit, seinen Beeinträchtigungen, dem Beginn und Verlauf zu erzählen, aber auch von persönlichen Dingen, die nicht zum Thema Krankheit und Leiden gehören, wenn der Therapeut dies für Diagnose und Therapie wichtig findet und der Patient ihm vertraut. Die Beziehung zwischen Therapeut und Patient ist in Bezug auf Selbstmitteilung, die Steuerung des Geschehens und die professionelle Rechtfertigungspflicht asymmetrisch. Der Kranke sucht den Therapeuten in regressiver Verfassung auf. Er ist geschwächt und hilfsbedürftig. Er gibt dem Therapeuten Kredit für dessen Fähigkeiten und dessen Vertrauenswürdigkeit. Er vertraut sich

---

11 Helm Stierlin: *Psychoanalyse, Familientherapie, systemische Therapie, Entwicklungslinien, Schnittstellen, Unterschiede*, Stuttgart 2001.
12 Perrez/Baumann (Anm. 1), S. 37.
13 Roy Schafer: »Self-Deception, Defense, and Narration«, *Psychoanalysis and Contemporary Thought* 10 (1985), S. 319–346.
14 Jürgen Bengel u.a.: »Chronische Erkrankungen, psychische Belastungen und Krankheitsbewältigung«, *Psychosomatik, Psychotherapie und Medizinische Psychologie* 53 (2003), S. 83–93; Jürgen Bengel/A. Helmes: »Rehabilitation«, in: Perrez/Baumann (Anm. 1), S. 530–553; Lucius-Hoene/Deppermann: »Narrative Identität« (Anm. 9); Marie-Amal Marschewski: *Narrative Identitätskonstruktionen und subjektives Krankheitserleben in den Tagebuchaufzeichnungen erkrankter Menschen. Eine textrekonstruktive Analyse von Krankheitstagebüchern*, Universität Freiburg i.B. 2007, unveröffentlichte Dissertation; Julia Schmitz-Hövener: *Agoraphobie-Patienten erzählen. Sprachliche Verfahren bei der Darstellung von Panikanfällen*, Universität Münster 2006, unveröffentlichte Magisterarbeit.
15 Theodore R. Sarbin: »Emotional Life, Rhetoric, and Roles«, *Journal of Narrative and Life History* 5 (1995), H. 3, S. 213–220; Lucius-Hoene/Deppermann: *Rekonstruktion* (Anm. 9).

ihm erzählend an, und zwar in einem geschützten Rahmen – in der Abgeschlossenheit, der Dezenz und Verschwiegenheit des Behandlungszimmers, das den vorübergehenden Rückzug aus den Sozialbezügen und vom Engagement im professionellen und privaten Bereich gestattet und zur Besinnung auf sich selbst einlädt. Er ist eingeladen, seine Verfassung als Kranker zu sehen, die Gratifikationen und Risiken des Krankseins und der Krankheit zu erkunden und auf Veränderung der malignen Aspekte seines Zustands hinzuarbeiten.[16]

Kranke sind Personen, die gerade in ihrer Verfassung des Bruchs in der Lebenskontinuität, in ihrem Rückzug vom Engagement und ihrer Auseinandersetzung mit einer von der Krankheit veränderten Lebenslage empfänglich sind für Eindrücke, Botschaften, Einsichten, Erfahrungen, die anderen verschlossen bleiben. Die aus Leiden und Schwäche gespeiste Offenheit findet in literarischen und religiösen Zusammenhängen Aufmerksamkeit. Der kulturelle Topos von Krankheit als Verfassung der Empfänglichkeit für das Außer-Ordentliche, aus der heraus religiöse und künstlerische Artikulation möglich wird, hat lange Tradition. Jenseits von Religion und Weltliteratur ist das Krankheitsnarrativ als Chronik, Dokumentation, Manifest, Zeugnis und autobiographische Selbstvergewisserung höchst aktuell und höchst vielgestaltig. Selbstzeugnisse von Menschen, die an Aids, Herzinfarkt oder Krebs leiden, die Erfahrungen haben mit Organtransplantation, sind verbreitet. Kranke als Chronisten ihrer Krankheit sind im Medienzeitalter Legion. Berichte von Personen, deren Angehörige an altersdementiellen Erkrankungen leiden, finden in den Print- und visuellen Medien derzeit vermehrte Beachtung.

3. Systematischer Überblick über Formen und Funktionen des Erzählens im Wirklichkeitsfeld

Erzählen im medizinischen und psychotherapeutischen Diskurs ist, wie aus dem bisher Thematisierten bereits deutlich wurde, in mehreren Kontexten relevant. Hydén unterscheidet drei Formen der Erzählungen im medizinischen Diskurs:

(1) Krankheitserzählungen (»illness narratives«): Das sind autobiographische Darstellungen mündlicher oder schriftlicher Art von Betroffenen oder auch biographische Narrative von Personen, die von der Krankheit ihrer Angehörigen erzählen.
(2) Erzählen über Krankheit (»narratives about illness«): Das sind Expertenerzählungen – diagnostische Dokumente, Fallberichte und Verlaufsdarstellungen – aus dem professionellen Bereich der Medizin und der Pflege.
(3) Krankheitserzählungen als Werkzeug der klinischen Arbeit (»illness narrative's use as a clinical tool«): Darunter ist die psychotherapeutische Arbeit zu verstehen, mit dem, was der Patient erzählt; das sind auch Erzählungen aus

---

16 Brigitte Boothe/Bernhard Grimmer: »Die therapeutische Beziehung aus psychoanalytischer Sicht«, in: Wulf Rössler (Hg.): *Die therapeutische Beziehung*, Berlin 2004, S. 37–58.

der ärztlichen, pflegenden oder therapeutischen Arbeit mit dem Kranken, die etwa im Rahmen von Balint-Gruppenarbeit, Intervision oder Supervision entstehen.[17]

Wir thematisieren im Folgenden als Schwerpunkt insbesondere den dritten Kontext. Patienten mit körperlichen Beeinträchtigungen erzählen bei der ärztlichen Konsultation, sofern die ärztliche Relevanzsetzung dem Erzählen Raum gibt[18]; Patienten mit psychischen Beeinträchtigungen erzählen im Behandlungszimmer.[19] Sie bedienen sich unterschiedlicher Formen des Erzählens.

Nach Gülich und Hausendorf hat »Erzählen« im Zusammenhang mit mündlicher Rede mindestens eine dreifache informelle Verwendung:[20] Erstens die dialogische, die zum Einsatz kommt, wenn wir erinnernd frühere Situationen, an denen wir gemeinsam zugegen waren oder die wir jeweils kennen, einander in Erinnerung rufen und zu gemeinsamen Schilderungen entwickeln (»Wir haben von früher erzählt«, »Weißt du noch, wie der Eugen damals...«). Im psychotherapeutischen Kontext kann diese Erzählform erst einsetzen, wenn eine gemeinsame Geschichte der Dialogpartner entstanden ist. Diese ko-narrative Historisierung ist aufschlussreich für die Qualität der Zusammenarbeit, des Vertrauens, der Zuversicht und der Herstellung von Bedeutsamkeit und Wert des gemeinsamen Tuns; sie spielt aber für die folgenden Ausführungen keine Rolle. Die zweite Erzählform, die iterative, fasst Situationen modellhaft und exemplarisch im Sinne eines »immer wenn..., dann« (»Wenn mein Vater nach Hause kam, dann hat er erst mal... und dann...«). Sie ist im psychotherapeutischen Dialog – mindestens anfänglich – sehr gebräuchlich, hier positioniert sich der Erzähler als Informant und Experte bezüglich biographischer Strukturen und Muster. Die iterative Erzählform wird im Folgenden näher illustriert. Für die Erschließung psychodynamischer Regulierungsphänomene ist die dritte Erzählform, die episodische, am ergiebigsten. Sie stellt ein einmaliges Ereignis als einmaligen und individuellen Vorfall dar (»Einmal, es war kalter November, da bin ich...«). Ihr gilt im weiteren Verlauf besondere Aufmerksamkeit. Hinzu kommt viertens eine Erzählform, die im Bereich der Krankheits- und Störungsdarstellung häufig und wichtig ist, das ist die Entwicklungs-, Verlaufs- oder Karriereerzählung (»Also, mein Angstproblem, das hat eigentlich so angefangen...«).

Im Rahmen der folgenden Ausführungen werden also zunächst die zuletzt genannten drei Erzählformen allgemein betrachtet und ihre Funktionen im psychotherapeutischen Diskurs dargestellt: (1) die Schilderung eines Geschehens als

---

17 Lars-Christer Hydén: »Medicine and Narrative«, in: David Herman/Manfred Jahn/Marie-Laure Ryan (Hg.): *Routledge Encyclopedia of Narrative Theory*, London/New York 2005, S. 293–297.
18 Armin Koerfer/Karl Köhle: »Was ist erzählenswert? Das Relevanzproblem in der narrativen Medizin«, im Druck.
19 Boothe: *Der Patient als Erzähler* (Anm. 2).
20 Heiko Hausendorf/Elisabeth Gülich: »Vertextungsmuster Narration«, in: Klaus Brinker u.a. (Hg.): *Text- und Gesprächslinguistik. Ein internationales Handbuch zeitgenössischer Forschung*, 1. Halbbd., Berlin 2000. S. 369–385.

Prozess oder längerer Verlauf, (2) die iterative Darstellung eines Ablaufmusters und (3) die episodische Darstellung eines Ereignisses.

(1) Die Schilderung einer zeitlich organisierten Folge von Ereignissen umfasst eine größere Zeitspanne, innerhalb derer ein Geschehen seinen Anfang nimmt, als Prozess weitergeht und zum Stand der Erzählgegenwart gelangt. Dabei handelt es sich gewöhnlich um Beginn und Verlauf einer Krankheit, eines Symptoms oder Beschwerdebildes oder einer Lebenssituation. Die Verlaufsdarstellung gestaltet sich prototypisch folgendermaßen: Erstauftreten oder erste Erscheinung des thematisierten Phänomens (z.B. »Erst habe ich nur manchmal leichte Kopfschmerzen gehabt, das war vor zwei Jahren, als ich die neue Stelle angefangen habe...«), Wiederauftreten, Fortsetzung, Modifikation, Verstärkung (z.B. »dann wurden die ab Herbst immer stärker und häufiger...«), Erwähnung eigener Stellungnahmen zum Geschehen und von Maßnahmen, auf den Prozess einzuwirken (z.B. »ich habe erst gedacht, ich sitze zu lang am Compute...«, »ich bin dann in der Freizeit viel öfter an die frische Luft...«), weitere Entwicklung, weitere Maßnahmen (z.B. »es ist dann noch Schwindel dazu gekommen...«, »ich war beim Hausarzt...«), jetziger Stand (z.B. »ich habe jetzt einen Termin für die Computertomographie...«, »die Kopfschmerzen machen mir auch nachts zu schaffen, und beim Aufstehen ist mir immer schwindlig...«).

(2) Ein Geschehen als Ablaufmuster ist eine iterative Erzählung: Ein Ereignis oder ein Verlauf mit Anfang, Entwicklung und – gelegentlich offenem – Ende wird als Modell typisiert. Das Ereignis ist oft ein Beziehungsmuster, wie bei dem unten im Rahmen der exemplarischen Einzelanalyse behandelten Beispiel. Es kann sich auch um den Ablauf eines körperlichen oder seelischen Beschwerdeereignisses, z.B. eines Angstanfalls, einer Schmerzattacke oder eines außergewöhnlichen Bewusstseinsereignisses, handeln – also etwa eine Depersonalisation, Derealisation oder ein epileptischer Anfall. Das Tempus der Wahl ist das Präsens (z.B. »Immer wenn ich meine Mutter im Heim besuche, ist es dasselbe. Wir gehen in die Cafeteria, sie fragt nach den Kindern, sie wirft mir vor, dass sie zu selten kommen, ich gehe nicht darauf ein, frage, wie zufrieden sie mit der Physiotherapie ist, sie sagt: ich merke doch, dass du Stress hast; ich kann es nicht lassen und sage, du musst mir auch nicht ewig Vorwürfe machen, und dann sagt sie: sei du mal den ganzen Tag allein. Und dann weiß ich nie, wie ich die Kurve kriege...«).

(3) Die episodische Darstellung eines Ereignisses gestaltet sich kurz gefasst so: Startsituation mit Angabe der räumlichen und zeitlichen Markierungspunkte (z.B. »gestern Abend im Haus meiner Eltern, das Essen stand auf dem Tisch...«), Komplikation (z.B. »da bricht mein Bruder einen Streit vom Zaun...«), Resultat (z.B. »wir sind dann ziemlich verstimmt auseinander gegangen«).

Wenn es hier um Wirklichkeitserzählungen im psychotherapeutischen Kontext geht, dann werden diese als faktuale Erzählungen verstanden, weil sie beanspruchen, auf reale Ereignisse zu referieren. Die Unterscheidung zwischen (faktualen) Wirklichkeitserzählungen und fiktionalen Erzählungen wird pragmatisch getroffen: Die realen Ereignisse, auf die sich Wirklichkeitserzählungen im psychotherapeutischen Kontext beziehen, sind autobiographische Episoden, Verläufe oder typische Erfahrungen, die als solche zum Teil auch in der Zukunft wieder stattfinden können. Oder es handelt sich um körperliche, psychische oder soziale Krankheits-, Störungs- oder Problemverläufe, die noch nicht zum Abschluss gekommen sind, so dass Erwartungen an eine weitere Entwicklung in der Zukunft bestehen. Die autobiographischen Erzählungen beanspruchen, gelebte Erfahrung wahrheitsgetreu wiederzugeben und das Dort und Damals – die Personen und Handlungen, Intentionen und Gefühle – so zu rekonstruieren, dass Beteiligte und Zeugen des damaligen Ereignisses sich in der Darstellung wiederfinden können und dass der narrative Glaubenskredit, das heißt die einer Alltagserzählung wohlwollend gewährte Zustimmungs- und Bestätigungsbereitschaft des Hörers, nicht missbraucht wird. Autobiographische Narrationen im psychotherapeutischen Kontext sind Mitteilungen, die dem professionellen Hörer den Krankheits- oder Störungsbefund verlässlich verdeutlichen, die ihm Krankheits- oder Störungsursachen aus Betroffenensicht zugänglich machen und die Lebenssituation und persönliche Geschichte des Patienten faktisch erschließen. Da Patientennarrative den Anschluss an authentische Erfahrung beanspruchen, bieten sie einen Ausgangspunkt, gelebtes Leben von dort aus zu untersuchen, zu reflektieren, die damalige Ich-Perspektive – falls sie zugänglich wird – mit der jetzigen zu vergleichen und die Fremdperspektiven, das heißt, die möglichen Perspektiven jener anderen Figuren, die in der Erzählung auftreten, nachträglich hypothetisch auszuloten.

Faktuale Patientennarrative sind – wie gewöhnliche Alltagserzählungen auch – Kompositionen, die szenische Elemente (also Passagen, die direkte und indirekte Rede präsentieren) mit dramatischen Passagen verbinden, das heißt solchen, die den Fortgang des Geschehens schildern – gelegentlich im dramatischen Präsens (z.B. »da haut sie ihm eine runter...«) –, beschreibende Elemente integrieren, die über die Situation im Dort und Damals orientieren (z.B. »ich war 12 Jahre alt«, »das war der Glastisch von Tante Emma«) und kommentierende Passagen einbauen, die aus dem Hier und Jetzt Stellung nehmen (z.B. »das kann ich ihr nicht verzeihen«, aber auch Kommentare zur Darstellungssicherheit wie »glaub ich«, »das weiß ich noch wie heute«) und schließlich auch Wendungen ans Gegenüber (z.B. »Finden Sie auch, oder?«, »gell«, »vielleicht glauben Sie mir nicht, aber...«) aufnehmen.

4. Exemplarische Einzelanalysen

Im Folgenden sollen die bisher eher allgemein gehaltenen Aussagen anhand einzelner Beispiele konkretisiert werden: Vorgestellt werden (1) ein Entwicklungs- und Karrierenarrativ, (2) eine iterative Erzählung sowie (3) episodische Beispiele als Illustration von Patientenerzählungen.

4.1 Ein Ablauf- oder Karrieremuster

Das folgende Beispiel handelt vom körperlichen Symptom eines bislang nicht erklärten Gleichgewichtsverlusts; es könnte auf ein epileptisches Geschehen verweisen. Die Patientin befindet sich noch in der Abklärungsphase. Frau K gehört zu einer inzwischen großen Gruppe von Patienten mit Bewusstseins-, Anfalls-, Angst- und Schmerzstörungen, deren narrative Mitteilungsstrategien seit inzwischen vielen Jahren in medizinisch-linguistischer Kooperation untersucht werden. Dabei gab es unter anderem den eindrucksvollen Befund, dass Anfallsschilderungen von Personen mit Epilepsiebefund und Anfallsschilderungen von Personen mit dissoziativen, das heißt psychogenen, Anfällen systematische sprachliche Unterschiede aufweisen, und zwar insbesondere im Rahmen der Formulierungsmuster des Anfallsgeschehens.

> Wie ich zum ersten Mal umgekippt bin und dann ins Krankenhaus kam
>
> Im Dezember bin ich umgekippt, mir ist schwindlig geworden, bei meiner Freundin und bin mit dem Kopf gegen den Türrahmen geknallt; so *(Illustration durch Kopfbewegung)*, hatte anschließend so starke Kopfschmerzen, bisschen schwindlig war's mir anschließend immer noch, und bin dadurch ins Krankenhaus gefahren, damit nicht – hier eine leichte Gehirnerschütterung ist. Ja, und dann haben sie mich gleich da behalten, ne?

Es handelt sich um die narrative Darstellung prozessualer und prozeduraler Abläufe in Orientierung auf das Symptom: Eine junge Frau, zur Abklärung in einem Epilepsie-Zentrum, erzählt einem Psychotherapeuten, der zu diagnostischen Zwecken ein Interview mit ihr führt, vom ersten Auftreten ihres Symptoms, über das Ereignis von Schwindel und Umkippen. Das Interview lag als Tonaufnahme vor und wurde nach dem gesprächsanalytischen Transkriptionssystem GAT verschriftet. Hier haben wir die Nachschrift sehr vereinfacht.

Frau K ist plötzlich umgekippt, das gab Anlass zur ärztlichen Untersuchung und später zur Psychodiagnostik. Die Erzählerin führt aus, wie sie unerwartet von einem körperlichen Kontrollverlust betroffen wurde, welche Folgen das hatte und welche Maßnahmen ergriffen wurden. *Aus X ergab sich Y und dann Z* ist das Muster, dem ihre narrative Darstellung folgt. In solchen Wiedergaben von Abläufen, die einem Entwicklungs- oder Handlungsplan folgen, führt eine Person sich als Patient oder Ratsuchender ein, das heißt, als Individuum, das von einer Beschwerde, einem Symptom, einer Erkrankung, einer Belastung oder Beeinträchtigung betroffen ist, mit den sich daraus ergebenden Konsequenzen zu tun hat und in diesem Zusammenhang etwas unternimmt. Das Karrierenarrativ ist das Krankheitsnarrativ par excellence, wenn es darum geht, das Betroffen- oder Befallensein von Beschwerde, Krankheit oder Störung als Zeuge in eigener Sache vorzubringen. Zeuge in eigener Sache, das heißt: Der Betroffene spricht über seine Krankheit, Störung oder Belastung im Duktus persönlicher Expertise. Das lässt sich bei Frau K gut zeigen: Frau K datiert den initialen Störungsvorfall: »Im Dezember bin ich umgekippt«. Sie bezeichnet das Störungsereignis als »Schwindel« mit darauf folgendem »Umkippen«. Dabei kam es, wie die Erzählerin im medizinischen Alltagsjargon formuliert, zum Befund »Gehirnerschütterung«, weil sie – als Knalleffekt ausgedrückt – »mit dem Kopf gegen den Türrahmen geknallt« ist. Intensiver »Kopfschmerz« und anhaltender »Schwindel« führen zur Kontaktnahme mit einer professionellen Institution – »und bin dadurch ins Krankenhaus gefahren« –, die sich in der Tat als zuständig und in der Sache engagiert zeigt. Frau K präsentiert ihr Symptom Schwindel und Umkippen als Verlust von Stabilität und Gleichgewicht und als mechanische Lageveränderung.

»Wie [Frau K] zum ersten Mal umgekippt ist und wie sie dann ins Krankenhaus kam«, gehört zum Typus der narrativen Darstellung prozessualer und prozeduraler Abläufe, die auf der Basis eines Vorfalls oder einer Veränderung, die Aufmerksamkeit erheischt, weitere Entwicklungen, Konsequenzen und Maßnahmen schildern. Der Erzähler verpflichtet sich einer dokumentarischen Aufgabe. Er dokumentiert, was ihm widerfuhr und was er tat, im sprachlichen Bezugssystem des Betroffenen, gelegentlich in Beifügung von Expertenvokabular. Die Dokumentation hat den Anspruch auf Korrektheit, aber sie gibt auch der persönlichen Involviertheit Raum.

4.2 Iteratives Erzählen: Ein narratives Situationsmodell von Kranheitsereignissen

Ich versuche etwas anzufassen und gebe einen Laut von mir

weil ich in letzter Zeit diese Attacken habe, ich hab sozusagen wie son Aussetzer, dass ich – eigentlich war's immer beim Laufen, wenn ich ganz normal laufe, ob ich spazierengehe oder shoppen gehe, dass ich das Gefühl habe dass ich aus die Welt, aus der Welt rausgerissen werde, ne? Dass ich *(räuspert sich, belegte Stimme)* denke, ich kipp in jedem Moment um. Und damit mir das immer nich passiert, versuche ich irgendwie, was anzufassen; egal ob's jetzt ein Tisch ist oder ne Person oder sonst was, ne? Und meistens hab ich son Laut von mir gegeben, so einen *(imitierend:)* .hhh, weil ich dachte, ich kipp jetzt um. Und denjenige, der das hört, dass er mich in dem Moment festhält. Des is eigentlich nur so wie son Hilfelaut für mich, ne?

Auch hier ist die Wiedergabe der transkribierten Redepassage vereinfacht, im Dienst der Lesbarkeit. Die Redesequenz ist mit Gülich und Hausendorf ein iteratives Narrativ.[21] Es handelt sich um eine narrative Typisierung: Die Erzählerin Frau K macht geltend, dass eine Reihe von Ereignissen gemeinsame Merkmale haben, dass sie sich wiederholen und ein Situationsmodell abgeben. Es geht um Vorfälle mit krankheitsrelevanten Erscheinungen. Frau K modelliert einen ihrer Erfahrung nach charakteristischen Ereignis- und Handlungszusammenhang. Müßig schlendernd und allein lustwandelnd in städtischen Einkaufsstraßen kommt es zu Schwindel und der Gefahr des Umkippens. Wenn sie dies nahen spürt, sucht sie Halt oder macht auf sich aufmerksam, um sich auffangen oder halten zu lassen. Das Modell stellt dar, wie die Situation beschaffen ist, die zu Standverlust

---

21 Gülich/Hausendorf (Anm. 20).

und Schadensrisiko führt. Die körperliche Erscheinung selbst ist für die Sprecherin rätselhaft und wird in ihrer Rätselhaftigkeit hingenommen. Sie stellt die Maßnahme zum Selbstschutz als geeignet dar.

Krankheits- und störungsbezogene Situationsmodelle können unterschiedlich aussehen. Gewöhnlich schildert ein Erzähler, wie er von einem Symptom, von Schmerzen, Beschwerden, Stimmungen, Vorstellungen oder vom zwischenmenschlichen Bereich ereilt wird, wie sich das auswirkt, was geschieht oder was unternommen wird.

Schmitz-Hövener zeigt auf, dass Patienten mit Panikanfällen eine charakteristische Form der iterativen Darstellung von Panikattacken verwenden.[22] Unter anderem ist die Metaphorik des Kampfes gegen einen übermächtigen Gegner, dem man unterliegt, ein durchgängiger Befund. Für die Erzähler selbst ist das Wort »Panikattacke« sehr gebräuchlich. »Panikattacke« fungiert für die Betroffenen, aber auch für die Experten als Mikronarrativ, das ein Situationsmodell abgibt. Das gilt auch für viele andere charakterisierende Kennzeichnungen psychischer oder körperlicher Störungen, wie »Zwangshandlung«, »Schlangenphobie«, »Errötungsangst«, »Essanfall«, »Kleptomanie«.

4.3 Episodisches Erzählen: Von problematischen Beziehungen, dem problematischen Ich und verstörenden Ereignissen

Die folgenden Beispiele gehören zum Bereich typischer Patienten-Erzählungen aus dem episodischen Spektrum. Weil das episodische Spektrum für die klinische Erzählforschung speziell aufschlussreich ist, sei das mündliche episodische Alltagsnarrativ vorab etwas detaillierter in Stichpunkten skizziert:

- Übernahme von Rederecht für die sprachliche Artikulation einer episodischen Sequenz durch Eröffnung eines Und-dann-Starts (Der Erzähler macht seinem Gegenüber klar, dass er eine Geschichte mitteilen will und dafür längere Redezeit braucht. Er kündigt sie daher an, z.B. so: »...also gestern habe ich etwas Schreckliches erlebt. Da gehe ich so in Gedanken über die Straße...«).
- Der sprachlich markierte Anfang eröffnet einen Erwartungshorizont (»Und dann?«).
- Die Erzähleröffnung arrangiert eine Versetzungsregie in ein Dort und Damals mit Raum-Zeit-Markierung.
- Die Versetzungsregie verlangt kommunikative Koproduktion: deixis am Phantasma (Evokation) durch den Narrator und resonantes Imaginieren (Revokation) durch den Hörer sowie deixis am Phantasma durch den Hörer und resonantes Imaginieren durch den Narrator.
- Auf der Basis der Versetzungsregie gestaltet sich in Abstimmung auf die Ko-Imagination oder Revokation des Hörers die evokative Formulierung eines episodischen Ablaufs oder mehrerer episodischer Abläufe (Geschichten oder

---

22 Schmitz-Hövener (Anm. 14).

Stories), die der Narrator als authentisch erlebt qualifiziert oder die er als erfunden markiert.
- Der Charakter des »Erlebens« wird artikuliert durch kommunikative Strategien der Personalisierung (Beispiele: Ich-Fokussierung, mentales Vokabular, Dramatisierung, Emphase, szenisches alltagsfiktionales Präsens, Invitation ans Gegenüber, Entäußerungen des emotionalen Involvements zu platzieren).
- Der Und-dann-Start eröffnet einen Erwartungshorizont, das heißt eine kommunikative Navigation zwischen Wecken und Erfüllen von Erwartungen.
- Der Erzähler offeriert einen episodischen Bewegungs-, Geschehens-, Handlungs-Ablauf mit Figuren, Requisiten, Kulissen und Aktionen, organisiert als Verknüpfung zwischen Start – Entwicklung – Ergebnis.
- In der aktuellen Erzählkommunikation profitiert der Hörer potentiell von der Befindlichkeitsregulierung und der Sprecher von befindlichkeitsresonanten Kommunikationsofferten der Hörer.

4.3.1 Erzählen von problematischen Beziehungen

Viele Patienten erzählen davon, wie andere sie leiden machen. Sie machen erzählend klar, dass ihre Beschwerden und Einschränkungen in problematischen Beziehungen wurzeln. Häufig positionieren sie sich in diesen Erzählungen im Status des Opfers. Das gilt auch für das illustrierende Beispiel. Es handelt sich um die fünfte Erzählung im klinischen Interview mit Frau K, hier als segmentierte Folge (S mit Nummerierung) vereinfacht dargestellt.

Der Sturz vom Motorrad

S1 Motorrad von meinm Mann gewesen
S2 und ich hab kein Führerschein
S3 und wir warn auf son Feldweg oder so
S4 un er wollte mir das Motorradfahren beibringen
S5 aber ich war ehrlich gesagt nicht so dafür
S6 ich bin so der Typ
S7 der lieber hinten sitzt
S8 aber er meinte
S9 ich soll's ausprobieren un einfach machen
S10 jo
S11 un dann war es einfach n Berg
S12 der eben steil war
S13 *(hörbar atmend)* er is abgesprungen, = hat mich weiterfahren lassen
S14 ne
S15 un ich kam unten nich um die Kurve
S16 ja
S17 nn dann bin ich einfach gradaus weitergefahren in Wald rein...und bin dann umgekippt
S18 ne
S19 und dann hatt ich ebend keinn Bock noch mal auf das Ding draufzusteigen
S20 *(leicht lachend)* weil ich Schmerzen am Bein hatte un so
S21 weil das Ding auf mir drauflag

S22 ja
S23 aber mein Mann wollte
S24 dass ich noch mal fahre
S25 ne
S26 weil ich damit meine Angst überwinden kann
S27 hat er gemeint
S28 ne
S29 dann hab ich's getan
S30 damit er Ruhe gibt
S31 und anschließend simma zum Arzt gefahren

Frau K leidet, weil jemand sie leiden macht. Ihr Ehemann macht sie leiden. Er nötigt sie zu einer riskanten Aktion, für die sie unzureichend gerüstet, zu der sie nicht einmal legitimiert ist. Ihrem Ehemann mangelt es an Verantwortungsgefühl; er disqualifiziert sich und erweist sich in der narrativen Darstellung als schlechter Beschützer und untauglicher Lehrer. Sie hat darunter zu leiden. Erzählen in der Psychotherapie ist im Anfangsstadium häufig das Erzählen von problematischen Beziehungen. Ähnlich wie in der Erzählung von Frau K treten in Leidensnarrativen von problematischen Beziehungen die auftretenden Beziehungspartner als Antagonisten auf, als Risikofiguren für das Wohl der Ich-Figur. Psychotherapiepatienten gestalten sich vorzugsweise als Leidtragende in ihren Beziehungen, Leiden erscheint ihnen häufig als fremd-, viel seltener als selbstverursacht.

4.3.2 Selbstproblematisierung

Narrative Darstellungen, die der Selbstproblematisierung dienen, sind vor allem bei Erzählern mit depressiven Störungen und Störungen des Selbstgefühls und Selbstwertgefühls zu finden. Die junge Frau T, Studentin an einer Kunstakademie, präsentiert als erste Erzählung im psychodiagnostischen Erstgespräch folgendes Narrativ:

Da wollten Leute meine Bilder kaufen

S1 ich mein
S2 ich hab mir jetzt sowas auch halt verpasst patzt durch mein Verhalten so
S3 da wollten Leute meine Bilder kaufen
S4 und ich kam hoch
S5 ich hatte mich für ein Stipendium beworben nach Paris
S6 ne
S7 ich hab gedacht
S8 wär gut
S9 n halbes Jahr nach Paris würde dir guttun
S10 ne
S11 kämste hier raus
S12 weil ich das Gefühl hab
S13 hier kenn ich alle Leut oder so viele Leute so oberflächlich
S14 und die kennen mich
S15 und ich bin hier so gefangen
S16 so weil ich nicht mehr aus meiner Rolle raus kann

S17 und ja und dann kam ich so hoch hatte halt die Listen gesehen
S18 und dass ich das Stipendium nicht bekommen hatte
S19 und da stürzten diese Leute auf mich zu und wollten mein Bild kaufen
S20 da hätte ich ja total viel Geld gehabt und bräuchte nicht zu jobben
S21 aber ich war ja so unfreundlich
S22 weil ich so so wütend war
S23a dass ich dieses ja
S24 das ist auch so typisch
S25 dass ich mich da nicht umstellen kann auf ne neue Situation sondern bin völlig auf gelöst so
S23b weil ich halt dies Stipendium nicht bekommen hatte
S26 so traurig
S27 das war jetzt während des Rundgangs ähm 6. Februar oder sowas
S28 und da verpatz ich mir dann sowas
S29 und dann war ich so wütend hinterher
S30 da ging's
S31 dann war ich so wütend so lange auf mich
S32 dass ich mir das verpatzt hatte dann noch
S33 andere zwar hatten sich noch gemeldet gehabt
S34 aber die hätten wirklich das Bild gekauft
S35 ne
S36 so dass ich ja dass ich denk
S37 ich mach mir immer alles kaputt
S38 mir wird immer alles geschenkt
S39 und ich mach immer alles kaputt

Narrative Selbstproblematisierungen sind den reflexiven Selbstproblematisierungen sehr unähnlich. Es sind Blicke von innen, und sie machen Wunschanliegen und Abwehr erschließbar. Im Fall der Frau T: der Wunsch nach Zentralpositionierung im parentalen Ambiente (man schenke mir alles) – und die Abwehr der Wendung gegen sich selbst. Therese führt in ihrer Erzählung eine wütende Selbstanklage vor.

Die Erzählerin inszeniert auf eindrucksvoll schlüssige Weise die Rhetorik der Reue: Ein in Aussicht stehender Profit, der Verkauf eines Gemäldes, kommt nicht zustande, weil die Ich-Figur den Kunden als den potentiellen Ressourceninhaber den definitiven Kaufentscheid verunmöglicht, und zwar durch aversives Verhalten ihrerseits. Sie vergrault ihre Käufer. Die Chance, die sie hatte und die sie vereitelte, wird im Narrativ herausgestellt (Segment 20: »da hätte ich ja total viel Geld gehabt und bräuchte nicht zu jobben«), ebenso die selbstsabotierende Aktion (Segment 21: »aber ich war ja so unfreundlich«) wie schließlich die selbstbezichtigende Schlussbewertung (Segmente 38 und 39: »mir wird immer alles geschenkt und ich mach immer alles kaputt«). Die Gemütsverfassung der Reue ist, wie viele emotionale Bewegungen, narrativ organisiert: Sie artikuliert sich als verpasste Chance: »Ich bin mit einem Angebot konfrontiert, das ich sofort oder später als für mich relevant erkenne. – Ich versäume den Zugriff oder sabotiere die Möglichkeit zuzugreifen. – Das Angebot steht mir nicht mehr offen. – Ich habe im Nachhinein den dringenden Wunsch, das Versäumnis zu korrigieren oder die Sabotage zu reparieren, aber keine Aussicht auf Erfolg. – Ich evaluiere bei hoher emotionaler Involviertheit das ursprüngliche Angebot weiterhin oder vermehrt als relevant. – Ich disqualifiziere bei hoher emotionaler Involviertheit den versäumten Zugriff oder meine Sabotage. – Ich korrigiere mein Handeln in der Phantasie, sodass ich einen erfolgreichen Zugriff imaginiere. – Die korrigierende Imagination steigert meine Selbstdisqualifikation.« Die korrigierende Imagination kann dann ins Positive gewendet werden, wenn der Selbst-Hader allmählich abklingt und eine Phase der Selbsttröstung einsetzt, in deren Verlauf Hoffnungsbilder im Blick auf neue Chancen entworfen werden.

Die Relevanzbewertung des Angebots und die Selbstdisqualifikation machen die Gemütsbewegung der Reue aus, die lang anhalten und sich lebenslang immer wieder einstellen kann. Die Gemütsbewegung der Reue ist ein wunschdiskrepantes Erleben: Eine Sache erscheint als höchst wünschbar, ist aber nicht zugänglich. Sie ist nicht zugänglich, weil der Akteur selbst den Zugriff verhindert hat. Der Akteur schreibt sich also maximale Selbstverantwortung für die verpasste Chance zu.

Die Bewegung der Reue zeigt auf eindrucksvolle Art, wie in der nachträglichen narrativen Artikulation einer Erfahrung scharfe Bestimmtheit hergestellt wird, wo – möglicherweise – im Kontext des Handelns und Geschehens selbst ein so hohes Bestimmtheitsmaß gar nicht gegeben war. Sie zeigt außerdem das hohe Interesse an Kontrolle und Verfügung, das sich im Schmerz des Bedauerns und Haderns gerade in der selbstanklagenden Attribution des Akteurstatus zeigt, den man schlecht genutzt habe. Und schließlich ereignet sich die Reuebewegung als Bestätigung des Vergänglichen, insofern sie die Unwiederbringlichkeit, das Unwiderrufliche markiert. Und sie ereignet sich als Negation von Zufälligkeit und Beliebigkeit, denn hier wird, im Modus des Selbst-Haders, im Nachhinein ein erfolgreiches Handeln als möglich herausgestellt.

Die Profilierung der Erzählerin im Duktus der Reue-Rhetorik akzentuiert die (verpasste) Chance – also das, was geboten, aber nicht ergriffen wurde – als besonders schätzenswert und den eigenen selbstsabotierenden Akteurstatus als besonders maligne: »Ohne Eigenanstrengung fand ein künstlerisches Werk von mir so großes Interesse, dass man es nur zu gern für viel Geld kaufen wollte, hätte ich das nicht selbst aufgrund aktuell schlechter Verfassung vereitelt.« Therese präsentiert sich in der Erzählung als untüchtig, was die erfolgreiche Selbstvermarktung betrifft. Untüchtig im Kontext des aktuell wirksamen Moments der Kränkungswut: Sie hat kein Stipendium bekommen. Man hat sie für eine spezifische Förderung nicht qualifiziert. In der narrativen Struktur eines Selfhandicapping lädt die Erzählerin den Dialogpartner ein, narzisstische Gratifikation, nach dem Motto: Begabt, begehrt und selbstruinös, zu spenden.

Um zu erschließen, inwiefern und mit welchen Mitteln die Erzählung eine Abwehrbewegung inszeniert, greifen wir auf die Organisation der narrativen Sequenz zurück. Einerseits haben wir es sehr plastisch mit der Wendung von Passivität in Aktivität zu tun: Die verweigerte Gratifikation (das Stipendium) wird umgekehrt in die aktive Verweigerung, den interessierten Kunden entgegenzukommen. Die Wendung von Passivität in Aktivität hat aber die unerwünschte Folge, zum zweiten Mal das Ausbleiben einer Gratifikation in Kauf nehmen zu müssen: Was die Kunden wollten, war ja ein Geschäftsangebot mit Prämie für die Verkäuferin. Diese Prämie wurde durch die Zurückweisung der Kunden verscherzt. Die Ich-Figur geht leer aus. Die von diesem Befund ausgehende Selbstanklage leitet zwanglos zu einer weiteren Abwehrbewegung über, die bei Sichtung der narrativen Abfolge in Verbindung mit dem lexikalischen Befund gut erkennbar wird: die Abwehrbewegung der Wendung gegen das Selbst. Die Abwehrbewegung der Wendung gegen das Selbst ist hier wie folgt darzustellen: Die erfahrene Versagung durch (parentale) Autoritätsinstanzen mit Gratifikations- und Ressourcenmacht wird anhand einer selbstbezichtigenden Inszenierung verarbeitet: »Wenn die Gratifikationen ausbleiben, so ist es nur deine eigene Schuld. Sei ein gutes Mädchen, verhalte dich freundlich und kompetent adaptiert, dann kommt die Belohnung ganz sicher.« Die Wendung gegen das Selbst wird neben den Selbstvorwürfen als selbstgerichtetes Wüten erfahren.

4.3.3 Erzählen von verstörenden Ereignissen

Nicht Obacht gegeben

was sonst gewesen ist? Es war in der – da hab ich die Ausbildung gemacht gehabt, und ich saß in der Straßenbahn, und *(hörbares Atmen)* und ein Wagen vor mir saßen eben drei solche Türken Türken, die mich die ganze Zeit beobachtet hatten, ja. Und ich auf die einfach keine Obacht gehalten hatte und so; ich hab bloß gesehen, dass sie gekuckt hatten, aber nicht weiter drauf eingegangen *(hörbares Atmen)*. Und dann bin ich zum Hauptbahnhof, ich musste ja früher immer mit dem Zug fahren, weil ich noch kein Auto hatte, und war ich grade über – über die Straße gelaufen, da kam irgendeiner von den dreien zu mir und hat mich dann eingeladen zum Kaffeetrinken. Hab ich gesagt nein danke und bin dann weitergelaufen. Und in dem Moment, wo ich ähm *(lange Pause)* ne, weitergelaufen bin, kamen dann zwei von hinten und da haben sie mich zur Seite gezogen; *(hörbares Atmen)* jo; aber es kam nicht zu einer Vergewaltigung oder so, aber es kam einfach nur zum *(gepresst)* Anfassen, und *(längere Pause)* ja; *(lange Pause)* ja; *(längere Pause, hörbares Atmen)* und *(hörbares Atmen)* das war's eigentlich soweit *(längere Pause)*... Ja, und deshalb bin ja! und dann bin ich auch so der Typ, dass ich jetzt abends auch *(längere Pause)* ja einfach nicht mehr raus geh alleine; ne? Und ja.

Das ist wiederum eine narrative Mitteilung von Frau K, die letzte im Rahmen der Interviewsitzung, der auch die Erzählungen von Schwindel und Umkippen entstammen. Immer wieder hat ihr Gesprächspartner sie angeregt oder aufgefordert, Biographisches narrativ zu detaillieren. Dabei ging es dem Interviewer insbesondere um Erfahrungen, die Angst bereitet hatten. Frau K ging darauf ein, erinnerte sich an mehrere angstrelevante Begebenheiten oder formulierte Situationsmodelle. Der Einstieg in die Erzählung »Nicht Obacht gegeben« erfolgte zeitnah an eine biographische Erinnerung, narrativ als Einzelepisode angelegt: Beim Waldspaziergang in Begleitung ihres Hundes folgte ihr ein fremder Mann, so dass sie Angst bekam. Nun fragt sie sich, »was sonst gewesen ist?« und setzt mit einer thematisch eng verwandten Erzählung ein – auch hier ist sie allein, sorglos, ohne Kontaktinteresse unterwegs. Dass sich Blicke auf sie richten, nimmt sie zur Kenntnis, ohne sich weiter darum zu kümmern, eine Einladung – da ist sie bereits in ungeschütztem Gelände – lehnt sie ab und gerät dann, beiseite gezogen, in die Gewalt dreier sexueller Angreifer. Die Erzählung gibt der Darstellung des attackierenden Geschehens selbst keinen Raum: »und da haben sie mich zur Seite gezogen; *(hörbares Atmen)*«. Hier unterbricht die Erzählerin die Kontinuität des Handlungsablaufs, blendet aus, was geschehen ist, nachdem man sie zur Seite gezogen hat. Sie teilt vielmehr, unter Verwendung einer Delikt- und Schädigungskategorie – »Vergewaltigung« –, ein Resultat mit. Die Vagheitswendung »oder so« deutet einen möglichen Spielraum dessen an, was sexuelle Gewalt im Kontext Vergewaltigung heißen mag. Sie fügt an, als Konkretisierungsofferte, weiterhin in hörbarer Spannung »aber es kam einfach nur zum *(gepresst)* Anfassen«. Die Konkretisierungsofferte bleibt restringiert. Die darauf folgenden Summationspartikel »ja« mit folgenden Pausen und hörbarem Atmen lassen den Gesprächspartner erwarten, dass möglicherweise Ergänzungen folgen. Frau K entscheidet sich dann aber zunächst für das Resümee »das war's eigentlich soweit *(längere Pause)*« und gelangt schließlich zur Mitteilung einer langfristigen Konsequenz, die das Erlebnis hatte. Sie geht »einfach nicht mehr raus [...] alleine; ne?« Die Wendung ans Gegenüber »ne?« gibt das Rederecht ans Gegenüber weiter, Frau K schließt also hier die Erzählung ab. Zu beachten ist das Formulierungs- und Reformulierungshandeln: »Ja, und deshalb bin.« Hier deklariert die Sprecherin die klare Folgebeziehung »deshalb«. Das »ja!« löst diese Entschiedenheit wieder auf und setzt eine Zäsur. Die Selbsttypisierung »dann bin ich auch so der Typ« nivelliert den Kontextbezug. Die Formulierungskorrektur von »dass ich jetzt abends auch *(längere Pause)* ja einfach nicht mehr raus geh alleine; ne?« mag eine detailliertere Mitteilung zugunsten eines bündigen Schlusswortes zurückgenommen haben.

Die Erzählung »Nicht Obacht gegeben« handelt von einer verstörenden Begebenheit und weist als narrative Organisation Störungsmerkmale auf. Die Kontinuität der Ereignisdarstellung ist unterbrochen. Erregung und Spannung stören das flüssige Erzählen. Die Redeplanung wird blockiert und korrigiert, insbesondere vor erwartbaren, für den Sprecher prekären Detaillierungen. Das gilt als charakteristisch für Erzählungen traumatischen Geschehens. Das Etikett Trauma ist im Medienjargon etabliert und hat im professionellen Bereich durch seine extrem breite Verwendung einen unscharfen Bedeutungshorizont. Als traumatisches Geschehen gelten zum einem katastrophale Ereignisse mit hohem Schädigungspotential, unabhängig davon, ob der Betroffene im Anschluss daran eine psychische Störung entwickelt, zum andern gelten als traumatisches Geschehen katastrophale Ereignisse mit hohem Schädigungspotential nur dann, wenn die psychische Schädigung tatsächlich folgt.

Verstörendes Erzählen kann sich auch dort einstellen, wo ein Erzähler ein Ereignis narrativ gestaltet, das den Hörer befremdet, weil der Inhalt in Bezug auf den Realitätsgehalt erwartungswidrig ist. So verhält es sich beim Beispiel vom Lichthof:

Lichthof

S1   Lichthof letzte Woche
S2   ich saß an einem Tischchen und sah rings um mich

S3 da änderte sich quasi vor meinen Augen etwa 10 Meter entfernt eine Person von einem männlichen zu einem weiblichen Aussehen
S4 verschiedene Weltwirklichkeiten
S5 die übereinandergeschachtelt liegen
S4 hatten sich innert Sekunden abgelöst
S6 trans vestitos würde hier das Fachwort heißen
S7 obwohl nicht klar ist
S8 ob mein Inneres oder mein Äußeres sich innerhalb dieses Bebachtungsvorgangs verändert hat

Die Erzählung findet sich als Tagebucheintrag handschriftlich niedergelegt. Den Titel »Lichthof« hat Luif nachträglich von außen, im Rahmen einer wissenschaftlichen Arbeit an diesem Tagebuch, erhalten.[23] Die Orthographie des Autors – wir geben ihm den Decknamen Robert – wurde für die Wiedergabe übernommen. Die nummerierte Darstellung als Segmentierung (S) in Subjekt-Prädikat-Einheiten ist nicht originär, sondern dient wiederum nur der Übersicht. Der Text ist die Wiedergabe eines Vorfalls durch ein Ich. Der Vorfall ist zeitlich und örtlich konkretisiert; die Lokalität ist der Lichthof der Universität Zürich. Figuren treten auf, eine Handlung wird abgewickelt. Was da geschieht, wird am Ende kommentiert durch das Ich.

Die alltägliche Kulturpraxis Erzählen positioniert zumeist das Ich als zentrale Figur. Einer teilt sich als Person mit. Er gibt dem Merkwürdigen narrative Gestalt. Der den Vorfall mitteilt, war dabei. Er hat das, wovon die Rede ist, selbst erfahren.

Es gibt eine narrative Alltagskultur in der sprachlichen Artikulation von Erscheinungen, die sich dem verstehenden Zugriff entziehen: Ist das Mitzuteilende ein seltenes und unvertrautes Geschehen, so pflegt der Sprecher eine extensive Formulierungsarbeit zu leisten, in der er das Ringen um Artikulation des schwer Sagbaren und kaum zu Vermittelnden kommunikativ verdeutlicht. Das lässt sich beispielsweise bei der Darstellung epileptischer Auren durch Betroffene konversationsanalytisch eindrucksvoll zeigen,[24] vergleichbare kommunikative Strategien finden sich bei der Traummitteilung.[25]

Träume und bestimmte außergewöhnliche Bewusstseinszustände wie epileptische Auren konfrontieren das Ich mit Eindrücken, die in der Verständigungskultur des Alltags nicht anschlussfähig sind, aber zugleich für das Individuum von hoher Relevanz sind und nach Mitteilung drängen. Es existiert also eine

---

23 Vera Luif: »Alltagserzählungen aus dem Tagebuch eines Schizophrenen«, in: Brigitte Boothe/Agnes von Wyl (Hg.): *Psychodynamisches Störungsbild und erzählter Konflikt*, Bern 2002, S. 25–50.
24 Elisabeth Gülich/Martin Schöndienst: »Das ist unheimlich schwer zu beschreiben. Formulierungsmuster in Krankheitsbeschreibungen anfallskranker Patienten: differentialdiagnostische und therapeutische Aspekte«, *Psychotherapie und Sozialwissenschaft* 1 (1999), H. 3, S. 187–198.
25 Brigitte Boothe: »Die dialogische Organisation der Traummitteilung, die Selbstoffenbarung und die Traumbiographie«, *Philosophie der Psychologie* 5 (2006), http://www.jp.philo.at/texte/BootheB1.pdf, Aufruf 10.5.09.

prekäre Spannung zwischen dem Begehren nach Resonanz angesichts eines Ergriffenseins von verstörenden Eindrücken und der Möglichkeit, sie sprachlich so einzukleiden, dass sie im kulturellen Raum diskursfähig werden. Die Arbeit an diesem Spannungsverhältnis ist erfindungsreich und zielt darauf, die Resonanzbereitschaft und emotionale Teilnahme des Hörers und Gesprächspartners zu gewinnen. Sie wird in diesem Fall nicht erreicht durch die Leichtigkeit des Aufenthalts in vertrauter Bildlichkeit der Alltagskultur, sondern durch die Bereitschaft zum Ko-Formulieren, zur gemeinsamen Suche nach Möglichkeiten der Verständigung. Der Hörer wird Weggefährte in unsicherem Gelände.

Was in der Erzählung vom Lichthof als Erfahrung bezeugt wird, hat kaum Chancen, bei anderen zustimmende Resonanz zu finden. Keiner wird sagen: »Kenne ich auch, kenne ich gut. Ist mir im Lichthof neulich auch passiert.« Es gibt keine Aussicht auf geteilte Vorstellungen, wie wir sie pflegen in einer beruhigten sozialen Praxis, die Raum bereitet für das, was wir als wirklichkeitsbezogenes Erzählen gelten lassen und kultivieren.

Wir haben es zu tun mit einem bündigen Protokoll. Es ist – anders als die Narrative von epileptischen Auren – entstanden im einsamen Rückzug des Tagebuchschreibens. Die Wiedergabe des Erlebten richtete sich also nicht an ein lebendiges Gegenüber. Dieser Unterschied ist wichtig. Wir wissen nicht, ob Robert im mündlichen Verkehr sich einer Reformulierungsrhetorik und der Artikulation des Nicht-Fassbaren bedient hätte. Wir wissen nur, dass die Reformulierungsrhetorik beispielsweise in Traumtagebüchern anderer Personen Verwendung findet trotz Abwesenheit von Kommunikationspartnern. Freud beispielsweise macht von der Reformulierungsrhetorik in den Wiedergaben eigener Träume ausgiebig Gebrauch.[26]

Roberts Protokoll hat überdies – anders als Aura- und Traumnarrative – den Charakter hermetischer Geschlossenheit. Da wird ein Ablauf konstatiert, der einhergeht mit dem Sich-Ablösen verschiedener Weltwirklichkeiten, im Anschluss daran findet der Versuch einer Kategorisierung statt (S6), der in der Schwebe bleibt, weil das Resultat offen ist (S8). Geschlechtliche Bestimmtheit, Ordnung des Wirklichen gehen in der Erzählung »innert Sekunden« (S4) verloren. Aber das führt weder zu einem sprachlichen Gestus der Erregung, zu einer Sprache des Stammelns, die sich aufreibt am Unsagbaren, noch zur emphatischen Expressivität emotionaler Dramatik. Robert zog sich zum Festhalten seiner besonderen Erfahrungen oft zurück und füllte viele Tagebuchhefte. Er widmete schließlich diese Hefte seinem Psychiater. Als dieser sie im Sinne eines Vermächtnisses erhielt, hatte Robert sich bereits das Leben genommen.

Die vorgestellten Beispiele zeigen, wie man im psychotherapeutischen Alltag erzählt. Die episodischen Narrative zeigen besondere emotionale Involviertheit. Diese dramaturgische, das heißt sequentiell und dynamisch bestimmte, um einen zentralen Plot organisierte, »Perspektive der Reinszenierung des Ereignisses in

---

26 Sigmund Freud: *Die Traumdeutung* [1900], *Gesammelte Werke*, 18 Bde., London 1940–1952, Bde. II/III.

der erzählten Situation«[27] kann für die psychotherapeutische Praxis wie für die psychotherapeutische Forschung bedeutsam sein, wenn es gelingt, geeignete methodische Erschließungsprozeduren zu erproben.

Solche Erschließungsprozeduren für Forschung und Praxis lohnen sich zumindest für jene Zugangswege zu psychischen Störungen, bei denen das Relevanz- und Präferenzsystem des Patienten Gewicht hat. Das kann beim professionell geführten ärztlichen Gespräch[28] der Fall sein, wenn man dort der narrativen Selbstmitteilung des Patienten Raum gewährt und mit dem Narrativ auch arbeitet; bei den humanistischen Therapieverfahren, den beziehungstherapeutischen und interpersonellen Ansätzen, sehr wohl bei kognitiv-behavioralen Verfahren und in jedem Fall bei der psychodynamischen Konflikt-, Beziehungs- und Prozessdiagnostik; denn hier steht die deklarative Welt- und Selbstsicht einer Person in vielschichtiger Spannung zu einer psychischen Verfassung, die regulativ wirksam ist.

5. Forschungsgeschichtlicher Rückblick

Das therapeutische Gegenüber stellt sich darauf ein, emotional beteiligter Ko-Konstrukteur der Geschichte zu sein, der Analytiker lässt sich im imaginativen Mitvollzug in den Sog narrativer Kollaboration ziehen; das so entstehende Beziehungsgeschehen kommt zur szenischen Gestaltung und Ausgestaltung und lässt sich dann der nachträglichen Inspektion, Exploration und Reflexion beider Beteiligter unterziehen. Die Patienten suchen den Komfort – oder wenigstens die scheinbaren Vorteile – zu erhalten, den die Krankheit bietet und sehen daher die Aufdeckung der konflikthaften Prozesse als Bedrohung an. Der Therapeut sieht sich hineingezogen in ein szenisches Arrangement, in eine spezifische Dramaturgie vitaler Wunschwelt und abwehrender Verhüllung und lässt sich von ihr in den Bann ziehen. Psychoanalytische und andere Therapeuten, für die Narration und Beziehung in der professionellen Kooperation wichtig sind, nehmen es mit Erzählungen von Patienten genau, weil in der Imagination Rollen übernommen und Handlungsepisoden durchgespielt und variiert werden können. Sie stellen eine Probebühne bereit für szenisches Geschehen im Hier und Jetzt; und sie ermöglichen den explorativen und reflexiven Dialog als Selbstverständigung zu zweit.[29] Dabei spielt die Bezugnahme auf szenisches Geschehen in der therapeutischen Situation sowie auf erzähltes Geschehen, auf das beide zurückkommen können, eine bedeutende Rolle.

Erzählungen wecken und fordern narrative Intelligenz. Wer narrative Intelligenz einsetzt, führt Leben vor als dynamischen Ereigniszusammenhang. Wer erzählt, schafft Bedingungen, die nach den Gesetzen narrativer Logik Erwartun-

---

27 Peter M. Wiedemann: *Erzählte Wirklichkeit. Zur Theorie und Auswertung narrativer Interviews*, München 1986, S. 563.
28 Armin Koerfer/Rainer Obliers/Karl Köhle: »Das Visitengespräch. Chancen einer dialogischen Medizin«, in: Neises (Anm. 4), S. 256–284.
29 Wolfgang Mertens: *Psychoanalyse. Geschichte und Methoden*, München 1997, S. 44–61.

gen wecken und auf Erfüllung zielen.[30] Narrative Logik wird im Erwerb der Erzählkompetenz als implizites Wissen angeeignet.[31] Man erwirbt sie zunächst hörend: Als kleines Kind, das hört, was man ihm erzählt, das in seiner frühen Sozialisation eingebettet wird in eine Welt elterlichen Erzählens, man übt sie sodann mit zunehmender Sprachfähigkeit aktiv und produktiv – in den Alltagsritualen gemeinsamen Erzählens.

Narrative Inszenierungen verweisen auf Wunschvorstellungen, Angstvorstellungen, Abwehrstrategien, sie geben wie keine andere Form der Selbstmitteilung Einblick in die persönliche Daseinsaneignung, den persönlichen Kosmos einer Person. Luborsky legte ein systematisiertes Verfahren zur Analyse des »Zentralen Beziehungskonflikts« (CCRT = Core Conflictual Relationship Theme, deutsch ZBKT) vor.[32] Mit Hilfe dieses Verfahrens lassen sich aus transkribierten Protokollen von Behandlungsstunden sogenannte Beziehungsepisoden – episodische Narrative und Situationsschilderungen – extrahieren, die sich als Beziehungsdreischritt darstellen lassen: (1) Beziehungswunsch, den er selbst an einen anderen richtet, (2) dessen Beziehungsantwort, (3) die eigene Antwort auf diese Partnerreaktion. Das systematisierte, auch für quantitative Berechnungen nutzbare Verfahren findet in der psychoanalytischen Beziehungs- und Übertragungsforschung ausgedehnte Verwendung. Bei der diagnostischen Beurteilung werden die vom Patienten geschilderten Interaktionen mit bedeutsamen Anderen berücksichtigt, aus denen auf das persönliche subjektive Beziehungserleben geschlossen werden kann. Auf diese lassen sich hypothetisch habituelle interpersonelle Erwartungen und Befürchtungen formulieren.

Staats hat beispielsweise eine große Studie zum »zentralen Thema der Stunde«, »zur Bestimmung von Beziehungserwartungen und Übertragungsmustern in Einzel- und Gruppentherapien« vorgelegt.[33] Die manualisierte psychodynamische Diagnostik OPD verwendet die Bestimmung des »zentralen Themas« zur Erschließung prototypischer Beziehungsmuster, die ein Patient unterhält, und führt das im OPD entwickelte diagnostische Interview zugeschnitten auf die Gewin-

---

30 Boothe: *Der Patient als Erzähler* (Anm. 2); Claude Brémond: »The Logic of Narrative Possibilities«, *New Literary History* 11 (1980), S. 387–411; Paul Ricœur: *Zeit und Erzählung*, Bd. III: Die erzählte Zeit, München 1991; Marie-Laure Ryan: *Possible Worlds, Artificial Intelligence and Narrative Theory*, Bloomington 1991.

31 Elfriede Billmann-Mahecha: »Narrative Psychologie«, in: Gerd Wenninger (Hg.): *Lexikon der Psychologie*, Heidelberg 2000, Bd. 3, S. 119; Wolfgang Kraus: *Das erzählte Selbst: die narrative Konstruktion von Identität in der Spätmoderne*, 2. Aufl., Herbolzheim 2000; Matías Martínez/Michael Scheffel: *Einführung in die Erzähltheorie*, 5. Aufl., Stuttgart 2003, S. 145ff; Katherine Nelson: »Erinnern und Erzählen: Eine Entwicklungsgeschichte«, in: Hilarion Petzold (Hg.): *Die Kraft liebevoller Blicke. Psychotherapie und Babyforschung*, Paderborn 1995, Bd. 2, S. 167–191.

32 Lester Luborsky: »A Guide to the CCRT-Method«, in: Lester Luborsky/Paul Crits-Christoph (Hg.): *Understanding Transference. The Core Conflictual Relationship Theme Method*, New York 1998, S. 15–36.

33 Hermann Staats: *Das zentrale Thema der Stunde. Die Bestimmung von Beziehungserwartungen und Übertragungsmustern in Einzel- und Gruppentherapien*, Göttingen 2004.

nung von narrativen Beziehungsepisoden.[34] Die psychoanalytische Persönlichkeitstheorie beschreibt unter der Annahme der Determiniertheit durch lebensgeschichtliche Beziehungserfahrungen und Sinn stiftender Zusammenhänge von lebensgeschichtlichen Ereignissen und aktuellen psychologischen Merkmalen, wie der einzelne zu der Person geworden ist, die er ist. Die anthropologischen Grundannahmen sind dabei, dass der Mensch sich (1) als soziales Wesen in Beziehungen zu äußeren sozialen Objekten, in aller Regel anderen Menschen, erlebt, versteht und definiert, dass (2) Erleben und Verhalten durch innere und äußere Konflikte bestimmt sind und dass es (3) zur Organisation stabiler Erlebens- und Verhaltensmuster einer psychischen Struktur bedarf.

Neue Beziehungserfahrungen sollen sich beim Patienten in neuen Beziehungsnarrativen verdeutlichen. Die narrativen Modelle des psychodynamischen Geschehens und der psychotherapeutischen Kooperation, die Therapeuten und Beobachter formulieren, sollen am Ende der Behandlung anders organisiert sein als zu Beginn. Der Behandlungsprozess lässt sich im Spiegel der Narrative mitvollziehen. Behandlungserfolg lässt sich in narrativer Prozessanalyse zeigen. Kooperation, Selbstartikulation und Selbstveränderung werden zu praxisrelevanten Forschungsthemen, bei deren Bearbeitung die Methodologie der qualitativen Forschung Schlüsselfunktion hat. Meist handelt es sich um gesprächsanalytische Arbeiten mit methodischer Prominenz der Diskursanalyse, der Konversationsanalyse, der Narrativik und der Objektiven.[35] Exemplarische qualitative Analysen therapeutischer Kommunikation finden sich seit den achtziger und neunziger Jahren, beispielsweise in Faller & Frommer[36] und in Buchholz & Streeck[37]. Drei Fragenkreise sind von besonderem Interesse: Wie entsteht dialogische Kommunikation in der Psychotherapie? Wie gelangt der Patient zur Mitteilung seines Erlebens? Auf welche Art führt Gesprächsarbeit zu lebenspraktischer Veränderung?

Weilnböck[38] legt eine gedrängte Zusammenschau der narrativen Orientierung im psychoanalytischen und psychoanalytisch-entwicklungspsychologischen Bereich vor, auf die hier Bezug genommen wird: Die qualitative Sozial- und Interaktionsforschung vertritt die narrative Forschungsrichtung – im Sinne von

---

34 Arbeitskreis OPD: *Operationalisierte Psychodynamische Diagnostik. Grundlagen und Manual*, Bern 2006.
35 Aktuelle Studien sind exemplarisch dargestellt in Vera Luif/Gisela Thoma/Brigitte Boothe (Hg.): *Beschreiben – Erschließen – Erläutern. Psychotherapieforschung als qualitative Wissenschaft*, Lengerich 2006.
36 Hermann Faller/Jürg Frommer: *Qualitative Psychotherapieforschung. Grundlagen und Methoden*, Heidelberg 1994.
37 Michael Buchholz/Ulrich Streeck (Hg.): *Heilen, Forschen, Interaktion. Psychotherapie und qualitative Sozialforschung*, Opladen 1994.
38 Harald Weilnböck: »Auf dem steinigen Weg zur Einlösung eines lange währenden literaturwissenschaftlichen Desiderats: Empirisch-klinisch gestützte Forschung über Literatur und Psychotrauma«, in: *Forum Qualitative Sozialforschung* 7 (2006), http://www.qualitative-research.net/fqs-texte/2-06/06-2-25-d.htm, Aufruf 10.5.09.

Polkinghorne[39] und Ricoeur[40] – seit Etablierung der Methodologie und Praxeologie des narrativen Interviews gemäß Schütze,[41] Rosenthal[42] und Lucius-Hoene & Deppermann[43] in besonders produktiver Weise; Lucius-Hoene erforscht außerdem das Gebiet der Krankheitsdarstellung, Krankheitsbewältigung und Rehabilitation narratologisch. Krankheitsdarstellung und Krankheitsbewältigung stehen auch im Zentrum einer Zürcher Kooperationsstudie zur Organtransplantation; im Rahmen von narrativen Interviews und der Analyse einzelner episodischer Darstellungen werden unter der Leitung von Lutz Götzmann und Marius Neukom günstige und ungünstige Formen der Aneignung und Nicht-Aneignung des transplantierten Organs untersucht.[44]

Erwerb narrativer Kompetenz[45] sowie die Bedeutung elterlichen Erzählens für die Strukturierung des mentalen Lebens[46] und der Vermittlung von Welt[47] sind große Themen der Entwicklungspsychologie des frühen Kindesalters. Erzählung und Körper, Erzählen und Körperpsychotherapie werden auf der Basis der Entwicklungsnarratologie als essentielle Verbindung betrachtet, die von großem Nutzen für die therapeutische Praxis ist.[48] Erzählung und Traumatisierung

---

39 Donald E. Polkinghorne: »Narrative and Self-Concept«, *Journal of Narrative and Life History* 1 (1991), S. 135–153.
40 Ricœur (Anm. 30); Paul Ricœur: *Das Selbst als ein Anderer*, München 1996.
41 Fritz Schütze: »Die Technik des narrativen Interviews«, in: *Interaktionsfeldstudien: dargestellt an einem Projekt zur Erforschung von kommunalen Machtstrukturen. Arbeitsberichte und Forschungsmaterialien 1 der Universität Bielefeld*, Bielefeld 1977.
42 Gabriele Rosenthal: *Erlebte und erzählte Lebensgeschichte. Gestalt und Struktur biografischer Selbstbeschreibungen*, Frankfurt a. M. 1995.
43 Gabriele Lucius-Hoene/Arnulf Deppermann: *Rekonstruktion narrativer Identität. Ein Arbeitsbuch zur Analyse narrativer Interviews*, 2. Aufl., Frankfurt a.M. 2004.
44 Zum Beispiel: Katja Feldmann: *Zwischenmenschliche Beziehungen und psychische Verarbeitung der Organtransplantation im Spiegel der Erzählungen nach einer Lungentransplantation*, Universität Zürich 2008, unveröffentlichte Lizentiatsarbeit; Valentina Corti: *Erzählanalytische Untersuchungen auf der Basis von Interviews mit LungentransplantationsempfängerInnen*, Universität Zürich 2007, unveröffentlichte Lizentiatsarbeit. Narrative Interviews mit inhaftierten pädosexuellen Straftätern erwiesen sich als aufschlussreich, was die erzählende Disqualifizierung elterlicher Verbotsinstanzen angeht: Linda Giossi: *Pädosexuelle Straftäter erzählen aus ihrer Kindheit. Eine qualitative Untersuchung anhand der Erzählanalyse JAKOB*, Universität Zürich 2009, unveröffentlichte Lizentiatsarbeit.
45 Nelson (Anm. 31).
46 Peter Fonagy/Mary Target: *Psychoanalyse und die Psychopathologie der Entwicklung*, Stuttgart 2004; Klaus E. Großmann: »Vom Umgang mit der Wirklichkeit. Die Entwicklung interner Arbeitsmodelle von sich und anderen in Bindungsbeziehungen«, in: Werner Bohleber/Sibylle Drews (Hg.): *Die Gegenwart der Psychoanalyse – die Psychoanalyse der Gegenwart*, Stuttgart 2001, S. 320–335; Daniel Stern: *Der Gegenwartsmoment. Veränderungsprozesse in Psychoanalyse, Psychotherapie und Alltag*, Frankfurt a.M. 2005.
47 Brigitte Boothe/Annelise Heigl-Evers: *Psychoanalyse der frühen weiblichen Entwicklung*, München 1996.
48 Peter Geißler: »Psychoanalyse und Körper. Überlegungen zum gegenwärtigen Stand analytischer Körperpsychotherapie«, *Psychoanalyse und Körper* 1 (2002), S. 37–84.

und die Frage nach der kurativen Wirkung nachträglichen Erzählens verstörender Ereignisse hat sich als weit verzweigtes Forschungs- und Praxisfeld entwickelt.[49]

Erzählende stellen zu ihren Hörern eine Beziehung her, in der sie narrative Intelligenz einsetzen. Narrative Intelligenz hat drei Aspekte: (a) Konstruktive Kompetenz: Wirklichkeit wird zum Ereignis und im Rahmen einer Dramaturgie mit Worten dargestellt. Narrative Muster gestalten biographische Wirklichkeit zwischen Glück und Scheitern; (b) Referentielle Kompetenz: Narrative sind wahr oder erfunden. Sie sollen einem dokumentarischen Wahrheitsanspruch auf qualifizierte Weise genügen; (c) Urteilskompetenz: Erzählungen stellen Ereignisse als bedeutsam dar. Erzählungen lassen sich daraufhin beurteilen, wie sie Erfahrungswirklichkeit evident und exemplarisch werden lassen.

Bei der sprachlichen Gestaltung oder Reinszenierung lassen sich vier Modellierungsleistungen unterscheiden: »Soziale Integration«, »Optimierung«, »Stabilisierung« und »Aktualisierung«.

- Die Erzählung modelliert eigene Identität vor dem sozialen Gegenüber (soziale Integration).
- Die Erzählung modelliert Situationen im Licht einer spezifischen, meist konfliktären, Wunscherfüllungstendenz. Das ist die dem Lustprinzip verpflichtete Optimierung.
- Die Erzählung repariert Desintegration und Destabilisierung in Richtung auf ein organisiertes verfügbares Ganzes (Stabilisierung durch Verwandlung von Passivität in Aktivität).
- Die Erzählung aktualisiert Vergangenes und stellt damit eine Verbindung zur gegenwärtigen Situation her (Erinnerung).

Unter anderem im Kontext des biographisch unzuverlässigen Erzählens wird deutlich, wie wichtig für den psychotherapeutischen Zusammenhang der Unterschied zwischen Praxis und erzählter Biographie ist. Das zeigt sich zum Beispiel beim narrativ konstruierten Ich: (Ich-)Erzähler und erzähltes Ich sind nicht identisch und somit nicht austauschbar. Der Erzähler verhält sich in Bezug auf die Figur produktiv. Der Erzähler stellt sein Ich her. Die Figur wird konstruiert nach Optionen narrativer Figurengestaltung. Die Unterscheidung zwischen Erzähler und erzähltem Ich spielt zwar im praktischen Alltag eine Rolle und erfährt im Bedarfsfall auch intuitive Berücksichtigung, findet dort jedoch keine systematische Thematisierung. Ein Erzähler will beim Publikum landen, er setzt auf Resonanz, er fordert Glauben. Das Publikum antwortet primär mit gläubiger Resonanz, wenn die Bewährung in der Praxis keine Rolle spielt. Wer aber autobiographische Geschichten bestandener Mutproben erzählt, qualifiziert sich damit nicht als Helfer in gefährlichen Lagen. Wer sich als Opfer erlittener Gewalt narrativ konturiert, wird auf diese Weise nicht zum Richter, der den erwiesenen Täter

---

49 Brigitte Boothe: »Seele auf Kredit«, *Hermeneutische Blätter* 1/2 (2005), S. 188–196; vgl. auch: Marius Neukom: »Die Rhetorik des Traumas in Erzählungen. Mit der exemplarischen Analyse einer literarischen Eröffnungssituation«, *Psychotherapie & Sozialwissenschaft* 7 (2005), H. 1, S. 75–109.

überführt, auch wenn die Hörer der Erzählung am erlebten Leid nicht zweifeln. In den erwähnten Beispielen beansprucht die Erzählung eine Belegfunktion, die ihr nicht zukommt. Erzählungen belegen keine Kompetenz, kein Wissen, keine Praxis, weil Erzählungen gar keine Wegweiserfunktion in Bezug auf Tatbestände und Sachverhalte haben und sich der kritischen Prüfung und Kontrolle nicht öffnen. Die Unterscheidung zwischen Erzähler und erzähltem Ich wird in der Alltagspraxis intuitiv gehandhabt; der Hörer setzt stillschweigend voraus, dass die Produktionsgesetze des Selbstentwurfs von jenen der praktischen Erprobung divergieren. Man fordert für Wirklichkeitserzählungen des Alltags den Verzicht aufs Erfinden und reagiert auf Verstöße mit dem Ärger dessen, der sich in seinem partizipativen Hörerengagement düpiert sieht.

Dieser Befund nötigt zur Kenntnisnahme der spezifischen Art, in der die Welt in der Erzählung zum Ereignis wird. Sie wird es nicht im dokumentarischen Sinn, sondern als persönliches Ambiente, organisiert auf der Basis eines personalen Präferenzsystems. Die Fiktionalisierung von Erinnerung und biographischer wie autobiographischer Erzählung ist ein Alltagsphänomen. Denn wir rechnen damit, (1) dass die narrative Selbstvergewisserung – wie erwähnt – organisiert ist auf der Basis persönlicher Präferenz- und Relevanzsysteme, (2) dass sie mitbestimmt ist durch das, was man in Erzählungen über die eigene Person gehört hat, (3) dass Primärerfahrungen aus der infantilen Vorzeit unbewusst prägende Wirksamkeit entfalten, (4) dass sich narrative Selbstvergewisserung aus kulturellen Geschichtenmustern speist. Sarbin[50] und Spence[51] haben detailliert die Konstruktion narrativer Identität dargestellt. (5) Hervorzuheben ist schließlich der Befund, dass in regressiven, von Umweltsignalen sich abschließenden Zuständen, bei weitgehender Stilllegung der Orientierungs- und Kontrollfunktionen, vorgestellte und halluzinierte Ereignisse für wirklich gehalten werden (Traum, reizarme, abgeschlossene, isolierte Milieus). Das liegt am regressions- und rückzugsbedingten Ausfall innerer und äußerer Korrektive. In psychoanalytischer Diktion: ein Hemmungs- und Zensuraufwand entfällt.

Erzählen ist Verführungshandeln. Es schenkt dem Hörer kurzweilige Enthüllungslust und dem Erzähler vitales Regievergnügen. Es schafft dramaturgische Modelle, sie können attraktiv sein und bevorzugte Verwendung finden. Sie lassen sich ausformulieren und für die psychotherapeutische Verständigung nutzbar machen. Wer erzählt, zeigt, was seine Erfahrung ist und wie er sie bewertet. Der Erzählvorgang pflegt und unterhält Spannung. Ein Horizont der Erwartung eröffnet sich eingangs, die Hörer und Leser sind gespannt, wie es weitergeht. Sie sind eingestellt auf Konflikt und Verwicklung und haben intuitive Vorstellungen von Happy End und Katastrophe. Narrative Intuition zeigt sich in der Fähigkeit, Happy End oder Katastrophe oder etwas dazwischen folgerichtig auf den Anfang, die im Anfang gesetzten Bedingungen und den darin angelegten Konflikt zu be-

---

50 Sarbin (Anm. 15); Ders.: »The Poetics of Identity«, *Theory & Psychology* 7 (1997), H. 1, S. 67–82; Ders.: »Worldmaking, Self and Identity«, *Culture & Psychology* 6 (2000), S. 253–258.
51 Spence (Anm. 2); Ders.: »Das Leben rekonstruieren. Geschichten eines unzuverlässigen Erzählers«, in: Jürgen Straub (Hg.): *Erzählung, Identität und historisches Bewusstsein*, Frankfurt a.M. 1997, S. 203–225.

ziehen.[52] Dieser Konflikt ist persönlich involvierend. Er geht uns etwas an, den Erzähler oft direkt, den Hörer oft indirekt. Erzähler erschaffen im Vorgang des Erzählens eine emotionale Anverwandlung des Gegebenen. Das Narrativ als Agent des Gefühlslebens schafft ein überschaubares Panorama von Dramaturgien. In der Psychotherapie geht es darum, diese Vorstellungen von Glück und Verzweiflung in der Analyse der individuellen Erzählorganisation auszuloten und in therapeutischer Beziehungsarbeit für die Lebenspraxis zugänglich zu machen.

6. Desiderate

Wer mit Patienten arbeitet, macht sich auch oder vor allem auf der Grundlage ihrer Selbstberichte und Selbstmitteilungen ein Bild von der körperlichen und psychodynamischen Verfassung seines Patienten. Der Arzt oder Therapeut spricht über den Patienten – mit Kollegen und in Supervisionen. Er schreibt über ihn in Fallberichten und Kassenanträgen. Er wendet, wenn er Psychoanalytiker ist, sein Wissen über Struktur und Konflikt, Übertragung und Abwehr an und verwendet anerkannte Diagnose- und Klassifikationssysteme. Basis seiner Schlussbildung ist, was der Patient gesagt hat, ist, anders ausgedrückt, dessen Rede in eigener Sache. Der Diagnostiker und Therapeut geht von diesem Ausgangspunkt über zu den eigenen Formulierungen und Kategorisierungen. Oft befinden sich diese am Ende eines langen Konstruktions-, Abstraktions- und Bündelungsvorgangs. Gewöhnlich verschwinden die ursprünglichen Selbstmitteilungen des Patienten, die für die Bestandsaufnahme und Schlussbildung wichtig waren, kommentarlos.[53] An ihre Stelle tritt die Expertenrede und tritt der Jargon der Professionalität. Zwischen der persönlichen Rede und der professionellen Beschreibung und Einordnung finden stillschweigende Umsetzungsvorgänge statt. Diese stillschweigenden Umsetzungsvorgänge sind interessant und verdienen systematische Untersuchung. Denn anders als in der Organmedizin gehören Selbstbeschreibung und Störungsbefund in der Behandlung psychischer Erkrankungen zusammen. Der Depressive klagt nicht, weil er eine Depression hat. Die Klage des Depressiven ist ein Teil, nicht Folge der Depression. Was wir als depressives Lebens- und Leidensmuster verstehen, ist in vielen Fällen die Antwort auf Belastungen und Herausforderungen, eine Form der resignativen, hadernden und grollenden Kapitulation. Die Klage des Gallenleidenden ist Folge, nicht Teil der Kolik. Der Gallenleidende klagt, weil die Kolik schwer auszuhalten ist. Die besorgte Selbstexploration des Hypochonders ist Teil, nicht Folge seines Leidens.

Teil und Folge – das ist freilich oft gar nicht oder zu einem bestimmten Zeitpunkt noch nicht zu entscheiden: Die traumatischen Träume einer Person, die ein katastrophales Ereignis erlebt hat – Teil oder Folge des destruktiven Geschehens? Die gängige, aber nicht abschließende Meinung ist: Solche Träume sind Traumafolgen. Die wahnhafte Verkennung – Teil oder Folge der Schizo-

---

52 Boothe: *Der Patient als Erzähler* (Anm. 2).
53 Charon (Anm. 3); Hunter (Anm. 4).

phrenie? Wenn Schizophrenie eines Tages als hirnorganische Erkrankung erkannt wäre, dann ist die wahnhafte Verkennung Folge dieser Läsion. Verstehen wir Schizophrenie als Antwort auf Belastungen und Herausforderungen, dann ist der wahnhafte Glaube Teil, nicht Folge der Störung, vielleicht eine Selbstexilierung, eine Flucht vor der Konfrontation mit Forderungen der Alltags- und Beziehungsrealität, der man sich nicht gewachsen sieht.

Bestimmte Beschwerden und Krankheitsereignisse sind für den Betroffenen rätselhaft und fremd; er bringt das schwer Fassbare dieses Geschehens zur Darstellung, indem er das Ringen um Darstellung und Darstellbarkeit in intensiver Rekonstruktions-, Konstruktions- und Formulierungsarbeit kommunikativ verdeutlicht. Das gilt sehr sinnfällig für den Bereich des Anfallsgeschehens, ein Gebiet, mit dem sich Elisabeth Gülich und Martin Schöndienst am Epilepsiezentrum Bethel in Bielefeld seit vielen Jahren befassen.[54]

Krankheit – psychische Störung und organische Krankheit – kann ein Rätsel sein, ein Rätsel für den Betroffenen selbst, ein Rätsel oft vorübergehend oder über längere Zeit für den Arzt und den Forscher. Auch viele Krankheitsursachen, gerade im Bereich der psychischen Störungen, sind noch ein Rätsel. Neue Krankheiten oder Störungen, denen man erstmals begegnet, können ein Rätsel sein. So sind es gelegentlich auch Rätselgeschichten, Änigmanarrative, die ein professioneller Beobachter als »narratives of illness« verfasst.

Psychisches Leiden und Selbstartikulation des Leidens sind verschwistert. Doch gibt es psychisches Leiden, das sich nicht artikuliert, das sich jenseits aller Worte, allen Erzählens ereignet. Kinder zum Beispiel verfügen nicht über eine Leidensartikulation, sie werden heutzutage für andere – aufmerksame Eltern, Betreuer, Lehrer – zu psychisch Leidenden, wenn sie, die Erwachsenen, das kindliche Benehmen – gleichsam als Fürsprecher der unmündigen Betroffenen – als Geschichte einer Bedrückung und Belastung erzählen können. Aus dieser elterlichen Anwaltschaft, die etwa das schüchterne und ernste Kind als gehemmtes diagnostiziert, das impulsiv-aggressive als untersteuert und kompensatorisch auftrumpfend, ergeben sich dann therapeutische Interventionen. Allgemeiner formuliert: Körperlich Leidende und psychisch Leidende profitieren davon, wenn sie sich vor einem interessierten Zuhörer narrativ ausdrücken können. Das ist indirekt geteilte Erfahrung. Körperlich Leidende und psychisch Leidende profitieren davon, wenn sie die narrative Darstellung zur Lebenssituation ins reflektierende Verhältnis setzen können. Das ist die Herstellung vermehrter Eigenregie im Alltag, in Übereinstimmung mit wichtigen Wünschen und Anliegen. Körperlich Leidende und psychisch Leidende profitieren davon, wenn im narrativen Dialog Zukunft imaginiert werden kann. Das gilt besonders für lebensbedrohliches und degeneratives Krankheitsgeschehen, aber auch für die imaginierende Auseinandersetzung mit den Folgen dauerhaften ängstlichen Rückzugs und Mei-

---

54 Elisabeth Gülich/Heike Knerich/Katrin Lindemann: »Rekonstruktion und (Re-)Interpretation in Krankheitserzählungen. Ein Beitrag aus der linguistischen Gesprächsforschung«, im Druck.

dungsverhaltens oder den Folgerisiken gesundheitsschädigender Störungsformen wie übermäßiger Alkoholkonsum oder Essstörungen.

Krankheit wird zum sozialen Ereignis durch die Anschauung des gezeichneten Körpers, der Schmerz und das Leiden durch den Ausdruck und die Selbstartikulation des Betroffenen oder durch die Anwaltschaft jener, die es für den Betroffenen zur Anschauung bringen.

7. Kommentierte Auswahlbibliographie

Angus, Lynne/Mc Leod, John (Hg.): *The Handbook of Narrative and Psychotherapy. Practice, Theory, and Research*, London 2003, S. 283–296. – Das erste Buch, das bedeutende Theoretiker wie Jerome Bruner, Michael White und Donald E. Polkinghorne, Forscher wie Lynne Angus, John McLeod, Dan P. McAdams und zahlreiche Praktiker der klinischen Narrativik zusammenführt. Es wird eine breite, aktuelle und methodisch versierte Orientierung über narrative Praxis in Psychodiagnostik, unterschiedlichen Psychotherapieformen sowie in narrativer Therapie gegeben.

Bergmann, Jörg R.: *Klatsch. Zur Sozialform der diskreten Indiskretion*, Berlin 1987. – Leider ist dieses Buch, das Standards konversationsanalytischer Narrationsanalyse im Alltagsbezug setzt, noch nicht in Neuauflage erschienen. Es geht um die kommunikative Gattung Klatsch, nicht um Erzählen in der Psychotherapie. Der genaue Prozess der Materialaufbereitung, der Dokumentation, der Analyse der Klatscherzählungen, deren Produktion und Rezeption in der Klatschbeziehung bietet ein qualitativ hochstehendes Modell erzählanalytischen Vorgehens für andere Sozialformen erzählenden Mitteilens. Die Befunde dürfen noch heute als wertvoll und stimulierend für psychoanalytische Überlegungen zum voyeuristischen Mitgenuss des Geheimen und Prekären gelten, Überlegungen, die durch die Gesprächs- und Narrationsanalyse Bereicherung auf empirischer Ebene erfahren.

Brünner, Gisela/Gülich, Elisabeth (Hg.): *Krankheit verstehen. Interdisziplinäre Beiträge zur Sprache in Krankheitsdarstellungen*, Bielefeld 2002. – Das Buch verbindet interdisziplinäre Perspektiven der Linguistik, Sozialwissenschaft, Literaturwissenschaft, Medizin und Psychosomatik und bezieht Gesprächsanalyse, Narrativik, Metaphernanalyse auf ärztliche, psychotherapeutische und psychosomatische Praxis und Fallanalyse.

Helfferich, Cornelia: *Die Qualität qualitativer Daten. Manual für die Durchführung qualitativer Interviews*, 2. Aufl., Frankfurt a.M. 2005. – Das Werk ist ein didaktisch vorzüglich aufbereitetes Lehrbuch für die Praxis des qualitativen – insbesondere des narrativen – Interviews von hohem kommunikativen Sachverstand. Auch für das psychotherapeutische und klinische Interview eine wertvolle Anleitung und ein ausgezeichneter Ratgeber für die Ermutigung zum Erzählen.

Lucius-Hoene, Gabriele/Deppermann, Arnulf: *Rekonstruktion narrativer Identität. Ein Arbeitsbuch zur Analyse narrativer Interviews*, 2. Aufl., Frankfurt a.M. 2004. – Ausgezeichnete Einführung in die narrative Analyse von Alltagserzählungen aus dem psychotherapeutischen, medizinischen und dem breiteren biographischen Bereich. Differenzierte Einführung von Konzepten und Modellen der Narrations- und Gesprächsanalyse, dargestellt und illustriert an überzeugenden Vignetten und kurzen Fallanalysen. Besonderes Augenmerk gilt der Positionierungsanalyse.

Luif, Vera/Thoma, Gisela/Boothe, Brigitte (Hg.): *Beschreiben – Erschließen – Erläutern. Psychotherapieforschung als qualitative Wissenschaft*, Lengerich 2006. – Das Buch stellt aktuelle qualitative, insbesondere narrative Forschungsprojekte und -befunde von Wissenschaftlerinnen und Wissenschaftlern aus dem deutschen Sprachraum vor. Es geht um die Erforschung von Krankheitserleben, psychotherapeutische Interaktion und Veränderung, Biographie, Emotionalität und professionelles Handeln in beratenden, medizinischen und psychotherapeutischen Kontexten.

Luif, Vera: *Die Psychose als Erzählgeschehen. Eine textanalytische Tagebuchstudie*, Lengerich 2006. – Die narrative Einzelfallstudie ist ein gutes Beispiel für eine systematische text- und erzählanalytische Untersuchung, die als narrative klinische Fallanalyse ein außerordentliches differenziertes und tiefgründiges Bild vom Denken und Fühlen im Wahnerleben vermittelt.

Psychotherapie & Sozialwissenschaft. Zeitschrift für qualitative Forschung. Herausgegeben von Brigitte Boothe, Jörg Frommer, Bernhard Grimmer, Jürgen Straub & Ulrich Streeck. Gießen: Psychosozial Verlag. – Die 1999 gegründete und zunächst bei Vandenhoeck und Ruprecht verlegte Zeitschrift bietet ein Forum für ein breites Spektrum qualitativer Forschungszugänge zur Erschließung des psychotherapeutischen Prozesses und der praktischen Verständigung in psychotherapeutischen Kontexten. Der narrative Zugang spielt eine prominente Rolle. Mehrere Themenhefte sind dazu erschienen, zuletzt »Erzähltes Alter – erzählte Angst«, H. 1 (2007).

Zeitschrift für qualitative Forschung. Herausgegeben von Ralf Bohnsack, Jörg Frommer, Heinz-Hermann Krüger, Winfried Marotzki, Ursula Rabe-Kleberg & Fritz Schütze. Leverkusen: Budrich. – Das unter dem Titel *Zeitschrift für qualitative Bildungs-, Beratungs- und Sozialforschung* im Jahr 2000 erstmals erschienene interdisziplinäre Fachjournal hat ein breit gefächertes Interessenfeld von Bildung bis Professionalität im Gesundheitswesen und von Qualitätskriterien empirischer Forschung bis zu methodologischen Fragen. Biografieforschung und Narrativik sind in zahlreichen Themenheften prominent vertreten, z.B. in 8 (2007), H. 1: »Symbolische Gewalt – zur literarischen Ethnographie von Bildungsräumen«.

Wissenschaftserzählungen. Narrative Strukturen im naturwissenschaftlichen Diskurs

Christina Brandt

1. Leitdifferenzen: Die narrative Konstitution wissenschaftlicher Werte – Herausforderungen aus der Perspektive der Wissenschaftsforschung

Spielt das »Erzählen« in einem Feld, als dessen charakteristisches Erkenntnisinteresse zumeist das »Erklären« von Welt und weniger deren interpretatorisches Verstehen aufgeführt wird, eine konstitutive Rolle? Und wenn ja, welcher Art sind die narrativen Strukturen in einem Wirklichkeitsfeld, dessen Wissensgewinnung heutzutage zumeist in hochtechnisierten, komplex organisierten und global vernetzten Laboratorien stattfindet? Lässt sich auch hier von einer ordnungsstiftenden Funktion narrativer Elemente sprechen – in einem Feld, dessen disziplinäres Selbstverständnis darauf gründet, zeitlose und ortsungebundene Fakten zur Erklärung der Natur vorzulegen und dessen Textproduktion lediglich als transparentes Medium zur Vermittlung dieser Fakten gesehen wird? Der Wissenschaftshistoriker Frederic Lawrence Holmes wies bereits vor rund zwanzig Jahren darauf hin, dass gerade jenes Handlungsfeld, das die neuzeitlichen empirischen Wissenschaften erst konstituierte, nämlich das Experiment, *per se* narrative Muster für seine Darstellung erfordere:

> Sustained experimentation has an intrinsic chronological structure which makes narrative the natural mode in which to describe it. To incorporate what is salient from the investigative ›story‹ into a paper structured as a critical argument requires transformations that are as central to the creativity of science as are the investigations themselves.[1]

Dass die Transformationen auf dem Weg vom Experimentalgeschehen zum Textdokument, also die Repräsentation der Experimente oder Beobachtungen, im gleichen Maße wie das Experimentieren selbst in die Kreativität des wissenschaftlichen Prozesses einbezogen werden müssen, ist seit mehreren Jahrzehnten in der Wissenschaftsforschung ein weit akzeptierter Befund. Dieses Interesse an der epistemologischen Funktion von Texten in den Naturwissenschaften muss vor dem Hintergrund einer größeren Wende in der historischen und sozial- und kulturwissenschaftlichen Wissenschaftsforschung betrachtet werden, die seit den 1980er Jahren die Analysen von Repräsentationsformen als konstitutive Elemente in der Entstehung von naturwissenschaftlichen Wissensfeldern ins Zentrum

---

[1] Frederic L. Holmes: »Argument and Narrative in Scientific Writing«, in: Peter Dear (Hg.): *The Literary Structure of Scientific Argument*. Historical Studies, Philadelphia 1991, S. 164–181, hier: S. 179, vgl. auch Ders.: »Scientific Writing and Scientific Discovery«, *ISIS* 78 (1987), S. 220–235.

gestellt haben. Es ist, so der Germanist und Wissenschaftshistoriker Christoph Hoffmann, »geradezu ein Kennzeichen der neueren Wissenschaftsforschung, dass Repräsentationsvorgänge als zentrale Momente im Umgang mit Phänomenen begriffen werden.«[2] Als Folge dieser neuen Perspektive wurde der Begriff der »Repräsentation« in Richtung einer Vielzahl von wissenschaftlichen Repräsentationsweisen geöffnet. Eine ganze Reihe von Praktiken des alltäglichen naturwissenschaftlichen Arbeitens ist hinsichtlich ihrer wissenskonstitutiven Funktion in den Blick geraten – von eher technischen Verfahren (etwa instrumentelle Aufschreibesysteme, Beobachtungspraktiken, Experimentalsysteme) über Labornotizen und Labortagebücher bis hin zum Verfassen von Forschungsartikeln oder Lehrbüchern. Die epistemische Funktion dieser technischen, visuellen oder textuellen Praktiken bei der Genese naturwissenschaftlicher Wissensbestände wurde in den letzten Jahren in einer Vielzahl von Studien untersucht. In diesem Kontext hat sich das Interesse der Wissenschaftsforschung seit den 1980er Jahren auch auf die Analyse narrativer Strukturen gerichtet, wobei hier zumeist ein sehr weiter Begriff der »Narration« angesetzt wird,[3] der ohne eine tiefergehende Auseinandersetzung mit den in der Narratologie diskutierten Abgrenzungen des Gegenstandsbereiches auskommt und auch auf das in der Narratologie gebräuchliche Begriffsinstrumentarium für eine detaillierte Analyse verzichtet.[4] Auffällig ist zudem die Häufigkeit, mit der in der Wissenschaftsforschung der zunächst neutraler anmutende Begriff der »litarischen Praktiken« Verwendung findet, um die komplexen Schreib- und Verschriftlichungsprozesse zu erfassen, die auch narrative Aspekte aufweisen: So ist von »literary technology«[5] (Shapin/Schaffer), »literarische[r] Räson«[6] (Knorr-Cetina), »literary inscription«[7] (Latour/Woolgar), »literary structure«[8] (Dear) oder »literalen Techniken«[9] (Rheinberger) die Rede, wenn es darum geht, die sukzessiven Transformationsprozesse zwischen alltäglicher

---

2   Christoph Hoffmann: »Festhalten, Bereitstellen. Verfahren der Aufzeichnung«, in: Ders. (Hg.): *Daten sichern. Schreiben und Zeichnen als Verfahren der Aufzeichnung*, Zürich 2008, S. 7–20, hier: S. 7.
3   Vgl. z.B. das von Joseph Mali und Gabriele Motzkin herausgegebene Themenheft: »Narrative Patterns in Scientific Discipline«, *Science in Context* 7 (1994) oder den Sammelband: Dear (Anm. 1).
4   Einen kurzen Überblick über die gegenwärtigen Debatten in der Narratologie zu Grenzziehungen und Gegenstandsbereich vermittelt Gerald Prince: »Surveying Narratology«, in: Tom Kindt/Hans-Harald Müller (Hg.): *What is Narratology? Questions and Answers Regarding the Status of a Theory*, Berlin/New York 2003, S. 1–16.
5   Steven Shapin: »Pump and Circumstance. Robert Boyle's Literary Technology«, *Social Studies of Science* 14 (1984), S. 481–520; Simon Schaffer: »The Leviathan of Parsonstown. Literary Technology and Scientific Representation«, in: Timothy Lenoir (Hg.): *Inscribing Science. Scientific Texts and the Materiality of Communication*, Stanford 1998, S. 182–222.
6   Karin Knorr-Cetina: *Die Fabrikation von Erkenntnis. Zur Anthropologie der Naturwissenschaft*, Frankfurt a.M. 1984, S. 175.
7   Bruno Latour/Steve Woolgar: *Laboratory Life. The Construction of Scientific Facts*, Princeton 1986, S. 45.
8   Dear (Anm. 1).
9   Hans-Jörg Rheinberger: *Epistemologien des Konkreten. Studien zur Geschichte der modernen Biologie*, Frankfurt a.M. 2006, S. 350–361, hier: S. 360.

Forschungsarbeit und ihren textuellen Repräsentationsweisen zu beschreiben. Dieser weitgefasste Begriff von Narration oder Narrativen ergibt sich notwendigerweise aus der interdisziplinären Ausrichtung der Wissenschaftsforschung, die in den letzten zwei Jahrzehnten vor allem Impulse aus der Wissenschaftsgeschichte, den Sozialwissenschaften sowie den Literatur- und Kulturwissenschaften erfahren hat. Dementsprechend richtete sich das Interesse in diesen Studien weniger auf eine narratologische Analyse der strukturellen Verfasstheit von Erzählungen und der Modi ihrer Vermittlung als vielmehr auf die Frage nach der Funktion narrativer Elemente. Der Begriff des »Narrativs« wird dabei in einem allgemeinen Sinne als ordnungsstiftendes Muster verstanden. Ist von Narrationen oder Narrativen im Feld der Wissenschaftsforschung die Rede, so wird damit zumeist auf ein »Geschichten erzählen« im weiten Sinne referiert, oder wie Arkady Plotinitsky zusammenfasst: »The terms narrative and [...] modern and postmodern narrative will be used to storytelling wherever and in whatever media it occurs, rather than in a sense denoting certain types of literary work.«[10] Gemeinsamer Ausgangspunkt der Studien, die sich mit narrativen Strukturen in naturwissenschaftlichen Feldern beschäftigen, ist die Auffassung, dass Narrative nicht lediglich eine literarische oder textuelle Form der Wissensstrukturierung und Wissensvermittlung sind, sondern dass ihnen grundlegende kognitive und epistemische Funktionen zukommen. Exemplarisch sei hier aus der Einleitung eines Themenheftes zu »Narrative Patterns in Scientific Disciplines« der Zeitschrift *Science in Context* von 1994 zitiert, in welcher der Begriff der Narration einerseits in Richtung der Erfassung wissenschaftlicher Praktiken geöffnet wird und andererseits die soziohistorischen Diskurse, in denen wissenschaftliches Arbeiten eingebunden ist, als Narrative interpretiert werden:

> The crucial claim here is not that scientist merely tell stories in disguise but, rather, that when scientists do research – observe phenomena, form hypotheses, perform experiments, do calculations, draw conclusions, write papers, in short construct theories – they are necessarily engaged in a social discourse that is, or at least can be, interpreted as narrative, on various levels, so that narrative construction of their theories is as crucial to their explication as the more common rational or sociohistorical one.[11]

Gerade das Zusammenspiel der hier aufgeführten experimentellen, textuellen und visuellen Repräsentationsverfahren bei der Produktion von wissenschaftlichem Wissen stand in den letzten Jahrzehnten im Fokus der Wissenschaftsforschung. Narrative, literarische oder rhetorische Aspekte werden als Elemente eines weitaus umfassenderen Pools an Repräsentationsweisen gesehen, deren Interaktionen bei der Produktion von wissenschaftlichen Tatsachen es auch in Hinblick auf die jeweils konstituierte moralische oder politische Dimension der resultierenden Wissensordnung zu untersuchen gilt. So hebt der Wissenschaftshistoriker Timothy Lenoir hervor, »that [...] every literary form of fact-making is linked to local

---

10 Arkady Plotinitsky: »Science and Narrative«, in: David Herman/Manfred Jahn/Marie-Laure Ryan (Hg.): *Routledge Encyclopedia of Narrative Theory*, New York 2008, S. 514–518, hier: S. 514.
11 Joseph Mali: »Introduction«, *Science in Context* 7 (1994), S. 3–6, hier: S. 5.

complexes of technical and social practice and that stabilizing any representation is always at the same time a problem of political order and moral discipline.«[12]

Diese neue Aufmerksamkeit, die dem vielfältigen Repertoire jener Praktiken und Repräsentationen gewidmet ist, die – vom Laboralltag bis zur Darstellung von Wissenschaft in den Medien – dazu beitragen, bestimmte Wissensbestände als solche erst zu generieren, ist oft mit den Stichworten des *practical turn* und des *linguistic turn* belegt worden. Wie immer man diese Neuausrichtungen in der Wissenschaftsforschung auch bezeichnen mag, charakteristisch ist, dass sie eine wissenschaftstheoretische Perspektive herausfordern, die sich bis dahin vorrangig mit dem Gültigkeitsanspruch wissenschaftlicher Theorien bzw. Theoriebildung beschäftigt hatte. Deutlich wurde nicht nur, dass rhetorische, narrative oder literarische Elemente unhintergehbare Dimensionen auch in der naturwissenschaftlichen Arbeit sind, sondern dass die Forschungsgegenstände der modernen Naturwissenschaften selbst nicht ohne weiteres von den Prozessen ihrer Darstellung zu separieren sind und dass sich die Forschungsobjekte der Naturwissenschaften oft erst durch ihre Repräsentationsweisen konstituieren.[13] Mit dieser Wende von der philosophischen Diskussion wissenschaftlicher Theorien hin zur historischen Analyse der Praktiken, durch welche diese Theorien und Forschungsobjekte erst hervorgebracht werden, werden ästhetische und wissenschaftliche Verfahrensweisen deutlich, die vermeintlich etablierte Trennungen verschiedener Wissensfelder infrage stellen. Auf dieser Ebene wird aber auch die Abgrenzung zwischen Wissenschaft und anderen kreativen Feldern, etwa Literatur oder Kunst, zum Gegenstand der historischen Analyse. So wurde in den letzten Jahren in einer Reihe von Forschungsarbeiten gezeigt, dass auch der wissenschaftliche Forschungsprozess Elemente aufweist, die man sonst dem Künstlerischen oder dem Literarischen zugeordnet hat.

Vor allem werden auf der Ebene der Praktiken die Leitdifferenzen, entlang derer Naturwissenschaften von anderen Feldern abgrenzbar sind, brüchig. Gerade mit Blick auf die historisch variablen wissenschaftlichen Verfahrensweisen zeigt sich, dass die »Codes« (aus systemtheoretischer Perspektive formuliert), die das Funktionssystem Wissenschaft charakterisieren, historisch kontingent sind. Die für das moderne naturwissenschaftliche Selbstverständnis zentralen Differenzen, etwa die Opposition von wahr/unwahr, faktisch/fiktiv oder objektiv/subjektiv, die auf der Ebene des Geltungsanspruches wissenschaftlicher Befunde eine konstitutive Rolle spielen, da sie es sind, die erst bestimmen, was als »wissenschaftliches« Wissen qualifiziert wird, und damit grundlegend dazu beitragen, das System »Wissenschaft« als solches zu konstituieren, geraten in der neueren Wissenschaftsforschung in ihrer historischen Verfasstheit in den Blick. Bereits Ludwik Fleck hatte hervorgehoben, dass bestimmte vermeintlich a-historische Ideale der wissenschaftlichen Arbeit wie das Ideal der Gewißheit, der Einfachheit oder

---

12 Timothy Lenoir: »Inscription Practices and Materialities of Communication«, in: Ders. (Hg.): *Inscribing Science. Scientific Texts and the Materiality of Communication*, Standford 1998, S. 1–19, hier: S. 18.
13 Zu diesen Ansätzen in der Wissenschaftsforschung vgl. z.B. Andrew Pickering (Hg.): *Science as Practice and Culture*, Chicago 1992.

der Anschaulichkeit erst im populären Wissen entstehen, d.h. Resultat eines bestimmten Textgenres, nämlich der von ihm so genannten »Handbuch-« und »Lehrbuchwissenschaft« sind.[14] Jüngst haben Lorraine Daston und Peter Galison die historischen Verschiebungen der wissensstrukturierenden Differenz objektiv/subjektiv im Rahmen ihrer Geschichte der wissenschaftlichen Objektivität seit dem 18. Jahrhundert detailliert vor Augen geführt.[15]

Für die Frage nach dem Zusammenhang von Narration und Wissenschaft kommt hier eine weitere narrative Dimension zur Diskussion: In Anlehnung an Jean-François Lyotard lassen sich grundlegende wissenschaftliche Werte und Ideale der modernen Naturwissenschaften, etwa der Objektivitätsanspruch, der Wahrheitsanspruch oder die Vorstellung des wissenschaftlichen Fortschritts bzw. der wissenschaftlichen Revolution, selbst als »Metanarrative« der Moderne begreifen.[16] Als Metanarrative hatte Lyotard jene großen Erzählungen bezeichnet, die selber nicht weiter begründet werden müssen, da ihnen ein grundlegendes, welterklärendes Prinzip zugrunde liegt. Sie haben einen legitimierenden Wert und üben eine richtungsweisende Funktion aus, gerade weil sie auf die Zukunft ausgerichtet sind und eine einzulösende Idee enthalten, wie etwa das Narrativ der »Aufklärung«.[17] Wie der Eintrag zu »Science and Narrative« in der *Routledge Encyclopedia of Narrative Theory* zeigt, lässt sich das komplexe Verhältnis von Wissenschaft und Narration konsequent aus einer Perspektive diskutieren, die Lyotards Diskussion der Metanarrative und ihren Status in der Moderne bzw. Postmoderne in Anschlag bringt.

Schon dieser kursorische Überblick verdeutlicht das weite Spektrum der Ansätze zu Formen und Funktionen narrativer Elemente im naturwissenschaftlichen Diskurs. Was jeweils als ein narratives Element gilt, reicht dabei von spezifischen textuellen Darstellungsweisen über Praktiken der Verschriftlichung, die oft als »literarisch« bezeichnet werden, sowie über die Auffassung von Narration (in einem weiteren Sinne) als textungebundenes »Geschichten erzählen« bis hin zur Gleichsetzung grundlegender naturwissenschaftlicher Diskurse und wissenschaftlicher Wertesysteme mit »Narrativen« bzw. »Metanarrativen«, weil ihnen eine ordnungsstiftende Funktion zukomme. Nimmt man die weitgefächerte Diskussion in der Narratologie über den Gegenstandsbereich hinzu,[18] wird schnell ersichtlich, dass es keinesfalls möglich ist, in dem folgenden Beitrag Formen und Funktionen narrativer Elemente im naturwissenschaftlichen Diskurs überblicksartig oder gar in systematischer Weise zu erfassen. Nach einem kurzen, eher weitgefächerten Rückblick in die Forschungsgeschichte, wird im Folgenden vielmehr der Frage

---

14 Ludwik Fleck: *Entstehung und Entwicklung einer wissenschaftlichen Tatsache. Einführung in die Lehre vom Denkstil und Denkkollektiv*, hg. v. Lothar Schäfer, Thomas Schnelle, 4. Aufl., Frankfurt a.M. 1999, S. 152.
15 Lorraine Daston/Peter Galison: *Objektivität*, Frankfurt a.M. 2007.
16 Ausführlich dazu: Arkady Plotinitsky: »Science and Narrative«, in: Herman/Jahn/Ryan (Anm. 10), S. 514–518, insbes. S. 516–518.
17 Jean-François Lyotard: *The Postmodern Condition. A Report on Knowledge*, Manchester 1984, vgl. dazu auch Plotinitsky (Anm. 16).
18 Vgl. zur gegenwärtigen Diskussion z.B. die Beiträge in: Kindt/Müller (Anm. 4).

nach Formen und Funktionen narrativer Elemente exemplarisch anhand von vorliegenden Studien nachgegangen. Hierbei wird insofern ein restriktiver Begriff von Narration zugrunde gelegt, als sich die Darstellung zunächst an der Analyse konkreter naturwissenschaftlicher Textformen orientiert, die bezüglich ihres narrativen Gehalts untersucht werden.

2. Forschungsgeschichtlicher Rückblick

Es ist im Folgenden keinesfalls möglich, ein umfassendes Bild der Forschungslandschaft der letzten Jahre zu skizzieren, die zu dem neuen Interesse an narrativen (oder im weiteren Sinne literarischen) Elementen im naturwissenschaftlichen Diskurs beigetragen haben, zumal es sich hierbei um Forschungsentwicklungen handelt, die sich zeitgleich in verschiedenen disziplinären Feldern vollzogen haben. Insgesamt lässt sich aber feststellen, dass die Dynamik, die sich im Feld der Narratologie seit den 1980er Jahren in Form von zwei komplementären Bewegungen ausmachen lässt – »a narrative turn in the disciplines investigating social and cultural processes and a cultural turn in narratology«[19] –, die Analyse der Naturwissenschaften noch nicht erfasst hat. Eine dezidiert narratologische Auseinandersetzung mit dem naturwissenschaftlichen Erzählen stellt immer noch ein Desiderat dar. Wesentliche Impulse für die Hinwendung zur Analyse narrativer Muster – oder im weiteren Sinne: der textuellen Beschaffenheit naturwissenschaftlichen Wissens – lieferten Entwicklungen in den Feldern der Literaturforschung, der im angelsächsischen Raum etablierten »Rhetorics of Science«, der sozialwissenschaftlich-ethnographisch ausgerichteten Wissenschaftsforschung und der Wissenschaftsgeschichte.

Prominent im englischsprachigen Raum hat sich in den letzten Jahrzehnten im Rahmen der *Literature & Science Studies* und der Wissenschaftsgeschichte eine Vielzahl an neuen Forschungsansätzen herausgebildet,[20] welche die tradierten Grenzziehungen zwischen Literatur und Wissenschaft infrage stellen. Beeinflusst durch Diskursanalyse und »New Historicism« im Gefolge von Stephen Greenblatt findet sich hier seit den 1980er Jahren eine Erweiterung des literarischen Textbegriffs. Die Differenz zwischen literarischen Texten und nicht-literarischen Texten, zwischen Text und Kontext, wird in einer Lesart aufgehoben, welche die Diskurs-Interferenzen von Literatur und Wissenschaft herausstellt. Aus dieser Perspektive ist es nicht länger entscheidend, einen kategorialen Unterschied zwischen literarischen und anderen Textsorten, etwa medizinischen, juristischen oder naturwissenschaftlichen, hervorzuheben, denn die Texte selbst werden als eine Art historische Materialisierung von Diskursen verstanden. Wegweisend für die Analyse von Erzählmustern im Feld von Biowissenschaften und Literatur waren sicherlich Gillian Beers Arbeiten zur Interferenz von Narration und Meta-

---

19 Astrid Erll: »Cultural Studies Approaches to Narratives«, in: Herman/Jahn/Ryan (Anm. 10), S. 88–93, hier: S. 89.
20 Erwähnt sei in diesem Zusammenhang hier nur die in den 1990er Jahren gegründete *Society for Literature, Science and the Arts* und die Zeitschrift *Configurations*.

phern in Darwins Evolutionstheorie und Erzählweisen in der viktorianischen Romanliteratur.[21] Aber auch weitere Untersuchungen sind hier exemplarisch zu nennen, etwa Susan Squiers Textanalysen der Reproduktionsbiologie im 20. Jahrhundert, Laura Otis' Arbeiten zum Wechselverhältnis von Literatur und Wissenschaft (speziell Physiologie) im 19. Jahrhundert oder Katharine Hayles literaturwissenschaftliche Analysen der Kybernetik.[22]

Neben der gegenwärtigen Rezeption der *Literature & Science Studies* gibt es in der deutschsprachigen Forschungslandschaft ebenfalls eine weiter zurückreichende Forschungstradition sowohl in der Literaturforschung als auch in der Wissenschafts- bzw. Medizingeschichte, die sich den Wechselwirkungen im Feld von Wissenschaft, Medizin und Literatur widmete.[23] Über das Austauschverhältnis von Wissenschaft (bzw. Wissen und Poetik)[24] hinaus richtet sich das gegenwärtige Forschungsinteresse verstärkt auf die literarischen Strategien oder die narrativen Deutungsmuster, die bei der Genese und Etablierung (natur-)wissenschaftlicher Konzepte und Wissensfelder wirksam sind,[25] auf eine »Poetologie des Wissens«[26] oder auf die epistemologische Funktion fiktiver Elemente (etwa in Form von Metaphern, Gedankenexperimenten oder anderen fiktiven Versuchsanordnungen) an der Schnittstelle von literarischer und wissenschaftlicher Praxis.[27] In diesen Ansätzen findet eine grundsätzliche Neubewertung der Relation

---

21   Gillian Beer: *Darwin's Plots. Evolutionary Narrative in Darwin, George Eliot, and Nineteenth-Century Fiction*, London 1983.

22   Susan M. Squier: *Babies in Bottles: Twentieth-Century Visions of Reproductive Technologies*, New Brunswick 1994; Laura Otis (Hg.): *Literature and Science in the Nineteenth Century: An Anthology*, Oxford 2002; Dies.: *Membranes: Metaphors of Invasion in Nineteenth-Century Literature, Science and Politics*, Baltimore 1999; Katherine N. Hayles: *How We Became Posthuman: Virtual Bodies in Cybernetics, Literature, and Informatics*, Chicago 1999.

23   Verwiesen sei hier nur auf die grundlegenden Arbeiten des Medizinhistorikers Dietrich von Engelhardt und des Literaturwissenschaftlers Horst Thomé.

24   Aus der Vielzahl der Arbeiten zum diskursiven Transfer von Konzepten, Erzählweisen und Denkfiguren zwischen Literatur und (Natur-)Wissenschaft, die in den letzten Jahren vorgelegt wurden, vgl. exemplarisch: Caroline Welsh/Stefan Willer (Hg.): *»Interesse für bedingtes Wissen«. Wechselbeziehungen zwischen den Wissenskulturen*, Paderborn 2008; Jutta Müller-Tamm: *Abstraktion als Einfühlung. Zur Denkfigur der Projektion in Psychophysiologie, Kulturtheorie, Ästhetik und Literatur der frühen Moderne*, Freiburg 2005; Bernhard Dotzler/Sigrid Weigel (Hg.): *»fülle der combination«. Literaturforschung und Wissenschaftsgeschichte*, München 2005; Safia Azzouni: *Kunst als praktische Wissenschaft. Goethes »Wilhelm Meisters Wanderjahre« und die Hefte »Zur Morphologie«*, Köln 2005; Gabriele Brandstetter (Hg.): *Erzählen und Wissen. Paradigmen und Aporien ihrer Inszenierung in Goethes »Wahlverwandtschaften«*, Freiburg 2003; Marc Föcking: *Pathologia litteralis. Erzählte Wissenschaft und wissenschaftliches Erzählen im französischen 19. Jahrhundert*, Tübingen 2002; Karl Richter (Hg.): Die *Literatur und die Wissenschaften 1770–1930*, Stuttgart 1997.

25   Vgl. z.B. Ohad Parnes/Ulrike Vedder/Stefan Willer: *Das Konzept der Generation. Eine Wissenschafts- und Kulturgeschichte*, Frankfurt 2008; Claudia Breger/Irmela Krüger-Fürhoff/Tanja Nusser (Hg.): *Engineering Life. Narrationen vom Menschen in Biomedizin, Kultur und Literatur*, Berlin 2008.

26   Joseph Vogl (Hg.): *Poetologien des Wissens um 1800*, München 1999.

27   Vgl. Thomas Macho/Annette Wunschel (Hg.): *Science & Fiction. Über Gedankenexperimente in Wissenschaft, Philosophie und Literatur*, Frankfurt 2004; Marcus Krause/Nicolas Pethes

von Fakt und Fiktion im naturwissenschaftlichen Diskurs statt, indem Fiktion nicht primär in Hinblick auf Textreferenz, sondern im Sinne des Entwurfs möglicher Welten als konstitutives Erkenntnismedium sowohl wissenschaftlicher als auch künstlerisch-literarischer Arbeit betrachtet wird.[28]

Weniger die Problematik von Fiktionalität bzw. Fiktivität oder von Erzählmustern im naturwissenschaftlichen Diskurs als vielmehr die Frage nach den konkreten Praktiken der Verschriftlichungsverfahren und der wissenschaftlichen Textproduktion steht im Mittelpunkt der Wissenschafts- und Technikforschung. Wegweisend für eine Neuausrichtung in diesem Feld waren in den 1980er Jahren insbesondere zwei Studien: Bruno Latour und Steve Woolgars *Laboratory Life* und Karin Knorr-Cetinas *Die Fabrikation der Erkennntnis*.[29] Beide Bücher lieferten nicht nur einer ganzen Generation von Sozialwissenschaftler/innen neue Impulse, Wissenschaft aus der ethnographischen Perspektive der teilnehmenden Laborbeobachtung zu untersuchen. Sie stehen darüber hinaus selber auch exemplarisch für eine größere Neuausrichtung seit den späten 1970er Jahren, in der sowohl von Seiten der sozialwissenschaftlich orientierten Wissenschaftsforschung eine Öffnung in Richtung der Textanalyse stattfand, als auch umgekehrt die (vor allem im englischsprachigen Raum) etablierten »Rhetorics of Science« die Fragen nach der sozialen Struktur wissenschaftlicher Praktiken aufgriffen. Anliegen einer ganzen Reihe von Autorinnen und Autoren in den 1980er und 1990er Jahren war es, die literaturwissenschaftliche Textanalyse mit der Untersuchung der sozialen Bedingungen der Wissenschaften zu verbinden.[30] »In what way do texts contribute to the social authority of science?«[31] Diese Frage Greg Myers' ist als Plädoyer zu verstehen, sich nicht mehr länger aus literaturwissenschaftlicher oder rhetorischer Perspektive lediglich mit der Analyse von wissenschaftlichen Ideen zu beschäftigen, sondern die Texte in ihrer sozialen Funktion zu begreifen. Auch das neue

---

(Hg.): *Literarische Experimentalkulturen. Poetologien des Experiments im 19. Jahrhundert*, Würzburg 2005.

28 So betonen Krause/Pethes beispielsweise: »Auch das Konzept *Möglichkeit/Potentialität* prägt dabei sowohl Wissenschaft als auch Literatur. Betrachtet man die Form der Hypothese und damit den fiktiven Ursprung einer jeden naturwissenschaftlichen Versuchsanordnung, so wird deutlich, daß auch die Wissenschaften von einem möglichen Wissen als erkenntnisleitend ausgehen.« (Marcus Krause/Nicolas Pethes: »Zwischen Erfahrung und Möglichkeit. Literarische Experimentalkulturen im 19. Jahrhundert«, in: Dies. (Anm. 27), S. 7–18, hier: S. 17, Hervorhebung im Original.

29 Latour/Woolgar (Anm. 7); Knorr-Cetina (Anm. 6).

30 Auf eine Reihe dieser Studien werde ich weiter unten detaillierter zurückkommen, genannt seien hier nur einige klassische Ansätze: Charles Bazermann: *Shaping Written Knowledge: The Genre and Activity of the Experimental Article in Science*, Madison 1988; Greg Myers: *Writing Biology: Texts in the Social Construction of Scientific Knowledge*, Madison 1990; Steve Woolgar: »Discovery: Logic and Sequence in a Scientific Text«, in: Karin Knorr/Roger Krohn/Richard Whitney (Hg.): *The Social Process of Scientific Investigation*, Dordrecht 1981, S. 239–268; zu »Rhetorics of Science« vgl. insbesondere Alan G. Gross: *The Rhetoric of Science*, Cambridge Mass. 1990; Ders.: *Starring the Text: The Place of Rhetoric in Science Studies*, Carbondale 2006; Alan G. Gross/Joseph E. Harmon/Michael Reidy: *Communicating Science: The Scientific Article from the 17th Century to the Present*, Oxford 2002; aus literaturtheoretischer Perspektive: David M. Locke: *Science as Writing*, New Haven 1992.

31 Myers (Anm. 30), S. 14.

Interesse, das in der Wissenschaftsgeschichte der textuellen Seite der Wissensgewinnung entgegen gebracht wurde, muss vor diesem größeren Hintergrund gesehen werden: Als ein neues Untersuchungsfeld geriet hierbei insbesondere die detaillierte Rekonstruktion und historische Auswertung von Labortagebüchern in den Blick.[32] Darüber hinaus erfuhr die Frage nach der Rolle von Metaphern in den Wissenschaften in den 1990er Jahren eine Renaissance in der Wissenschaftsgeschichte.[33] Nicht zuletzt wurden wissenschaftliche Diskurse als permanente Produktion und Reproduktion von Erzählungen über die Natur verstanden und deren Konstruktion analysiert. Überaus einflussreich waren hierfür insbesondere die frühen Studien von Donna Haraway zur Geschichte der Primatologie, in denen sie der Etablierung und dem Wandel kulturell bedingter Wissenschaftsnarrative über Natur, Geschlecht und Rasse im 20. Jahrhundert nachging.[34]

3. Formen und Funktionen narrativer Elemente im naturwissenschaftlichen Diskurs: exemplarische Einzelstudien

3.1 Erzählen im wissenschaftlichen Feld: »narratives in construction« (J. Rouse)

Bei aller Weite der Diskussion möglicher Kriterien, die definieren, was als eine »Narration« gelten kann, zeichnet sich als ein Kernelement die temporale Struktur von Erzählungen ab: »In einer (wahren) faktualen Erzählung«, so Martínez/Scheffel, »läßt sich das Verhältnis zwischen dem Erzählen und dem Geschehen, von dem erzählt wird, im Sinne einer zeitlichen Folge verstehen: Einer Reihe von Ereignissen [...] folgt das *Erzählen* dieser Ereignisse [...] und, als Produkt des Erzählens, die *Erzählung*, die [...] den Vorgang des Erzählens überdauern und in das kulturelle Gedächtnis eingehen kann.«[35] Eine Erzählung lässt sich also grundlegend definieren als die sprachliche Darstellung eines Geschehens (einer zeitlich organisierten Folge von Ereignissen).[36] Bedeutet dies, dass in dem Moment, wo etwas erzählbar geworden ist, das erzählte Geschehen in der Vergangenheit liegt? Oder gibt es auch auf die Zukunft ausgerichtete, offene Erzählungen? Diese Frage nach der Erzählbarkeit der Phänomene ist insbesondere dann relevant, wenn mit Bezug auf die Naturwissenschaften nach der konstitutiven Funktion von Erzählungen im Prozess der Wissensgewinnung (und nicht lediglich der Wissensvermittlung) gefragt wird, denn der experimentelle Forschungsprozess als solcher

---

32 Frederic L. Holmes/Jürgen Renn/Hans-Jörg Rheinberger (Hg.): *Reworking the Bench. Research Notebooks in the History of Science*, Dordrecht 2003.
33 Vgl. z.B. Evelyn Fox Keller: *Refiguring Life: Metaphors of Twentieth-Century Biology*, New York 1995; Richard Doyle: *On Beyond Living: Rhetorical Transformations of the Life Sciences*, Stanford 1997.
34 Donna Haraway: *Primate Vision: Gender, Race, and Nature in the World of Modern Science*, New York/London 1989.
35 Matías Martínez/Michael Scheffel: *Einführung in die Erzähltheorie*, 7. Aufl., München 2007, S. 18, Hervorhebung im Original.
36 Vgl. hierzu die Einleitung zu diesem Band.

zeichnet sich ja gerade durch seinen prinzipiell offenen Horizont und die Dynamik der Unvorhersehbarkeit aus.[37] Hinsichtlich dieser Problematik der Erzählbarkeit der Phänomene gilt weiterhin zu fragen, ab wann das Erzählen – verstanden als ordnungsstiftendes Muster für temporale Geschehnisse – einsetzt. Wo hört ein bloßes Aufschreiben, Bezeichnen und Notieren im Forschungsprozess auf und wo setzen komplexere Narrationen ein? Oder verwischt sich dieser Unterschied, weil auch die naturwissenschaftliche Forschung immer schon in größere »Erzählungen« eingebunden ist?

Eine interessante Öffnung des Narrationsbegriffs in diese Richtung, ohne jedoch gleich auf die Ebene von »Metanarrativen« abzuzielen, schlägt Joseph Rouse vor, indem er aus der Perspektive der praktizierten Wissenschaft von »Erzählungen in der Konstruktion« spricht: »I want to move us away«, so Rouse, »from thinking of the epistemic significance of narrative in terms of completed narratives, with their established beginning, middle, and end, and their unitary point of view. Scientific knowledge should be understood instead as belonging to narratives *in construction* (or perhaps better, in continual reconstruction).«[38]

Rouse plädiert dafür, die Handlungen der Wissenschaftler als eine Art kollektiven und ständig vonstatten gehenden Narrationsprozess zu begreifen: »What we thereby have is not a story told in retrospect, but a story which the narrator is in the midst of. It is being enacted toward the fulfilment of a projected retrospection, but one which is constantly open to revision, as befits a story not yet completed.«[39] Als Begründung führt er neben der kollektiven Autorschaft des wissenschaftlichen Unternehmens, die notwendigerweise auch zu einer Pluralität der Erzählperspektive (des »point of view«) führe, vor allem an, dass es keine wissenschaftliche Handlung gebe, die nicht schon irgendwie Bestandteil eines narrativen Feldes sei: »the intelligibility, significance, and justification of scientific knowledge stem from their already belonging to continually reconstructed narrative contexts supplied by the ongoing social practices of scientific research.«[40] Als Folge davon betrachtet Rouse den wissenschaftlichen Text nicht primär als Manifestation einer Erzählung über ein in der Vergangenheit liegendes experimentelles Geschehen, sondern vielmehr als Bestandteil einer komplexeren Geschichte, die sich noch im Prozess des Erzähltwerdens befindet. Eine Auffassung, der zufolge wissenschaftliche Artikel in Wirklichkeit verkappte Erzählungen seien, sieht er hingegen kritisch: »[Scientific] papers do not *tell* stories about how the current research situation came about and where it seems to be heading. They are instead more complicated speech acts, which can only be understood in the *context* of a story.«[41]

---

37 Vgl. dazu beispielsweise das Kapitel: »Historialität, Erzählung und Reflexion«, in: Hans-Jörg Rheinberger: *Experimentalsysteme und epistemische Dinge. Eine Geschichte der Proteinsynthese im Reagenzglas*, Göttingen 2001, S. 193–204.
38 Joseph Rouse: »The Narrative Reconstruction of Science«, *Inquiry. An Interdisciplinary Journal of Philosophy* 33 (1990), S. 179–196, hier: S. 181, Hervorhebung im Original.
39 Rouse (Anm. 38), S. 184.
40 Rouse (Anm. 38), S. 181.
41 Rouse (Anm. 38), S. 188, Hervorhebungen im Original.

Rouse gibt hierfür ein einfaches, konkretes Beispiel: Ein/e Wissenschaftler/in mag zwar in der Veröffentlichung eines Forschungsberichts einen spezifischen Befund berichten. Die eigene Einschätzung der Signifikanz dieser Arbeit kann (und wird zumeist) jedoch durch die gleichzeitig stattfindenden Forschungsarbeiten anderer in eine komplett anders ausgerichtete Forschungsgeschichte eingebaut werden. Wissenschaftliche Forschung als kollektiver Prozess ist ein ständiges Neuarrangieren von Befunden, die in eine ständig neu erzählte und neu ausgerichtete »Geschichte« zur Erklärung der naturwissenschaftlichen Phänomene eingebaut werden. Diese Sichtweise des wissenschaftlichen Forschungsprozesses als ein sich in Bewegung befindlicher multiperspektivischer Erzählprozess fügt sich ein in die gegenwärtigen Ansätze der Wissenschaftsforschung, die sich vor allem auf die Analyse von ›Wissenschaft in Aktion‹ richten. Dennoch bleibt zu fragen, welche narrativen Formen und Funktionen sich im naturwissenschaftlichen Text manifestieren, bzw. gilt es die Spezifik dieser wissenschaftlichen Sprechakte (Rouse) genauer zu erläutern.

Die folgende exemplarische Darstellung von Erzähl- und Berichtsweisen im naturwissenschaftlichen Feld knüpft hier an: Im ausführlichen Hauptteil werden vorliegende Studien aus dem Feld der Wissenschaftsforschung und der *Rhetorics of Science* vorgestellt, die sich einem konkreten Textgenre, nämlich dem *naturwissenschaftlichen Fachartikel* gewidmet haben. Es wird versucht, diese Ergebnisse in Richtung narratologischer Fragestellungen zu öffnen. Dabei wird vorrangig Bezug auf Ansätze in der Wissenschaftsforschung genommen, die sich mit den Biowissenschaften des 20. Jahrhunderts beschäftigt haben. In dem sich anschließenden kurzen Abschnitt werden einige wissenschaftshistorische Untersuchungen zur Herausbildung des Experimentalberichts und der Experimentalwissenschaften seit dem 17. Jahrhundert zusammengefasst und die Frage nach dem historischen Wandel von narrativen Verfahren im naturwissenschaftlichen Feld aufgeworfen.

3.2 Der biowissenschaftliche Fachartikel: Strategien der »Denarrativierung« – oder die narrative Herstellung von Faktizität

Zu sehen sind hier zwei typische Anfänge biowissenschaftlicher Artikel aus der zweiten Hälfte des 20. Jahrhunderts. In dem ersten Bericht (Abb. 1) geht es um die Sequenzierung eines kompletten individuellen menschlichen Genoms, in der zweiten Veröffentlichung (Abb. 2) wird das erfolgreiche Klonen eines Säugetiers aus einer Zelllinie mittels Zellkerntransfer berichtet.

The Diploid Genome Sequence of an Individual Human

Samuel Levy[1*], Granger Sutton[1], Pauline C. Ng[1], Lars Feuk[2], Aaron L. Halpern[1], Brian P. Walenz[1], Nelson Axelrod[1], Jiaqi Huang[1], Ewen F. Kirkness[1], Gennady Denisov[1], Yuan Lin[1], Jeffrey R. MacDonald[2], Andy Wing Chun Pang[2], Mary Shago[2], Timothy B. Stockwell[1], Alexia Tsiamouri[1], Vineet Bafna[3], Vikas Bansal[3], Saul A. Kravitz[1], Dana A. Busam[1], Karen Y. Beeson[1], Tina C. McIntosh[1], Karin A. Remington[1], Josep F. Abril[4], John Gill[1], Jon Borman[1], Yu-Hui Rogers[1], Marvin E. Frazier[1], Stephen W. Scherer[2], Robert L. Strausberg[1], J. Craig Venter[1]

1 J. Craig Venter Institute, Rockville, Maryland, United States of America, 2 Program in Genetics and Genomic Biology, The Hospital for Sick Children, and Molecular and Medical Genetics, University of Toronto, Toronto, Ontario, Canada, 3 Department of Computer Science and Engineering, University of California San Diego, La Jolla, California, United States of America, 4 Genetics Department, Facultat de Biologia, Universitat de Barcelona, Barcelona, Catalonia, Spain

Presented here is a genome sequence of an individual human. It was produced from ~32 million random DNA fragments, sequenced by Sanger dideoxy technology and assembled into 4,528 scaffolds, comprising 2,810 million bases (Mb) of contiguous sequence with approximately 7.5-fold coverage for any given region. We developed a modified version of the Celera assembler to facilitate the identification and comparison of alternate alleles within this individual diploid genome. Comparison of this genome and the National Center for Biotechnology Information human reference assembly revealed more than 4.1 million DNA variants, encompassing 12.3 Mb. These variants (of which 1,288,319 were novel) included 3,213,401 single nucleotide polymorphisms (SNPs), 53,823 block substitutions (2–206 bp), 292,102 heterozygous insertion/deletion events (indels)(1–571 bp), 559,473 homozygous indels (1–82,711 bp), 90 inversions, as well as numerous segmental duplications and copy number variation regions. Non-SNP DNA variation accounts for 22% of all events identified in the donor, however they involve 74% of all variant bases. This suggests an important role for non-SNP genetic alterations in defining the diploid genome structure. Moreover, 44% of genes were heterozygous for one or more variants. Using a novel haplotype assembly strategy, we were able to span 1.5 Gb of genome sequence in segments >200 kb, providing further precision to the diploid nature of the genome. These data depict a definitive molecular portrait of a diploid human genome that provides a starting point for future genome comparisons and enables an era of individualized genomic information.

Citation: Levy S, Sutton G, Ng PC, Feuk L, Halpern AL, et al. (2007) The diploid genome sequence of an individual human. PLoS Biol 5(10): e254. doi:10.1371/journal.pbio.0050254

Introduction

Each of our genomes is typically composed of DNA packaged into two sets of 23 chromosomes; one set inherited from each parent whose own DNA is a mosaic of preceding ancestors. As such, the human genome functions as a diploid entity with phenotypes arising due to the sometimes complex interplay of alleles of genes and/or their noncoding functional regulatory elements.

The diploid nature of the human genome was first observed as unbanded and banded chromosomes over 40 years ago [1–4], and karyotyping still predominates in clinical laboratories as the standard for global genome interrogation. With the advent of molecular biology, other techniques such as chromosomal fluorescence in situ hybridization (FISH) and microarray-based genetic analysis [5,6] provided incremental increases in the resolution of genome analysis. Notwithstanding these approaches, we suspect that only a small proportion of genetic variation is captured for any sample in any one set of experiments.

Over the past decade, with the development of high-throughput DNA sequencing protocols and advanced computational analysis methods, it has been possible to generate assemblies of sequences encompassing the majority of the human genome [7–9]. Two versions of the human genome currently available are products of the Human Genome Sequencing Consortium [9] and Celera Genomics [7], derived from clone-based and random whole genome shotgun sequencing strategies, respectively. The Human Genome Sequencing Consortium assembly is a composite derived from haploids of numerous donors, whereas the Celera version of the genome is a consensus sequence derived from five individuals. Both versions almost exclusively report DNA variation in the form of single nucleotide polymorphisms (SNPs). However smaller-scale (<100 bp) insertion/deletion sequences (indels) or large-scale structural variants [10–15] also contribute to human biology and disease [16–18] and warrant an extensive survey.

Academic Editor: Edward M. Rubin, Lawrence Berkeley National Laboratories, United States of America

Received May 9, 2007; Accepted July 30, 2007; Published September 4, 2007

Copyright: © 2007 Levy et al. This is an open-access article distributed under the terms of the Creative Commons Attribution License, which permits unrestricted use, distribution, and reproduction in any medium, provided the original author and source are credited.

Abbreviations: CGH, comparative genomic hybridization; CHB–JPT, grouped Han Chinese and Japanese; CNV, copy number variant; CEU, Caucasian; BAC, bacterial artificial chromosome; FISH, fluorescence in situ hybridization; LD, linkage disequilibrium; MNP, multi-nucleotide polymorphism; QV, quality value; SINE, short interspersed nuclear element; SNP, single nucleotide polymorphism; WGSA, whole-genome shotgun assembly; YRI, Yoruban

* To whom correspondence should be addressed. E-mail: slevy@jcvi.org

Abb. 1: Erste Seite des Beitrags von Samuel Levy u.a.: »The Diploid Genome Sequence of an Individual Human«, PLoS Biology 5 (2007), H. 10, http://www.plosbiology.org/article/info:doi/10.1371/journal.pbio. 0050254, Aufruf 18.5.09.

Beide Artikel sind Bestandteile wissenschaftlicher Ereignisse, die als bahnbrechend an der Wende zum 21. Jahrhundert gesehen werden: der Klonforschung und der Humangenomforschung. Nicht deshalb wurden sie hier jedoch ausgewählt, sondern weil sie gleichzeitig einen typischen wissenschaftlichen Fachartikel repräsentieren, wie er in einem traditionsreichen Journal wie *Nature* oder neuerdings auch in Form eines Internet Journals (PLoS) veröffentlicht wird. Charakteristisch ist eine Standardisierung, die sofort ins Auge fällt: Dazu gehören nicht nur die Sprachwahl (Englisch), ein standardisiertes Format, das zumeist eine kurze Zusammenfassung am Anfang aufweist, ein Material- und Methodenteil sowie eine Darlegung und Interpretation der Resultate am Ende des Artikels. Ferner finden sich graphische Elemente (Tabellen, Abbildungen, Photos, Kurven) eingestreut in die textuellen Passagen. Charakteristisch ist vor allem die Kopfzeile des ersten Artikels: Eine kollektive Autorschaft mit mehr als zwanzig Namensnennungen ist heutzutage keine Ausnahme.

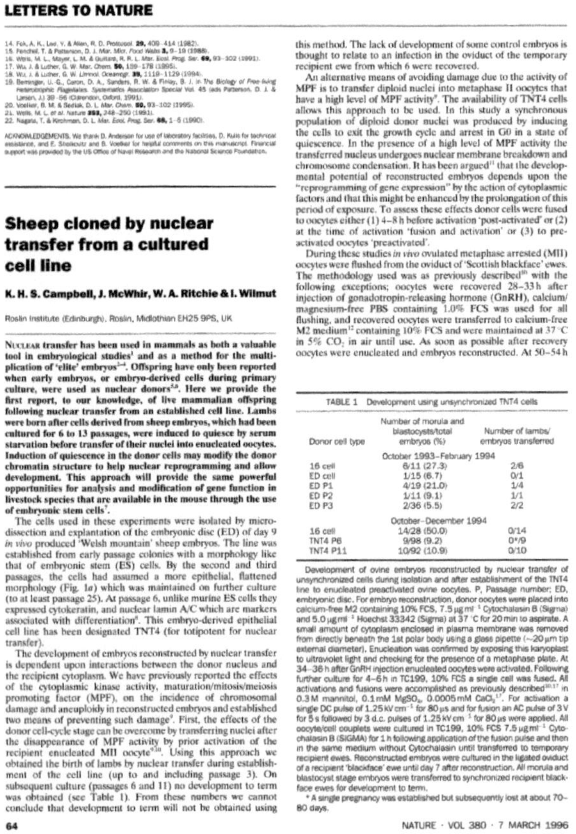

LETTERS TO NATURE

14. Fok, A. K., Lee, Y. & Allen, R. D. Protozool. **29,** 409–414 (1982).
15. Fenchel, T. & Patterson, D. J. Mar. Micr. Food Webs **3,** 9–19 (1988).
16. Weiss, M. L., Mayer, L. M. & Guillard, R. R. L. Mar. Ecol. Prog. Ser. **69,** 93–102 (1991).
17. Wu, J. & Luther, G. W. Mar. Chem. **50,** 159–178 (1995).
18. Wu, J. & Luther, G. W. Limnol. Oceanogr. **39,** 1119–1129 (1994).
19. Berninger, U.-G., Caron, D. A., Sanders, R. W. & Finlay, B. J. in *The Biology of Free-living Heterotrophic Flagellates. Systematics Association Special Vol. 45* (eds Patterson, D. J. & Larsen, J.) 39–56 (Clarendon, Oxford, 1991).
20. Voelker, B. M. & Sedlak, D. L. Mar. Chem. **50,** 93–102 (1995).
21. Wells, M. L. *et al.* Nature **353,** 248–250 (1991).
22. Nagata, T. & Kirchman, D. L. Mar. Ecol. Prog. Ser. **68,** 1–6 (1990).

ACKNOWLEDGEMENTS. We thank D. Anderson for use of laboratory facilities, D. Kulis for technical assistance, and E. Sholkovitz and B. Voelker for helpful comments on this manuscript. Financial support was provided by the US Office of Naval Research and the National Science Foundation.

Sheep cloned by nuclear transfer from a cultured cell line

K. H. S. Campbell, J. McWhir, W. A. Ritchie & I. Wilmut

Roslin Institute (Edinburgh), Roslin, Midlothian EH25 9PS, UK

NUCLEAR transfer has been used in mammals as both a valuable tool in embryological studies[1] and as a method for the multiplication of 'elite' embryos[2–4]. Offspring have only been reported when early embryos, or embryo-derived cells during primary culture, were used as nuclear donors[5,6]. Here we provide the first report, to our knowledge, of live mammalian offspring following nuclear transfer from an established cell line. Lambs were born after cells derived from sheep embryos, which had been cultured for 6 to 13 passages, were induced to quiesce by serum starvation before transfer of their nuclei into enucleated oocytes. Induction of quiescence in the donor cells may modify the donor chromatin structure to help nuclear reprogramming and allow development. This approach will provide the same powerful opportunities for analysis and modification of gene function in livestock species that are available in the mouse through the use of embryonic stem cells[7].

The cells used in these experiments were isolated by microdissection and explantation of the embryonic disc (ED) of day 9 *in vivo* produced 'Welsh mountain' sheep embryos. The line was established from early passage colonies with a morphology like that of embryonic stem (ES) cells. By the second and third passages, the cells had assumed a more epithelial, flattened morphology (Fig. 1*a*) which was maintained on further culture (to at least passage 25). At passage 6, unlike murine ES cells they expressed cytokeratin, and nuclear lamin A/C which are markers associated with differentiation[8]. This embryo-derived epithelial cell line has been designated TNT4 (for totipotent for nuclear transfer).

The development of embryos reconstructed by nuclear transfer is dependent upon interactions between the donor nucleus and the recipient cytoplasm. We have previously reported the effects of the cytoplasmic kinase activity, maturation/mitosis/meiosis promoting factor (MPF), on the incidence of chromosomal damage and aneuploidy in reconstructed embryos and established two means of preventing such damage[9]. First, the effects of the donor cell-cycle stage can be overcome by transferring nuclei after the disappearance of MPF activity by prior activation of the recipient enucleated MII oocyte[9,10]. Using this approach we obtained the birth of lambs by nuclear transfer during establishment of the cell line (up to and including passage 3). On subsequent culture (passages 6 and 11) no development to term was obtained (see Table 1). From these numbers we cannot conclude that development to term will not be obtained using this method. The lack of development of some control embryos is thought to relate to an infection in the oviduct of the temporary recipient ewe from which 6 were recovered.

An alternative means of avoiding damage due to the activity of MPF is to transfer diploid nuclei into metaphase II oocytes that have a high level of MPF activity[9]. The availability of TNT4 cells allows this approach to be used. In this study a synchronous population of diploid donor nuclei was produced by inducing the cells to exit the growth cycle and arrest in G0 in a state of quiescence. In the presence of a high level of MPF activity the transferred nucleus undergoes nuclear membrane breakdown and chromosome condensation. It has been argued[11] that the developmental potential of reconstructed embryos depends upon the "reprogramming of gene expression" by the action of cytoplasmic factors and that this might be enhanced by the prolongation of this period of exposure. To assess these effects donor cells were fused to oocytes either (1) 4–8 h before activation 'post-activated' or (2) at the time of activation 'fusion and activation' or (3) to preactivated oocytes 'preactivated'.

During these studies *in vivo* ovulated metaphase arrested (MII) oocytes were flushed from the oviduct of 'Scottish blackface' ewes. The methodology used was as previously described[10] with the following exceptions; oocytes were recovered 28–33 h after injection of gonadotropin-releasing hormone (GnRH), calcium/magnesium-free PBS containing 1.0% FCS was used for all flushing, and recovered oocytes were transferred to calcium-free M2 medium[12] containing 10% FCS and were maintained at 37 °C in 5% CO_2 in air until use. As soon as possible after recovery oocytes were enucleated and embryos reconstructed. At 50–54 h

TABLE 1 Development using unsynchronized TNT4 cells

Donor cell type	Number of morula and blastocysts/total embryos (%)	Number of lambs/ embryos transferred
	October 1993–February 1994	
16 cell	6/11 (27.3)	2/6
ED cell	1/15 (6.7)	0/1
ED P1	4/19 (21.0)	1/4
ED P2	1/11 (9.1)	1/1
ED P3	2/36 (5.5)	2/2
	October–December 1994	
16 cell	14/28 (50.0)	0/14
TNT4 P6	9/98 (9.2)	0*/9
TNT4 P11	10/92 (10.9)	0/10

Development of ovine embryos reconstructed by nuclear transfer of unsynchronized cells during isolation and after establishment of the TNT4 line to enucleated preactivated ovine oocytes. P, Passage number; ED, embryonic disc. For embryo reconstruction, donor oocytes were placed into calcium-free M2 containing 10% FCS, 7.5 μg ml^{-1} Cytochalasin B (Sigma) and 5.0 μg ml^{-1} Hoechst 33342 (Sigma) at 37 °C for 20 min to aspirate. A small amount of cytoplasm enclosed in plasma membrane was removed from directly beneath the 1st polar body using a glass pipette (~20 μm tip external diameter). Enucleation was confirmed by exposing this karyoplast to ultraviolet light and checking for the presence of a metaphase plate. At 34–36 h after GnRH injection enucleated oocytes were activated. Following further culture for 4–6 h in TC199, 10% FCS a single cell was fused. All activations and fusions were accomplished as previously described[10,17] in 0.3 M mannitol, 0.1 mM $MgSO_4$, 0.0005 mM $CaCl_2$[17]. For activation a single DC pulse of 1.25 kV cm^{-1} for 80 μs and for fusion an AC pulse of 3 V for 5 s followed by 3 d.c. pulses of 1.25 kV cm^{-1} for 80 μs were applied. All oocyte/cell couplets were cultured in TC199, 10% FCS 7.5 μg ml^{-1} Cytochalasin B (SIGMA) for 1 h following application of the fusion pulse and then in the same medium without Cytochalasin until transferred to temporary recipient ewes. Reconstructed embryos were cultured in the ligated oviduct of a recipient 'blackface' ewe until day 7 after reconstruction. All morula and blastocyst stage embryos were transferred to synchronized recipient blackface ewes for development to term.

* A single pregnancy was established but subsequently lost at about 70–80 days.

Abb. 2: Erste Seite des Beitrags von K.H.S. Campbell u.a.: »Sheep cloned by nuclear transfer from an cultured cell line«, Nature 380 (1996), S. 64–66, hier: S.: 64.

Auf den ersten Blick scheint es schwierig zu sein, in Texten, wie den hier abgebildeten, jene Elemente ausfindig zu machen, die den narratologischen Kriterien zur Definition einer »Erzählung« vollends Rechnung tragen, wie insbesondere die temporale Strukturiertheit eines Plots. Zwar werden in diesen Texten auch gleich zu Beginn schon ein bzw. mehrere reale Ereignisse kommuniziert,[42] jedoch ist die Darstellung weit entfernt davon, eine elaborierte Geschichte zu präsentieren, die eine Sequenz von Ereignissen (mit einem Anfang, einer Mitte und einem Ende) aufweist. So schlägt Monika Fludernik auch vor, für Ereignisfolgen, wie sie in derartigen Gebrauchstexten erscheinen, den Begriff »Berichtsform« einzuführen, um damit dem Befund Rechnung zu tragen, dass diese Texte auch »irgendwie narrativ« seien.[43] Sie betont zwar, dass solche »berichtenden Teile auch in nicht-narrativen Gattungen wie in einem biologischen Aufsatz über die Zellteilung zur Anwendung kommen«,[44] grenzt aber letztlich solcherart naturwissenschaftliche Texte, beispielsweise »Texte, die Gene während der Zellteilung beschreiben«, aus, da diese »nur insofern ›narrativ‹« seien »als sie Ereignissequenzen nachzeichnen«.[45]

In der Tat scheint eine solche Restriktion zunächst plausibel – allerdings folgt sie auch dem fachdisziplinären Selbstverständnis, die den wissenschaftlichen Fachartikel als einen transparenten Bericht über das Vorgehen und die Ergebnisse von Forschungsarbeiten definiert, woraus auch ein Teil seiner wissenschaftlichen Autorität erwächst. Wie jedoch die eingangs zitierte Bemerkung von Holmes verdeutlicht, bietet sich die experimentelle Vorgehensweise der neuzeitlichen Naturwissenschaften als ein zeitliches Geschehen mit einem Anfang und Ende geradezu dafür an, zum Gegenstand narrativer Verfahren zu werden. Zur Kreativität des wissenschaftlichen Prozesses gehört dabei nicht nur die experimentelle Forschungsarbeit an sich. Vielmehr entscheiden die textuellen Transformationen und die Regularien des wissenschaftlichen Aufzeichnens und Berichtens, also jene Prozesse, die den zunächst flüchtigen Phänomenen des Experimentierens Stabilität verleihen, ebenso darüber, was als ein »wissenschaftliches Faktum« letztlich aus den empirischen Untersuchungen hervorgeht.

---

42 Gerald Prince zufolge ist eine Erzählung wie folgt definiert: »The recounting [...] of one or more real or fictitious events communicated by one, two or several (more or less overt) narrators to one, two or several (more or less overt) narratees« (G. Prince: *A Dictionary of Narratology*, Lincoln 1987, S. 58, zitiert nach Monika Fludernik: *Erzähltheorie. Eine Einführung*, 2. Aufl., Darmstadt 2008, S. 14). Damit würde sich der Textanfang des Artikels von Campbell u.a. mit seiner Verbindung von zwei Ereignissen (»Nuclear transfer has been used« und »Lambs were born«) durchaus auch schon als eine Art Erzählung ausweisen.

43 Fludernik (Anm. 42), S. 15.

44 Fludernik (Anm. 42), S. 15.

45 Fludernik (Anm. 42), S. 15; Fludernik führt das Kriterium der »Erfahrungshaftigkeit« ein und entkoppelt damit bis zu einem gewissen Grad die Definition für Narration von der Strukturebene des Plots. Die Vermittlung von Erfahrungen durch Erzählungen ist für sie ein mindestens ebenso gewichtiges Kriterium für deren Definition wie der Sachverhalt, dass jede Erzählung ein Geschehen in zeitlicher Abfolge strukturiert. Die Darstellung von zeitlichen Ereignisketten, wie sie in nicht-fiktiven Berichten (etwa in geschichtswissenschaftlichen oder naturwissenschaftlichen Texten) erscheinen, vermittelt für Fludernik noch keine Narrativität (vgl. ebd., S. 122).

So paradox es zunächst klingen mag: Der wissenschaftliche Fachartikel lässt sich als eine Erzählung über ein zurückliegendes, zeitlich und örtlich lokalisiertes Geschehen begreifen, deren formale Struktur zugleich dazu beiträgt, genau diesen narrativen Charakter zurückzunehmen. Im Unterschied zu einem Bericht, so lässt sich jedoch argumentieren, handelt es sich hierbei um narrative Prozesse, weil es sich in der Tat nicht nur lediglich um die Darlegung von Ereignisketten handelt, sondern hierbei konstitutive literarische Strategien am Werke sind, die vorgeben, *wie* eine Geschichte darzulegen ist, damit sie mit wissenschaftlicher Autorität ausgestattet ist. In diesem Sinne sprechen auch einige Autoren wie Rom Harré oder Greg Myers von Narrationen: »The professional articles«, so Myers, »create what I call a *narrative of science*; they follow the argument of the scientist, arrange time into parallel series of simultaneous events all supporting their claim, and emphasize in their syntax and vocabulary the conceptual structure of the discipline.«[46] Es sind gerade diese Strategien der »Denarrativierung« des Experimentalgeschehens (die Entkopplung der Repräsentation von konkreten zeitlichen Abläufen und örtlichen Gegebenheiten sowie die begriffliche Abstraktion), die dazu beitragen, dass im wissenschaftlichen Fachartikel eine spezifische Geschichte über die Wissenschaft erzählt wird, oder wie Rouse es ausgedrückt hatte: dass jeder Artikel Teil einer größeren Geschichte im Erzählen ist. Die Komplexität dieses Sprechakts (Rouse) wird offensichtlich, wenn den vielfältigen Prozessen des Schreibens und Umschreibens nachgegangen wird, die beim Verfassen des wissenschaftlichen Textes am Werke sind. Die Analysen der textuellen Transformationen, die bei der Verfertigung des wissenschaftlichen Forschungspapiers eine Rolle spielen, verdeutlichen dabei, dass auch für das Geschehen im Labor gilt, was für das Verhältnis von Erzählung und Erzähltem allgemein gilt: Eine Geschichte kann auf vielfältige Weise berichtet werden. Für die spezifische Situation im Forschungslabor kann darüber hinaus auch umgekehrt gefragt werden: Welche Geschichte ist es, die aus den vielen Möglichkeiten, die im Forschungsprozess zur Verfügung gestellt werden, letztlich erzählt wird?

3.3 Narrative Dimensionen

3.3.1 Von den »Inskriptionen« zum Text

Nimmt man als Funktion von Narrationen im weitesten Sinne an, dass sie als »Organisationsmuster für das Erzeugen und Vermitteln von Wissen«[47] aufgefasst werden können, stellt sich in Bezug auf die Textproduktion in den Experimentalwissenschaften die Frage, welcher Art diese ordnungsstiftende Funktion ist. Insbesondere die ethnographischen Laborstudien haben diesbezüglich relevante Einblicke in die komplexen Schreib- und Verschriftlichungsprozesse wissen-

---

46 Myers (Anm. 30).
47 Jörg Schönert: »Was ist und was leistet Narratologie? Anmerkungen zur Geschichte der Erzählforschung und ihrer Perspektiven«, literaturkritik.de, Nr. 4, April 2006, http://www.literaturkritik.de/public/rezension.php?rez_id=9336, Aufruf 15.4.08.

schaftlicher Forschergruppen gegeben. Aus diesen Studien werden die vielfältigen Schritte der »Denarrativierung« ersichtlich, die erforderlich sind, um die komplexe chronologische Forschungsaktivität in die zeitlose Struktur des wissenschaftlichen Arguments zu überführen.

Latour/Woolgar beschreiben das Labor als einen Raum, in dem permanent »Inskriptionen« erzeugt werden. Die Prozesse, die dazu führen, dass aus diesen maschinellen und instrumentellen Inskriptionsverfahren das erste Schriftdokument hervorgeht, das den Raum des Labors verlässt, werden von Latour/Woolgar als Transformationen von ehemals spekulativen Aussagesätzen, wie sie im Laborgeschehen vorherrschen, zu Aussagesätzen, die stärker Faktizität vermitteln, diskutiert.[48] Ähnlich spricht auch Karin Knorr-Cetina von einer »doppelte[n] Produktionsweise« im wissenschaftlichen Labor und einer »Kluft, die zwischen der Forschungsdynamik des Labors und der literarischen Dramatik des Papiers« bestehe.[49] Als zentrale Bestandteile dieser doppelten Produktionsweise stellt Knorr eine Reihe von Modifikationsstrategien und textuellen Neuorganisationen heraus, die im Verlauf des langwierigen Prozesses des Verfassens des wissenschaftlichen Fachartikels zur Wirkung kommen, an dem nicht nur die engere Gruppe der Forschenden beteiligt ist, sondern eine große Gruppe an Wissenschaftlern (etwa Laborleiter/innen, kommentierende Kolleg/innen und nicht zuletzt die anonymen Verfasser/innen der Gutachten für die Zeitschriftenveröffentlichung). Das Neuarrangement der textuellen Ordnung betrifft vor allem zwei Teile des Forschungsberichts: die Einleitung sowie den Material- und Methodenteil.

Die Darstellungsweise im *Material- und Methodenteil* weist eine dezidiert nicht-narrative Form auf, sie erscheint nämlich in Form einer Auflistung von Handlungsschritten. »Obwohl in der grammatischen Vergangenheit formuliert, erweckt der *Methoden*-Teil mehr den Eindruck eines Rezeptes als einer zusammenfassenden Beschreibung vergangenen Geschehens«.[50] Während gerade diejenigen Bestandteile des Fachartikels, die mit dem Anspruch verbunden sind, von den tatsächlichen Laborabläufen zu berichten, nicht-narrativ vorgehen, verdeutlicht sich an anderer, eher argumentativer Stelle des Textes, nämlich in der *Einleitung*, was Rouse als »narrative in construction« beschrieben hatte: Indem sie die Forschungsarbeit in den fachwissenschaftlichen Diskurs einbindet, dient die Einleitung dazu, nachträglich eine Relevanz der Forschungsarbeit herzustellen sowie dem Leser Anhaltspunkte für die zukünftigen Potenziale der dargelegten Forschung zu liefern. Aus Knorr-Cetinas Beobachtungen wird dabei deutlich, dass die vielfältigen, durch Zufälligkeiten vorangetriebenen und sich manchmal auch durchaus widerstreitenden Antriebsmomente der tatsächlichen Forschungsarbeit auf *eine* Begründung reduziert werden, die nachträglich den Eindruck von Zielgerichtetheit der Forschung vermittelt. Diese Art der Relevanzbeschaffung weist, so Knorr-Cetina, eine »vollständige und in sich geschlossene literarische Struktur auf:

---

48 Latour/Woolgar (Anm. 7), insbesondere S. 43–88.
49 Knorr-Cetina (Anm. 6), S. 240.
50 Knorr-Cetina (Anm. 6), S. 214.

Sie stellt eine Spannung her und skizziert deren Auflösung; sie identifiziert Gut und Böse und gibt einen organisierten Handlungsverlauf an.«[51] In der Einleitung wird also im Kern eine Geschichte über einen in sich mehr oder weniger abgeschlossenen Handlungsverlauf der Forschung mit einer Art Anfang, Höhepunkt und einem Abschluss konstruiert. Sie bindet die Forschungsarbeiten in den fachdisziplinären Diskurs ein, indem sie die Ergebnisse der Arbeitsgruppe im Feld der Arbeiten anderer positioniert und von anderen abgrenzt. Zu einem ähnlichen Befund kommt der Sprachwissenschaftler John Swales, der als ein standardmäßig immer wiederkehrendes Organisationsmuster in den Einleitungen wissenschaftlicher Fachartikel einen stark schematisierten, dreiteiligen Spannungsbogen herausstellt, wie er auch in den hier eingangs zitierten Einleitungen der Fachveröffentlichungen zum Klonen oder zur Humangenomforschung zu finden ist: In einem ersten Schritt – oft gleich mit den ersten Sätzen – wird ein (neues) Forschungsfeld oder ein intellektuelles Territorium etabliert, indem es kurz und allgemein mit Verweis auf die Arbeiten anderer Kollegen umrissen wird. Im anschließenden zweiten Schritt wird eine Lücke in diesem Forschungsfeld dargelegt und der dritte Schritt dient dazu, die eigenen, in dem Artikel präsentierten Arbeiten derart zu präsentieren, dass sie genau diese Forschungsnische besetzen. Für Swales stellt dieses Schema ein Schlüsselelement dar, das einen Wechsel in der Textorganisation von einem erzählenden Modus (was die Wissenschaftler taten) zu einer argumentativen Darstellungsweise (was die Wissenschaftler untersuchen und belegen wollen) anzeigt.[52] Die hier skizzierte Neuorganisationen der Textstruktur trägt einerseits dazu bei, einen neuen Repräsentationsraum für die Forschungsarbeit herzustellen, der diese möglichst von den konkreten Handlungsschritten im Labor und damit auch von den zeitlichen und lokalen Umständen (also seiner »Geschichte«) entkoppelt. Andererseits wird gerade durch diese Strategien der »Denarrativierung« eine »Geschichte über die Wissenschaft« erzählt, die bestimmte wissenschaftliche Ideale reflektiert und konstituiert, die aber mit dem konkreten Laboralltag nur noch mittelbar verbunden ist – was zur Frage nach der Relation von Narration und Fiktion überleitet.

3.3.2 »Story telling« im Wissenschaftsdiskurs

Bezugnehmend auf eine im wissenschaftlichen Artikel vorfindbare rhetorische Dreiteilung, die er als Hypothesenbildung, Ergebnisdarstellung und empirische Stützung dieser Resultate skizziert, betont der Philosoph Rom Harré, dass dieser »sketch of a story line in which the plot of a human drama culminating in a scientific discovery is unfolded«[53] reine Fiktion sei, ohne sich freilich auf eine Dis-

---

51 Knorr-Cetina (Anm. 6), S. 187.
52 John M. Swales: *Genre Analysis. English in Academic and Research Settings*, Cambridge 1990, S. 137–164; vgl. dazu auch Gross (Anm. 30), S. 10–11.
53 Rom Harré: »Some Narrative Conventions of Scientific Discourse«, in: Christopher Nash (Hg.): *Narrative in Culture. The Use of Storytelling in the Sciences, Philosophy, and Literature*, London/New York 1990, S. 81–101, hier: S. 85.

kussion von Fiktionalitätskriterien einzulassen. »Anyone who has ever done any actual scientific research knows that this is a tale, a piece of fiction.«[54]

Bei Harré erscheint der Wissenschaftler in der Tat als ein Geschichtenerzähler, der seine eigenen Handlungen gemäß vorgegebener Erzählmuster darlegt: Harré spricht explizit von »narrativen Konventionen«,[55] weil die stilistischen Besonderheiten, die sich im naturwissenschaftlichen Artikel vorfinden, mehr seien als lediglich rhetorische Ratschläge. Es handele sich hierbei um narrative Konventionen, weil sie vorgeben, *wie* eine Geschichte zu erzählen sei. Als narrative Konventionen stellt Harré zwei Strategien heraus. Die erste betrifft die im Text konstruierten Akteure der wissenschaftlichen Handlung: die in Erscheinung tretenden »Charaktere«, auf die sich das im wissenschaftlichen Text gebräuchliche Personalpronomen »wir« bezieht. Harré stellt heraus, dass dieses »wir« Element einer »›Good Guys‹/›Bad Guys‹« Rhetorik ist,[56] über die erst ein spezifisches wissenschaftliches Kollektiv hergestellt wird. In der Weise, wie die eigenen Forschungsarbeiten in Hinblick auf andere Gruppen eingebunden oder abgegrenzt werden, welche Art von »wir« also konstruiert wird, wird eine Art moralische Ordnung vermittelt. Soll eine Forschungsarbeit von anderen als gültig angesehen werden, ist nicht nur ein abstraktes Objektivitätskriterium oder der Verweis auf »Wahrheit« ausschlaggebend. Vielmehr spielt, so Harré, auch im 20. Jahrhundert der moralische Status des wissenschaftlichen Charakters eine zentrale Rolle. Die moralische Ordnung der Fachgemeinschaft basiert zentral auf gegenseitigem Vertrauen. Signale dieser Vertrauenswürdigkeit, die auf vergangenen Erfahrungen mit Aussagen einzelner Forscher oder gar ganzer Forschungslaboratorien gründet, müssen im Text erst hergestellt werden. Als erste narrative Konvention hält Harré daher fest: »A personal story is told so that the narrator appears in the guise of a modest but competent subscriber to the moral order of which he or she wishes to be seen to be a member«.[57]

Eine zweite narrative Konvention, welche diese erste überlagert (und ihr stellenweise sogar in der Zielrichtung widerspricht), bezeichnet Harré als »Deindexicalization«.[58] Darunter fasst er jene stilistischen Transformationen, die darauf zielen, Faktizität herzustellen, und zwar dadurch, dass jeder Verweis auf Singularität vermieden wird – sei diese bezogen auf eine konkrete räumliche und zeitliche Verortung des Forschungsgeschehens oder auf die aktive Rolle des Wissenschaftlers. Charakteristische stilistische Strategien, die dazu beitragen, den Eindruck von Faktizität und Objektivität herzustellen, sind die Tilgung von indexikalischen Referenzen (das Eliminieren von Zeit- und Ortsangaben), das Vermeiden persönlicher Personalpronomen und nicht zuletzt der gebräuchliche Substantivstil sowie die Passivformulierungen im naturwissenschaftlichen Fachartikel. Gerade diese stilistischen Eigenarten des naturwissenschaftlichen Fachartikels sind im Folgenden, gleichwohl sie schon oft behandelt wurden, eine weitere Diskussi-

---

54 Harré (Anm. 53), S. 86.
55 Harré (Anm. 53), S. 87, 93, 99.
56 Harré (Anm. 53), S. 86–99.
57 Harré (Anm. 53), S. 99.
58 Harré (Anm. 53), S. 99.

on wert, nicht nur weil sie die Frage nach der Referenz noch einmal neu aufwerfen, sondern auch weil sie die Frage, aus welcher Perspektive das Geschehen vermittelt wird, betreffen.

Die wohl auffälligste Wirkung des Nominalstils ist es, eine Aussage als zeitlos erscheinen zu lassen. Zudem ermöglicht es der Substantivstil, kognitive Komplexität zu reduzieren. Wissenschaftler können komplexe Phänomene semantisch auf eine substantivische Wendung reduzieren, die im Gang der wissenschaftlichen Argumentation selber wiederum als Subjekt in Sätzen erscheinen kann. Dieses Charakteristikum wissenschaftlicher Fachartikel ist einem spezifischen Modus des Berichtens in den Naturwissenschaften geschuldet: der Zurücknahme einer erzählenden oder berichtenden Instanz zugunsten einer Situation, in der die ›Fakten‹ und ›Dinge‹ vermeintlich ›für sich selber sprechen‹. Stilistisch betrachtet stellt der folgende Satz, der aus dem eingangs zitierten Artikel von Campbell u.a. stammt, insbesondere in seinem ersten Teil eine typische Aussage in einem biowissenschaftlichen Artikel dar: »We have previously reported the effects of the cytoplasmic kinase activity, maturation/mitosis/meiosis promoting factor (MPF), on the incidence of chromosomal damage and aneuploidy in reconstructed embryos and established two means of preventing such damage.«[59] Der Satz besteht zu einem großen Teil aus Nominalphrasen. Dass die hier verhandelten und als Akteure dargestellten Wissenschaftsdinge selber Resultat komplexer Handlungsschritte im Labor sind, wird damit stilistisch negiert. Alan Gross, der mehrere solcher Beispiele untersucht hat, spricht bezüglich der Effekte dieser Darstellungsweisen von einer »ontology of physical objects«[60] und bringt diese wiederum mit den von Roland Barthes konstatierten Realitätseffekten in Zusammenhang: Das Zusammenwirken dieser rhetorischen Strategie mit einer Form der wissenschaftlichen Verallgemeinerung erläutert Gross am Beispiel einer Serie von Texten einer von ihm untersuchten biowissenschaftlichen Forschungsgruppe folgendermaßen:

> In a typical instance, Racker and his associates [d.i. die Forschergruppe der analysierten Texte, C.B.] cease to observe the laboratory event, the blob in the fifth lane of the autoradiogram, and begin to see the physical object: the kinase PK_L. Next, the physical object PK_L begins to appear in the subject position in their sentences. Afterwards, PK_L becomes part of a network of meaning, a causal chain: the kinase phosphorylates, the phosphorylated kinase phosphorylates another kinase. Finally, the nature and activities of all of the phosphorylated kinases are abbreviated in a new noun phrase, a new scientific term: the kinase cascade.[61]

Diese sich aus der Beobachtung von Laborphänomenen entwickelnde Abstraktion führt nicht nur zu einer konzeptionellen Verallgemeinerung, im vorliegenden Beispiel etwa zur Begrifflichkeit der »kinase cascade«. Gross' Verweis auf Barthes legt nahe, diese Prozesse als referentielle Illusion zu begreifen, als einen typischen

---

59   K.H.S. Campbell/J. McWhir/W.A. Ritchie/I. Wilmut: »Sheep Cloned by Nuclear Transfer from a Fultured Cell Line«, *Nature* 380 (1996), S. 64–66.
60   Gross (Anm. 30), S. 71.
61   Gross (Anm. 30), S. 71.

imaginären Kurzschluss zwischen Referent und Signifikant. Die Abwesenheit des Signifikats und das Verschmelzen des Signifikanten mit dem Referenten produziert dabei neue Bedeutungen. Darüber hinaus wirft die von Gross dargelegte »Ontologie der Objekte« vor allem noch einmal die Frage auf, aus welcher Perspektive das Geschehen im Labor im wissenschaftlichen Text dargelegt wird.

3.3.3 Autorschaft und Erzählinstanzen

Die Frage nach dem Verhältnis von Autorschaft, die ja den Text mit der konkreten und realen Kommunikationssituation verbindet (also dem Berichten über ein Geschehen im Labor, das einer konkreten Leserschaft dargelegt wird), und der im Text eingenommenen Perspektive gilt es noch weiter zu differenzieren. Die Autorschaft in den modernen Naturwissenschaften lässt sich in zweifacher Hinsicht als eine entsubjektivierte begreifen: Zum einen handelt es sich immer schon um eine kollektive Autorschaft, zum anderen ist sie entsubjektiviert, weil die Stimme des Autors bzw. der Autoren im Text selber nicht in Erscheinung treten darf.

Die kollektive Autorschaft des wissenschaftlichen Fachartikels ist das Resultat einer höchst ausdifferenzierten Arbeitsteilung im modernen Labor.[62] Die Nennung einer Reihe von Autorennamen, deren Reihung etwas über die Beteiligung am konkreten Laborgeschehen aussagt, verweist in der Tat darauf, das ganze Labor als eine Art »Schreibkollektiv« zu begreifen. Knorr-Cetinas detaillierte Analyse der Schreib- und Umschreibeprozesse hat verdeutlicht, dass diese kollektive Autorschaft Spuren im Inhalt des Artikels hinterlässt.

---

62 Ein Fachartikel, dem der Anspruch zugewiesen wird, einen Originalbeitrag zu leisten, folgt anderen Schreibkonventionen als der naturwissenschaftliche Überblicksartikel, der die mittelfristigen Entwicklungen eines Forschungsfeldes darlegen soll, und auch dieser unterscheidet sich erheblich von dem Lehrbuch oder der populären Darstellung. Diese Textsorten variieren nicht nur in ihrem Stil, ihrer Prosa und ihrer textuellen Organisation, vor allem gibt es deutliche Unterschiede bezüglich der Autorschaft: Während der Fachartikel, der erst nach einem erfolgreich bestandenen anonymen Gutachterverfahren von der Fachzeitschrift zur Publikation angenommen wird, das Produkt einer ganzen Forschergruppe ist und sich diese kollektive Autorschaft in weitere Funktionen ausdifferenziert, ist der Überblicksartikel das Produkt zumeist einer/s einzelnen Wissenschaftlers/in, der bzw. dem das Privileg zukommt, von einer Zeitschrift aufgefordert worden zu sein, einen Überblick über ihr Forschungsfeld zu verfassen. Das Lehrbuch schließlich wird zwar von einer ganzen Gruppe von Fachleuten geschrieben, veröffentlicht wird es jedoch zumeist unter dem Namen von einem oder zwei Wissenschaftler/innen, die als internationale Koryphäen des entsprechenden Spezialgebietes wahrgenommen werden. Mit dieser Differenzierung von wissenschaftlichen Textgenres und den verschiedenen Formen der Autorschaft geht eine, wie Hans-Jörg Rheinberger angemerkt hat, subtile Ausdifferenzierung von wissenschaftlicher Autorität einher: »In dem Maße wie die Nähe des Textes – vom Abstract bis zum Textbuch – und mit ihm des Autors zu den experimentellen Objekten abnimmt, muß die unterstellte öffentliche Autorität desjenigen zunehmen, dem man zubilligt, über diese Dinge zu schreiben.« (Hans-Jörg Rheinberger: »Mischformen des Wissens«, in: Ders.: *Iterationen*, Berlin 2005, S. 74–100, hier: S. 78–79).

Als Resultat dieser kollektiven Autorschaft stellt Knorr-Cetina Bewegungen fest, die sie »literarische Zerstreuungsstrategien« nennt: Anfänglich stärkere Argumente werden nachträglich abgeschwächt, weil diese Autorschaft vielstimmig ist und konkurrierende und zum Teil sogar widerstreitende Interessen in den Text integriert werden müssen.[63]

Wie verhält sich nun dieser Kollektivautor zum im Text erscheinenden »Wir«, das Harré diskutiert hatte? Das »Wir« des wissenschaftlichen Artikels reflektiert keinesfalls diese vielstimmige Autorschaft. Im Gegenteil: Wie Harré verdeutlicht hat, dient dieses »Wir« dazu, ein Innen und Außen der wissenschaftlichen Fachgemeinschaft zu konstruieren. Als erzählende Instanz ist es selbst ein Effekt des Textes und lässt sich nicht ohne weiteres mit den realen Autoren gleichsetzen.

Auch Hans-Jörg Rheinberger betont die Unterscheidung zwischen dem Wissenschaftler als Subjekt und dem Wissenschaftler als Autor. Die Autorschaft sei durch die folgende paradoxe Situation geprägt: Einerseits hänge die Anerkennung durch die wissenschaftliche Fachgemeinschaft davon ab, dass sie auf den Eigennamen einer bestimmten Person versammelt werde – aber diese Subjektfunktion des Wissenschaftlers sei andererseits selbst erst eine abgeleitete, nämlich die Konsequenz eines textuellen Verfahrens, das zunächst erfordere, dass der Autor »sich darin selbst grammatisch auslöscht.«[64] Die »Anonymisierung der Wissensproduzenten« ist, so Rheinberger, »der Struktur des modernen wissenschaftlichen Textes inhärent.«[65] Der naturwissenschaftliche Autor muss seine wissenschaftliche Subjektivität im Verfahren der Textproduktion zunächst abstreifen, um die vermeintlichen Fakten für sich selbst sprechen zu lassen. Im modernen wissenschaftlichen Selbstverständnis hat der Wissenschaftler als Subjekt hinter die Objekte zurückzutreten, die »ganz aus ihrer eigenen Ordnung heraus zum Sprechen gebracht werden sollen.«[66]

Dieses »Sprechen« ist nicht nur metaphorisch zu verstehen: Mit Bezug auf die narratologische Frage: »Wer spricht?«, lässt sich festhalten, dass die genannten stilistischen Besonderheiten des wissenschaftlichen Artikels dazu beitragen, dass dem konstruierten kollektiven »Wir«-Erzähler (der ein Resultat textueller Konventionen ist) weitere »Akteure« des wissenschaftlichen Geschehens als quasi-berichtende Instanzen an die Seite gestellt werden. Eine Funktion der stilistisch konstruierten Unmittelbarkeit der dargelegten wissenschaftlichen Fakten und Objekte ist es, diesen Dingen eine Art »Stimme« zu verleihen. Bruno Latour hatte bereits vor Jahren auf diese Verschiebung der erzählenden Instanz – von den Wissenschaftlern zu den Dingen – aufmerksam gemacht, gleichwohl keinesfalls mit der Absicht, diese Behauptung im engeren Sinne narratologisch zu fundieren. In seiner Analyse der wissenschaftlichen Prosa des Mikrobiologen Luis Pasteur legt Latour dar, dass sich die Experimente und die Art, wie darüber berichtet wird, in zwei »narrativen Feldern« bewegen: »one in which the narrator is active, and one in which the action is delegated to another character, a nonhuman

---

63 Knorr-Cetina (Anm. 6), S. 230.
64 Rheinberger (Anm. 62), S. 88.
65 Rheinberger (Anm. 62), S. 80.
66 Rheinberger (Anm. 62), S. 86.

one«.[67] Die Balance zwischen diesen zwei narrativen Feldern habe sich, so legen Alan Gross, Joseph Harmon und Michael Reidy im Rahmen ihrer historischen Analyse des Genrewandels wissenschaftlicher Kommunikation überzeugend dar, mit der Zeit beständig in Richtung der nichtmenschlichen Akteure verschoben.[68] Diese Entsubjektivierung der wissenschaftlichen Autorinstanz und das Zurücktreten eines im Text erscheinenden wissenschaftlichen Berichterstatters zugunsten einer textuell hergestellten Situation, in der die ›Objekte selbst‹ vermeintlich ihre Tatsachen preisgeben, stellt eine Berichtsform dar, die sich deutlich von Repräsentationsweisen in anderen Jahrhunderten unterscheidet, in denen die Funktion des Wissenschaftlers als tätiges Subjekt – und auch als Erzähler – geradezu ein notwendiges Kriterium war, um dem Dargestellten Glaubwürdigkeit zukommen zu lassen. Auf diese historischen Entwicklungen werde ich weiter unten zurückkommen. Zunächst gilt es jedoch die bisher dargelegten Analysen hinsichtlich der Frage nach dem Verhältnis von faktualer und fiktiver Erzählsituation bzw. den Charakteristika des faktualen bzw. des fiktiven Erzählens zusammenzufassen.

3.3.4 Faktuale und fiktive Erzählsituation

Dass Fiktion keinesfalls schon immer eine Antithese zum Faktum darstelle, hat Hayden White in seiner wegweisenden Diskussion der Historiographie als einer Form von Fiktionsbildung hervorgehoben. Erst »im frühen 19. Jahrhundert«, so White, sei es üblich geworden, »zumindest unter Historikern, Wahrheit mit Tatsache gleichzusetzen und Fiktion als das Gegenteil von Wahrheit und von daher als ein Hindernis für das Verständnis von Realität statt als eine Weise ihres Erfassens zu betrachten.«[69] Der Begriff »Fiktion« selbst hat eine weit zurückreichende und wechselvolle Geschichte, in der sich verschiedene Bedeutungsfelder ausdifferenziert haben, die auch in den heutigen Debatten zum Fiktionalitätsbegriff noch ihren Niederschlag finden: 1. Bildung und Darstellung, 2. Annahme und Hypothese, 3. Erfindung und Lüge.[70] Weder auf die umfangreiche Diskussion von Fiktionalitätskriterien noch auf die Debatten, die sich in der Folge von Hayden White nicht nur in der Geschichtswissenschaft über das Problem der Grenzziehungen von Fiktion und Geschichte (oder Tatsachenvermittlung im allgemeinen) entwickelt haben, kann an dieser Stelle ausführlicher eingegangen werden.[71]

---

67 Bruno Latour: »Pasteur on Lactic Acid Yeast. A Partial Semiotic Analysis«, *Configurations* 1 (1993), S. 129–146, hier: S. 141.
68 Gross/Harmon/Reidy (Anm. 30), S. 166.
69 Hayden White: *Auch Klio dichtet oder Die Fiktion des Faktischen. Studien zur Tropologie des historischen Diskurses*, Stuttgart 1986, S. 147.
70 Vgl. hierzu ausführlich Gabriele Schabacher: *Topik der Referenz. Theorie der Autobiographie, die Funktion ›Gattung‹ und Roland Barthes' ›Über mich selbst‹*, Würzburg 2007, S. 38–89, die einen gelungenen Überblick der literaturtheoretischen und historiographischen Diskussion des Fiktionsbegriffs gibt.
71 Zur historiographischen Diskussion von Hayden White vgl. den Beitrag von Stephan Jaeger in diesem Band.

Zentrale Aspekte dieser Diskussion (etwa die Frage der Unhintergehbarkeit einer Fiktionalisierung des Faktischen oder die Frage, inwieweit eine Perspektive auf vergangene Wirklichkeiten zwangsläufig narrativ und fiktionalisiert sein muss) lassen sich zwar auch auf die Auseinandersetzung mit Darstellungsverfahren von naturwissenschaftlichen Tatsachen beziehen. In einem entscheidenden Punkt jedoch zeichnet sich ein Unterschied in der Analyse naturwissenschaftlicher Texte ab und gilt es die Fragerichtung neu auszurichten: Nicht so sehr die Frage nach der Rolle von Fiktion in der historischen Darstellung vergangener Wirklichkeiten (wie sie die historiographische Diskussion prägt) scheint hier das relevante Problem zu sein, sondern vielmehr die Frage nach der Herstellung von Faktizität in der Darstellung naturwissenschaftlicher Phänomene. In anderen Worten: Mit welchen textuellen Mitteln wird eine (historisch kontingente) Vorstellung von »Faktizität« in wissenschaftlichen Texten erst konstituiert?

Neben der weitverbreiteten Gleichsetzung von Fiktion als Illusion von Wirklichkeit, als Täuschung oder gar Lüge, ist Fiktion oder Fiktivität auch ein textuelles Merkmal, das eine spezifische Perspektive auf ein dargelegtes Geschehen charakterisiert. In narratologischen Ansätzen wird daher der Begriff der Fiktion weitergehend differenziert. Fludernik unterscheidet beispielsweise zwischen drei Formen von Fiktionalität, die entweder auf der Ebene der *histoire* oder auf der Ebene des *discours* anzusiedeln sind: »der Konstruiertheit von Geschichte (*fictio*); der Erfundenheit der Ereignisse (*fictum*); und der Imaginiertheit eines Gegenstandes oder einer Situation (*suppositio*)«, wobei letzteres von Fludernik als Grenzfall von Erzähltexten ausgemacht wird und eher als Element in der Mathematik oder Philosophie gesehen wird.[72] Klein/Martínez trennen grundlegend zwischen der Ebene der Fiktivität von Geschehnissen und der Fiktionalität von Darstellungsweisen. Unabhängig davon, ob ein Geschehen, von dem erzählt wird, Geschehnissen in der außersprachlichen Wirklichkeit entspricht oder nicht (ob es also real oder fiktiv ist), kann man auf der Ebene der Erzähltechniken zwischen faktualen oder fiktionalen Narrationstechniken unterscheiden. In diesem Schema ergibt sich die Kombinationsmöglichkeit, dass ein Geschehen, von dem man sagen kann, dass es real ist, entweder mit Mitteln des faktualen Erzählens dargelegt wird oder aber unter Einsatz fiktionaler Erzähltechniken berichtet wird.[73]

Was lässt sich nach dieser kurzen Skizze und den oben dargelegten Analysen des biowissenschaftlichen Fachartikels zum Status von Fiktionalität bzw. Faktizität im naturwissenschaftlichen Diskurs festhalten? Außer Zweifel steht zunächst, dass der Forschungsartikel einen Bezug zu Geschehnissen aufweist, die außerhalb des textuellen Raumes liegen, und damit auf eine außersprachliche (Labor-)Wirklichkeit referiert. Das heißt in Bezug auf die Erfundenheit der dargestellten Ereignisse (*fictum*) kann festgehalten werden, dass es sich eindeutig um einen nichtfiktiven Text handelt. Inwieweit jedoch die *Darstellungsweisen* als faktual oder fiktional zu kennzeichnen sind, ist schwieriger zu differenzieren. Beim Forschungsbericht handelt es sich nicht um einen fiktionalisierten faktualen Text, denn die

---

72 Fludernik (Anm. 42), S. 74.
73 Vgl. die Einleitung zu diesem Band.

Kriterien, die ein hohes Maß an Fiktionalität auf der Ebene der Narrationstechniken oder einen hohen Grad an Narrativität anzeigen (zu nennen wären hier beispielsweise Elemente wie Figurenrede oder die Einführung von Charakteren) sucht man hier, im wissenschaftlichen Fachartikel, vergebens. (Allerdings lässt sich ein anderes naturwissenschaftliches Textgenre, nämlich der populäre naturwissenschaftliche Text, durchaus in diesem Sinne als ein fiktionalisierter faktualer Erzähltext begreifen, worauf an dieser Stelle nicht ausführlicher eingegangen werden kann).[74] Insofern lässt sich der wissenschaftliche Fachartikel am ehesten als faktualer Erzähltext beschreiben, wobei aber die Faktualität nicht einfach als gegeben betrachtet werden sollte, nur weil es sich nicht um einen fiktiven Text (im Sinne von Fluderniks Kategorie des *fictum*) handelt. Zu fragen bleibt, welche Erzähltechniken es sind, die den Eindruck von »Faktizität« herstellen. Wie die oben dargelegten Analysen aus der rhetorischen, soziologischen und historischen Wissenschaftsforschung gezeigt haben, zeichnet sich der naturwissenschaftliche Forschungsbericht durch eine Reihe von stilistischen Besonderheiten aus. Zusammenfassend zu nennen sind eine kodifizierte Argumentation, ein reduzierter Wortschatz, ein hochstandardisiertes Format, Substantiv- und Passivstil, eine grammatikalisch weitgehend ausgestrichene Autorschaft und insbesondere die Eliminierung jeglicher Orts- und Zeitangaben – insgesamt Darstellungsweisen also, die gerade wenig narrativ verfahren. Die genannten Schreibstrategien lassen sich am ehesten als Strategien der Denarrativierung charakterisieren: Eine Vielzahl von verschiedenen und im Verlauf der Zeit sich abspielenden Handlungen (mit Anfang und Ende) im Laborgeschehen wird hier in die Gleichzeitigkeit eines wissenschaftlichen Arguments überführt.[75] Dies trägt erheblich dazu bei, das Forschungslabor als einen Ort der Produktion von zeitloser Erkenntnis zu inszenieren. Im Forschungsbericht wird also nicht über individuelle, zeitlich und räumlich verankerte Experimente berichtet, sondern das Experiment wird als ein zeitloser, da prinzipiell immer wiederholbarer Handlungsakt erzählt. Damit wird auch aus der Vielzahl der möglichen Geschichten, die ein Experimentalsystem zu bieten hat, eine spezifische Geschichte herauskristallisiert, die ein bestimmtes Wissenschaftsideal reflektiert und zugleich immer wieder konstituiert. Auf dieser

---

74 Verwiesen sei hier auf die umfangreichen Analysen von Greg Myers. Myers benutzt zwar kein narratologisches Analyseinstrumentarium, seine überaus detaillierten Studien zur Entstehung verschiedener naturwissenschaftlicher Textformen bieten aber Einblick in die Transformationen, die zwischen dem naturwissenschaftlichen Fachartikel und der Darstellung in populärwissenschaftlichen Genres stattfinden. Während naturwissenschaftliche Fachartikel Erzählungen über die Wissenschaft konstituieren, präsentieren »popularizing articles, on the other hand, [...] a sequential *narrative of nature* in which the plant or animal, not the scientific activity, is the subject.« (Myers (Anm. 30), S. 142, Hervorhebung im Original). Anhand von drei Fallstudien hat Myers das Verfassen von populärwissenschaftlichen Artikeln in der Kommunikation von Wissenschaftlern und Herausgebern untersucht und dargelegt, wie durch Veränderungen in der Textorganisation und der Syntax (insbesondere eine Rückführung des Passivstils in das Aktivische und die Einführung von verschiedenen Stimmen in den Text) eine anschauliche und lebendigere Schilderung der wissenschaftlichen Sachverhalte hervorgebracht wird, die durchaus als ein fiktionalisierter faktualer Erzähltext betrachtet werden kann (vgl. ebd., S. 141–192).
75 Vgl. dazu auch Myers (Anm. 30), S. 142.

Ebene der Konstruiertheit der »Faktizität« kommt der Begriff der Fiktion gewissermaßen wieder ins Spiel, und zwar durchaus mit der Konnotation von Fiktion als Illusion: Die Entkoppelung der wissenschaftlichen Phänomene vom Akt ihrer Herstellung, wie sie durch spezifische narrative Konventionen im wissenschaftlichen Fachartikel rhetorisch vermittelt wird, befördert eine neue Wirklichkeit, welche die Fiktion von Wissenschaft als zeitlosen und ortsungebundenen Raum einer rational voranschreitenden Erkenntnis aufrecht erhält. Eine solche Darstellung ist mit der tatsächlichen Laborrealität nur noch lose verbunden. Sie vermittelt vielmehr ein Bild von Wissenschaft, das der Molekularbiologe François Jacob als bereinigte Geschichte der »Tagwissenschaft« bezeichnet hat:

> Der schriftliche Bericht verwandelt sogar die Natur der Forschung; er formalisiert sie. Eine wohlgeordnete Parade von Begriffen und Experimenten tritt an die Stelle eines Durcheinanders ungeordneter Anstrengungen, an die Stelle von Versuchen, die dem hartnäckigen Bemühen entsprungen sind, klarer zu sehen. Auch an die Stelle von Visionen, von Träumen, von unverhofften Zusammenhängen, von oft kindischen Vereinfachungen, von auf gut Glück in alle Richtungen ausgeworfenen Netzen, ohne recht zu wissen, wo man etwas fangen wird. Kurz an die Stelle der Unordnung und Geschäftigkeit, die das Leben eines Labors ausmachen. [...] Es liegt etwas Rituelles in der Darstellungsweise wissenschaftlicher Forschungsberichte. Es ist fast, als schriebe man die Geschichte eines Krieges und legte nur die Mitteilungen des Generalstabs zugrunde.[76]

3.4 Der (wissenschafts)historische Ursprung des Experimentalberichts aus dem Modus der Erzählung

Die Form und der Stil des fachwissenschaftlichen Artikels, die gerade skizziert wurden, sind Phänomene der zunehmenden Spezialisierung von Fachdiskursen seit dem späten 19. und insbesondere im 20. Jahrhundert. Während heutzutage wissenschaftliche Faktizität darüber hergestellt wird, dass die Wissenschaftler/innen als Akteure hinter die Objekte ihrer Forschung zurücktreten, war es beispielsweise im 19. Jahrhundert durchaus noch möglich, dass der Wissenschaftler als Subjekt und als Erzähler seiner Experimente in Form eines berichtenden »Ichs« im Text in Erscheinung trat. Geht man historisch zu den Anfängen der neuzeitlichen empirischen Wissenschaften zurück, so haben wissenschaftshistorische Studien gezeigt, dass gerade die Rolle des Wissenschaftlers als ein auftretender Berichterstatter und Zeuge der Experimente das grundlegende Kriterium war, um den Anspruch auf Autorität und Gültigkeit des Dargelegten zu garantieren. »In contrast to the 20th century«, so betonen Gross, Harmon und Reidy, »we find, that early scientific articles seek to establish credibility more by means of reliable testimony than by technical details.«[77] Dieses enge Verhältnis von Autorschaft und Zeugenschaft, das in den Aufzeichnungen der sich formierenden Experimentalwissenschaften hergestellt wurde, hat der Wissenschaftshistoriker Steven Shapin anhand der Texte von Robert Boyle, einem der Gründungmitglieder

---

76 François Jacob: *Die Maus, die Fliege und der Mensch. Über die moderne Genforschung*, Berlin 1998, S. 166.
77 Gross/Harmon/Reidy (Anm. 30), S. 34.

der Royal Society in London, herausgestellt.[78] Die Berichte, die Robert Boyle über seine Vakuum-Experimente in den 1650er und 1660er Jahren verfasste, zeichneten sich nicht nur dadurch aus, dass der Wissenschaftler als ein erzählendes »Ich« im Text erscheint. Vor allem weisen sie einen Stil auf, den Boyle selbst als weitschweifig bezeichnete. Berichtet wurde von ihm in aller Ausführlichkeit über die einzelnen experimentellen Schritte, wobei auch nebensächliche Details ausgeschmückt und erfolglose Experimente detailreich erzählt wurden. Boyle selbst grenzte diese Art über Experimente zu berichten explizit gegen einen Stil ab, wie er in den naturphilosophischen und den wenig empirischen Erörterungen seiner Zeit gepflegt wurde. Durch die ausführliche und dichte Beschreibung möglichst aller Schritte, die er als Experimentator unternommen hatte, und unter Angabe aller zeitlichen und örtlichen Umstände versuchte Boyle sich selbst als Garant der experimentellen Vorgehensweise und damit auch als ein Vertreter eines neuen wissenschaftlichen Selbstverständnisses auszuweisen, womit diese Art der narrativen Darstellung zu einem zentralen Element der Programmatik einer neuen Experimentalwissenschaft wurde. Wie Shapin darlegt, geriet durch diese »literarische Technologie« nicht nur der Experimentator zum Berichterstatter, auch das im Text angesprochene Publikum wurde in die Rolle der virtuellen Zeugenschaft versetzt:

> His circumstantial language was a way of bringing readers into the experimental scene, indeed of making the reader an actor in that scene. The reader was to be shown not just the products of experiments but their mode of construction and the contingencies affecting their performance, *as if he were present.*[79]

Gerade über einen dezidiert narrativen Modus des Berichtens über Experimente wurde im späten 17. Jahrhundert somit eine neue Form der wissenschaftlichen Autorität überhaupt erst konstituiert. Zu einer ähnlichen Auffassung gelangen Gross, Harmon und Reidy, die am Beispiel eines botanischen Textes aus dem ausgehenden 17. Jahrhundert zusammenfassen: »We observe a prose style with many of the traditional elements of good story telling: strong verbs in the active voice, first-person narrative, imaginative language, minimal abstraction, little esoteric terminology [...] and few quantitative expression or theoretical expression.«[80]

Dieser narrative Modus, der die Singularität konkreter Experimente oder Beobachtungen hervorhob, deren Durchführung detailliert beschrieb und diese Erzählung noch nicht zugunsten der Autorität eines verallgemeinerten Arguments abschwächte, hing eng mit der institutionellen Situation der sich etablierenden Experimentalwissenschaften zusammen, nämlich der Gründung der wissenschaftlichen Akademien in der zweiten Hälfte des 17. Jahrhunderts. Deren Struktur brachte eine spezifische Kommunikationssituation mit sich, die diesen narrativen Stil beförderte: In den wöchentlichen Sitzungen der Akademiemitglie-

---

78 Shapin (Anm. 5), S. 491.
79 Shapin (Anm. 5), S. 511, Hervorhebung im Original.
80 Gross/Harmon/Reidy (Anm. 30), S. 29.

der der Royal Society in London wurden beispielsweise Experimente entweder durchgeführt oder Berichte darüber, die von nicht-anwesenden Wissenschaftlern verfasst worden waren, laut vorgetragen. Diese konkrete Kommunikationssituation prägte die Form der gedruckten Experimentalberichte. Isaac Newtons erste und wegweisende Veröffentlichung zur Optik beispielsweise, die 1672 in den *Transactions of the Royal Society* gedruckt wurde, beginnt folgendermaßen:

> SIR,
> To perform my late promise to you, I shall without further ceremony acquaint you, that in the beginning of the Year 1666 (at which time I applyed my self to the grinding of Optick glasses of other figures than Spherical,) I procured me a Triangular glass-Prisme, to try therewith the celebrated *Phaenomena* of *Colours*. And in order thereto having darkened my chamber, and made a smale hole in my window-shuts to let in a convenient quantity of the Suns light, I placed my Prisme at his entrance, that it might be thereby refracted to the opposite wall. It was at first a very pleasing divertisement, to view the vivid and intense colors produced thereby; but after a while applying my self to consider them more circumspectly, I became surprised to see them in an *oblong* form [...].[81]

Das »SIR« in diesem Brief spricht hier konkret den Herausgeber der *Transactions*, Henry Oldenburg, an. Der narrative Modus, der in dieser Textpassage offensichtlich ist (etwa das erzählende »I«, die zeitliche Verortung »in the beginning of the Year 1666« sowie emotionale Äußerungen), blieb, genauso wie das Briefformat, vor allem im englischsprachigen Raum während des ganzen 18. Jahrhunderts ein prägendes Merkmal wissenschaftlicher Experimentalberichte. Gross', Harmons und Reidys quantitative und qualitative Analyse von wissenschaftlichen Fachartikeln aus über drei Jahrhunderten vermittelt ein detailiertes kulturhistorisches Bild vom Wandel dieses Genres: Sie verdeutlichen nicht nur kulturelle Unterschiede in den Berichtsweisen, die auf unterschiedliche konkrete Kommunikationssituationen rückführbar sind.[82] Vor allem führen die Autoren anschaulich vor, wie sich durch die im 19. Jahrhundert beginnende Ausdifferenzierung wissenschaftlicher Disziplinen und durch die damit neu entstehende Zeitschriftenlandschaft aus dem ursprünglich narrativen Modus der Berichtsform allmählich ein argumentativer und weitestgehend standardisierter Stil des wissenschaftlichen Fachartikels herausbildete.

---

81 Isaac Newton: »New Theory about Light and Colors«, *Philosophical Transactions* No. 80 (1672), S. 3075–3087, zitiert nach Gross/Harmon/Reidy (Anm. 30), S. 68–69.
82 Vgl. Gross/Harmon/Reidy (Anm. 30), S. 71–91. So zeigen sie beispielsweise, dass französische und deutschsprachige Berichte bereits im 18. Jahrhundert weniger narrativ und stärker argumentativ verfasst waren als es im englischsprachigen Raum üblich war. Auch die Briefform ist im Deutschen/Französischen seltener zu finden, was die Autoren auf die unterschiedliche soziale und institutionelle Struktur der Akademien und auf einen unterschiedlichen wissenschaftlichen Professionalisierungsgrad in den Ländern zurückführen. Zu einem ähnlichen Ergebnis kommt auch Frederic Holmes, der englischsprachige und französische Experimentalberichte zweier Wissenschaftler aus dem 17. Jahrhundert vergleicht, vgl. Holmes (Anm. 1).

4. Forschungsdesiderate

Die hier dargelegte Skizze zu Feldern und Formen des Erzählens in den Naturwissenschaften hat sich insbesondere auf eine Textform, nämlich den naturwissenschaftlichen Fachartikel, beschränkt. Vorgestellt wurden vor allem Studien aus der Wissenschaftsgeschichte und der Wissenschaftsforschung, und es wurde versucht, deren Ergebnisse für narratologische Fragestellungen zu öffnen. Eine tiefergehende narratologische Analyse von Erzählweisen im naturwissenschaftlichen Feld bleibt jedoch weiterhin ein Desiderat. Dies betrifft sowohl grundlegende Analysen von Formen und Funktionen des faktualen Erzählens im naturwissenschaftlichen Diskurs als auch speziellere Teilgebiete. So ist beispielsweise die historische Entwicklung von naturwissenschaftlichen Erzählweisen im kulturhistorischen Kontext ein noch kaum erforschtes Feld. Zwar gibt es überaus aufschlussreiche und mittlerweile auch schon klassische literaturwissenschaftliche Werke, die auf der Ebene des »Plots« Interferenzen von naturwissenschaftlichen und literarischen Erzählungen vor allem im 18. und 19. Jahrhundert darlegen.[83] Narratologische Analysen des Wandels von Erzähltechniken, die diese mit Entwicklungen von Erzählweisen in anderen, literarischen Feldern in Bezug bringen, liegen jedoch noch kaum vor. Weiterhin wäre es aufschlussreich, Erzählformen nach wissenschaftlichen Textgenres (Fachartikel, Lehrbuchtext, Darstellung in populären Wissenschaftsmagazinen) weiter zu differenzieren. Nicht zuletzt ist auch der Einfluss, den neue Medien und sich neu etablierende Kommunikationsstrukturen (wie beispielsweise das Internet sie hervorbringt) auf die Darstellungsweisen im naturwissenschaftlichen Feld ausüben, noch wenig untersucht.

5. Auswahlbibliographie

Narratologische Studien (im engeren Sinne) zu Formen und Funktionen des Erzählens im naturwissenschaftlichen Feld liegen meines Wissens nicht vor. Bei den folgenden Literaturhinweisen handelt es sich um Studien aus der Wissenschaftsforschung, Wissenschaftsgeschichte und Literaturforschung, die bereits als Klassiker gelten und/oder sich als Grundlage für weiterführende Untersuchungen anbieten:

Beer, Gillian: *Darwin's Plots. Evolutionary Narrative in Darwin, George Eliot, and Nineteenth-Century Fiction*, London 1983. – In dieser klassischen Studie untersucht Gillian Beer die literarische Form von Charles Darwins *Die Entstehung der Arten* (und zu einem geringeren Anteil *Die Abstammung des Menschen*). Sie geht den Ähnlichkeiten dieser Texte mit dem Roman des 19. Jahrhunderts nach und verfolgt die Rezeption evolutionärer Erzählmuster in der viktorianischen Literatur.

Gross, Alan G./Harmon, Joseph E./Reidy, Michael: *Communicating Science: The Scientific Article from the 17th Century to the Present*, Oxford 2002. – Dieses Buch versucht kommunikationswissenschaftliche und wissenschaftshistorische Per-

---

83 Vgl. Abschnitt 2 dieses Beitrags.

spektiven zu verbinden. Es legt eine sowohl qualitative Analyse als auch quantitative Auswertung von naturwissenschaftlichen Artikeln aus drei Jahrhunderten vor. Deren Wandel wird mit einem evolutionären Modell erklärt.

Haraway, Donna: *Primate Vision: Gender, Race, and Nature in the World of Modern Science*, New York/London 1989. – In diesem Buch, das sowohl für die Wissenschaftsgeschichte als auch die Gender Studies wegweisend war, untersucht Haraway die Geschichte der Primatologie im 20. Jahrhundert als Feld der Konstruktion und Rekonstruktion von Narrativen über Natur, Kultur, Geschlecht und Rasse.

Myers, Greg: *Writing Biology: Texts in the Social Construction of Scientific Knowledge*, Madison 1990. – Diese klassische Studie kombiniert eine detaillierte Textanalyse einer Reihe von naturwissenschaftlichen Textformen mit Fragestellungen der Wissenschaftsforschung. Myers analysiert vor allem die Konstruktion von Erzählungen über Wissenschaft in biowissenschaftlichen Kontroversen im 20. Jahrhundert.

Plotinitsky, Arkady: »Science and Narrative«, in: David Herman/Manfred Jahn/Marie-Laure Ryan (Hg.): *Routledge Encyclopedia of Narrative Theory*, New York 2008, S. 514–518. – Dieser Eintrag nähert sich dem Themenfeld Wissenschaft und Erzählung aus postmoderner Perspektive an und fasst dabei einige gegenwärtige Forschungsausrichtungen der ›Literature & Science Studies‹ sowie der Wissenschaftsgeschichte zusammen.

Shapin, Steven: »Pump and Circumstance: Robert Boyle's Literary Technology«, *Social Studies of Science* 14 (1984), S. 481–520. – Anhand der detaillierten Analyse der »literarischen Technologie« von Robert Boyle vermittelt Shapin wissenschaftshistorische Einblicke in die Art und Weise, wie im 17. Jahrhundert über Experimente berichtet wurde.

Erzählen im historiographischen Diskurs

Stephan Jaeger

1. Das Wirklichkeitsfeld historiographischer Erzählung[1]

Der Wahrhaftigkeitspakt historiographischer Erzählung

Die narratologische Diskussion über historiographisches Erzählen orientiert sich in der Regel an dessen Gemeinsamkeiten mit und Differenzen zum fiktionalen Erzählen. Es scheint damit zuerst einmal so, als würde historiographisches Erzählen durch die Leitdifferenz Fakt/Fiktion bzw. wahr/unwahr bestimmt.[2] Hierbei ist zu berücksichtigen, dass sich die Unterscheidung textstrukturell darauf richten kann, *wie* Fakten oder Fiktionen dargestellt werden, oder pragmatisch darauf, *was* als Fakt und was als Fiktion angesehen wird. Historiographisches Erzählen ist am pragmatischen Anspruch erkennbar, auf eine außertextuelle vergangene Welt zu referieren und nicht eine eigenständige fiktionale Welt zu erschaffen. Es besteht ein Wahrhaftigkeitspakt[3] zwischen Autor und Leser: Der Leser geht davon aus, dass der Historiker nach bestem Wissen und Gewissen historische Wirklichkeit darzustellen versucht. Im Rahmen der pragmatischen Unterscheidung ist es zuerst einmal nicht grundlegend, ob erst im Akt des historiographischen Erzählens Geschichte entsteht – die Vergangenheit benötigt Erzählen, um zur Geschichte zu werden[4] –, sondern ob eine ›Äquivalenzbeziehung‹ zwischen Text und einer außerhalb des Textes befindlichen Wirklichkeit angenommen werden kann.[5] Im weitesten Sinne ist die historiographische Erzählung

---

1   Dieser Aufsatz beschränkt sich auf Historiographie als geschriebener Text. Für andere Gattungen siehe das Kapitel »History as Expression« von Munslow, der u.a. Film, Photographie, Gemälde, Fernsehen, Radio, Comics, Museen, Denkmäler, Aufführungen und digitale Repräsentationen kurz vorstellt (Alun Munslow: *Narrative and History*, Basingstoke/New York 2007, S. 64–93).
2   Der Begriff ›historiographisches Erzählen‹ markiert den historiographischen Diskurs. Historisches Erzählen würde hingegen auch literarische Erzählformen miteinbeziehen, was den Anspruch von Wirklichkeitserzählungen unterliefe; siehe z.B. die auf Geschichtstheorie, Biographie und historischen Roman konzentrierte Monographie von Ulrich Kittstein: *»Mit Geschichte will man etwas«. Historisches Erzählen in der Weimarer Republik und im Exil (1918–1945)*, Würzburg 2006.
3   Der Begriff ›Wahrhaftigkeitspakt‹ reflektiert präziser als der Begriff ›Wahrheitspakt‹, dass Geschichtsschreibung zwar versucht möglichst akkurat, objektiv und wahr zu sein, aber es de facto nie eine wahre Erzählung des Vergangenen geben kann (vgl. Abschnitt 2 zum *linguistic turn*).
4   Vgl. die dargestellten Auffassungen von insbesondere White und Ricœur in Abschnitt 2 und von Munslow in Abschnitt 3.
5   Vgl. zum Beispiel Matías Martínez/Michael Scheffel: »Narratology and Theory of Fiction. Remarks on a Complex Relationship«, in: Tom Kindt/Hans-Harald Müller (Hg.): *What is*

also nach der in der Einleitung dieses Bandes vorgenommenen Differenzierung zwischen deskriptiver, normativer oder voraussagender Erzählung eine deskriptive Erzählung.[6]

Während also der pragmatische Wahrhaftigkeitsanspruch historiographisches Erzählen zu einer Wirklichkeitserzählung macht, können die Darstellungsformen historiographischen Erzählens variieren. Entscheidend für den Status als historiographische Erzählung ist das Überprüfbarkeitskriterium, worauf verschiedene Geschichtstheoretiker hingewiesen haben:

> Der Wahrheitsanspruch der Historiographie aber basiert auf Überprüfbarkeit und ist nichts, was einem Text inhärent sein könnte. Historiographische Texte können prinzipiell ebenso anschaulich geschrieben sein wie fiktionale, oder sie können trockenste Wissenschaftsprosa bieten, ›ihre wissenschaftlichen Begründungen aber haben sie außer sich‹ (Jörn Rüsen). Sie bewegen sich in einem Spannungsfeld zwischen Anschaulichkeit und Wissenschaftlichkeit, zwischen reiner Mimesis einerseits und Theoriebildung und Überprüfbarkeit andererseits.[7]

Die pragmatische Unterscheidbarkeit von historiographischer und fiktionaler Erzählung wird im Folgenden an fünf Beispielen kurz erläutert und problematisiert: anhand einer populistischen Geschichtserzählung, einem historischen Roman, einer historischen Fälschung, einer faktualen Erzählung sowie einem metahistoriographischen Experiment.

Historiographisches Erzählen

Nach einer kurzen Einleitung beginnt Max Hastings sein für ein breites Publikum verfasstes Geschichtswerk *Armageddon: The Battle for Germany 1944–1945* mit einer Vorstellung der militärischen Befehlshaber und der verschiedenen Armeen »The Principal Commanders and their Forces«.[8] Seine Darstellungstechnik entlehnt der Historiker implizit dem Drama: Alle Akteure werden in Form von Listen kurz vorgestellt, zum Beispiel »The Soviet Union«, deren Akteure in den Oberbefehlshaber und die verschiedenen Fronten mit ihren Befehlshabern unterteilt werden, bevor Hastings die Zusammensetzung der Armeen und damit die untergeordneten Rollen kurz vorstellt. Seinen Text unterteilt der Historiker in 16 Kapitel, deren Titel sich wie eine chronologische Abfolge von Dramenszenen lesen:

Narratology? Questions and Answers Regarding the Status of a Theory, Berlin/New York 2003, S. 221–235, hier: S. 227f.

6 Das Deskriptive kann den Aspekt des Gewesenen (Es war – wahrscheinlich – so) oder den Aspekt des Möglichen (Es könnte so gewesen sein) stärker betonen. Einige Spezialformen von historiographischer Erzählung wie die kontrafaktische bzw. virtuelle Geschichtsschreibung haben auch eine voraussagende Dimension: Wenn es anders gekommen wäre, beispielsweise wenn das Attentat auf Hitler am 20. Juli 1944 erfolgreich gewesen wäre, hätte die Geschichte sich so und so entwickeln können.

7 Axel Rüth: *Erzählte Geschichte. Narrative Strukturen in der französischen Annales-Geschichtsschreibung*, Berlin/New York 2005, S. 49.

8 Max Hastings: *Armageddon. The Battle for Germany 1944–1945*, New York 2004, S. XIX–XXIII.

»Time of Hope, The Bridges to Arnhem, The Frontiers of Germany, The Russians at the Vistula [...], Blood and Ice: East Prussia, Firestorms: War in the Skys [...], Collapse in the West [...], The Bitter End«.[9] Bezüglich der Unterscheidbarkeit zwischen historiographischem und literarischem Erzählen bzw. zwischen der Darstellung wirklicher und fiktionaler Welten bleibt jedoch kein Zweifel bestehen: Alle genannten Namen, Daten und Funktionen haben ein referentielles Äquivalent in der Geschichte, außerhalb der historiographischen Erzählung. Der Historiker »erfindet« nichts hinzu, sondern bleibt auf der Seite der Fakten, auch wenn er in erzähltechnischer Hinsicht literarische Präsentationsweisen einsetzt.

Historischer Roman

Wenn hingegen Gerhard Seyfried in seinem historischen Roman *Herero* (2003) vom Krieg zwischen der deutschen Kolonialmacht und den Hereros in Südwestafrika schreibt und dabei einen Oberst Leutwein als Figur einführt, spielt die Frage, ob es sich dabei um eine erfundene oder historisch verbürgte Figur handelt (tatsächlich gab es einen Oberst Leutwein), letztlich kaum eine Rolle. Der Text erhebt gar nicht den Anspruch, in allen Details belegbare Fakten zu präsentieren und markiert diese Fiktionalität für den Leser deutlich – nicht zuletzt durch die Gattungsangabe (»Roman«). Dies wird insbesondere durch die erlebte Rede des Protagonisten Ettmann deutlich, die einen unmittelbaren Einblick in das Bewusstsein der Figur gewährt:[10]

> Und die toten Hereros? Seine [Ettmanns] Schuld? Mitschuld? Keine Schuld? Die oder ich? Der Regimentskommandeur in Jüterborg: ›Wer zuerst schießt, schießt am besten‹ Unversehens packt ihn wilde Wut, und er muß sich zusammenreißen, um nicht vor den Leuten gegen den Tisch zu treten. Verflucht noch mal. In was ist er da nur hineingeraten![11]

Zugleich verwendet der Roman pseudohistorische Techniken wie die tagebuchartigen Einträge Ettmanns. Diese werden jedoch in der dritten Person und nicht, wie für die Gattung des sich auf die Wirklichkeit beziehenden Tagebuchs üblich, in der ersten Person erzählt.[12] Diese pseudohistorischen Techniken machen dem Leser bewusst, dass es sich um die Schilderung einer stark von der historischen Welt angeregten fiktionalen Welt handelt. Der historische Roman versucht eine mögliche oder wahrscheinliche Welt realistisch darzustellen, doch zugleich wird offensichtlich, dass in *Herero* kein referentieller Wahrheitsanspruch erhoben wird.

---

9 Hastings (Anm. 8), S. IX.
10 Siehe Abschnitt 3 unten.
11 Gerhard Seyfried: *Herero*, Frankfurt a.M. 2003, S. 255.
12 Ein anderes pseudohistorisches Signal Seyfrieds, das typisch für den historischen Roman ist, ist die als »Epilog« gekennzeichnete Legende, die über die historischen Lebensläufe der Charaktere des Romans berichtet, ohne dem Leser Hilfen zu geben, inwiefern diese auf eine historische Wirklichkeit bezogen sind oder die fiktionale Welt erweitern (Seyfried (Anm. 11), S. 625–627).

Historiographische Fälschungen und faktuales Erzählen

Wenn ein Autor hingegen etwas als historiographisch wahr ausgäbe, das vielleicht möglich, aber dennoch völlig erfunden ist, dann würde ihm zu Recht vorgeworfen, gegen die Regeln des (modernen) historiographischen Diskurses, damit auch gegen den Wahrhaftigkeitspakt, zu verstoßen. Man würde ihm eine Fälschung vorwerfen. Dies sei an einem historiographischen Fälschungsfall genauer erläutert. Etienne Leon de Lamonthe-Langon publizierte 1829 ein als Historiographie ausgewiesenes Werk zur Geschichte der französischen Inquisition im Mittelalter: *Histoire de l'Inquisition en France*. Lamonthe-Langons Darstellung der mittelalterlichen Hexenprozesse erwies sich im 20. Jahrhundert als höchst einflussreich für die Forschung zu mittelalterlichen Hexenprozessen, bis in den 1970er Jahren nachgewiesen wurde, dass diese Darstellung und die als Belege angeführten Primärquellen erfunden waren.[13] Die offensichtliche Fälschung von Primärquellen und Fakten verändert hier den pragmatischen Status der historiographischen Wirklichkeitserzählung, die nun nicht mehr als Geschichte, sondern als bewusste Fälschung und damit als Fiktion im Sinne von Erfindung angesehen wird. Wenn jedoch auf der Darstellungsebene des Geschichtserzählens Mögliches erfunden wird, um Geschichte besser darstellen zu können und dies entsprechend als »Möglichkeitserzählung« ausgewiesen wird, verändert sich der historiographische Wirklichkeitsanspruch aus pragmatischer Sicht nicht, sondern bleibt Teil der Textstruktur, um diese mögliche vergangene Wirklichkeit ausdrücken zu können. Die Diskursregeln für Historiographie sind historischem Wandel unterworfen und auch die erzählerischen Darstellungstechniken können sich ändern. Bestehen bleibt aber der Anspruch, dass auf eine historisch-reale, textexterne Wirklichkeit möglichst akkurat[14] zu referieren ist.

Grenzfälle historiographischen Erzählens

Daneben existieren Grenzfälle, in denen historiographisch-faktuales und literarisch-fiktionales Erzählen nicht grundlegend zu unterscheiden sind. Diese entstehen, wenn der auf den ersten Blick historiographisch-faktual anmutende Text unumwunden erklärt, sich dem Kriterium der Überprüfbarkeit bzw. dem Wahrhaftigkeitspakt nicht vollständig unterwerfen zu wollen und damit zur Metarepräsentation von Geschichte wird. Eines der bekanntesten Beispiele ist der Text *Dead*

---

13 Norman Cohn: »Three Forgeries. Myths & Hoaxes of European Demonology«, *Encounter* 44 (1975), S. 11–24.
14 Was Akkuratheit bedeutet, ist wiederum historisch. Es wird vom jeweiligen historiographischen Diskurs der Zeit, nicht von den Darstellungsformen bestimmt. Gehören zu diesen fiktive Reden oder rhetorisch erzeugte Anschaulichkeit wie in der rhetorischen Geschichtsschreibung der Antike oder der Renaissance, die nach den Regeln historischer Notwendigkeit und Wahrscheinlichkeit erfunden werden, aber nach den Diskursregeln der modernen Geschichtswissenschaft abgelehnt werden, kann die Narratologie diese Textverfahren untersuchen, ohne deswegen diese Geschichtsschreibung als fiktional oder defizitär bezeichnen zu müssen. Sie bleiben historiographische Wirklichkeitserzählungen.

Certainties des britischen, in den USA lehrenden Kulturhistorikers Simon Schama. Dieser kombiniert in seinem »experiment«[15] die Potentiale der Relativierung der Stimme des Historikers und der Einbildungskraft. Eine von zwei nur lose miteinander verknüpften Geschichten[16] rankt sich um den Tod des englischen Generals James Wolfe beim Kampf mit den Franzosen um Quebec auf den Abrahamsfeldern im Jahr 1753. Der Tod des Generals Wolfe wird aus vier sehr unterschiedlichen Blickwinkeln multiperspektivisch beleuchtet,[17] wobei hier nur ein kurzer Auszug das theoretische Problem, das Schamas Text aufwirft, verdeutlichen soll:

> For James Wolfe it had come to this, at last. Months of misery and frustration, of failing to winkle out Montcalm's troops from their citadel of Quebec, must less dislodging the batteries on the north shore of the St. Lawrence, had finally found some resolution. The humiliation of his position had galled him, and he was not eased by the embarrassing recollection of drunken, swaggering boasts made to William Pitt on the eve of his departure.[18]

Wie im oben dargestellten Beispiel aus *Herero* fokalisiert der Historiker als Erzähler direkt die Gedanken der historischen Figur. Jede Gedankenrede in der dritten Person aber wird in der Regel als Fiktionalitätskriterium angesehen.[19] Es zeigt sich, dass in Schamas Text die pragmatische Unterscheidung zwischen historiographischem und fiktionalem Erzählen bewusst an ihre Grenzen geführt wird. Schama behauptet, Geschichte (mit historiographischem Wahrheitsanspruch) und zugleich auch Fiktion darzustellen. Dies verdeutlicht bereits die Kombination aus Titel und Untertitel: *Dead Certainties (Unwarranted Speculations)*. Der Wahrheitsanspruch wird also experimentell als grenzwertig inszeniert. Damit ist zumindest eine Ebene des Textes metahistoriographisch – der Text reflektiert stärker die eigene Gemachtheit sowie seine historiographischen Darstellungs- und Erkenntnismöglichkeiten, als dass er geschichtliche Wirklichkeit erzählen würde. Die in den meisten Fällen intuitiv funktionierende pragmatische Unterscheidung von historiographischem und fiktionalem Erzählen wird unterlaufen.

Bei der Untersuchung historiographischen Erzählens steht also nicht oder nur in Ausnahmefällen in Frage, ob es sich um eine Wirklichkeitserzählung handelt; vielmehr sind die Darstellungsformen und die -funktionen historiographischen Erzählens zu untersuchen. Hierbei ist zu zeigen, inwiefern historiographisches Erzählen mit den Erkenntnissen der Erzähltheorie für fiktionales Erzählen analysiert werden kann und wo die Diskussion über die herkömmliche Narrato-

---

15 Simon Schama: *Dead Certainties (Unwarranted Speculations)*, New York 1991, S. IX.
16 Schama spielt in seinem Text mit der narrativen Nähe von *story* und *history*.
17 Zum Aspekt des multiperspektivischen Erzählens in Schamas Text siehe Stephan Jaeger: »Multiperspektivisches Erzählen in der Geschichtsschreibung des ausgehenden 20. Jahrhunderts. Wissenschaftliche Inszenierungen von Geschichte zwischen Roman und Wirklichkeit«, in: Ansgar Nünning/Vera Nünning (Hg.): *Multiperspektivisches Erzählen. Zur Theorie und Geschichte der Perspektivenstruktur im englischen Roman des 18. bis 20. Jahrhunderts*, Trier 2000, S. 323–346, hier: S. 339–342.
18 Schama (Anm. 15), S. 8.
19 Siehe Abschnitt 3.

logie fiktionaler Texte hinausgehen muss, um die Besonderheiten der Wirklichkeitserzählung ›Historiographie‹ in den Blick nehmen zu können.

2. Forschungsgeschichtlicher Überblick

Forschungsgeschichtlich wurde Geschichtsschreibung aus narratologischer Perspektive zunächst im Hinblick auf die Textformen untersucht. Die Forschung warf die grundlegende Frage auf, ob sich historiographisches Erzählen und fiktionales Erzählen textstrukturell kategorial unterscheiden. Bis in die 1960er Jahre hinein wurde die Frage nach der Narrativität von Geschichtsschreibung größtenteils ausgeblendet; die Geschichtswissenschaft war vornehmlich damit beschäftigt, ihre Erkenntnismöglichkeiten bezüglich der Gegenstandsebene der Geschichte zu bestimmen. Die entstehende Erzähltheorie begann, insbesondere in den Arbeiten von Käte Hamburger, Fiktionalitätskriterien zu entwickeln und damit die Geschichtsschreibung auszugrenzen.[20] Der im Weiteren folgende kurze Forschungsüberblick konzentriert sich exemplarisch auf die bahnbrechenden Ansätze dreier Theoretiker zum Verhältnis von Geschichtsschreibung und Fiktion, durch deren Arbeiten zunehmend auch die Darstellungsebene der Geschichte (der Diskurs) in den Mittelpunkt der Forschung rückt: Arthur C. Danto, Hayden White und Paul Ricœur. Danto und insbesondere White begründen die Untersuchung historischen Erzählens textstrukturell, während Ricœur den Übergang zu einer pragmatischen Begründung historischen Erzählens ermöglicht.

Narrative Argumente (Arthur C. Danto)

Arthur C. Dantos *Analytical Philosophy of History* leitete Mitte der 1960er Jahre eine grundlegende Wende in der Geschichtsphilosophie und -theorie ein.[21] Statt positivistisch nach der Kausalität und Gesetzmäßigkeit von Ereignissen zu fragen, traten das historische Erzählen von Geschichten und der Konstruktcharakter aller Historiographie in den Vordergrund: Geschichte erschien nun relativ von Erzählperspektiven und diskursiven Kontexten; ihr ist, so Danto, immer ein unauslöschlicher subjektiver Faktor zu Eigen. Geschichtsschreibung – bei Danto immer noch vorwiegend in ihrer logischen Dimension aufgefasst[22] – lässt sich entsprechend als Serie von narrativen Argumenten bestimmen. Die Narrative bzw. die Erzählung ermöglichen im historischen Diskurs, dass aus einzelnen historischen Ereignissen eine Geschichte (*story*) werden kann.[23] Geschichtsschreibung erzählt eine Geschichte mit deutlich markierten Anfangs-, Mittel- und End-

---

20 Käte Hamburger: *Die Logik der Dichtung*, Stuttgart 1957.
21 Arthur C. Danto: *Narration and Knowledge* [1965], New York 1985.
22 Danto ist vorwiegend an der Frage von wahren und falschen Aussagen über das Vergangene, also an den Wahrheitsbedingungen der narrativen Sätze interessiert.
23 Vgl. hierzu auch Hayden White: »The Question of Narrative Theory in Contemporary Historical Theory«, in: Ders.: *The Content of the Form. Narrative Discourse and Historical Representation*, Baltimore/London 1987, S. 26–57, hier: S. 43.

teilen.²⁴ Der retrospektiv arbeitende Historiker weiß im Gegensatz zu historischen Personen und Augenzeugen um die Wirkung historischer Ereignisse in der Zukunft und kann damit einzelne Ereignisse als Teil eines zeitlichen Ganzen (*temporal whole*) einordnen.²⁵ Dantos entscheidende Erkenntnis liegt darin, dass er vorführt, wie Erzählen und Geschichte sich gegenseitig bedingen. Hier wird auch der Beginn der zunehmenden Relevanz des *linguistic turn* für die Geschichtswissenschaft deutlich: Es wird danach gefragt, ob es eine sprachunabhängige historische Wirklichkeit überhaupt geben kann.²⁶

Die historiographische Schaffung von Realität (Hayden White)

An diesem Punkt setzt Hayden White in den späten 1960er und frühen 1970er Jahren ein. White weist an der historiographischen Praxis nach, dass jede Annahme einer historischen Vergangenheit konstruiert ist; insofern sei Geschichtsschreibung Kunst und Quasi-Wissenschaft (*semi-science*).²⁷ Ereignisse haben nach White keinen Realitätsstatus an sich, sondern gewinnen diesen erst in der Erzählung: Geschichte sei dadurch bestimmt, dass immer wenigstens zwei – letztlich aber unendlich viele – unterschiedliche Erzählungen über vergangene Ereignisse möglich sind, sodass der Historiker die Entscheidung für eine bestimmte Erzählung begründen müsse.²⁸ Diese Erzählungen seien also abhängig von Ideologien oder moralischen Bedeutungen, die durch den Kontext und das Wissen des Historiographen in den Text hineinkämen.²⁹ Die Erzählung schaffe bzw. verändere damit die historischen Ereignisse. White untersucht die Textoberfläche, um Näheres über die Tiefenstrukturen von Geschichtsschreibung zu erfahren. Anders als Danto analysiert White dabei keine einzelnen narrativen Sätze, sondern die Struktur historiographischer Texte als Ganzes.³⁰ Bei White findet der Wechsel von der logischen Dimension der historiographischen Erzählung zur poetischen Dimension statt, womit die Narratologie für die Geschichtswissenschaft interessant zu werden beginnt. In *Metahistory* (1973) entwickelt White anhand der Historiographie des 19. Jahrhunderts (Michelet, Ranke, Tocqueville, Burckhardt) ein

---

24 Hayden White: »The Value of Narrativity in the Representation of Reality«, in: White (Anm. 23), S. 1–25, hier: S. 2.
25 Vgl. Danto (Anm. 21), S. 151 und S. 183.
26 Vgl. zum *linguistic turn* auch Ernst Hanisch: »Die linguistische Wende. Geschichtswissenschaft und Literatur«, in: Wolfgang Hardtwig/Hans-Ulrich Wehler (Hg.): *Kulturgeschichte Heute. Geschichte und Gesellschaft*, Göttingen 1996, S. 212–230. Für den Zusammenhang von Erzählung und Geschichte aus sprachphilosophischer Sicht vgl. insbesondere die Arbeiten F.R. Ankersmits, die gemeinhin als *narrativism* bezeichnet werden (Franklin Rudolf Ankersmit: *Historical Representation*, Stanford 2001, S. 54), sowie Munslow (Anm. 1).
27 Hayden White: »The Burden of History«, in: Ders.: *Tropics of Discourse. Essays in Cultural Criticism*, Baltimore/London 1978, S. 27–50, hier: S. 27.
28 White (Anm. 24), S. 20.
29 White (Anm. 24), S. 11.
30 Vgl. für einen Überblick zu den theoretischen Positionen zum Thema ›Text und Geschichte‹ Daniel Fulda: »Die Texte der Geschichte. Zur Poetik modernen historischen Denkens«, *Poetica* 31 (1999), S. 27–60.

Modell der Darstellung von Geschichte, das durch vier Argumentationstypen, vier Erzählstrukturen, vier Typen der ideologischen Implikation und vier Tropen bestimmt ist. Für die Narratologie sind die vier archetypischen Plotstrukturen historischen Erzählens – Romanze, Komödie, Tragödie und Satire –, also das *emplotment* (die Verfabelung), entscheidend, die in den vier Grundtropen – Metapher, Metonymie, Synekdoche und Ironie – gespiegelt würden. Zugleich bilden diese vier Grundtropen nach White auch die Analyseebenen der Untersuchung eines jeden Diskurses.[31]

Menschliche Zeiterfahrung zwischen Geschichte und Fiktion (Paul Ricœur)

Der zweite neben White herausragende Theoretiker der historischen Erzählung ist der französische Philosoph und Theologe Paul Ricœur, der in den 1980er Jahren in *Zeit und Erzählung* vorführt, dass menschliche Zeiterfahrung im Allgemeinen erst durch Erzählung ermöglicht wird. Ricœur entwickelt dabei in Anlehnung an Aristoteles einen dreifachen Begriff der Mimesis: den der Präfiguration in der vorgängigen, aber immer schon symbolisch vermittelten Ausgangswelt (Mimesis I), der Konfiguration in den Welten der historischen und fiktionalen Erzählung (Mimesis II) und der Refiguration in der Welt des Lesers (Mimesis III).[32] Die Mimesis II entfaltet sich als Wechselspiel zwischen Neuschöpfung und Sedimentierung, Einbildungskraft und Tradition.[33] Die historiographische Erzählung ist also nicht ausschließlich nachahmend im Sinne von rekonstruierend, sondern auch schöpferisch: Durch Erzählung entsteht eine neue Welt, die es ohne den Text des historiographischen Erzählens nicht geben würde. Ricœur erkennt eine gegenseitige Refiguration von Zeit durch die Geschichte, die einerseits auf die Fiktion zurückgreift, und durch die Fiktion, die ebenso auf die Geschichte zurückgreift.[34] Fiktionales und historiographisches Erzählen unterscheiden sich insbesondere dadurch, dass die Bezugsrahmen auf reale historische

---

31 Siehe zusammenfassend Hayden White: *Metahistory. The Historical Imagination in Nineteenth-Century Europe*, Baltimore/London 1973, S. 5–38, und Hayden White: »Interpretation in History«, in: Ders.: (Anm. 27), S. 51–80. White neigt von diesen Beobachtungen ausgehend zu begrifflichen Unschärfen, indem er das Narrative mit Literarizität und Fiktionalität gleichsetzt. Doležel demonstriert, dass White letztlich durch die Substitution von Synonymen, nicht durch analytische Herleitung die Gleichung »plot structuring = literary operation = fiction-making« aufmacht (Lubomír Doležel: »Fictional and Historical Narrative. Meeting the Postmodern Challenge«, in: David Herman (Hg.): *Narratologies. New Perspectives on Narrative Analysis*, Columbus 1999, S. 247–273, hier: S. 250f.). Vgl. zur Einseitigkeit, Fiktionalität über *emplotment* zu bestimmen, auch Ansgar Nünning: »›Verbal Fictions?‹ Kritische Überlegungen und narratologische Alternativen zu Hayden Whites Einebnung des Gegensatzes zwischen Historiographie und Literatur,« *Literaturwissenschaftliches Jahrbuch* 40 (1999), S. 351–380, hier: S. 356–363, sowie Paul Ricœur: *Zeit und Erzählung* [1983–1985], 3 Bde., München 1988–1991, Bd. 1, S. 242–254.
32 Ricœur (Anm. 31), Bd. 1, S. 135.
33 Ricœur (Anm. 31), Bd. 1, S. 110f.
34 Ricœur (Anm. 31), Bd. 3, S. 295.

Ereignisse ihre Repräsentanzfunktion für die historische Vergangenheit verlieren und sich so dem irrealen Status der anderen Ereignisse angleichen.[35] Hiermit deutet Ricœur die oben dargestellte pragmatische Unterscheidung von historiographischem und fiktionalem Erzählen an, die im Weiteren eine Unterscheidungsmöglichkeit der Diskurse jenseits der Diskussion um den Konstruktionscharakter jedweder Erzählung bietet.

3. Formen und Funktionen historiographischen Erzählens

Aktueller Forschungsstand

In der Folge von Hayden White finden sich in den 1980er und 1990er Jahren eine Reihe von Arbeiten, die sich mit der unhintergehbaren Sprachlichkeit von Geschichtsschreibung sowie deren ästhetischen, rhetorischen und poetischen Verfahren beschäftigen. In all diesen Arbeiten wird das Verhältnis von Geschichtsschreibung und Fiktion bzw. Literatur hinterfragt. Zu nennen sind vorwiegend für die Historiographie des 18. Jahrhunderts Gossman[36] und Gearhart,[37] für das 19. Jahrhundert neben Hayden White Süssmann[38] und Rigney[39] sowie für das 20. Jahrhundert Carrard[40] und Berkhofer.[41]

Die narratologische Terminologie für fiktionales Erzählen wurde insbesondere von Gérard Genette[42] und Dorrit Cohn[43] in den frühen 1990er Jahren auf historiographisches Erzählen angewandt. Jüngst hat Alun Munslow eine Einfüh-

---

35 Ricœur (Anm. 31), Bd. 3, S. 204.
36 Lionel Gossman: *Between History and Literature*, Cambridge Mass./London 1990.
37 Suzanne Gearhart: *The Open Boundary of History and Fiction. A Critical Approach to the French Enlightenment*, Princeton 1984.
38 Johannes Süssmann: *Geschichtsschreibung oder Roman? Zur Konstitutionslogik von Geschichtserzählungen zwischen Schiller und Ranke (1780–1824)*, Stuttgart 2000.
39 Ann Rigney: *The Rhetoric of Historical Representation. Three Narrative Histories of the French Revolution*, Cambridge u.a. 1990; Dies.: *Imperfect Histories. The Elusive Past and the Legacy of Romantic Historicism*, Ithaca/London 2001.
40 Philippe Carrard: *Poetics of the New History. French Historical Discourse from Braudel to Chartier*, Baltimore/London 1992.
41 Robert F. Berkhofer Jr.: *Beyond the Great Story. History as Text and Discourse*, Cambridge Mass./London 1995.
42 Gérard Genette: »Fictional Narrative, Factual Narrative«, *Poetics Today* 11 (1990), S. 755–774.
43 Dorrit Cohn: *The Distinction of Fiction*, Baltimore/London 1999, insbesondere S. 109–131. Hier stellt Cohn eine überarbeitete Version eines Aufsatzes aus dem Jahr 1990 vor: Dorrit Cohn: »Signposts of Fictionality«, *Poetics Today* 11 (1990), S. 775–804. In der *Routledge Encyclopedia of Narrative Theory* (2005) gibt es entsprechend nicht nur einen Eintrag ›Historiographic Narratology‹, sondern der Artikel krönt Dorrit Cohn auch zur Gründungsmutter einer eigenen Disziplin (Amy J. Elias: »Historiographic Narratology«, in: David Herman/Manfred Jahn/Marie-Laure Ryan (Hg.): *Routledge Encyclopedia of Narrative Theory*, London/New York 2005, S. 216f., hier: S. 216). Allerdings gibt der Artikel keine Beispiele für Arbeiten über Cohn hinaus und bezieht sich stattdessen ausschließlich auf die texttheoretische Diskussion um Hayden White.

rung zum Komplex Geschichte und Erzählung vorgelegt, in der versucht wird, die strukturalistischen Ansätze aus dem Blick der Historiographie auszudifferenzieren. Munslow sieht dabei drei Gattungen der Geschichtsschreibung: eine rekonstruierende, eine konstruktivistische und eine dekonstruktivistische.[44] Der dekonstruktivistische Historiker bestehe darauf, dass vergangene Ereignisse ihre Bedeutung ebenso sehr durch die historiographische Darstellung wie durch ihren Wirklichkeitsbezug gewännen; das Vergangene könne also nur in der Untersuchung seiner Erzählungen verstanden werden.[45] Während Munslow die Bedeutung der rekonstruktiven und konstruktiven Geschichtsschreibung durch seine Fokussierung auf deren extreme Ausprägungen zu kritisch darstellt, ist im deutschen Wissenschaftsdiskurs auffällig, dass das Erzählen vorwiegend für die Ebene der Geschichte (*histoire*), also bezüglich historischer Ereignishaftigkeit, sowie für die Verknüpfung historischer Ereignisse (Whites *emplotment*) von Bedeutung ist.[46] Probleme der Vermitteltheit fallen also weitaus weniger ins Gewicht.[47]

Das Potential historiographischen Erzählens

Diese Beobachtung führt in Teilen der Forschung dazu, vorwiegend Fiktionalitätskriterien – nicht Spezifika historiographischen Erzählens – bestimmen zu wollen, sowie zur Annahme, dass Geschichtsschreibung ein Fall von Erzählen mit geringer Komplexität sei.[48] Fludernik argumentiert in ihrer »Natural Narratology«, dass »wahre Erzählung« (»true narrative«) als Erzählung mit hohem Narrativitätsgrad nur als fiktionale Erzählung möglich sei.[49] Die Narrativität von akademischer Geschichtsschreibung sei im Gegensatz zum fiktionalen Erzählen sowie zur nicht-fiktionalen Alltagserzählung reduziert, weil sie als Bericht über Ereignisse Argumente und Fakten, nicht Erfahrungshaftigkeit vermitteln möchte.

---

44 Munslow (Anm. 1), S. 10–15. Ein gutes Beispiel für einen konstruktivistischen Ansatz sind die Arbeiten des Geschichtstheoretikers Jörn Rüsen, der sich vorwiegend für Erklärungsmuster historischer Sinnbildung interessiert, um das Erzählende im Rahmen einer geschichtswissenschaftlichen Historik verorten zu können, wobei Rüsen einen sehr weiten Begriff von ›narrativer Sinnbildung‹ verwendet. Rüsen unterscheidet in seiner typologischen Funktionsbeschreibung vier Typen historischen Erzählens (traditionell, exemplarisch, kritisch und genetisch), die zum Teil gemeinsam zu unterschiedlichen Zeiten mit einer unterschiedlichen Dominanzfunktion wirksam sind, siehe Jörn Rüsen: »Die vier Typen des historischen Erzählens«, in: Reinhart Koselleck/Heinrich Lutz/Jörn Rüsen (Hg.): *Formen der Geschichtsschreibung*, München 1982, S. 514–605.
45 Munslow (Anm. 1), S. 14.
46 Jörg Schönert: »Zum Status und zur fiktionalen Reichweite von Narratologie«, in: Vittoria Borsò/Christoph Kahn (Hg.). *Geschichtsdarstellung. Medien, Methoden, Strategien*, Köln/Weimar/Wien 2004, S. 131–143, hier: S. 141; Monika Fludernik: »Fiction vs. Non-Fiction. Narratological Differentiations«, in: Jörg Helbig (Hg.): *Erzählen und Erzähltheorie im 20. Jahrhundert*, Heidelberg 2001, S. 85–103.
47 Schönert (Anm. 46), S. 141.
48 Fludernik (Anm. 46), S. 93.
49 Fludernik (Anm. 46), S. 93.

»Erfahrungshaftigkeit wird über das Bewusstsein erfahren und gefiltert – sie impliziert daher eine subjektive, bewusstseinsgesteuerte Vermittlung«.[50]

Fluderniks Argument übersieht, dass Geschichtsschreibung in vielfacher Weise Erfahrung suggerieren kann, ohne dadurch fiktional zu werden. Erzählen im historiographischen Diskurs ist keineswegs ausschließlich auf der Seite von Argumenten und Fakten anzusiedeln. Fludernik erliegt einer Vereinfachung der Darstellungsmodi von Geschichtsschreibung. Ein bestimmter Typ realistischer Geschichtsschreibung kann in der Tat bis zu einem gewissen Grad als Erzählung mit einem geringeren Narrationsgrad analysiert werden. Doch gibt es zu je verschiedenen Zeiten solche Formen der Geschichtsschreibung, die auf einer Achse zwischen Wissen (im Sinne einer logischen Kette von Argumenten) und Affekt bzw. Erfahrung keineswegs größtenteils ersterem zuneigen. Dieses ist in der Betonung des schaffenden Elements von Geschichtsschreibung, der *poiesis*, das White und insbesondere Ricœur in seinem ausdifferenzierten Mimesisbegriff so deutlich vorführen, erkennbar und ist metahistoriographisch im Zusammenhang mit dem sogenannten *narrative turn* ausgiebig diskutiert worden. Der britische Kulturhistoriker Peter Burke sieht hierfür verschiedene neue Darstellungsmöglichkeiten, wie die Mikro-Erzählung, die zum Beispiel durch das Leben eines einzelnen Menschen die Geschichte einer Zeit entfaltet, oder wie eine anthropologisch geprägte Kulturanalyse, die sowohl die Bedeutung von Strukturen als auch das Erzählen und die Auslegung von Texten als Geschichten berücksichtigt.[51] Auch bei Burke steht die kognitive Funktion von Geschichtsschreibung im Rahmen historischen Erzählens im Vordergrund; sie kann aber durch politische, ästhetische und metareflexive Funktionen ergänzt werden. Jüngste Arbeiten zum Erzählen im historiographischen Diskurs – oft anhand von Grenzfällen zwischen Geschichtsschreibung und Fiktion – haben für verschiedene Darstellungstechniken und historiographische Aufgaben gezeigt, dass Geschichtsschreibung eine eigene Narrativität entfalten kann. Zu nennen wären hier vor allem Rüth,[52] Jaeger,[53] Pihlainen,[54] Doležel[55] und Phillips.[56] Grundlage dieser Ansätze ist die Einsicht in den Konstruktcharakter von Geschichte, die es ermöglicht zu zeigen, dass Geschichtsschreibung nicht einfach historische, also textexterne Wirklichkeiten, nachahmt, sondern historiographische Texte auch Strukturen konstruie-

---

50 Monika Fludernik: *Einführung in die Erzähltheorie*, Darmstadt 2006, S. 122.
51 Peter Burke: »History of Events and the Revival of Narrative«, in: Ders. (Hg.): *New Perspectives on Historical Writing* [1991], University Park (PA) 2001, S. 283–300, hier: S. 292–296.
52 Rüth (Anm. 7).
53 Jaeger (Anm. 17); Stephan Jaeger: »Erzähltheorie und Geschichtswissenschaft«, in: Vera Nünning/Ansgar Nünning (Hg.): *Erzähltheorie transgenerisch, intermedial, interdisziplinär*, Trier 2002, S. 237–263; Ders.: »Erzählen und Lesen von *gender* in der Historiographie«, in: Sigrid Nieberle/Elisabeth Strowick (Hg.): *Narration und Geschlecht. Texte – Medien – Episteme*, Köln/Weimar/Wien 2006, S. 315–334.
54 Kalle Pihlainen: »Of Closure and Convention. Surpassing Representation Through Performance and the Referential«, *Rethinking History* 6 (2002), S. 179–200.
55 Doležel (Anm. 31).
56 Mark Salber Phillips: »Distance and Historical Representation«, *History Workshop Journal* 57 (2004), S. 123–141.

ren und Texteffekte inszenieren können, also Geschichte als Konstrukt wiederentstehen lassen. Diese poietische Komponente von Geschichtsschreibung durchbricht die traditionelle Unterscheidung von erzählenden und mimetischen Texten[57] und erweitert die traditionelle Unterscheidung zwischen historisch und fiktiv zu einem triadischen Schema von Historie, Text und Fiktion. Der niederländische Geschichtstheoretiker Franklin R. Ankersmit spricht in diesem Sinne davon, dass die Erfahrung des Vergangenen (»historical experience«) zugleich »the *discovery* and a *recovery* of the past« sei.[58] Nur wenn Geschichtsschreibung dieses textuelle und erschaffende Moment zugestanden wird, lassen sich tatsächlich ihre erzählerischen Möglichkeiten bestimmen. Die Instrumentarien der für fiktionale Texte entwickelten Narratologie sind hierfür grundsätzlich hinreichend, wenn sie auch dem spezifischen historiographischen Kontext und dem pragmatischen Wirklichkeitsanspruch historiographischen Erzählens angepasst werden müssen.

Dass Geschichtsschreibung erzählt, ist heutzutage unumstritten.[59] Dass es auch für die Disziplin der Geschichtswissenschaft hilfreich sein kann, sich mit ihren erzählerischen Möglichkeiten auseinanderzusetzen, gilt inzwischen als ebenso akzeptiert.[60] Dabei kann sich dieser erzähltheoretische Zugriff auf zwei Ebenen abspielen: einmal im Hinblick auf die Quellen, die der Historiker nun in ihrer Textualität ernst nimmt, andererseits im Hinblick auf das eigene historiographische Erzählen.

3.1 Narrative Quellen der Geschichtsschreibung (Gegenstandsebene)

Historisches Ereignis

Historiker nutzen Narratologie oft zur Gegenstandsbeobachtung, also um ›narrative Quellen‹ besser verstehen zu können.[61] Entsprechend spielt gerade das historische Ereignis in der jüngeren Diskussion eine besondere Rolle.[62] Historische Ereignisse sind Begebenheiten, die eine geschichtliche Veränderung herbeiführen. Sie wirken dabei sinnbildend an der Entstehung einer Geschichte mit, die nur durch Erzählung ausgedrückt werden kann.[63] Wie oben gesehen, werden histori-

---

57 Siehe hierzu noch Wolf Schmid: *Elemente der Narratologie*, Berlin/New York 2005, S. 19, mit Bezug auf Seymour Chatman: *Story and Discourse. Narrative Structure in Fiction and Film*, Ithaca/London 1980.
58 Franklin Rudolf Ankersmit: *Sublime Historical Experience*, Stanford 2005, S. 9.
59 Vgl. Alun Munslow: »Narrative«, in: Ders.: *The Routledge Companion to Historical Studies*, London/New York 2000, S. 169–174, hier: S. 170.
60 Siehe z.B. Schönert (Anm. 46), S. 140–143.
61 Schönert (Anm. 46), S. 141.
62 Schönert (Anm. 46), S. 141; Andreas Suter/Manfred Hettlich (Hg.): *Struktur und Ereignis*, Göttingen 2001; Lucian Hölscher: »Ereignis«, *Lexikon Geschichtswissenschaft. Hundert Grundbegriffe*, hg. v. Stefan Jordan, Stuttgart 2002, S. 72–74; siehe auch Reinhart Koselleck/Wolf-Dieter Stempel (Hg.): *Ereignis und Erzählung*, München 1973.
63 Hölscher (Anm. 62), S. 72.

sche Ereignisse nur bedeutsam, wenn sie in einen größeren narrativen Zusammenhang eingebunden werden (*emplotment*).

Erzählen im historiographischen Diskurs ist das Vehikel für die Schaffung und Repräsentation historischen Wissens und historischer Erklärungen.[64] Die Erzählung gilt als kognitives Verbindungsglied zwischen dem Inhalt der Geschichte, also der historischen Welt, und der Form der Geschichte, also dem Schreiben über Geschichte in einem historiographischen Text.[65] In der Geschichtsschreibung liegt dann eine Erzählung vor, wenn historische Fakten, Ereignisse und Situationen in einer Zeitsequenz aufeinander bezogen werden. Munslow charakterisiert die historische Erzählung als »cognitive link between form and content«.[66] Dies zeigt, dass die Erzählung in der heutigen akademischen Geschichtswissenschaft in der Regel als eine Erklärung der Ursachen und Wirkungen von Fakten angesehen wird.[67] Die Bestimmung historischer Handlung bzw. eines historischen Ereignisses, das in der Sequenz mit anderen Ereignissen die Handlung erzeugt, unterscheidet sich von fiktionaler Handlung bzw. einem fiktionalen Ereignis grundlegend durch das bereits eingangs erläuterte Referentialitätskriterium. Dorrit Cohn kommt daher zu dem Schluss, dass das fiktionale *story-discourse-model* für Geschichtsschreibung zu einem triadischen Modell von *reference*, *story* und *discourse* erweitert werden müsse.[68]

Mögliche Welten

Den bereits eingangs erläuterten Wirklichkeitsbezug historiographischen Erzählens nutzt Lubomír Doležel, um durch die Theorie möglicher bzw. alternativer Welten (*possible worlds*) zur aktuellen Welt die Unterscheidung zwischen fiktionalen und historischen Welten zu präzisieren, wobei er diese als semantische und pragmatische Oppositionen begreift.[69] Er definiert diese Unterscheidung im Sinne der Differenz von wirklicher und fiktionaler Welt:

> Historical discourse has to be truth-functional in order to construct possible worlds that serve as *models* of the past. While fictional poiesis constructs a possible world that did not exist prior to the act of writing, historical noesis uses writing to construct models of the past that exist (existed) prior to the act of writing.[70]

Doležel kann so der postmodernen Herausforderung begegnen, wonach Geschichtsschreibung historische Welten immer konstruiert, und dennoch einen pragmatischen Wahrheitsanspruch für Geschichtsschreibung postulieren, der in fiktionalen Texten nicht gegeben sei. Er konzentriert sich dabei besonders auf die

---

64 Munslow (Anm. 59), S. 169.
65 Munslow (Anm. 59), S. 170.
66 Munslow (Anm. 59), S. 170.
67 Vgl. Peter Munz: »The Historical Narrative«, in: Michael Bentley (Hg.): *Companion to Historiography*, London/New York 1997, S. 851–872, hier: S. 858.
68 Cohn: *Distinction* (Anm. 43), S. 112.
69 Doležel (Anm. 31), S. 256–258.
70 Doležel (Anm. 31), S. 262.

Grenzfälle historischer Fiktion: auf kontrafaktische bzw. virtuelle Geschichte[71] sowie auf faktuale Erzählungen.

Die Besonderheit historiographischen oder allgemein faktualen Erzählens wird am Beispiel des Leerstellenbegriffs besonders deutlich. Historische sind, so Doležel, von fiktionalen Leerstellen dadurch zu unterscheiden, dass erstere epistemologisch, letztere ontologisch sind.[72] Es können jederzeit neue Details vom Historiker entdeckt werden, die erklären, warum Friedrich II. die Schlacht bei Leuthen im Siebenjährigen Krieg gewinnen konnte. Epistemologische Urteile sind durch die Entdeckung neuer Quellen oder durch die Neubewertung von Quellen veränderbar. Ein Historiker kann nie die gesamte Geschichte kennen bzw. darstellen. Fiktionale Leerstellen sind hingegen ontologisch, weil kein Referent außerhalb der fiktionalen Welt existiert. Die Frage, ob Goethes literarische Figur Faust eine Narbe hinter dem Ohr hat, muss für immer ungeklärt bleiben, weil der Text nichts darüber aussagt und keine Quellen gefunden werden können, die eine Antwort geben könnten.

Performative Turn

Die Beschäftigung mit der Gegenstandsebene historiographischen Erzählens ist jüngst dadurch erweitert worden, dass auch der sogenannte *performative turn* Einzug in die Geschichtswissenschaften gehalten hat: Auf der Ebene der *histoire* werden nicht mehr nur Fakten oder Ereignisse untersucht, sondern auch Aufführungen wie Rituale oder Feste und auch Identitäten, Gender oder Emotionen.[73] Zum Beispiel geht es der amerikanischen Kulturhistorikerin Karen Halttunen in ihrem Buch *Murder Most Foul. The Killer and the American Gothic Imagination* weniger darum, historische Fakten über Morde in der amerikanischen Geschichte zu präsentieren, sondern vielmehr um die historische Wahrnehmung der Gesellschaft, also um die Verarbeitung von historischen Ereignissen durch eine kollektive Öffentlichkeit.[74] So verändert sich etwa die Vorstellung von Geschlecht durch menschliche Sprechakte und Wahrnehmungen. Halttunens Beispiele für sich verändernde Pratiken in diesem Kontext sind insbesondere Gerichtsverhandlungen, Ermittlungsarbeiten von Detektiven oder der Polizei sowie Zeitungen und ihre Rezeption. Andere Geschichtsaufführungen sind jede Form von öffentlichem Schauspiel wie Predigt, Theater oder politische Rede. In all diesen Fällen werden die Relationen und Differenzen zwischen Geschlechtern im Mo-

---

71 Zum Begriff der kontrafaktischen bzw. virtuellen Geschichte siehe Anm. 6.
72 Doležel (Anm. 31), S. 258f.
73 Peter Burke: »Performing History. The Importance of Occasions«, *Rethinking History* 9 (2005), S. 35–52; Jürgen Martschukat/Steffen Patzold: »Geschichtswissenschaft und ›performative turn‹. Eine Einführung in Fragestellungen, Konzepte und Literatur«, in: Dies. (Hg.): *Geschichtswissenschaft und ›Performative Turn‹ vom Mittelalter bis zur Neuzeit*, Köln/Weimar/Wien 2003, S. 1–31.
74 Karen Halttunen: *Murder Most Foul. The Killer and the American Gothic Imagination*, Cambridge Mass./London 1998.

ment der Sprech- bzw. Leseakte verändert.⁷⁵ Der Fokus auf das Performative bewirkt eine Verschiebung von einem verstärkt die Wirklichkeit nachahmenden zu einem verstärkt die Wirklichkeit schaffenden bzw. refigurierenden Geschichtsmodell.⁷⁶

3.2 Selbstreflexion historiographischen Erzählens (Diskursebene)

Stimme und Erzähler

Während Historiker – wie im vorherigen Abschnitt gesehen – sich besonders für die Gegenstandsebene der Erzählung interessieren, hat Hayden White durch seinen Begriff des *emplotment* gerade die Forschung zum Diskurs historiographischen Erzählens angeregt. Auf der Ebene des Diskurses der Geschichtsschreibung ist zuerst einmal die Bedeutung der Kategorie der Stimme zu untersuchen. Werden grundlegende Unterscheidungskriterien von fiktionalem und faktualem Erzählen angeführt, spielen sich diese zumeist auf der Ebene der Stimme ab.⁷⁷ Damit konzentriert sich die Diskussion besonders auf das Verhältnis zwischen Autor und Erzähler. Gérard Genette entwickelte hierzu ein logisches Schema: Ausgehend von den drei Erzählinstanzen Autor (A), Erzähler (E) und Figur (F) lassen sich durch logische Relationen die Grundfiguren von Redeweisen bestimmen.⁷⁸ Die historische Erzählung ist durch die Gleichung A = E ≠ F + (A ≠ F) gekennzeichnet. Die Identität von Autor und Erzähler erweist sich für die strukturale Erzählanalyse als grundlegendes Merkmal der historischen Erzählung.⁷⁹ Durch die Nicht-Identität von Autor und Figur unterscheidet sie sich von der Autobiographie. Offensichtlich ist diese Grundunterscheidung fiktionalen und faktualen Erzählens in den meisten historiographischen Texten gültig, auch wenn es experimentelle historiographische Texte gibt, in denen die Stimme des Autor-Erzählers so weit reduziert ist, dass vorwiegend die Stimmen aus den Quellen selbst sprechen. Doch würde die Unterscheidung Erzähler/Autor vollständig aufgehoben, handelte es sich um historiographische Fiktion; der Diskurs der Geschichtswissenschaft wäre verlassen worden.

Genettes logisches Schema findet in Carrards Arbeit zur Poetik der französischen *New History* und *Annales* seine Anwendung. Zur Stimme untersucht Carrard insbesondere, wie die Personalpronomen ›ich‹ und ›wir‹ in der in ihrer Programmatik so stark auf Objektivität setzenden *New History* eingesetzt werden.⁸⁰ Carrard zeigt zum Beispiel, dass, je bekannter und institutionell abgesicherter der

---

75 Vgl. hierzu im Detail Jaeger: »Erzählen und Lesen« (Anm. 53), S. 322–326.
76 Vgl. Pihlainen (Anm. 54).
77 Vgl. hierzu Roland Barthes: »Historie und ihr Diskurs« [1967], *Alternative* 11 (1968), S. 171–180, hier: S. 174f.; Cohn: *Distinction* (Anm. 43), S. 129–131 sowie Nünning (Anm. 31), S. 372f.
78 Genette (Anm. 42), S. 766.
79 Die Begriffe ›faktuales Erzählen‹ und ›historische Erzählung‹ werden bei Genette (Anm. 42) ohne weitere Erklärung als Synonyme verwandt.
80 Carrard (Anm. 40), S. 86–103.

Autor ist, desto stärker die eigene Stimme im Text betont wird. Die Stimme des Geschichtserzählers ist also nicht von der Erzählsituation im Text, sondern auch vom institutionellen Kontext abhängig.

Bezeichnend für die moderne Geschichtsschreibung ist nach dem Positivismus des frühen 20. Jahrhunderts die, folgt man Rüth, mit den ›Annales‹ beginnende Abkehr von einer Rhetorik der Allwissenheit, welche sich erzähltechnisch insbesondere im ›covert narrator‹ – also einem verborgenen Erzähler – manifestierte.[81] Ziel der ›Annales‹-Schule sei demgegenüber Transparenz, die nach Rüth vor allem durch den Einsatz eines ›overt narrator‹ gewährleistet werde – der Historiker zeige offen, wie er zu seinen Erkenntnissen gelangt sei. Hier nimmt Rüth den von Carlo Ginzburg[82] eingeführten Vergleich der Arbeit des Historikers mit der des Detektivs auf: Der Historiker bringt danach sein Arbeiten als zweite selbstreflexive Geschichte zusätzlich zum dargestellten historischen Geschehen in die Geschichtsschreibung mit ein,[83] was zur »narrativen Verdoppelung der Historiographie« führe.[84] Diese Selbstreflexion könne weiter zugespitzt werden, wenn der Autor sich selbst in den Textraum einbringt[85] oder verschiedene Erzählerstimmen nicht durch die Autorität der Erzählerstimme bewertet und geordnet werden.[86]

Zeit und Fokalisierung

Eine der frühesten und grundlegendsten Studien zur Analyse des historischen Diskurses aus narratologischer Perspektive wurde 1967 von Roland Barthes vorgelegt,[87] der u.a. die ›Umschaltelemente‹ (»shifters« oder »embrayeurs«) untersuchte, durch die der Historiker seinen Diskurs ordnet: die Geschwindigkeit des Erzählens, die zeitliche Umstrukturierung des historischen Materials und die Einleitungsformeln, durch die der Historiker seinen Diskurs ankündigt.[88] Barthes' eher skizzenhafte Ideen für die Diskussion des *discours* wurden insbesondere von Gérard Genette systematisch erweitert. Dieser stellt fest, dass sich in fiktionaler und faktualer Erzählung Ordnung, Dauer und Frequenz ähneln bzw. diese zumindest nicht fundamental zu unterscheiden seien.[89] Hingegen sehen Narratologen traditionell im Bereich des Modus ein wesentliches Unterscheidungskriterium zwischen fiktionaler und historiographischer Erzählung. Seit Käte Hamburger

---

81 Rüth (Anm. 7), S. 35 und S. 45.
82 Carlo Ginzburg: *Spurensicherung. Über verborgene Geschichte, Kunst und soziales Gedächtnis*, Berlin 1983, S. 61–96.
83 Rüth (Anm. 7), S. 46f.
84 Rüth (Anm. 7), S. 45.
85 Zum Beispiel Robert A. Rosenstone: *Mirror in the Shrine. American Encounters with Meiji Japan*, Cambridge Mass./London 1988; siehe hier Munslow (Anm. 1), S. 45.
86 Zum Beispiel Richard Price: *Alabi's World*, Baltimore/London 1990; siehe hierzu Jaeger (Anm. 17), S. 332–335.
87 Barthes (Anm. 77).
88 Barthes (Anm. 77), S. 173f.
89 Genette (Anm. 42), S. 760f.

wird immer wieder die besondere Fähigkeit fiktionaler Texte betont, das Bewusstsein anderer Personen – die Innenwelten von Charakteren – darzustellen.[90] Die Vielfalt der Instanzen auf der textinternen Kommunikationsebene und ihre Relationierung seien größer.[91] Demgegenüber habe historiographisches Erzählen mehr Schwierigkeiten damit, das Bewusstsein historischer Personen darzustellen. Historiographisches Erzählen sei also vornehmlich auf direkte Zitate von Zeitzeugen in der ersten Person angewiesen, könne also entsprechend kein Figuren-Bewusstsein im Akt des historiographischen Erzählens erschaffen.[92] Darüber hinaus sind im Hinblick auf die Ebene der Stimme die Möglichkeit von Dialogen in fiktiven Texten,[93] die mögliche Häufung von Erzählerkommentaren[94] sowie die Möglichkeit eines unzuverlässigen Erzählers zu nennen,[95] die historiographischen Texten zumindest weniger zur Verfügung stehen.

Genette sieht sowohl die interne als auch die externe Fokalisierung als typisch oder zumindest ›natürlicher‹ für fiktionales Erzählen an (d.h. der Erzähler berichtet entweder soviel, wie eine Figur weiß oder was aus der Außensicht wahrnehmbar ist).[96] Carrard erkennt im Anschluss an Genette die Null-Fokalisation (*zero focalization*), also das Erzählen aus Sicht eines quasi-allwissenden Erzählers, als Grundmodus der professionellen Geschichtsschreibung, wiewohl das Bewusstsein bzw. die Gedanken einer historischen Person nicht dargestellt werden könnten. Die Ereignisse und Situationen würden aus einer nicht auszumachenden Perspektive »from behind the characters« dargestellt.[97] Der Historiker synthetisiere die Vielstimmigkeit der Quellen und integriere seine Schlussfolgerungen zu einem geschlossenen Gesamtbild der Geschichte.

Axel Rüth hat – am Beispiel von Texten der *Annales*-Geschichtsschreibung – in Auseinandersetzung mit Carrard vorgeführt, dass interne und externe Fokalisierungen in der Geschichtsschreibung durchaus eine wichtige Funktion erfüllen können. Rüth weist nach, dass die für Geschichtsschreibung oft übliche Fokalisierung auf Kollektiva interne Fokalisierung – der Historiker schaut in die Köpfe von Schlachtteilnehmern – ermöglicht. Dieser Bewusstseinseinblick ist allerdings immer als etwas Sekundäres und Konstruiertes markiert.[98] Auch externe Fokalisierungen können als Konstrukt geschaffen werden, was Rüth an Emmanuel Le Roys Laduries *Les paysans de Languedoc* (1966) zeigt, als Beispiel für einen – aus genau nachgewiesenen Quellen – imaginierten Gang durch Hauseinrichtungen verschiedener historischer Personen.[99] Die historische Welt entsteht – wie durch den Blick der Kamera vermittelt – vor den Augen des Lesers.

---

90 Vgl. hierzu Fludernik (Anm. 46), S. 93f., Cohn: *Distinction* (Anm. 43), S. 119, und Nünning (Anm. 31), S. 375.
91 Nünning (Anm. 31), S. 373.
92 Zur notwendigen Einschränkung dieser These siehe unten.
93 Nünning (Anm. 31), S. 373.
94 Nünning (Anm. 31), S. 374.
95 Fludernik (Anm. 46), S. 97–100; Nünning (Anm. 31), S. 375.
96 Genette (Anm. 42), S. 762.
97 Carrard (Anm. 40), S. 104f.
98 Rüth (Anm. 7), S. 81f.
99 Rüth (Anm. 7), S. 110.

Historische Distanz

Die Variation der Distanz zwischen Erzählung und Erzähltem ist eine wichtige Technik der Geschichtsschreibung. Mark Salber Phillips meint im Hinblick auf die Bedeutung der zeitlichen Distanz in historischer Darstellung: »chronological distance is just the beginning, since the effective distance can be diminished or augmented in ways that can fundamentally change our sense of what history represents«.[100] Geschichtsschreibung kann die Distanz zwischen Diskurs und historischem Geschehen variieren. Phillips sieht vier grundsätzliche Dimensionen, die historische Distanz beeinflussen. Die erste Dimension ist die Form bzw. Gattung: Geschichtsschreibung wählt andere Distanzierungstechniken und Distanzierungsvariationen als ein historischer Spielfilm. Darüber hinaus nennt Phillips die Dimensionen des Affektes, der Ideologie (der politischen oder moralischen Anteilnahme) und der Kognition bzw. der analytischen Methode.[101] Betrachtet man das Erzählen im historiographischen Diskurs in seiner idealen Form als realistische Erzählung, scheint Distanzierung keine wesentliche Rolle zu spielen. Ideologie und Affekt sind in der wissenschaftlichen Darstellung nicht vorgesehen, und die Distanz aus der Retrospektive ist für die historische Analyse gleichbleibend. Sobald der Historiker jedoch Geschichte flexibel zwischen Mikrogeschichte und *longue durée* verortet, wird die Distanz auf verschiedenen Ebenen variabel.[102] So ist es etwa möglich, den Zweiten Weltkrieg historiographisch aus der Vogelperspektive in seinen politischen und militärischen Abläufen zu zeigen. Der Historiker kann aber auch im Rahmen seiner Diskursregeln den Effekt des Krieges auf bestimmte Bevölkerungsgruppen einer Kriegspartei oder auf den einzelnen Soldaten darstellen und die Distanz zwischen Geschehen und Erzählen durch das Einbeziehen von Augenzeugenberichten verändern.[103]

Multiperspektivisches Erzählen

Multiperspektivisches Erzählen in der Geschichtsschreibung ist als Sonderfall der Überlegungen zu Perspektive, Fokalisierung und Stimme zu betrachten.[104] Anders als die Literatur verzichtet die Geschichtswissenschaft in der Regel auf derartige Erzählverfahren zugunsten einer integrierenden und synthetisierenden Per-

---

100 Phillips (Anm. 56), S. 124.
101 Phillips (Anm. 56), S. 126–128.
102 Distanzierung spielt zu jeder Zeit eine Rolle im historiographischen Erzählen, wie Phillips zum Beispiel für die britische Geschichtsschreibung des 18. Jahrhunderts an Texten von Hume und Robertson zeigt: »The combination of representational immediacy and explanatory abstraction helped to set the rhythms of the most ambitious narratives of the day« (Phillips (Anm. 58), S. 131).
103 Vgl. auch das Fallbeispiel zum Bombenkrieg in Abschnitt 4 unten.
104 Vgl. Jaeger (Anm. 17) zum Begriff und den Anwendungsmöglichkeiten multiperspektivischen Erzählens in der Geschichtsschreibung. Zu Robert F. Berkhofers teilweise problematischen metahistoriographischen Überlegungen zur Repräsentation von multiplen Perspektiven und Stimmen in der modernen Geschichtsschreibung siehe Berkhofer (Anm. 41), S. 170–201.

spektive, in der die Vielstimmigkeit der Geschichte reduziert wird. Kommt es dennoch zu multiperspektivischem Erzählen, so ist dieses oft eine Reaktion auf die Repräsentationsprobleme des Historikers. Der Historiker erzeugt dann textuelle Leerstellen: Er bringt unterschiedliche Geschichten über dasselbe historische Ereignis in Spannung zueinander, ohne daraus notwendigerweise ein in sich geschlossenes Bild zu konstruieren. Hier liegt die konkrete Überschreitung begründet, mit der gezeigt werden kann, dass Erzählen im historiographischen Diskurs keineswegs einen geringen Narrativitätsgrad haben muss. Es erschafft eine eigene textuelle Welt, die weder ausschließlich ontologisch (fiktional) noch rein epistemologisch (historisch) begründet werden kann. Diese textuelle Dimension demonstriert zum Beispiel Axel Rüth, indem er Georges Dubys *Le dimanche de Bouvines* (1973) als eine Ereignisgeschichte liest, die sich dem Muster traditionellen historischen Erzählens widersetzt, und statt von einem historischen Ereignis zu erzählen bzw. dieses zu rekonstruieren, ein collageartiges Netz von Erzählungen um dieses Ereignis schafft.[105]

4. Exemplarische Einzelanalyse: Jörg Friedrichs *Der Brand*

Als Ausgangspunkt einer etwas ausführlicheren Einzelanalyse soll eine komplexere Form der Geschichtserzählung dienen, die die zu ihrer Zeit aufgestellten Erwartungen überschreitet und jenseits der von zum Beispiel White und Fludernik betonten realistischen Erzählparadigmen die Möglichkeiten und Eigenständigkeiten historiographischen Erzählens aufzeigen kann. In Jörg Friedrichs *Der Brand. Deutschland im Bombenkrieg 1940–1945*[106] steht der historiographische Wahrheitsanspruch nicht in Frage (der Text markiert klar seine Beziehungen auf außertextuelle Wirklichkeit), sodass der Leser den Text referentiell liest und die Aussagen als wahr überprüfen kann. Während Autor bzw. Historiker und Erzähler sich strukturell entsprechen und der Erzähler ein *covert narrator* ist, der im Text nicht selbst-reflexiv in Erscheinung tritt, durchbricht Friedrich viele andere Erwartungen an die Geschichtsschreibung. *Der Brand* ist in sieben Kapitel unterteilt: »Waffe«, »Strategie«, »Land«, »Schutz«, »Wir«, »Ich« und »Stein«. Diese Kapitel – in sich vorwiegend chronologisch organisiert – wirken wie konzentrische Kreise: Stets wird ein neues Thema des Bombenkrieges aus einer anderen Perspektive vorgestellt. Das klassische Organisationsmodell historiographischen Erzählens mit Anfang, Mitte und Ende ist entsprechend auf der Ebene des Gesamttextes völlig aufgegeben. Die erzählte Zeit des Bombenkrieges umfasst fünf Jahre und ist damit zeitlich eindeutig markiert, aber der Text variiert die Erzählzeit einzelner Ereignisse. Aufgrund dieser ständigen Variationen von Zeit und Perspektive ist es auch wenig ergiebig, Friedrichs Text mithilfe von Hayden Whites zu statischen Plotstrukturen erklären zu wollen.

---

105 Rüth (Anm. 7), S. 68.
106 Jörg Friedrich: *Der Brand. Deutschland im Bombenkrieg 1940–1945*, München 2002.

In der Vielzahl der Perspektiven ist Friedrichs Geschichtserzählung ein Beispiel für multiperspektivisches Erzählen in einer geschlossenen Perspektivenstruktur:[107] Das heißt, dass der Text viele, aber keine widersprüchlichen Perspektiven produziert und der Historiker ohne Schwierigkeiten alle für die Erzählung notwendigen historischen Fakten erschließen kann. Die Wahrheit historischer Ereignisse steht nicht in Frage. Friedrich ist sich zugleich jedoch bewusst, dass sich der Bombenkrieg nicht ausschließlich durch Fakten und logische Schlussfolgerungen darstellen lässt. Zur faktischen, auf historische Argumente ausgerichteten Seite kommt die affektive Seite der historischen Erfahrung hinzu. Wahrnehmung und Erfahrung des Einzelnen und des Kollektivs sind hierfür grundlegend. Dies zeigt sich zum einen in der Vielfalt der Darstellungsmodi, insbesondere in den unterschiedlichen Perspektiven und Fokalisierungen, und wird bereits in den ersten Worten des Buches deutlich:

> In dem Bombenvisier einer viermotorigen ›Lancaster‹ ist eine Stadt wie Wuppertal aus sechstausend Meter Höhe nicht sichtbar. Die Bewohner haben sie abgedunkelt, ein Dunstschleier hüllt die Talmulde ein. Der Pilot überquert den langgestreckten Ort in einer Minute, die Vororte kümmern ihn wenig. Sein engeres Ziel lässt ihm zehn Sekunden Zeit zum Abwurf.[108]

Der Leser befindet sich also *medias in res* mitten im Bombenkrieg. Der Text berichtet zu Beginn aus der Perspektive der Bomberbesatzung einer englischen Lancaster. Zuerst wird deren Perspektive und Wissen simuliert, dann werden sogar die Gedanken oder das Unterbewusstsein des Piloten, der sich ganz auf den entscheidenden Augenblick des Angriffes konzentriert, geschildert. Der zweite Absatz des Textes ist nullfokalisiert und kombiniert Wissenselemente, die nur der Historiker nachträglich rekonstruiert und zusammengefügt haben kann. Der Leser erfährt, dass der Erzähler hier einen Bombenangriff auf Wuppertal im Mai 1943 nacherzählt, der Wuppertal-Barmen fast völlig vernichtet hat. Die genauen Zeitangaben dieser Absätze lassen keinen Zweifel daran, dass hier auf die historische Wirklichkeit des Zweiten Weltkriegs referiert wird. Der Leser kann also überprüfen, ob es eine solche Zerstörung Wuppertal-Barmens gegeben hat. Doch Friedrich verwendet auch Erzählmittel, die in der traditionellen Fakt-Fiktionsunterscheidung eigentlich nicht vorgesehen sind, und es zeigt sich, dass Geschichtsschreibung extern fokalisieren kann. Die Erzählung fokalisiert immer wieder Szenen, die direkt vor oder während des Angriffes geschehen. Der Erzähler tritt stark zurück und es scheint fast, dass eine Kamera den Leser zu einzelnen Szenen führt – einem Feuerwehreinsatz, einer gestörten Hochzeitsfeier, zu Menschen, die in die Keller rennen oder vor den Flammen fliehend in die Wupper springen. Einzelne Schicksale wie das der Familie Rompf werden immer wieder aufgenommen, sodass fragmentarisierte Geschichten entstehen. Gleichzeitig kann der Erzähler die Distanz zum Erzählgeschehen variieren, sich distanzieren,

---

107 Vgl. zur Terminologie der geschlossenen Perspektivenstruktur Jaeger (Anm. 17), S. 327–332.
108 Friedrich (Anm. 106), S. 13.

um einen Überblick über die Zerstörung oder die Ansichten in England über den Erfolg des Angriffs zu geben.

Eine weitere avancierte Erzähltechnik ist, dass Friedrich historische Zitate zwar als Zitate markiert, sie aber zunehmend ihrem eigentlichen Sprecher entzieht. Zitate werden nur sporadisch im Anmerkungsapparat nachgewiesen und in der Regel so, dass es unklar bleibt, von wem das Zitat eigentlich stammt. Während des Wuppertalangriffes sind die meisten als Zitate markierten Sätze noch einzelnen Personen, auf die sich der ›Kamerablick‹ konzentriert, zuzuordnen. Dies ändert sich im Verlauf der Geschichte, insbesondere in den Kapiteln »Ich« und »Wir«. Die Zitate werden mit Schlussfolgerungen des Historikers in einen durchlaufenden Text verschmolzen, sodass neue kollektive oder allgemeingültigere Perspektiven erzeugt werden.[109] Im Kapitel »Ich« konstruiert Friedrich die Erfahrung des Bombenkrieges für den Einzelnen. Namen konkreter Personen werden kaum noch genannt. Jeder scheint den Bombenkrieg individuell für sich so zu empfinden: »Der Schlaf ist hin; die Nacht im Bett vergeht mit Lauschen auf Geräusche.«[110] Der Text fokalisiert die Gedanken eines Individuums; es handelt sich also um eine sekundäre, simulierte interne Fokalisierung. Ähnlich wird auch die Zeiterfahrung im Bombenkrieg als Raffung der Realzeit und als Verlust jeglichen Zeitgefühls im Rhythmus des Bombenkrieges simuliert.[111] Friedrich schafft eine Erzählung, die auf zweierlei Ebenen funktioniert: Einerseits erzählt und berichtet der Erzähler historisches Wissen, Fakten und Ereignisse. Andererseits macht er genau das, was nach Monika Fludernik ausschließlich fiktionalem Erzählen vorbehalten ist: Er kreiert historische Erfahrung wie die Simulation der Zeiterfahrung des Einzelnen.

Friedrichs Kapitel »Wir« simuliert hingegen die Wahrnehmung der Zivilbevölkerung als Kollektiv. Friedrich konstruiert hier eine kollektive Perspektive, die der Historiker beherrscht. Der Historiker weiß genau, wie sich die Zivilgesellschaft fühlt: »Die Zivilgesellschaft weiß, dass sie Ziel ist und sich dem gegnerischen Willen beugen soll.«[112] Insbesondere versucht Friedrich die Verschmelzung von öffentlicher Meinung und Stimmung, Propaganda und Gerüchten nachzuzeichnen. Die Zivilbevölkerung wird zunehmend stärker von den Bombenangriffen beeinträchtigt und die Stimmung beginnt im Sommer 1943 in Pessimismus umzuschlagen.[113] Es ist nicht mehr deutlich, was nur Gerücht oder Propaganda ist und was historische Wirklichkeit. Wahrnehmung und historische Realität verschmelzen, wie sie das in der Wahrnehmung des Bombenkrieges getan haben. Ein weiteres Beispiel kann dies noch deutlicher veranschaulichen:

---

109 Das übliche Verfahren in der Geschichtsschreibung, die viele Augenzeugen selbst zu Wort kommen lassen will, ist, sie in der ersten Person aus Briefen, Interviews, Tagebüchern etc. zu zitieren.
110 Friedrich (Anm. 106), S. 494.
111 Friedrich (Anm. 106), S. 499.
112 Friedrich (Anm. 106), S. 465.
113 Friedrich (Anm. 106), S. 477–479.

> Die Haßgefühle rollen über das gesamte Volk. ›Fast einstimmig wird von allen Volksgenossen gefordert, dass nunmehr das englische Volk ausgerottet werden muß. Die Rache kann für England gar nicht hart genug ausfallen.‹ Das Begehr macht auch vor der Christenpflicht nicht halt. Religionsanhänger stoßen alttestamentarische Flüche aus. ›Die ganze Brut gehört mit Stumpf und Stiel ausgerottet.‹ Die Gasfurcht kehrt sich ins Archiv, Göring will den Fliegerterror mit Gas beantworten. Man ersehnt die Vergeltung oder fällt in Verzweiflung, ein Zwischending gibt es nicht, nur einen Übergang. ›Wenn wir zurückschlagen könnten, hätten wir das schon lange getan, ehe der Kölner Dom kaputtging, aber wir können nicht.‹[114]

Das gesamte Volk wird zum Subjekt der im Weiteren dargestellten Gefühle. Dessen Hassgefühle gegenüber den Engländern werden durch ein unbelegtes Zitat bestätigt und dann durch das Heranziehen des Alten Testaments intensiviert. Das Zitat aus dem Alten Testament wird im spärlichen Anmerkungsteil mit einer genauen Angabe auf ein Nationalsozialismus-Dokument im Bundesarchiv belegt,[115] doch auch dadurch wird nicht geklärt, von wem der biblische Fluch geäußert wird – von der NS-Propaganda, von einer unabhängigen Zeitung oder einem Korrespondenten, der über die Gefühle der deutschen Zivilbevölkerung spricht, oder von einer einzelnen Person, die den Bombenkrieg erleidet.

Friedrich synthetisiert alle Stimmen in einer kollektiven Stimme. Das erste unbelegte Zitat scheint von der NS-Propaganda zu kommen. Zumindest dürfte es unmöglich sein, die Hassgefühle der gesamten Gesellschaft analytisch nachzuweisen, zumal Friedrich selbst immer wieder zeigt, wie die Zivilbevölkerung die NS-Machthaber in Berlin verantwortlich macht.[116] Friedrichs Text vollzieht die Wahrnehmung der Zivilbevölkerung ein zweites Mal. Das erste Zitat wird von der Öffentlichkeit wahrgenommen. Dieses historiographische Konstrukt verstärkt den Hass und das Gefühl der Rache, das im Bibelzitat gipfelt. Dann führt der Text Göring als Subjekt der möglichen Rache ein, was zeigt, wie das NS-Regime diese Rachegefühle schürte, bevor der Text in die Desillusion der Menschen umschlägt, die der Nazi-Propaganda keinen Glauben mehr schenken. Friedrichs Text bietet keine historische Erklärung für diesen Umschlag von Hass zur Resignation und Kritik am NS-Regime. Der Erzähler greift nicht in den Text ein, wodurch Geschichtserzählung plötzlich vorwiegend Präsentation statt Imitation wird. Die historische Veränderung geschieht als inszeniertes Textkonstrukt. Auf der textuellen Ebene werden mögliche Wahrnehmungsbewegungen der Zivilbevölkerung vollzogen.

Es zeigt sich, dass die dualistische Unterscheidung von Historie und Fiktion die Besonderheit von Friedrichs Text nicht erklären kann. Es ist ohne Zweifel Geschichte, aber Geschichte wird nicht im weitesten Sinne nachgeahmt oder referiert, sondern als Konstrukt – als Geschichtswahrnehmung – re-inszeniert, also neu erschrieben. Entsprechend erweitert sich die dualistische Unterscheidung Fakt/Fiktion zu dem oben erläuterten triadischen Schema Historie/Text/Fiktion. Die Leitdifferenz ›wirkliche Welt/fiktionale Welt‹ genügt, um fiktionales

---

114 Friedrich (Anm. 106), S. 482f.
115 Friedrich (Anm. 106), S. 562.
116 Zum Beispiel Friedrich (Anm. 106), S. 477.

von historiographischem Erzählen zu unterscheiden. In der Kategorie des Textes bzw. der textuellen Welt kann Geschichtsschreibung aber deutlich darüber hinausgehen und eben nicht nur eine geringe Narrativität besitzen.

5. Aktuelle Probleme und Forschungsdesiderate

Zusammenfassend ist festzuhalten, dass im Vergleich zu den meisten anderen Wirklichkeitsfeldern für das historiographische Erzählen deutlich umfassendere Forschungsarbeiten vorliegen – sowohl was die theoretischen Dimensionen angeht, als auch (mit Einschränkungen) im Hinblick auf die historiographische Praxis. Andererseits fällt auf, dass im Anschluss an die Grundsatzüberlegungen von insbesondere White, Cohn und Genette systematische erzähltheoretische Analysen des Erzählens im historiographischen Diskurs eher vereinzelt bleiben. Auch das Spektrum von in den Blick genommenen historiographischen Präsentationen könnte im Hinblick auf Gattung und Medium deutlich ausgedehnt werden, sodass auch andere mediale Formen historiographischen Erzählens wie Photographien, Filme oder Ausstellungen in ihrer Narrativität untersucht werden könnten. Darüber hinaus könnte, von den Einsichten dieses Bandes ausgehend, die Unterscheidung zwischen dem historiographischen Erzählen und anderen nichtliterarischen Erzählungen systematischer diskutiert werden.

Geschichtsschreibung zeigt sich dabei immer als Wirklichkeitserzählung zweiter Ordnung.[117] Sie ist Erzählung (als historiographischer Diskurs) über Erzählungen (narrative Quellen), die wiederum von Ereignissen und menschlichen Handlungen in der Geschichte erzählen.[118] Viele in diesem Band vorgestellte Wirklichkeitserzählungen beziehen sich hingegen direkt auf Ereignisse und Handlungen in einer Wirklichkeit. Zum Beispiel verweist die Alltagserzählung auf die vom Erzähler erlebten Ereignisse und Handlungen im Alltag oder die psychotherapeutische Erzählanalyse beschäftigt sich mit den Erzählungen der Patienten. Diese Erzählungen erster Ordnung markieren für das historiographische Erzählen die Quellen. Hier ist das Erzählen also noch nicht im historiographischen Diskurs verankert, sondern entstammt anderen Wirklichkeitsdiskursen.

Es ist für die Analyse von Erzählen im historiographischen Diskurs grundlegend, von Extrempositionen abzusehen: Geschichtsschreibung rekonstruiert weder naiv die vergangene Wirklichkeit, noch hat sie dieselben Erzählmöglichkeiten wie fiktionales Erzählen. Auch unterliegt historiographisches Erzählen historischem Wandel, der in der Forschung narratologisch weiter auszudifferenzieren wäre, und ist stark vom pragmatischen Diskursfeld abhängig. Für historiographische Texte ist allerdings festzuhalten, dass das für fiktionale Texte entwickelte Analyseinstrumentarium grundsätzlich hinreichend ist, um Erzählen im historio-

---

117 Siehe hierzu auch Ricœurs Begriff der ›Mimesis II‹, der Konfiguration von Zeit (im Detail siehe zu Ricœur Abschnitt 2).
118 Siehe Abschnitt 3 dieses Kapitels zu der Unterscheidung zwischen zwei Ebenen der Geschichtserzählung. Der historiographische Diskurs macht aus den Quellen eine Erzählung zweiter Ordnung.

graphischen Diskurs zu untersuchen. Dabei kann die Grundsatzdebatte, inwiefern Historiographie und Fiktion (bzw. Literatur) zu unterscheiden sind, inzwischen als beantwortet angesehen werden. Während in der Textpragmatik in der Regel kategoriale Unterschiede ausgemacht werden können, sind diese auf der Diskursebene nicht grundlegend, sondern variieren graduell. Umso notwendiger ist es aber, diese graduellen Unterschiede auch positiv für das historiographische Erzählen zu zeigen. Die Simulation einer Kollektivperspektive ist durch das Referentialitätskriterium in der historiographischen Erzählung viel bedeutsamer als in der Literatur. Geschichtsschreibung ist narratologisch keineswegs immer die weniger komplexe Erzählvariante der Literatur. Insofern sind mehr über Einzelanalysen hinausgehende Untersuchungen von Erzählungen im historiographischen Diskurs notwendig. Damit könnten die Merkmale der erschaffenen Textwelt und ihr Zusammenspiel mit der denotierten, nur perspektivisch wahrnehmbaren Wirklichkeit genauer bestimmt werden. Zugleich sind die Erkenntnisse der frühen Narratologie weiter zu hinterfragen. Wie oben gesehen, kann Historiographie durchaus intern fokalisieren und Bewusstsein konstruieren oder simulieren. Ähnlich wäre zu fragen, ob und wie historiographisches Erzählen die Identität von Autor und Erzähler durchbrechen kann. Es wäre ohne weiteres möglich, in einem historiographischen Text verschiedene Historiker-Erzähler einzuschalten, die auf den Erzählungen realer Historiker basieren, die die Wahrnehmung eines historischen Ereignisses zu unterschiedlichen Zeiten berichten: für ein Ereignis der Französischen Revolution einen Zeitgenossen, einen Historiker um 1830, einen um 1900, einen nach dem Zweiten Weltkrieg und den aktuellen Historiker. Es ist dann dem wirklichen Historiker-Erzähler überlassen, wie offen oder geschlossen die jeweilige Perspektivenstruktur ist, also ob diese fünf Perspektiven zu einer Gesamtperspektive zusammenzufügen sind oder Widersprüche und Lücken aufweisen.

6. Kommentierte Auswahlbibliographie

Carrard, Philippe: *Poetics of the New History. French Historical Discourse from Braudel to Chartier*, Baltimore/London 1992. – Untersucht Texte der französischen *Annales* und verwandter kulturgeschichtlicher Traditionen auf ihre Makro- und insbesondere Mikrostrukturen hinsichtlich von narrativen, tropologischen, poetischen und rhetorischen Darstellungsmitteln, u.a. zu *emplotment*, Stimme und Perspektive; Fokus auf einen großen Textkorpus, weniger *close reading* einzelner Texte.

Doležel, Lubomír: »Fictional and Historical Narrative. Meeting the Postmodern Challenge«, in: David Herman (Hg.): *Narratologies. New Perspectives on Narrative Analysis*, Columbus 1999, S. 247–273. – Der Aufsatz entwickelt eine Terminologie möglicher Welten für fiktionale und historische Welten und Leerstellen und ihre jeweilige poetische Schöpfungskraft; vertritt eine pragmatische Unterscheidung zwischen historiographischem und fiktionalem Erzählen (historischer Wahrhaftigkeitsanspruch); diskutiert verschiedene hybride Welten wie gefälschte und kontrafaktische Geschichte.

Fulda, Daniel: »Why and How ›History‹ Depends on Readerly Narrativization with the Wehrmachts Exhibition as an Example«, in: Jan Christoph Meister (Hg.): *Narratology beyond Literary Criticism*, Berlin/New York 2005, S. 173–194. – Ein Aufsatz, der nach einer theoretischen Einführung, das »Erlesen« des Vergangenen mithilfe von neueren Ansätzen der kognitiven Narratologie (*cognitive turn*) in den Vordergrund rückt; thematisiert die Bedeutung von historischer Erfahrung und Kontextualisierung.

Jaeger, Stephan: »Multiperspektivisches Erzählen in der Geschichtsschreibung des ausgehenden 20. Jahrhunderts. Wissenschaftliche Inszenierungen von Geschichte zwischen Roman und Wirklichkeit«, in: Vera Nünning/Ansgar Nünning (Hg.): *Multiperspektivisches Erzählen. Zur Theorie und Geschichte der Perspektivenstruktur im englischen Roman des 18. bis 20. Jahrhunderts*, Trier 2000, S. 323–346. – Der Aufsatz thematisiert Multiperspektivität in der neueren Geschichtsschreibung auf der Ebene der Geschichte (*histoire*) und des Diskurses und zeigt die Variationsbreite zwischen geschlossen und offenen Perspektivenstrukturen. Multiperspektivität auf der Diskursebene öffnet die Bedeutung der Texte zum Leser und führt zu hybriden – zwischen Geschichtsschreibung und Roman angesiedelten – Texten.

Munslow, Alun: *Narrative and History*, Basingstoke/New York 2007. – Erste systematische Einführung in die narratologische Analyse historischen Erzählens aus vornehmlich struktural-dekonstruktiver Perspektive mit vorwiegend angloamerikanischen Beispielen; baut auf Genettes Unterscheidung von Geschichte (*content/story*), Erzählung sowie dem Akt des Erzählens auf; entwickelt die Vorstellung eines Geschichtsraums (*story space*); starke Betonung der sprachlichen Gemachtheit von Geschichte zuungunsten des Referentialitätskriteriums; reflektiert neben dem historiographischen Text auch andere Formen historischen Erzählens; kommentierte Empfehlungen für weiteres Lesen; Glossar der wichtigsten theoretischen Begriffe.

Ricœur, Paul: *Zeit und Erzählung* [*Temps et récit* 1983–1985], 3 Bde., München 1988–1991. – Anthropologisch orientierte Studie zur Beziehung von Zeit und Erzählung; Bezug zu Konzepten von Mythos, Metapher und Verfabelung; verbindet strukturale Analyse und existentiale phänomenologische Sinngebung, um den Bezug zwischen Wirklichkeit und ästhetischer Erfahrung zu zeigen; entwickelt einen dreifachen Mimesisbegriff, wodurch das Schaffende von Geschichtsschreibung deutlich wird; Geschichtsschreibung besitze eine Spurenreferenz auf das empirisch Gewesene.

Roberts, Geoffrey (Hg.): *The History and Narrative Reader*, London/New York 2001. – Sammlung von zwischen 1960 und 2000 veröffentlichten kanonischen Texten, vorwiegend aus dem englischsprachigen Raum zum Zusammenhang von Geschichte und Erzählung; Unterkapitel zu Erzählung und historischem Verstehen, menschlichem Handeln, historischem Realismus, dem *linguistic turn*, Struktur und historiographischer Praxis.

Rüth, Axel: *Erzählte Geschichte. Narrative Strukturen in der französischen Annales-Geschichtsschreibung*, Berlin/New York 2005. – Auf das *close reading* von vier Texten der *Annales*-Geschichtsschreibung beschränkte Monographie, die gerade in Auseinandersetzung mit Carrard (siehe oben), präzise erzähltheoretische Erkenntnisse mit historiographischen Einsichten zu u.a. interner und externer Fokalisierung und zur historiographischen Collage aus Erzählungen in Geschichtsschreibung aufzeigt; besondere Betonung des Kriteriums der

Überprüfbarkeit sowie eines die Erkenntnismethode des Historikers offenlegenden Transparenzprinzips, um Geschichtsschreibung und Literatur zu unterscheiden; theoretische Einleitung zu *linguistic* und *narrative turns* mit Fokus auf White, Ricœur und Barthes.

White, Hayden: *Metahistory. The Historical Imagination in Nineteenth-Century Europe*, Baltimore/London 1973. – Einschlägige Monographie, in der in Anlehnung an die typologische Poetik des Literaturwissenschaftlers Northrop Frye am Beispiel der realistischen Geschichtsschreibung des 19. Jahrhunderts eine schematische Typologie historiographischer Stile (mit besonderem Schwerpunkt auf dem *emplotment*) entwickelt wird. *Metahistory* wirkte als entscheidender Katalysator für den *linguistic turn* in der Geschichtswissenschaft und führte zu einer Grundsatzdebatte über das Verhältnis von Geschichte und Literatur.

Gewinn maximieren, Gleichgewicht modellieren. Erzählen im ökonomischen Diskurs*

Bernhard Kleeberg

1. Einleitung: ökonomische Realitäten

»If theory does not fit reality – too bad for reality!« – Allerorten stößt man auf diese bekannte Ironisierung des Wirklichkeitsbezugs der Ökonomietheorie. Doch einer weiten Reihe nicht nur historischer Positionen eignet das Selbstverständnis, dass die modernen Wirtschaftswissenschaften nicht-fiktionales Wissen mit klarer Wirklichkeitsreferenz produzierten. Das Wirklichkeitsfeld der modernen Ökonomie lässt sich dabei zunächst mit Adam Smith als die Sphäre des Marktes, des Kapitals und des Handels bezeichnen, die durch Arbeitsteilung sowie die Relationen von Gewinn und Verlust, Produktion und Konsumption oder Angebot und Nachfrage an Kontur gewinnt.[1] Mit John Stuart Mill ändert sich die Referenz auf das Reale insofern, als dass es nun über die Definition des ökonomischen Menschen strukturiert wird. Die Opposition von »Lust und Unlust« wird Ausgangspunkt der Politischen Ökonomie als Wissenschaft – einer Wissenschaft, die sich anders als die zeitgenössischen Sozialwissenschaften zunächst nicht als Beobachtungswissenschaft, sondern als »abstract science« begreift: Als eine Wissenschaft, deren Gesetze keine direkte Wirklichkeitsreferenz besitzen, sondern in ihrer Anwendung auf die realen Zusammenhänge immer modifiziert werden müssen.[2] Im Anschluss an Mill kommt mit der marginalistischen Revolution 1871–1874 und dem Beginn der Neoklassik die Differenz zwischen »Nutzen und Kosten« ins Spiel, die die Sphäre des Ökonomischen bis zum Neoliberalismus entscheidend bestimmt.[3] Ihr Protagonist gerinnt zu einem kalkulierenden Lustmaximierer, dessen Referenz das mathematisch-ökonomische Kalkül und seine

---

* Für Kritik und Anregungen danke ich Ingrid Wurst, für Hilfe bei Literaturbeschaffung und Korrekturen Michael Matt und Robert Fülpesi.
1 Adam Smith: *An Inquiry into the Nature and Causes of the Wealth of Nations*, 2 Bde., London 1776.
2 John Stuart Mill: »On the Definition of Political Economy« [1836/1844], *Collected Works of John Stuart Mill: Essays on Economics and Society*, hg. v. John M. Robson, Bd. 4, Toronto 1967, S. 321–327; vgl. Mary Morgan: »Economic Man as Model Man: Ideal Types, Idealization and Caricatures«, *Journal of the History of Economic Thought* 28 (2006), H. 1, S. 1–27.
3 Gegenüber diesen Leitdifferenzen des ökonomischen Diskurses bildet die Codierung »zahlen versus nicht zahlen« im Medium des Geldes, wie sie Niklas Luhmann: *Die Wirtschaft der Gesellschaft*, Frankfurt a.M. 2002, im Zusammenhang mit der auf Verteilung knapper Güter ausgerichteten Funktionslogik des kommunikativen Teilsystems »Wirtschaft« in Anschlag bringt, eine Außenperspektive. Wirklichkeitsbezug muss hier durch Referenz auf die Umwelt des kommunikativen Systems »Wirtschaft« hergestellt werden, wobei der theoretischen Verständigung über die Ökonomie ein eigenes gesellschaftliches Subsystem – das der Wissenschaft – zugewiesen wird.

diagrammatische Darstellung ist. Da seine individuellen Überlegungen und Motivationen weder beobachtet noch vermessen werden können, sondern nur via Introspektion zugänglich sind, scheint ihre narrative Repräsentation unumgänglich.[4]

Die frühe Neoklassik ging davon aus, dass die Ökonomik denselben epistemologischen Status beanspruchen könne wie die Physik.[5] Vor dem Hintergrund der seit den 1950er Jahren verstärkten Einwanderung ökonomischer Theorien in die Evolutionstheorie wurde und wird bis heute ökonomisches Wissen vielfach mit dem der Lebenswissenschaften verglichen und neoklassische Positionen mittels Naturalisierungsstrategien in der Realität verankert. Auch wenn sich die Wirtschaftswissenschaften des zwanzigsten Jahrhunderts als »Wirklichkeitswissenschaften« im Sinne Max Webers verstehen,[6] so besteht allerdings doch eine Spannung zwischen ökonomischer Modellierung der Realität und Realitätsreferenz, und die Bedeutung von Modellen im Sinne von Webers Idealtypen – wissenschaftlichen Fiktionen, die Erfahrungstatsachen generalisieren – nimmt zu. Daher lassen sich ökonomische Wirklichkeitserzählungen nicht ohne weiteres als faktuale Erzählungen verstehen, denn sie zielen zumeist nicht einfach auf »die Realität«, sondern auf eine Annäherung von Wirklichkeit und Modell bzw. Handlungsmaxime. Es handelt sich oft um theoriebezogene Hybridformen, die zwar einen Wirklichkeitsanspruch mit sich führen, jedoch nicht unbedingt auf direkte Referentialität angewiesen sind. Vielmehr hat sich die Art der Referenz immer wieder verschoben: Spätestens seit Milton Friedmans Kritik[7] in den 1950er Jahren haben sich die positivistischen Wirtschaftswissenschaften von naivem korrespondenztheoretischem Realismus und der Annahme unabhängiger Wahrheiten verabschiedet. Theorien werden zunehmend als Annäherungen an die Realität verstanden, deren Wirklichkeitsbezug hergestellt wird, indem man auf die Herleitung ökonomischer Theorien und Gesetze mittels empirischer Induktion verweist, im Rahmen axiomatischer Modelle auf die prognostischen Qualitäten künstlicher Welten oder ihre Bedeutung als Erfahrungsersatz abhebt oder ökonomische Modelle als Idealtypen versteht, die die Komplexität realer ökonomischer Situationen reduzieren und so deren eigentlichen Kern freilegen, der wiederum als pragmatischer Orientierungspunkt wirtschaftlichen Handelns dienen soll.[8]

---

4   Vgl. Morgan (Anm. 2), S. 11f.
5   So das Wissenschaftsideal eines der Begründer der Neoklassik; vgl. Philip Mirowski/Pamela Cook: »Walras' Economics and Mechanics: Translation, Commentary, Context«, in: Warren J. Samuels (Hg): *Economics as Discourse: An Analysis of the Language of Economists*, Boston u.a. 1990, S. 189–215; Philip Mirowski: *More Heat Than Light*, New York 1989.
6   Max Weber: »Die ›Objektivität‹ sozialwissenschaftlicher und sozialpolitischer Erkenntnis«, in: Ders., *Gesammelte Aufsätze zur Wissenschaftslehre*, Tübingen 1922, S. 170; vgl. Peter Kesting: »Wirtschaftswissenschaft und Wirtschaftswirklichkeit«, in: Birger P. Priddat/Arnis Vilks (Hg.): *Wirtschaftswissenschaft und Wirtschaftswirklichkeit*, Marburg 1998, S. 141–168.
7   Milton Friedman: *Essays in Positive Economics* [1953], Chicago 1964.
8   Birger P. Priddat/Arnis Vilks: »Vorwort«, in: Dies.: (Anm. 6), S. 9–14; Kesting (Anm. 6), S. 154; Arnis Vilks: »Analysing Games by Sequences of Meta-Theories«, in: Michael Ba-

Eine Besonderheit ökonomischen Erzählens ist, dass es fast durchgängig intermedial verfährt, sich spezifischer numerischer und visueller Repräsentationsformen zur Herstellung von Wissen bedient, wobei die grundsätzliche Dichotomie zwischen Fakten und Fiktionen zumeist nicht weiter in Frage gestellt wird. Praktiken der Quantifizierung und die Referenzfunktion von Zahlen bieten die Möglichkeit, Informationen nicht nur leichter zueinander in Beziehung zu setzen, sondern auch für andere Wissensfelder zugänglich zu machen. Hier folgt der ökonomische Diskurs dem epistemischen Ideal numerischer Präzision des ausgehenden 19. Jahrhunderts:

> When you can measure what you are speaking about and express it in numbers you know something about it; but when you cannot measure it [...] you have scarcely, in your thoughts, advanced to the stage of *science*.[9]

Seitdem bilden Zahlen die Basis von Schaubildern, Graphen, Diagrammen, Tabellen und Formeln, die jeweils auf unterschiedliche Art gelesen werden und entsprechende Fähigkeiten voraussetzen. Vor dem Hintergrund der methodologischen Fiktion eines umfassend informierten Homo oeconomicus scheint hier zudem das epistemische Ideal der Übersichtlichkeit auf: Zusammen mit formalen Gleichungen übernehmen diese Quantifizierungs- und Visualisierungsformen Begründungsfunktionen, indem sie ökonomische Erzählungen immer wieder visuell durchbrechen und Realitätseffekte erzeugen, die imaginative Leerstellen schließen. In den frühen 1980er Jahren erreichte die Tendenz zu numerischen und formalisierten Darstellungen ihren vorläufigen Höhepunkt: Von 159 in der *American Economic Review* veröffentlichten Fachaufsätzen verfuhren nur sechs auf reiner Textbasis, nur vier unterstützten ihren Text lediglich mit statistischen Tabellen, alle anderen argumentierten vornehmlich oder gar ausschließlich quantitativ und formal.[10]

Die Wirtschaftswissenschaften stellen natürlich kein geschlossenes oder einheitliches Ganzes dar. Aus unterschiedlichen Perspektiven (Marxismus, Neoklassik, Österreichische Schule, Monetarismus, Institutionenökonomie etc.) befassen sie sich mit unterschiedlichen Gegenstandsbereichen (Volkswirtschaft, Finanzmarkt, Unternehmensführung etc.) und verfahren dabei auf Basis divergierender, bisweilen konträrer anthropologischer, methodologischer und erkenntnistheoretischer Überzeugungen. Je nachdem, ob pragmatisch, axiomatisch, idealtypisch oder realistisch argumentiert wird, verändern sich die Wirklichkeitsbezüge und entsprechend vielfältig sind auch die Erzählungen, die in der Ökonomie Verwendung finden. Trotz ihrer Komplexität erscheinen die Ökonomie und ihre Theorie im nicht-akademischen Diskurs jedoch aufgrund der Dominanz neoklassischer

---

charach u.a. (Hg.): *Epistemic Logic and the Theory of Games and Decisions*, Dordrecht 1997, S. 44f.

9 So William Thomas 1883, zit. n. Norton Wise: »Introduction«, in: Ders. (Hg.): *The Values of Precision*, Princeton 1995, S. 3–13, hier: S. 5; vgl. bes. Theodore M. Porter: *Trust in Numbers*, Princeton 1995.

10 Vgl. Donald [später Deirdre] N. McCloskey: *The Rhetoric of Economics*, Brighton/Sussex 1985, S. XIf.

Positionen zumeist als homogen, die Wirtschaftswissenschaften als Kollektivsingular, als gleichartiges disziplinäres Wissen von Experten, Beratern, erfolgreichen Unternehmern und Managern. Die Zielrichtung scheint allen diesen Akteuren gemeinsam zu sein: In Orientierung an den Ideen der Maximierung des Gewinns und der Herstellung von Gleichgewicht wirtschaftliches Wachstum bzw. Wachstum der Kapitalerträge von Unternehmen zu bewirken, auch, um so den größtmöglichen Nutzen der größtmöglichen Zahl, und das heißt: Arbeitsplätze, soziale Sicherungssysteme etc. zu schaffen.

Erzählungen vom gelungenen ökonomischen Handeln werden explizit strategisch eingesetzt, um ökonomisches Wissen in der Wirklichkeit zu verankern, es didaktisch aufzubereiten und zu verbreiten, oder um mittels ihrer affektiven Wirkung die Anerkennung von Handlungsmaximen zu befördern, etwa in Jahresberichten von Unternehmen, in wirtschaftswissenschaftlichen Lehrbüchern, Wirtschaftsprognosen oder in der ökonomischen Ratgeberliteratur. Ökonomisches Erzählen ist Erzählen von einer besseren Zukunft, es hat einen utopistischen Zug: Handeln wird optimiert, Fehler vermieden, Nutzen maximiert, Gewinn gesteigert, Gleichgewicht wiederhergestellt, Konjunktur angekurbelt. Geschichten von Wachstum, Kapitalakkumulation und Überwindung von Krisen werden erzählt, oder pareto-optimale Utopien eines universalen Gleichgewichtszustands präsentiert.[11] Negativszenarien handeln von den ruinösen Folgen der Missachtung ökonomischer Handlungsmaximen, haben eine pädagogische Funktion, indem sie auf falsche Lageeinschätzung, fehlenden Überblick über Handlungsoptionen oder falsche Wahl der Mittel verweisen – was auch für die dogmengeschichtliche Darstellung von Irrtümern in der Ökonomietheorie gilt.

Ökonomische und ökonomietheoretische Wirklichkeitserzählungen scheinen daher eher als Wirklichkeitszurichtungsaufforderungen fassbar zu werden. Solche Narrativierungen finden zum Zwecke der Reduktion von Komplexität und Kontingenz statt, sind als Geschichten vom richtigen Verhalten durch einen teleologischen Zug gekennzeichnet: Nie wird Kontingenz ins Spiel gebracht, werden Unsicherheit, mangelndes oder unverfügbares Wissen jenseits ihrer Bändigung im Risikokalkül präsentiert. Auch weisen sie oft eine imperativische Rhetorik auf, die zur Optimierung aufruft: »Handeln Sie rational und effizient: Informieren Sie sich, kalkulieren Sie Kosten und Nutzen, verhalten Sie sich risikoavers!« Dabei scheint es meist unumgänglich, dass unternehmerische wie auch politische Weichenstellungen von einem Führungspersonal vorgenommen werden, das über einschlägiges Wissen sowohl über die gegenwärtige gesamtökonomische Lage, wie über die Situation der einzelnen Unternehmen verfügt, wie über haltbare Prognosen über die zukünftige Entwicklung – auch wenn genau diese Kompetenzen vor dem Hintergrund der globalen Finanzkrise von 2008 zunehmend in Frage gestellt werden.

---

11 So etwa Gebhard Kirchgässner: »Das Gespenst der Ökonomisierung«, in: Wolfgang Reinhard/Justin Stagl (Hg.): *Menschen und Märkte. Studien zur historischen Wirtschaftsanthropologie*, Wien u.a. 2007, S. 401–433, hier: S. 408.

Trotz dieser Gemeinsamkeiten herrscht jedoch eine Diversität ökonomischer Ansätze, die es nötig macht, die folgende Darstellung einzuschränken: So können nur verschiedene aktuelle Strömungen innerhalb der Ökonomietheorie herausgegriffen und auch hier nur einzelne Quellengattungen behandelt werden, die nicht ohne weiteres repräsentativ für das ökonomische Denken als solches sind. Dennoch soll versucht werden, auf einige Kernbestandteile ökonomischer Erzählungen aufmerksam zu machen, die seit den Anfängen der klassischen Politischen Ökonomie entstanden sind und die ökonomische Literatur der letzten Jahrzehnte prägen. Im Mittelpunkt wird dabei das Erzählen im neoklassischen bzw. neoliberalen Diskurs stehen, da diese Ansätze – ungeachtet neuer Konzepte wie der Institutionenökonomie – immer noch den Kern ökonomischer Lehren markieren.

2. Ökonomien ökonomischen Erzählens: Systematischer Überblick

Man muss ökonomische Theorien nicht als Fiktionen entlarven wollen, um die Bedeutung ihrer Erzählungen und Erzählstrukturen ernst zu nehmen. Im Folgenden sollen Formen und Funktionen ökonomischen Erzählens zunächst systematisch benannt und so ein Analyseraster bereitgestellt werden, das dann anhand einzelner Beispiele verdeutlicht wird. Vorab gilt es, Erzählungen im eigentlichen Sinne von Narrativen als übergeordneten Erzählmustern zu unterscheiden. Solche Erzählmuster – Erfolgs- und Fortschrittsnarrative, Wachstums-, Krisen- und Gleichgewichtsnarrative – lassen sich als Idealtypen verstehen, die die Elemente und Grenzbedingungen der erzählten Welt festlegen und konkrete Erzählungen auf der Ebene der *histoire* vorstrukturieren.[12] Sie sind von entscheidender Bedeutung, da sie die Bildung ökonomischer Modellstrukturen beeinflussen, zuweilen gar selbst Modellcharakter haben. Erzählungen im eigentlichen Sinne strukturieren und organisieren den ökonomischen Diskurs, sie setzen ihn zu anderen Diskursen und zu ontologischen Regionen in Bezug, indem sie kommunikative, epistemologische und ontologische Grenzen erzählerisch überformen. Sie können der Herstellung von Kompatibilität mit anderen Theorien und insbesondere der Verankerung von Prozess- und Entwicklungstheorien in der Realität dienen, da sie einen semantischen Überschuss produzieren, der die Möglichkeit eröffnet, Theorien mit einer Vielzahl möglicher Referenzpunkte auszustatten und sie so zwar nicht zu verifizieren, aber doch zu plausibilisieren. Diese Funktion von Erzählungen ist zentral für den ökonomischen Diskurs, denn Polysemie und narrative Uneindeutigkeit sorgen für die Vagheit, die Bedingung der Möglichkeit der Anwendung des auf Eindeutigkeit angelegten, mathematisch formalisierten

---

12 Zu übergeordneten Erzählmustern vgl. Albrecht Koschorke: »Vor der Gesellschaft. Das Anfangsproblem der Anthropologie«, in: Bernhard Kleeberg u.a. (Hg.): *Urmensch und Wissenschaften*, Darmstadt 2005, S. 254–258.

ökonomischen Kalküls auf die Wirklichkeit ist.[13] Damit sind Erzählungen konstitutiv für ökonomische Modelle, ergänzen deren Abstraktionspraktiken komplementär, indem sie Handlungsgrammatiken erzählerisch wieder verflüssigen. Darin ähneln sie mythischen Erzählungen und Märchen:[14] Sie überführen ihre eigenen Formalisierungstendenzen, ihre über Quantifizierung erreichte Präzision in eine erzählerische Offenheit, die ihre Anschlussfähigkeit an die Wirklichkeit allererst garantiert. Darüber hinaus haben Erzählungen im wissenschaftlichen und alltagsweltlichen ökonomischen Diskurs (Fachliteratur, Lehrbücher, Ratgeber, Zeitungen) verschiedene Funktionen inne, mit denen auch ihre Referenz changiert. Dabei tauchen unterschiedliche Erzählformen auf, die hinsichtlich ihrer Wirklichkeitsreferenz und ihrer zeitlichen Dimensionen gestaffelt sind: Modellerzählungen und Fallsimulationen, Fallgeschichten und historische Herleitungen.

A. Explikation und Prognose: Modellerzählungen und Fallsimulationen

Modellerzählungen sind hybride Erzählungen, die zwischen Präskriptivität des Modells und Wirklichkeitsreferenz oszillieren. Modellerzählungen haben *(a)* *explikativ-didaktische* Funktion, werden *aus dem Modell deduziert*, simulieren eine theorie- bzw. modellbezogene Welt. Dabei wird davon ausgegangen, dass die wirkliche Welt zwar komplexer sei, dennoch aber idealtypischerweise genauso funktioniere, wie im Modell dargestellt. Modellerzählungen haben zunächst nicht unbedingt Anspruch auf Faktualität, sondern sind wissenschaftliche Fiktionen, deren Referenz im formalen Modell selbst liegt: Um die Plausibilität von Modellen grundsätzlich zu stärken, werden fiktive Szenarien entworfen, die alle Gesetzmäßigkeiten und Variablen eines Modells in sich vereinen. Solche durch Vollständigkeit gekennzeichneten Erzählungen präsentieren eine in sich geschlossene Welt, in der der hohe Abstraktionsgrad des Modells und seiner logischen Operationen reduziert und in Handlungssequenzen überführt ist und in der der semantische Überschuss der Erzählung genutzt wird, um die Anwendbarkeit und damit Wirklichkeitsreferenz des Modells zu behaupten. In diesem Sinne handelt es sich um fingiert faktuale Erzählungen.

Modellerzählungen eignen sich nicht umsonst besonders gut für strukturalistische Analysen, weil sie aus Strukturmomenten einer durch das Modell vorgege-

---

13 Dazu ausführlich Mary S. Morgan: »Models, Stories and the Economic World«, *Journal of Economic Methodology* 8 (2001), H. 3, S. 361–384.
14 Gleichzeitig können Wirklichkeitserzählungen formalisiert werden: Hier liegt das »Eigentliche« – nämlich der dem Modell entsprechende Prozess, die diesem entsprechende Struktur – unter der Oberfläche der Erzählung verborgen und kann im Sinne einer Mythenstruktur- oder Märchenanalyse decodiert werden; vgl. Claude Lévi-Strauss: *Strukturale Anthropologie*, Frankfurt a.M. 1967; Vladimir Propp: *Morphologie des Märchens*, Frankfurt a.M. 1975. Deidre McCloskey: »Storytelling in Economics«, in: Don Lavoie (Hg.), *Economics and Hermeneutics*, London 1991, S. 61–75, hier: S. 70, vertritt die Ansicht, dass die »reine Theorie« der Ökonometrie in ihren narrativen Strukturen exakt denen der Proppschen Märchenanalyse entspricht.

benen *histoire* konstruiert werden und auch die entsprechenden Modelle selbst durch Reduktion komplexer sozioökonomischer Realitäten auf klare Strukturmomente gebildet werden. In dieser Hinsicht haben Modellerzählungen oft den Charakter von Fabeln, in denen alle Charaktertypen erkennbar versammelt sind, die Welt überschaubar geordnet ist und das Verhalten und Handeln entsprechend berechnet und vorausgesagt werden kann. Auf der Ebene des *discours* bedienen sich Modellerzählungen erzählerischer Techniken etwa zur Erzeugung von Aufmerksamkeit, um ihrer Funktion gerecht zu werden. Typischerweise finden sich unter explikativen Modellerzählungen anthropologisch-tropologische Narrative – Geschichten vom rationalen Handeln, der Maximierung von Gewinn und der Herstellung von Gleichgewicht. Wie auch Fallsimulationen verbinden sich Modellerzählungen oft mit Differentialgleichungen, die, zwischen dynamisiertem Modell und thematischer Narration angesiedelt, als Allegorien verstanden werden können, deren implizite Bedeutung in einer analytischen Lösung expliziert wird.[15]

Fallsimulationen, die etwa im Zusammenhang mit vergleichenden statischen Analysemethoden und analytischen Lösungsmethoden auftreten,[16] werden in *(b) explorativ-prognostischer* Funktion *auf die Zukunft hin* entworfen, für die sie Handlungsempfehlungen abgeben sollen, oder um in *(c) verifikatorischer* Funktion Theorien zu begründen. In letzterem Falle dienen sie der Rahmung prognostizierter Ereignisse und Prozesse, deren Eintreten oder Nichteintreten auch als Test ökonomischer Modelle fungiert. Solche (formalen) Modelle zeichnen sich dadurch aus, dass sie dem epistemologischen Ideal innerer Kohärenz verpflichtet sind und entsprechend zunächst keinen Anspruch auf korresponsive Wahrheit erheben, sondern sich als reine »Denkmodelle« bzw. »Erfahrungsersatz« verstehen.[17] Allerdings setzen auch Modelle einen Wirklichkeitsbezug voraus, der im Sinne des pragmatischen Ansatzes Milton Friedmans über zutreffende Prognosen hergestellt wird. Realität wird im Rahmen solcher Als-ob-Erzählungen dadurch simuliert, dass die Ausgangsbedingungen, Variablen und die innere Logik des Modells durch »exogene Variablen« ergänzt werden, mit deren Hilfe Prognosen präzisiert bzw. reformuliert werden. Ein strikter Popperscher Falsifikationismus wird hier allerdings zumeist nicht verlangt[18] – treffen Vorhersagen nicht zu, so können externe Irritationen im Rahmen der Residualkategorie der »exogenen Variablen« aufgehoben werden. Das Modell oder die in ihm gebildeten Hypothesen müssen

---

15 Vgl. Donald N. McCloskey: »History, Differential Equations, and the Problem of Narration«, *History and Theory* 30 (1991), H. 1, S. 21–36, hier: S. 21–25. McCloskey führt hier detailliert vor, wie sich aus der Differentialgleichung »The world's population is increasing by 80 million people a year« die formalisierte Lösung »$\emptyset = (c_1 e^{bt} \sin at) + (c_2 e^{bt} \cos at)$« gewinnen lässt. Uneinigkeit unter Ökonomen herrsche vor allem deshalb, weil sie einer falschen Auffassung vom Lesen anhingen, nach der ein Text Tatsachen enthalte, die klar als solche erkannt werden könnten. Damit wandten sie sich gegen Rosenblatts Unterscheidung zwischen ästhetischem und *efferentem* Lesemodus, der auf das Sammeln und Identifizieren von Informationen aus ist; vgl. Louise M. Rosenblatt: *The Reader, the Text, the Poem. The Transactional Theory of the Literary Work*, Carbondale 1978.
16 Morgan (Anm. 13), S. 374.
17 Kesting (Anm. 6), S. 154.
18 Vgl. McCloskey (Anm. 10), S. 14f.

also nicht verworfen werden, sondern es kann auf fehlende Informationen verwiesen werden, deren Berücksichtigung zu einer zutreffenden Prognose geführt hätte. Die narrative Reformulierung ökonomischer Prognosen erleichtert eine solche Vorgehensweise, da die Grenze zwischen kausal relevanten (*histoire*) und erzählerisch schmückenden (*discours*) Elementen der Geschichte unscharf ist und verschoben werden kann. So können sich ökonomische Modelle und Theorien gegen Kritik immunisieren, Widersprüche auf Einzelheiten der Erzählung zurückführen, ohne das Narrativ selbst zu gefährden.

Auch *explorativ-prognostische Fallsimulationen* sind hybride Wirklichkeitserzählungen, denn sie haben oft präskriptiven Charakter und verfahren auf Basis der Realität gemäß der Logik des Modells kontrafaktisch: Indem einzelne Variablen in einem realen Ausgangsszenario verändert werden, können innerhalb des Modells unterschiedliche Abläufe induziert und alternative Ergebnisse deduktiv abgeleitet werden. Dabei werden Handlungsoptionen vor dem Horizont von Zukunftserwartungen ausgebreitet und so für Risikokalküle zugerichtet, wird ökonomisch richtiges/rationales von falschem/irrationalem Handeln abgegrenzt, indem Handlungskonsequenzen vorgeführt werden.[19] Erzählungen dienen hier dazu, die logisch-deduktive Sequenz in eine chronologische Abfolge von Handlungen und Ereignissen zu überführen und Zukunftsszenarien zu entwerfen. Die *histoire* wird dabei von den logischen Ketten vorgegeben, die unter den verschiedenen modellierten Entwicklungen für entscheidend befunden werden – etwa, weil sie Leitnarrativen wie etwa denen der Gewinnmaximierung oder der Herstellung von Gleichgewicht entsprechen und so Verhalten motivieren können (die Erzählung schließt mit einem positiv beurteilten Gleichgewichtszustand) oder als Krisen- und Verfallsgeschichten von bestimmten Handlungen abraten (die Erzählung schließt mit einem Ungleichgewichts- oder negativen Gleichgewichtszustand). So legen kontrafaktische Erzählungen zuweilen nur ein mögliches Zukunftsszenario nahe, folgen Narrativen der Unausweichlichkeit: Auf Basis eines Modells wird eine Entwicklung prognostiziert, deren Narrativierung präskriptiven Charakter hat, was wiederum reale Handlungen nahe legt, die in einem nächsten Schritt als Fallbeispiele zur Bestätigung des Modells verwendet werden können – Beispiele für den interaktiven Konstruktivismus der Sozialwissenschaften.[20] Dabei sind wiederum Erzähltechniken von besonderer Bedeutung, die Aufmerksamkeit binden und affektiv auf eine Entscheidungsfindung hin wirken: So können kontrafaktische Erzählungen in »Intuitionspumpen« verwandelt werden,[21] können

---

19 Als Beispiel kann Jan Tinbergens Modell der Wirtschaftskreisläufe genannt werden, das dazu diente, Strategien zur Überwindung der großen Depression zu entwickeln; vgl. Mary Morgan: *The History of Econometric Ideas*, Cambridge 1990; Dies./Margaret Morrison: »Models as Mediating Instruments«, in: Dies. (Hg.): *Models as Mediators. Perspectives on Natural and Social Science*, Cambridge 1999, S. 10–37.

20 Vgl. Ian Hacking: *The Social Construction of What?*, Cambridge Mass./London 1999, S. 14, 21f., 31f.

21 Elke Brendel: »Intuition Pumps and the Proper Use of Thought Experiments«, *Dialectica* 58 (2004), H. 1, S. 89–108; Morgan (Anm. 13), S. 363. Ähnlich wie historische Erzählungen laufen solche Gedankenexperimente auf eine bestimmte Moral hinaus; vgl. Hayden

formale und narrative Sequenzen so zur Deckung gebracht werden, dass die epistemologische Grenze zwischen Modell und Realität zu verschwinden scheint. Prognosen werden hier beispielsweise als echte Prolepsen präsentiert, die die Unvermeidbarkeit bestimmter Entscheidungen auf das Wissen ökonomischer Experten zurückführen.

B. Erklärung und Legitimation: Fallgeschichten und historische Darstellungen

Von Modellerzählungen und Fallsimulationen unterscheiden sich Fallgeschichten oder Fallbeispiele insofern, als dass sie *reale Entwicklungen gegenwartsbezogen* aufgreifen. Sie dienen der ökonomischen Theoriebildung (als Beispiele in der Wirtschafts- und Dogmengeschichte) oder sind ganz konkret Bestandteil ökonomischer Analysen. In diesem Falle stellen sie – etwa im Rahmen deduktiv-nomologischer Ansätze – die neben dem Gesetz notwendigen empirischen Beobachtungen zur Verfügung, um zur Erklärung eines Sachverhaltes zu gelangen. Hier sind Fallgeschichten und Fallbeispiele faktuale Erzählungen mit *(d) explanativer* Funktion, wobei ihre kausale Relevanz für das Explanandum angenommen wird. Im Rahmen von Dogmengeschichten oder Lehrbüchern erzählen Fallgeschichten in *explikativ-didaktischer* Funktion Geschichten vom Erfolg oder Misserfolg ökonomischer Handlungen, um so mögliche Strategien oder gelungenes Handeln im Sinne eines Modells zu verdeutlichen. Zuweilen dienen sie auch als Szenarien für Übungsaufgaben in Lehrbüchern, wobei sie zumeist in Form von Zeitungsausschnitten und Geschäftsberichten auftauchen. Dabei werden die geschilderten realen Handlungsabläufe auf der Ebene des *discours* gedehnt und angehalten, um zu verschiedenen für wichtig erachteten Zeitpunkten des Geschehens zusätzliche Informationen zu geben, mögliche alternative Handlungsoptionen vorzustellen und so die realen Handlungen der Akteure zu bewerten.[22]

Fallgeschichten werden auch *retrospektiv* in *(e) legitimatorischer* Absicht verwendet. Hier werden Geschichten ausgewählt, die ökonomische oder ökonomietheoretische Positionen untermauern, oder sie werden zumindest *so erzählt*: Oft durch die Strukturmuster von Modellen prädisponiert, nehmen sie den Charakter von *just-so-stories* (Rudyard Kippling) an.[23] Dabei handelt es sich um *post-hoc*-Erklärungen von Entwicklungsergebnissen, die nicht induktiv oder deduktiv, sondern *abduktiv* verfahren, um Entwicklungserzählungen, die auf Basis einer verabsolutierten Erklärungsperspektive Fallgeschichten iterativ und eindeutig konstruieren

---

White: *The Content of the Form: Narrative Discourse and Historical Representation*, Baltimore/London 1987.
22 Die reale Situation wird gemäß dem theoretischen Ideal also im Hinblick auf die theoretische Prämisse der vollständigen Information des Homo oeconomicus fiktiv ergänzt, bis diese gegeben ist.
23 Vgl. Rudyard Kipling: *Just So Stories* [1902], New York 2002; vgl. Nils Goldschmidt/Benedikt Szmrecsanyi: »The Cameelious Hump and ›Just So Stories‹ in Economic Literature – A Linguistic Analysis«, in: Edward Clift (Hg.): *How Language is Used to Do Business: Essays on the Rhetoric of Economics*, New York 2008, S. 167–186.

und ihnen damit den Anschein von Unausweichlichkeit oder kausaler Notwendigkeit geben. Oft tritt zudem der Autor nicht in Erscheinung, was aperspektivische Objektivität suggeriert. Entsprechend finden sich Erzählungen nach dem *just-so*-Muster oft in Begründungszusammenhängen, zumeist in intermedial verfasste argumentative Zusammenhänge eingepasst, wo sie die (formallogischen und visuellen) Begründungsmodi mathematischer Ableitungen, Tabellen oder Diagramme ergänzen und als eindeutig faktuale Erzählungen beanspruchen, auf reale Ereignisse zu referieren. Als just-so-stories folgen Fallgeschichten im Rahmen der modernen Ökonomietheorie häufig Narrativen der Unausweichlichkeit: Erzählt werden *ex post* Geschichten, die Kontingenz reduzieren, indem sie als unausweichlich auf einen Gleichgewichtszustand als Moral der Geschichte hinauslaufend dargestellt werden.[24] Dieser Gleichgewichtszustand kann ein positiver (etwa aufgrund der »Selbstheilungskräfte des Marktes« der Smithschen »unsichtbaren Hand« oder gemäß des Sayschen Theorems, nach dem Angebot Nachfrage und damit Marktgleichgewicht schafft) oder ein negativer sein (gemäß Thomas Robert Malthus' »eisernem Gesetz der Bevölkerungsentwicklung« oder David Ricardos Korrespondenz von Lohn und Preisbildung).[25]

Die Grenzen zwischen Fallgeschichten und übergeordneten Entwicklungsgeschichten wie *historischen Darstellungen* sind fließend, hängen von der Bedeutung der behandelten wirtschaftlichen Akteure, der Reichweite der behandelten Probleme ab. Dienen entsprechende Darstellungen der Legitimierung bzw. Kritik ökonomischer Strömungen oder Paradigmen (etwa des Marxismus/Neoliberalismus), so verbinden sie sich zumeist mit Anthropologisierungs- und Naturalisierungsfiguren. Solche Erzählungen treten als Ursprungs-, Fortschritts-, oder Heilsgeschichten auf (soweit sie deskriptiven Anspruch haben), nehmen zuweilen aber auch (bei präskriptivem Anspruch) den Charakter von Dystopien, Verfalls- und Krisengeschichten an. Sie integrieren Systemgrenzen und Übergangsstadien, entfalten den normativ-anagogischen Sinn ökonomischer Erzählungen, rufen angesichts der selbstregulativen Kräfte des Marktes zu (neo-)liberalem Attentismus oder angesichts einer Finanzkrise zu staatlicher Intervention auf. In ihrer wirtschaftsgeschichtlichen Form treten Entwicklungserzählungen etwa als Universalgeschichte der Steigerung des Lebensstandards oder als Geschichten vom Durchbruch der wahren Natur des Menschen mit Anbruch der Moderne (des rational

---

24   Auch Forschrittserzählungen können als Varietäten von Gleichgewichtserzählungen gefasst werden, in denen die Erzählung offen und das Gleichgewicht transitorisch ist – dass dies gängige Praxis ist, zeigen Begriffskonstruktionen wie »Nullwachstum«.

25   Vgl. Smith (Anm. 1); Jean-Baptiste Say: *Traité d'économie politique ou simple exposition de la manière dont se forment, se distribuent ou se consomment les richesses*, Paris 1803; Thomas Robert Malthus: *Essay on the Principle of Population, as it Affects the Future Improvement of Society, with Remarks on the Speculations of Mr. Godwin, M. Condorcet, and Other Writers*, London 1798; David Ricardo: *On the Principles of Political Economy and Taxation*, London 1817. Dies muss allerdings hinsichtlich spieltheoretischer Ansätze eingeschränkt werden, denn auf Basis des Gefangenendilemmas sind auch ungleichgewichtige Endzustände ökonomisch denkbar geworden, vgl. Mary S. Morgan: »The Curious Case of the Prisoner's Dilemma: Model Situation? Exemplary Narrative?«, in: Angela N. H. Creager u.a. (Hg.): *Science without Laws. Model Systems, Cases, Exemplary Narratives*, Durham/London 2007, S. 157–185.

kalkulierenden Homo oeconomicus) auf. Dogmengeschichtlich begegnen sie als Geschichten fortschreitender Wissensakkumulation, die die historische Entstehung und Entfaltung ökonomischer Lehren gleichzeitig nachzeichnen und begründen. Im Rahmen von Optimierungserzählungen der Ratgeberliteratur schließlich finden sie sich als Wirklichkeitszurichtungserzählungen mit imperativischer Sprache, auktorialer Erzählsituation und (jenseits des angloamerikanischen ökonomischen Diskurses) Anglizismen.

3. Exemplarische Einzelanalysen

3.1 Die Erfolgsgeschichte eines Lehrbuchs

Die Wissenschaftsgeschichte der ökonomischen Theorie wird häufig im Rahmen von Dogmengeschichten, Vorworten und Einleitungskapiteln von Lehrbüchern nachgezeichnet. Entsprechende Erzählungen kennzeichnen sich durch ihren doxographischen Stil, der ihrer Funktion, anerkannte ökonomische Theorien zu illustrieren, historisch zu legitimieren und den Leser mittels eines Fortschrittsnarrativs zu affizieren, entspricht.[26] Dabei tritt ein Autor zumeist nur im Falle von Paratexten wie Einleitungskapiteln direkt als Erzähler auf. In diesen Darstellungen hat die Geschichte der Wirtschaftswissenschaften, wie die Studien von Arjo Klamer zu verschiedenen Vorworten der gängigsten Lehrbücher gezeigt haben, oft ornamentalen Charakter,[27] offeriert wird eine idiosynkratische, präsentistische und kumulative Erfolgsgeschichte aktueller ökonomischer Lehrmeinungen im Sinne der von Thomas S. Kuhn kritisierten Wissenschaftsgeschichtsschreibung. Für relevant erachtet werden nur solche Ansätze, die Antworten auch auf aktuelle Probleme bereitzustellen in der Lage sind. Gerold Blümle und Nils Goldschmidt haben entsprechend auf das Paradoxon der Dogmengeschichte aufmerksam gemacht, dass die Geschichte der Wirtschaftswissenschaften ahistorisch nach dem Muster »Was würde Ökonom XY zu meinem Problem sagen?« verfahre, wie etwa in der viel bemühten neoklassischen Phrase »It's all in Marshall.«[28]

Als Beispiel für entsprechende Formen des Erzählens kann das Vorwort des Lehrbuchs *Economics* des Nobelpreisträgers Paul A. Samuelson dienen. Der Paratext erzählt die Geschichte des Autors und seines Buchs vor dem Hintergrund historischer Entwicklungen, stellt die Theorien und Modelle, die im Haupttext des Lehrbuchs vermittelt werden sollen, als notwendiges Ergebnis eines histori-

---

26 Vgl. klassisch Joseph Schumpeter: *Geschichte der ökonomischen Analyse* [1954], 2 Bde., Göttingen 2007.
27 Arjo Klamer: »The Textbook Presentation of Economic Discourse«, in: Samuels (Anm. 5) S. 129–154, hier: S. 141.
28 So unter Verweis auf Arthur C. Pigou: *Alfred Marshall and Current Thought*, London 1955, S. 4; Gerold Blümle/Nils Goldschmidt: »Die historische Bedingtheit ökonomischer Theorien und deren kultureller Gehalt«, in: Reinhard/Stagl (Anm. 11), S. 451–473, hier: S. 459.

schen Zuwachses an Wissen dar.[29] Samuelson fordert den Leser auf, den Blick zurück auf das Jahr 1945 zu werfen, in dem Deutschland, Japan und die Große Depression besiegt worden seien, die Wirtschaftswissenschaften in ihr »goldenes Zeitalter« eintraten, und der Boden für »miracle decades of postwar economic growth« bereitet worden sei. »College students deserved to understand all this«, aber »the best-selling economics textbooks were seriously out-of-date. No wonder beginners were bored.« (xxv) Dennoch, wie Samuelson betont,

> This account must not turn textbook writing into fiction. If Newton had not invented calculus when he did, Leibniz or someone named Smith would have done so. [...] Some scholar just had to come along and revolutionize the introductory textbooks of economics. But why me?

Obwohl Lehrbücher üblicherweise nicht von jungen Wissenschaftlern verfasst werden sollten, sei seine Reputation groß genug gewesen, um diese Herausforderung anzunehmen, er habe sich in »the long grind of creation« begeben – »Rome wasn't built in a day« – und nach Erscheinen der ersten Auflage 1948 erkennen dürfen, »that the *citizenry, who would be deciding global policies,* was being exposed to the pros and cons of up-to-date mainstream economics.« (xxvi) Samuelson erzählt weiter, wie sein »brainchild« ein eigenes Leben entwickelt habe, ohne dabei alt zu werden, erzählt von der Herausforderung, Kritik aus dem rechten wie linken politischen Lager zu überstehen, auch unter Druck die richtigen Entscheidungen zu treffen und davon, wie William Nordhaus sein kongenialer Koautor geworden sei: »And so, as in the classic *tales,* we have *lived happily thereafter.*« (xxvii)

In Samuelsons Vorwort verbinden sich narrative Elemente von Fortschrittserzählungen mit grundlegenden epistemologischen Überzeugungen der Neoklassik: Die ökonomischen und politischen Entwicklungen werden, zeitlich gerafft, präsentistisch aus der Position eines auktorialen autodiegetischen Erzählers beurteilt, der mittels eines Hinweises auf den globalgeschichtlichen Einfluss seiner neuen ökonomischen Einsichten die prognostischen Qualitäten und den praktischen Nutzen ökonomischer Theorien und Vorschriften belegt. Die erzählte Welt ist dabei final motiviert, und die Entscheidungen und Handlungen des Ich-Erzählers werden retrospektiv rationalisiert, was der Totalisierung des neoklassischen Homo oeconomicus zu einer universellen anthropologischen Norm entspricht. So sehr die Geschichte des Buches auch als eigene Erfolgsstory daherkommt: Auffallend ist vor allem, dass der Erzähler den Anteil seines Einflusses auf die Inhalte des Buches minimiert. Der Hinweis, das mathematische Kalkül wäre auch ohne Newton entwickelt worden, der mit dem scheinbar bescheidenen Eingeständnis weitergesponnen wird, dass nur *irgendjemand* kommen und das ökonomische Lehrbuch revolutionieren musste, verortet die Entstehungsgeschichte

---

29 »Thoughts on the Forty-Sixth Birthday of a Classic Textbook« [Vorwort], in: Paul Anthony Samuelson/William D. Nordhaus: *Economics*, 15. Aufl., New York u.a. 1995; vgl. S. XXV: »I never dreamed that the book would sell millions and millions of copies and be translated into more than 40 languages. Even the former Soviet Union let this Trojan horse get translated into Russian, thereby contributing to the downfall of a command economy run inefficiently by totalitarian bureaucrats. How did this textbook come to be?«

des Buches in einem quasi-anonymen Raum. Nicht das Individuum schreibt das Lehrbuch der Ökonomietheorie – der ökonomische Fortschritt schreibt es und bedient sich dabei Samuelsons nur als Instrument. Analog zu dem in Romanen gern genutzten Kunstgriff der Herausgeberfiktion fingiert sich Samuelson als Medium, das zwischen einer wahren Begebenheit, die nach ihrer narrativen Offenlegung drängt, und dem Lesepublikum nur vermittelt. Gerade die Zurücknahme des eigenen Anteils an der Entstehung des Buches, seine Zurückführung auf eine sich gewissermaßen selbst schreibende Geschichte ökonomischen Fortschritts, legitimiert diese als naturgesetzlich. Dazu gehört auch die Metapher vom »brainchild«, die über dessen »Lebensgeschichte« metonymisch fortgeführt wird und der präsentierten Erzählung eine natürliche, organische Entwicklung zubilligt, der gemäß sie immer mit der Zeit geht, stets auf dem neuesten Stand ist. Zu diesen Legitimierungs- und Naturalisierungsstrategien gehört schließlich auch der Rückgriff auf die klassische Märchenformel des »we have lived happily thereafter«, die die Erzählung nicht etwa in den Bereich des Fingierten verweist, sondern ihre Faktualität unterstreicht, indem sie sie in den überzeitlichen, märchenhaftmythischen Ordnungsrahmen ewiger Wahrheiten einreiht.

3.2 Populäre Krisen- und Verfallserzählungen

In ähnlicher Weise tendieren Krisen- und Verfallserzählungen zu einer Depersonalisierung ihrer Akteure. Diese lassen sich zwar meist benennen, erscheinen jedoch ihrerseits als Spielbälle (manchmal undurchschaubarer) notwendiger Dynamiken. Die Ökonomiegeschichte, so scheint es auch hier, schreibt sich selbst – muss aber gleichwohl zum Zweck zukünftiger Risikominimierung nachträglich narrativiert werden. Den Blick auf solcherart strukturierte Erzählungen eröffnet die Durchsicht einiger der gängigen deutschsprachigen Wirtschafts- und Managementmagazine seit September 2008. Populäres ökonomisches Erzählen erfolgt im Kontext der Finanzkrise zumeist in Form von Krisennarrativen, in deren Zentrum ein unvorhersehbares Ereignis steht: Die Finanzkrise habe, so der gängige Kommentar, eine »historische Dimension«, die Kreditwirtschaft versage in »bisher ungesehenem Ausmaß«.[30] Mit der Betonung des ›nie zuvor Dagewesenen‹ folgt die Analyse der Weltwirtschaftskrise, so könnte man zunächst meinen, dem Erzählmuster der Novelle, in deren Zentrum das ›unerhörte Ereignis‹ steht, das dem Verlauf der Geschichte eine plötzliche, unerwartete Wendung gibt. So neu und unerhört das Krisenereignis jedoch auch erscheinen mag, so sehr bemühen sich die Analysen und Kommentare zur Wirtschaftskrise doch um dessen Rationalisierung. In dieser Funktion dient das Erzählen des ›wie es dazu kam‹ der Überführung von Kontingenz in Notwendigkeit, das ›unerhörte Ereignis‹ wird in ein Verfallsnarrativ eingebettet, das seinen Anfang im niedrigen Leitzins der US-Notenbank nimmt, über die Gier und den Realitätsverlust von Spekulanten und die Verselbständigung von Derivaten zu insolventen Hauseigentümern und

---

30 Interview mit dem Vorstandsvorsitzenden der »LFA Förderbank Bayern« Michael Schneider, *Venture Capital Magazin* 11 (2008), S. 20.

schließlich dem Zusammenbruch aufgrund »mangelnden Vertrauens« führt. Dieser Narrativierung mit ihren zweifelhaften Akteuren stehen Positionen gegenüber, die die Ereignishaftigkeit, den Zufallscharakter der Krise betonen und die Überführung kontingenter finanzwirtschaftlicher Ereignisse in einen sinnhaften Kausalzusammenhang als »narrative fallacy« kritisieren, wie der derzeit wohl erfolgreichste Theoretiker des Risikomanagements Nassim Nicholas Taleb. Taleb, der in seinem im Frühjahr 2007 erschienenen Buch *The Black Swan: The Impact of the Highly Improbable* (New York) den Zusammenbruch des Finanzsystems prognostizierte, warnt vor der Überschätzung rationaler Erklärungen im Umgang mit unvorhergesehenen seltenen Ereignissen – den so genannten »schwarzen Schwänen« – und plädiert statt dessen für ein Misstrauen gegenüber Modellen und deren Narrativierungen.

Die Erzählung des Unerhörten hat generell einen hohen Stellenwert in den Selbstreflexionen der Ökonomie. So erzeugt der Innovationsdruck, von dem die Wirtschaft insgesamt geprägt ist, stets auch Erzählungen von (vermeintlich) notwendigen Innovationen. Wenn nicht gerade neue Technologien, Märkte oder Kapitalanlagen ausgerufen werden können, so wird gleich die Erzeugung einer völlig neuen Finanzordnung verkündet, was zumal in Krisenzeiten naheliegend scheint. Die Berichte und Kommentare zur aktuellen Weltwirtschaftskrise folgen deshalb einem meist an Erfolgsgeschichten früherer Krisenbewältigungen gekoppelten Ordnungsnarrativ, das die Erzeugung einer völlig neuen ökonomischen Organisationsform heraufbeschwört:

> In diesen Tagen macht die Idee einer neuen Weltfinanzordnung die Runde. Politiker und Ökonomen überbieten sich mit Vorschlägen, wie diese Ordnung aussehen könnte – immer wieder fällt der Begriff eines ›neuen Bretton Woods‹. In dem kleinen Ort an der US-Ostküste trafen sich 1944 Vertreter aus 44 Ländern, um eine neue Wirtschaftsordnung auf den Trümmern der alten zu gründen.[31]

Dieser auf der Ebene des *discours* aus den semantischen Konzepten Ordnung vs. Unordnung und Innovation vs. Verfall bestehende Ursprungsmythos erzählt von der Entstehung der Ordnung aus dem Chaos und plausibilisiert sein Vertrauen in diese Dynamik durch das hoffnungstiftende Moment eines bereits in der Vergangenheit gelungenen Neuanfangs.

3.3 Eine Modellerzählung von vorbildlichem ökonomischem Verhalten

So, wie populäre Krisen- und Verfallserzählungen mit einer Moral aufwarten, die ökonomische Gesetzmäßigkeiten zu verstehen hilft,[32] sind auch didaktisch-expli-

---

31 Vgl. den Artikel »Bretton Woods II« in der *Wirtschaftswoche* vom 27.10.2008 (Nr. 44), S. 52.
32 Redewendungen, Sprichwörter und Lebensweisheiten werden besonders in der Berichterstattung aktueller Wirtschaftsmagazine massiv eingesetzt, um dieser die Würde der Überzeitlichkeit und Allgemeingültigkeit zu verleihen und die Reportagen in elementarem Sinne als Wirklichkeitserzählungen zu legitimieren. Vgl. etwa die *Wirtschaftswoche* 44 (27.10.2008), S. 52: »In jeder Krise steckt eine Chance, lautet eine Redewendung.«, »Wer

kative Modellerzählungen von einer moralisierenden Tendenz geprägt. Der didaktischen Explikation ökonomischer Theorien und Modelle dienen zumeist fingiert faktuale Erzählungen, die als Mediatoren zwischen Ansatz und Wirklichkeit fungieren sollen. So präsentiert Ferry Stocker in *Spaß mit Mikro. Einführung in die Mikroökonomik*[33] »Geschichten vom Strand«, die der Verdeutlichung des ökonomischen Rationalkalküls dienen. Es handelt sich um kurze Szenarien, die formal und substantiell rationales Verhalten auf Basis eines Wenn-dann-Schemas beschreiben:

> Wird die Firmenleitung einer Aktiengesellschaft tatsächlich versuchen, den Gewinn zu maximieren? Tut sie es nicht oder gelingt es ihr nicht [...], dann wird sie entweder von den Aktionären abberufen und durch eine Führungsmannschaft ersetzt, die den Gewinn maximiert. Oder die Kurse der Aktien sinken aufgrund der schlechten Gewinnsituation: Dann ist die Wahrscheinlichkeit groß, dass die Unternehmung von einer anderen übernommen wird und die Firmenleitung durch eine andere, eine, die den Gewinn maximiert, ersetzt werden wird. Oder – im schlechtesten Fall – scheidet die Firma aus dem Markt aus. Damit verbleiben erst diejenigen, die den Gewinn maximieren. (24)

Während aber Unternehmen optimalerweise ein Gewinnmaximierungsverhalten zeigen, dessen Angemessenheit in Form einer Wenn-dann-Geschichte mit klarem Ausgang beschrieben werden kann, weisen individuelle Akteure (Haushalte) ein Nutzenmaximierungsverhalten auf, das sich (auch) an subjektiven Präferenzen bemisst, und somit nicht ohne weiteres beobachten lässt. Entsprechende Modellszenarien werden daher narrativ veranschaulicht und die so fingierte Erzählung mit einer unmittelbar anschließenden Moral – einer ökonomischen Erklärung – versehen. So heißt es in »Es geschah an einem Sommertag...«:

> Claudio Gelatino ist Student an einer Wirtschaftsuni. Als Abkömmling einer italienischen Einwandererfamilie ist er alles andere als mit finanziellen Mitteln gesegnet. [...] Um seine wie immer angespannte finanzielle Situation etwas zu entschärfen, arbeitet Claudio Gelatino in den Sommerferien – wie könnte es anders sein – in einem Eissalon eines guten Bekannten. Da er hauptsächlich abends im Einsatz ist, hat er tagsüber viel Zeit, den Sommer zu genießen. Das tut er auch. (53)

Es folgt die ausgeschmückte Aufzählung seiner Hobbies und dass er mit seiner Freundin regelmäßig an einen Stausee fährt, von wo aus er, um ein Eis zu essen, zu einem einige Kilometer entfernten Strandcafé geht, wo Eis zu Wucherpreisen verkauft wird, und bei seiner Rückkehr die gierigen Blicke der anderen Badegäste bemerkt. Claudios Freundin aber ist während seiner Abwesenheit mit einem Surfer durchgebrannt, er ist fassungslos, beruhigt sich wieder, beginnt »über die Sache mit dem Eis nachzudenken« und hat ein ökonomisches Konversionserlebnis, das ihn in einen Unternehmer verwandelt: »Der Geschäftssinn macht sich in seinem Denken breit, er beginnt zu rechnen [...]«, holt Eis aus seinem Salon, verkauft es am Strand zum dreifachen Preis:

---

einmal lügt, dem glaubt man nicht« (S. 174). »Kriege, heißt es, seien zu wichtig, um sie Generälen zu überlassen« (S. 176).
33 München/Wien 1995.

Die Taschen voll Geld tritt Claudio – nicht ohne vorher ein besonders genüßliches Bad im kühlenden See genommen zu haben – die Heimreise an. Er hat ein gutes Geschäft gemacht [...] spielend ein Vielfaches von dem verdient, wofür er jeden Abend bei seinem Bekannten für einige stressige Stunden Eisportionen verkaufen muß. (53)

Die semantischen Konzepte der *histoire* – Bedürfnisse, Beobachtung, Ressourcen, Innovation etc. – werden hier in einen *discours* überführt, auf dessen Ebene Erzähltechniken zum Einsatz kommen, die die affektive Wirkung der Geschichte erhöhen. Dies geschieht u.a. über das Erzählmoment der verlorenen Liebe des studentischen Protagonisten und indem die umgangssprachlich erzählte mittelbare Darstellung immer wieder von direkter Rede im dramatischen Modus durchbrochen wird, wobei gleichzeitig die Deutungshoheit des heterodiegetischen Erzählers mittels Nullfokalisierung untermauert wird. Die Individualisierung des Akteurs, die mit der Übersetzung der Theorie in ein individuelles Aufstiegsnarrativ einhergeht und großes Identifikationspotential enthält, legt nicht nur nahe, dass ›jeder es schaffen kann‹, sondern auch, dass es irrational, sprich: unökonomisch wäre, anders zu handeln.

An die Erzählung schließt sich dann – »Was wirklich geschah...« – eine ökonomische Deutung an, die die kausale Motivierung der Sinnstruktur der erzählten Welt und die Anlehnung des Protagonisten an das Figurenmodell des Homo oeconomicus offenlegt. Die *histoire* ist nach den Maßgaben der Theorie konstruiert, so dass der Autor feststellen kann: »So simpel der Fall hier auch liegen mag, er enthält fast alle entscheidenden Aspekte, auf die es für einen erfolgreichen Unternehmer ankommt« (55). Gerade die Simplizität der Erzählung, ihre aus nur wenigen Geschehensmomenten bestehende Struktur verbürgt ihre hohe Anschlussfähigkeit – einzelne Parameter mögen sich ändern, doch die Grundstruktur ist basal genug, um in jedem konkreten Einzelfall wieder erkannt zu werden: Im vorliegenden Fall trete uns Claudio zunächst als Haushalt entgegen (Konsum/Nachfrage), später als Unternehmer (Produktion/Angebot), er wisse aufgrund »aufmerksamer Beobachtung« um seine »latenten Bedürfnisse« und habe eine Idee, »um einen Gewinn zu machen.« Er setze »seine Ressourcen« dort ein, »wo sie das meiste erwirtschaften«, produziere etwas »das die Leute [...] auch kaufen wollen.« Dies sei ein »innovativer Akt«, bei dem die »Ausführung der Produktion [...] in der Unternehmung« stattfinde, die letztlich den »Nutzen aller Marktteilnehmer erhöht« (55f.). Als Moral der Geschichte wird abschließend das ökonomische Axiom der Selbstregulation des Marktes im Sinne der Smithschen Metapher der »invisible hand« präsentiert.

Stockers Geschichte kann hier stellvertretend für didaktisch-explikative Modellerzählungen genommen werden, wie sie nicht nur in Handbuchtexten, sondern auch in rein theoretischen Darstellungen auftauchen. Gemäß ihrer Funktion, das Handlungsmodell des unternehmerischen Homo oeconomicus zu explizieren und als Ideal zu etablieren, vereint die hier erzählte Welt all jene strukturellen Elemente, die vor dem Hintergrund des neoklassischen Menschenbilds für anthropologisch-tropologische Narrative bzw. Erzählungen vom rationalen Verhalten entscheidend sind: Beobachtung und Sammeln von Information, Innovation, Streben nach Nutzen- bzw. Gewinnmaximierung, rationale Kosten-Nutzen-

Analyse und Risikokalkulation, den gezielten Einsatz von Ressourcen, sowie den Kreislauf von Angebot und Nachfrage, der sich aufgrund des Marktmechanismus zum Vorteil aller auswirkt. Eine solche modellhafte Verkürzung der Realität kennzeichnet übrigens auch Fallgeschichten in Managementmagazinen: Entscheidend ist gerade nicht die Frage, ob sich ein Fall tatsächlich so zugetragen hat, sondern die Anschlussfähigkeit, Identifikationsmöglichkeit und Nachvollziehbarkeit des Gesagten, die die Glaubwürdigkeit der theoretischen Ausführungen sichern – die Modellhaftigkeit des Falls unterstreicht die Faktualität der Theorie.[34]

3.4 Figurenmodelle in Management- und Ratgeberliteratur

Das hier zugrunde liegende Leitbild ökonomischer Moralität, das im Zentrum neoliberaler Humankapitaltheorien steht und den Kern des »Jargons der Investoren« (Pierre Bourdieu) markiert, ist das des hart arbeitenden und übermüdeten, rationalen und kreativen, seine emotionalen Bindungen rationalisierenden Menschen. Es gibt das Figurenmodell der Erzählungen umso eindeutiger vor, je mehr diese in einem präskriptiven Kontext stehen, wie etwa im Rahmen des Investmentnarrativs ökonomischer Ratgeberliteratur, das dem »uneingeschränkten Imperativ der Selbstoptimierung« folgt und fordert, dass wir selbst Homines oeconomici werden.[35] Entsprechende Geschichten werden zumeist aus einer auktorialen Erzählsituation heraus in imperativischer Sprache geschildert. In einer Art Bedienungsanleitungsnarrativ für den individuellen Erfolg werden komplexe reale Situationen auf solche reduziert, in denen eindeutige Informationen, Handlungsoptionen und somit Entscheidungen logisch ableitbar sind. Diese Vereinfachung der Handlungssituation korrespondiert mit ebenfalls idealtypisch reduzierten Protagonisten, den »einfachen«, »komplexen«, »selbstbezogenen« und »rationalen« Menschen der Handbücher zum Personalmanagement, die sich innerhalb eines Kontinuums zwischen der »1« rationalen und der »0« irrationalen Handelns klar verorten lassen.

Dass diesen Typen relativ klar Interessen zugeordnet werden können, hängt damit zusammen, dass neoklassische Ökonomen subjektive Handlungsmaßstäbe von *eigentlichen* Verhaltensmaximen unterscheiden. Dies gelingt mittels Naturalisierungen, die *rational choice* und Nutzenmaximierung als universale Verhaltens-

---

34 Vgl. etwa die Geschichte des Orthopäden Gunther E. in »Doppelt geschröpft«, *Wirtschaftswoche* 49 (1.12.2008), S. 87: »Bis vor etwa anderthalb Jahren musste man sich Gunther E. aus Frankfurt als typischen Erfolgsmenschen vorstellen. Der Orthopäde hatte sich 15 Jahre zuvor eine kleine Privatklinik aufgebaut. Sein Vermögen wuchs mit dem beruflichen Erfolg – auf acht Millionen Euro. Das war ›vor meinem Finanz-GAU‹, wie E. das nennt.«

35 Ulrich Bröckling: *Das unternehmerische Selbst. Soziologie einer Subjektivierungsform*, Frankfurt a.M., S. 95. Alternative anthropologische Grundfiguren wie der *homo reciprocans* oder die Idee der *bounded rationality* tauchen im Rahmen von Betriebswirtschaftslehrbüchern, der Management- und Ratgeberliteratur seltener auf. Alfred Endres: *Moderne Mikroökonomik – erklärt in einer einzigen Nacht*, München/Wien 2000, S. 9f., argumentiert beispielsweise, die »bloße Abwesenheit von Rationalität« stelle »kein operables Modell menschlichen Verhaltens« dar.

muster anthropologisch verankern: So schreibt Richard Layard zur Begründung eines von ihm angenommenen universalen Strebens nach Status und Respekt, dieses sei »wired into our genes and is a major source of satisfaction if we get it. We know this from the remarkable studies of vervet monkeys by Michael McGuire and his colleagues at the UCLA.«[36] Solche Naturalisierungen bilden ein konstitutives Moment der Ursprungserzählungen vom Homo oeconomicus, denn sie erlauben es, die Systemgrenze der Neoklassik mittels einer Übertragung ihrer Merkmale auf vormoderne Wirtschaftssysteme unsichtbar zu machen. Das Problem, das moderne Wirtschaftssystem gleichzeitig als Effekt vorausgegangener Entwicklungen und als etwas völlig Neues zu interpretieren, wird hier umgangen, indem eine »Identität des Differenten«[37] impliziert wird. So wird die Historizität der Figur des Homo oeconomicus verdeckt, indem von der Befreiung des wahren Menschen und seiner bisher unterdrückten rationalen ökonomischen Verhaltensdispositionen von den Fesseln vormoderner Ökonomie und Irrationalität, vom Beginn rationaler Kalkulation und ökonomischer Selbstreflexion erzählt wird.[38]

Wie vor diesem Hintergrund Figurenmodelle ökonomischen Erzählens gebildet werden, zeigt folgendes Beispiel: Im Rahmen des als »State-of-the-Art des internationalen Managementwissens« gepriesenen Lehrbuchs von Klaus Macharzina und Joachim Wolf, das sich an »den zukünftigen Führungsnachwuchs« wendet,[39] werden Praxis- oder Fallbeispiele als »didaktische Mittel« eingesetzt, um den Leser »auf den realen Problemgehalt« des jeweils nachfolgenden theoretischen Textes einzustimmen (S. XIf.). Die Analyse der entsprechenden Fall- und Praxisbeispiele (auf Basis von Informationen aus Tageszeitungen und in Form von Geschäfts- und Lageberichten großer Konzerne) bedient sich typologisierter Modellakteure, die wiederum als Ausgangspunkt der vorgestellten rationalen Optimierungsstrategien dienen. Im Sinne des Humankapitalansatzes werden dabei auch nicht-monetäre Interessen, wie etwa Prestige, »Verwirklichung schöpferischer Ideen«, oder »zufrieden stellende zwischenmenschliche Beziehungen« berücksichtigt und bestimmten Typen innerhalb der Unternehmenshierarchie zugeordnet: So haben »Top-Manager« Interesse an Macht, Prestige, hohem Einkommen und Verwirklichung schöpferischer Ideen; Bereichsleiter und Spezialisten Interesse an Einfluss innerhalb des Unternehmens, der Anwendung und Er-

---

36 Richard Layard: *Happiness. Lessons from a New Science*, London 2006, S. 149; vgl. Stocker (Anm. 33), S. 123.
37 Werner Plumpe: »Die Geburt des ›Homo oeconomicus‹. Historische Überlegungen zur Entstehung und Bedeutung des Handlungsmodells der modernen Wirtschaft«, in: Reinhard/Stagl (Anm. 11), S. 319–352, hier: S. 319.
38 Plumpe (Anm. 37), S. 321: Diese Ursprungserzählung erfülle gleichzeitig die epistemische Funktion der Absicherung des Anspruchs auf Universalgültigkeit der neoklassischen Theorie, die sich von der historischen Erklärung der Entstehung des Homo oeconomicus gefährdet sieht. Funktion dieser Figur ist es, angesichts der unkalkulierbaren Komplexität individueller Entscheidungen eine Kalkulierbarkeit zu schaffen, mit der eine »autonome ökonomische Semantik der Selbstbeobachtung« allererst ermöglicht wird.
39 Klaus Macharzina/Joachim Wolf: *Unternehmensführung. Das internationale Managementwissen. Konzepte – Methoden – Praxis*, 5. Aufl., Wiesbaden 2005, S. IXf.

weiterung ihres Wissens, Prestige und hohem Einkommen; das Interesse der übrigen Mitarbeiter richtet sich hingegen vornehmlich auf soziale Sicherheit, Selbstentfaltung am Arbeitsplatz, zufrieden stellende Arbeitsbedingungen und zwischenmenschliche Beziehungen (vgl. S. 13). Diese Typenbildung wird dabei vielfach anhand realer Personen vorgenommen, wie unter anderem der viel bemühte Vergleich zwischen »Topmanagern« und »Spitzensportlern« zeigt,[40] und mit einfachen Lernschritten verbunden, die zur individuellen Herausbildung eines solchen unternehmerischen Selbst führen sollen, wie etwa der Handelsblatt-Bestseller *Strategien des Erfolgs* sie bereitstellt: »(1) Die heimlichen Spielregeln der Verhandlung. (2) Managen mit emotionaler Kompetenz. (3) So macht man Karriere. (4) Mitarbeiter motivieren. (5) Einfach führen! (6) Radikal vereinfachen.«[41]

4. Forschungsüberblick

Der Blick auf die sprachlichen Strukturen der Wirtschaftswissenschaften scheint alles andere als selbstverständlich zu sein, wird doch das Verhältnis zwischen Literatur und Ökonomik von Vertretern beider Bereiche traditionell als Wechselspiel und Austausch von Ideen begriffen, wird nach der »Literatur in der Ökonomie« bzw. der »Ökonomie (in) der Literatur« gefragt. So sind wirtschaftliche Faktoren der Literaturproduktion oder literarische Erzählungen mit ökonomischen Themen und Bezügen bereits seit langem Gegenstand literaturwissenschaftlicher Analysen.[42] Umgekehrt ist die Verwendung von fiktionalen Passagen, Charakteren, Themen und Ideen im Rahmen ökonomietheoretischer Schriften ein bis heute immer wiederkehrendes Thema, wobei die literarische Spiegelung historischer wirtschaftlicher Zusammenhänge und Theorien analysiert und insbesondere auf die didaktische und paradigmatische Rolle literarischer Beispiele hingewiesen wird, wie sich stellvertretend für etliche andere an Donna M. Kish-Goodlings *Using ›The Merchant of Venice‹ in Teaching Monetary Economics* ablesen lässt.[43]

---

40 »Zielorientierung, Ehrgeiz, Teamfähigkeit und Durchhaltevermögen – wesentliche Eigenschaften von Spitzensportlern sind auch im Beruf erforderlich, um ganz nach oben zu gelangen«, Dagmar Sobull: »Erfolg beginnt im Kopf«, *MLP-Magazin* 1 (2007), S. 12–16.
41 Handelsblatt (Hg.): *Strategien des Erfolgs*, 6 Bde., Frankfurt a.M./New York 2007.
42 Vgl. den bibliographischen Überblick von Gebhard Rusch: »Wirtschaft/Wirtschaftssystem und Literatur«, in: *Metzler Lexikon Literatur- und Kulturtheorie*, hg. v. Ansgar Nünning, Stuttgart/Weimar 2004, S. 711f. Als klassisches Beispiel ökonomistischer Literaturinterpretation siehe Jürgen Kuczynski: *Studien über Schöne Literatur und Politische Ökonomie*, Berlin 1954. Vgl. weiterhin Marc Shell: *The Economy of Literature*, Baltimore/London 1979; Enrik Lauer: *Literarischer Monetarismus. Studien zur Homologie von Sinn und Geld bei Goethe, Goux, Sohn-Rethel, Simmel und Luhmann*, St. Ingbert 1994; Reinhard Saller: *Schöne Ökonomie. Die poetische Reflexion der Ökonomie in der frühromantischen Literatur*, Würzburg 2007.
43 *The Journal of Economic Education* 29 (1998), H. 4, S. 330–339; Einen Überblick geben Michael Watts: »How Economists Use Literature and Drama«, *The Journal of Economic Education* 33 (2002), H. 4, S. 377–386, und Ders./Robert F. Smith: »Economics in Literature and Drama«, in: *The Journal of Economic Education* 20 (1989), H. 3, S. 291–307.

Die wissenschaftliche Auseinandersetzung mit der Frage nach »Ökonomie *als* Literatur« hingegen beginnt im Zusammenhang mit den wissenschaftstheoretischen Auseinandersetzungen um ökonomische Modellbildung und einer seit den 1970er Jahre zunehmend kontextualistisch verfahrenden Wissenschaftsgeschichte und Wissenssoziologie. In der Wissenschaftsgeschichte richtete sich die Aufmerksamkeit seit den späten 1980er Jahren vermehrt auf die Wirtschaftswissenschaften.[44] Seitdem entstand eine Vielzahl von kritischen und kontextualisierenden Studien zwischen Geschichte der Wirtschaftswissenschaften und Wirtschaftsgeschichte, in der selbst jüngst eine kulturalistische Wende ausgerufen wurde.[45] Behandelt werden Fragen der Methodologie, insbesondere unter Bezug auf Mathematisierung und Quantifizierung, Praktiker und Praktiken ökonomischer Wissensproduktion am Beispiel von Induktion und Simulation, Ingenieuren und Experimentatoren, sowie deren epistemische Ideale wie »Präzision«.[46]

Entlang dieser systematischen Konturen sind die historische Konstruktion und spezifische Rationalität der anthropologischen Grundfigur der neoklassischen Ökonomietheorie, des Homo oeconomicus, und die für den ökonomischen Diskurs zentralen Metaphern und Gleichgewichtsnarrative behandelt worden.[47] Insbesondere im Rahmen von Untersuchungen zur Wissenschaftsrhetorik

---

44 Vgl. den bibliographischen Überblick von Margaret Schabas: »Coming Together: History of Economics as History of Science«, HOPE 34, Supplement (2002), S. 208–225; Dies.: »Breaking Away: History of Economics as History of Science«, HOPE 24 (1992), S. 187–203; Ross B. Emmet: »Reflections on ›Breaking Away‹: Economics as Science and the History of Economics as History of Science«, *Research in the History of Economic Thought and Methodology* 15 (1997), S. 221–236.

45 Hartmut Berghoff/Jakob Vogel (Hg.): *Wirtschaftsgeschichte als Kulturgeschichte. Dimensionen eines Perspektivenwechsels*, Frankfurt a.M. u.a. 2004; Reinhard/Stagl (Anm. 11); Gerold Blümle: *Wirtschaftsgeschichte und ökonomisches Denken. Ausgewählte Aufsätze*, Marburg 2007; Karl-Peter Ellerbrock/Clemens Wischermann (Hg.): *Die Wirtschaftsgeschichte vor der Herausforderung durch die New Institutional Economics*, Dortmund 2004; Bertram Schefold: *Beiträge zur ökonomischen Dogmengeschichte*, Düsseldorf 2004; Geoffrey Hodgson: *How Economics Forgot History. The Problem of Historical Specificity in Social Science*, London 2001.

46 Vgl. Porter und Wise (Anm. 9); Gerd Gigerenzer u.a.: *The Empire of Chance. How Probability Changed Sciences and Everyday Life*, Cambridge/New York 1989; Margaret Schabas: »Alfred Marshall, W. Stanley Jevons, and the Mathematization of Economics«, ISIS 80 (1989), S. 60–73; Dies.: *A World Ruled by Number*, Princeton 1990; James P. Henderson: *Early Mathematical Economics: William Whewell and the British Case*, Lanham/Md. 1996; Timothy Alborn: »The Business of Induction: Industry and Genius in the Language of British Scientific Reform, 1820–1840«, *History of Science* 34 (1996), S. 91–121; Jean-Pierre Poirier: *Lavoisier: Chemist, Biologist, Economist*, Philadelphia 1993; Robert B. Ekelund Jr./Robert F. Hébert: *Secret Origins of Modern Microeconomics: Dupuit and the Engineers*, Chicago 1999; Michael Power (Hg.): *Accounting and Science: Natural Inquiry and Commercial Reason*, New York 1996; Harro Maas: *William Stanley Jevons and the Making of Modern Economics*, Cambridge u.a. 2005.

47 Plumpe (Anm. 37); Morgan (Anm. 2); Joseph Vogl: *Kalkül und Leidenschaft. Poetik des ökonomischen Menschen*, Zürich/Berlin 2008; Istvan Hont/Michael Ignatieff (Hg.): *Wealth and Virtue: The Shape of Political Economy in the Scottish Enlightenment*, Cambridge 1983; Michael S. Teitelbaum/Jay M. Winter (Hg.): *Population and Resources in Western Intellectual Traditions*, Cambridge 1989, S. 30–48; Rolf Peter Sieferle: *Bevölkerungswachstum und Naturhaushalt. Studien zur Naturtheorie der klassischen Ökonomie*, Frankfurt a.M. 1990; Sylvana Tomaselli: »Poli-

wurde dabei seit Mitte der 1980er Jahren auf den funktionalen Charakter ökonomischer Textproduktion abgehoben und diese hinsichtlich ihrer zentralen Metaphern und stilistischen Momente analysiert. Diskursanalytisch verfahrende Studien fragten nach Regularitäten, impliziten Theorien und normativen Vorannahmen ökonomischer Begriffe und Symbole. Auch wandte man sich ökonomischen Erzählungen im engeren Sinne zu und untersuchte den Einfluss übergeordneter Denkmuster und der jeweiligen Leitwissenschaften auf die sprachlichen Konventionen der Ökonomik. Im Zentrum stehen hier insbesondere Kernmetaphern wie die »unsichtbare Hand« oder die Begriffe der »Zirkulation«, »Energie« oder des »Organismus«.[48] Insbesondere die Auseinandersetzung mit wissenschaftlichen Modellbildungen hat sich dabei als besonders fruchtbar für narratologische Zugänge zur Ökonomietheorie erwiesen.[49] So haben Allan Gibbard und Hal R. Varian bereits Ende der 1970er Jahre aus philosophischer bzw. ökonomischer Perspektive Erzählungen als integralen Bestandteil ökonomischer Modelle der Realität gedeutet – ein Modell sei »eine Erzählung mit einer spezifischen Struktur«, der Gebrauch von Modellen involviere immer ein interpretatives Moment, ein Modell erzähle daher immer eine Geschichte.[50] Über den Aufbau der Erzählungen oder darüber, wie eine Geschichte erzählt wird, treffen Gibbard und Varian allerdings keine Aussagen – sie zielen lediglich auf die Notwendigkeit einer Interpretation der Variablen ab, die das Modell mit Wirklichkeitsreferenz versehen.

Wesentlich über Gibbard und Varian hinaus geht Donald McCloskey in *The Rhetoric of Economics* (1985), *locus classicus* der wissenschaftlichen Auseinanderset-

---

tical Economy. The Desire and Needs of Present and Future Generations«, in: Christopher Fox u.a. (Hg.): *Inventing Human Science. Eighteenth-Century Domains*, Berkeley u.a. 1995, S. 292–322.
48 Samuels (Anm. 5), S. 7 und 13. Einflussreich waren William J. Thomas Mitchell (Hg.): *On Narrative*, Chicago/London 1981; Christopher Nash (Hg.): *Narrative in Culture: The Uses of Storytelling in the Sciences, Philosophy, and Literature*, London/New York 1990. Vgl. weiterhin Anson Rabinbach: *The Human Motor. Energy, Fatigue, and the Origins of Modernity*, Berkeley 1992; Philipp Sarasin/Jakob Tanner (Hg.): *Physiologie und industrielle Gesellschaft. Studien zur Verwissenschaftlichung des Körpers im 19. und 20. Jahrhundert*, Frankfurt a.M. 1998; Sabine Maasen/Everett Mendelsohn (Hg.): *Biology as Society, Society as Biology: Metaphors*, Dordrecht/Boston 1995; Claude Ménard, »The Maschine and the Heart: An Essay on Analogies in Economic Reasoning«, *Social Concept* 5 (1988), H. 1, S. 81–95; I. Bernard Cohen (Hg.): *The Natural Sciences and the Social Sciences*, Dordrecht 1994; Bruna Ingrao: »Physical Metaphors and Models in Pareto's Thought«, *Archives internationale d'histoire des sciences* 44 (1994), S. 63–91; Dies./Giorgio Israel: *The Invisible Hand: Economic Equilibrium in the History of Science*, Cambridge Mass./London 1990; Philip Mirowski (Hg.): *Natural Images in Economic Thought*, Cambridge 1994; Marcus Sandl/Harald Schmidt (Hg.): *Gedächtnis und Zirkulation. Der Diskurs des Kreislaufs im 18. und frühen 19. Jahrhundert*, Göttingen 2002.
49 Vgl. Morgan (Anm. 13, 25); Dies./Morrison (Anm. 19); Dies.: »The Technology of Analogical Model Building: Irving Fisher's Monetary Worlds«, *Philosophy of Science* 64 (1997), S. 304–314; Dies./Marcel Boumans: »Secrets Hidden by Two-Dimensionality: The Economy as a Hydraulic Machine«, in: Soraya de Chadarevian/Nick Hopwood (Hg.): *Models: The Third Dimension of Science*, Stanford 2004, S. 369–401.
50 Allan Gibbard/Hal R. Varian: »Economic Models«, *The Journal of Philosophy* 75 (1978), S. 664–677, hier: S. 666; vgl. Morgan (Anm. 13).

zung mit narrativen Strukturen der Ökonomie.⁵¹ In einer Analyse schulbildender Texte u.a. von Paul Samuelson, Gary Becker, Robert Solow und Robert Fogel dekonstruiert McCloskey das methodische Selbstverständnis der Ökonomietheorie: Nicht nur hielten sich Ökonomen in der Praxis häufig weder an die offiziell veranschlagte Methode der Falsifikation von Hypothesen noch argumentierten sie auf Basis statistischer Tests. Ihre Aussagen legitimierten sie mittels mathematischer Virtuosität und sachferner Signifikanztests, sie verwiesen auf Autoritäten, verwendeten Analogien oder verführen auf Basis von Introspektion.⁵² Mit ihrer Bestimmung als rein rhetorisch und fiktional dekonstruierte *The Rhetoric of Economics* den Status der Wirtschaftswissenschaften als Wirklichkeitswissenschaften und konstatierte, es handele sich bei diesen vielmehr um Überzeugungswissenschaften – eine Interpretation, die innerhalb der Wirtschaftswissenschaften kaum Anhänger fand. Im Zentrum der Untersuchungen McCloskeys stehen wiederum ökonomische Modelle, die als Metaphern bestimmt werden, die sich von Erzählungen unterscheiden. Beide böten komplementäre Antworten auf »Warum«-Fragen an und träten in Form von Allegorien auch gemeinsam auf.⁵³ Während ökonomisches Erzählen reale Ökonomien zu einer bestimmten Zeit und an einem bestimmten Ort zum Thema hätten, seien Metaphern auf hypothetische zukünftige Ökonomien ausgerichtet. Erzählungen auf Basis solcher Modelle seien Bestandteil kontrafaktischer Argumentationen. Je vager dabei das Modell sei, desto besser könne die Erzählung mit der Realität zusammengebracht werden, je exakter das Modell, desto absurder werde die Erzählung. Die Differentialgleichung als ein bestimmter Typ von Modellen entspreche sogar dem literarischen Denken und stehe zwischen der reinen Metapher und der reinen Erzählung, denn hier werde die Erzählung »thematisch« und die Metapher dynamisch.⁵⁴

Den Ansatz von McCloskey greift kritisch Mary Morgan auf, um die Bedeutung von Erzählungen für Modelle und ihr exaktes Verhältnis zu bestimmen. Morgan argumentiert, dass das Erzählen von Geschichten nicht davon abhängt, ob die Struktur des Modells statisch oder dynamisch ist, sondern davon, dass das Erzählen generisch für den Gebrauch, *die Anwendung* von Modellen ist. Erzählungen werden in der Ökonomietheorie als »kognitive Werkzeuge« verwendet, mittels derer wir etwas erklären oder etwas zu verstehen beginnen.⁵⁵ Sie sind also mehr als bloße rhetorische oder heuristische Mittel, sie sind integrale Bestandteile des praktischen Umgangs mit Modellen: Ob sie von einer realen oder einer hypothetischen Welt erzählen – sie explizieren die zugrunde liegende Struktur eines Modells, das ohne sie nicht auf die Welt bezogen werden kann. Modelle generie-

---

51 McCloskey (Anm. 10); vgl. weiterhin Ders.: *If you're so smart. The Narrative of Economic Expertise*, Chicago u.a. 1990; Ders.: *The writing of economics*, New York u.a. 1987; Ders./Arjo Klamer (Hg.): *The Consequences of Economic Rhetoric*, Cambridge/New York 1989; Ders.: »Voodoo Economics«, *Poetics Today* 12 (1991), H. 2, S. 287–300; Uskali Mäki: »Diagnosing McCloskey«, *Journal of Economic Literature* 33 (1995), H. 3, S. 1300–1318.
52 McCloskey (Anm. 10).
53 McCloskey (Anm. 14), S. 61.
54 McCloskey (Anm. 15), S. 25.
55 Morgan (Anm. 13), S. 365, 376.

ren also Geschichten in »konfigurationalem Modus« mit einer spezifischen Struktur, die diese begrenzt und formt, nicht aber komplett determiniert, und die ihrerseits das Modell in seinen Anwendungen nicht ersetzen kann. Um aus Modellen zu lernen, von ihrer internen Dynamik profitieren zu können, muss man eine externe Dynamik in Gang setzen, indem man sie befragt. Die Antworten, die dann mittels der deduktiven Ressourcen eines Modells bereitgestellt werden, haben typischerweise die Form von Erzählungen, deren Form durch die Frage, eine ad hoc Beobachtung oder die Modifikation einer Annahme generiert wird: Ein Element des Modells wird verändert, eine Sequenz weiterer Veränderungen läuft ab, eine andere Geschichte wird erzählt.[56]

Vor diesem Hintergrund lässt sich eine Reihe von Forschungsdesideraten ausmachen, die in erster Linie die Untersuchungsfelder betreffen. Wünschenswert wären etwa detaillierte Fallstudien zu den jenseits der Modellerzählungen genannten Erzähltypen, Arbeiten zum alltäglichen (und mündlichen) ökonomischen Erzählen und vergleichende Forschungen zu Rolle und Struktur von Modellerzählungen und Fallgeschichten in unterschiedlichen Gegenstandsfeldern (Volkswirtschaft, Unternehmen etc.), Textgattungen (Handbücher, wissenschaftliche Artikel etc.) und Strömungen (Neoliberalismus, Marxismus etc.). Weitere Themen ergeben sich im Zusammenhang mit einer »Poetologie des Wissens« (Joseph Vogl), mit der sich jüngst ein weiterer Zugang eröffnet hat, dem es um die Rolle literarischer Strategien in wissenschaftlichen Texten zu tun ist. Ausgangspunkt sind die Bedingungen, unter denen sich Aussagen formieren, die Annahme, dass jeder epistemologischen Klärung – auch der wissenschaftlichen Objekte der Ökonomie – eine ästhetische Entscheidung vorausgeht. Das Fiktive durchzieht alle Bereiche des Wissens, es beeinflusst die Erhebung und Verarbeitung von Daten ebenso wie die Repräsentation und Inszenierung von Wissen.[57] Gleich anderen Wissensformen stellen wirtschaftswissenschaftliche Texte Deutungsmuster bereit, die es erlauben, die ökonomische Sphäre mit ihren Gütern, Prozessen und Akteuren zu normieren und diese Operation zugleich durch rhetorische Verfahren unsichtbar zu machen. Entsprechend verfahrende Rekonstruktionen der imaginären Qualität des ökonomischen Erzählens bilden vor allem im Hinblick auf die vielfältigen und hochkomplexen ökonomischen Theorien des 20. und 21. Jahrhunderts ein weiteres Forschungsdesiderat.

5. Kommentierte Auswahlbibliographie

Clift, Edward (Hg.): *How Language Is Used to Do Business: Essays on the Rhetoric of Economics*, New York 2008. – Gemeinsames Ziel der Aufsätze ist es, die Erkenntnisse der *Rhetoric of Economics* McCloskeys im Hinblick auf die Realitätseffekte ökonomischer Sprache zu untersuchen. Behandelt werden u.a. Rhetoriken der Wertschöpfung und der Angst, Just-so-stories und Metaphern des Marktes.

---

56 Morgan (Anm. 13), S. 366, 378.
57 Joseph Vogl (Hg.): *Poetologien des Wissens um 1800*, München 1999; Ders. (Anm. 47).

Creager, Angela N. H./Lunbeck, Elizabeth/Wise, M. Norton (Hg.): *Science without Laws. Model Systems, Cases, Exemplary Narratives*, Durham und London 2007. – Dieser Sammelband beschäftigt sich mit dem Verhältnis von Modellsystemen, Simulationen, Fallstudien und exemplarischen Erzählungen in den Geistes- und Naturwissenschaften. Von spezifischem Interesse für den Bereich der ökonomischen Theorie sind die Aufsätze von Mary Morgan zum spieltheoretischen Gefangenendilemma.

McCloskey, Donald [seit 1995 Deirdre] N.: *The Rhetoric of Economics*, Brighton/Sussex 1985. – McCloskeys Untersuchung markiert den eigentlichen Beginn der Anwendung des analytischen Instrumentariums der Sprach- und Literaturwissenschaften auf die ökonomische Theoriebildung. Auch wenn ihre Terminologie später als teilweise ungenau kritisiert wurde, sind ihre wissenschaftstheoretischen Analysen zum Realitätsbezug insbesondere komplexer ökonometrischer Modelle, dem Verhältnis von ökonomischen Fakten und Fiktionen und dem rhetorischen Einsatz von Statistiken und Differentialgleichungen wegweisend. McCloskeys Kritik am Selbstverständnis der Wirtschaftswissenschaften wog deshalb besonders schwer, weil sie aus dem innersten Zirkel der Chicagoer Schule um Milton Friedman und Robert Fogel stammt.

Morgan, Mary S.: »Economic Man as Model Man: Ideal Types, Idealization and Caricatures«, *Journal of the History of Economic Thought* 28 (2006), H.1, S. 1–27. – Morgans Aufsatz zeichnet die Geschichte des Homo oeconomicus von Adam Smith bis in die Gegenwart nach. Anhand wissenschaftshistorischer Analysen reduktionistischer, abstrakter, idealtypischer und universalisierter Bilder des ökonomischen Menschen wird dessen Bedeutung für ökonomische Theoriebildung und als Modell für ökonomische Narrationen herausgearbeitet.

Samuels, Warren J. (Hg): *Economics as Discourse: An Analysis of the Language of Economists*, Boston u.a. 1990. – Die systematischen Studien dieses Sammelbands beschäftigen sich mit der Verschränkung rhetorischer und methodologischer Strukturen ökonomischer Theoriebildung, die Fallstudien behandeln u.a. die disziplinäre Selbstwahrnehmung der Ökonomietheorie, die Allgemeine Gleichgewichtstheorie, postmoderne Momente in der Geschichte des ökonomischen Mainstreams und Debatten um die Stellung empirischer Beobachtung in der Ökonomik.

Vogl, Joseph: *Kalkül und Leidenschaft. Poetik des ökonomischen Menschen*, 3. Aufl., Zürich/Berlin 2008. – Vogls Studie über die Entwicklung des ökonomischen Menschen vom 17. bis ins 19. Jahrhundert verfährt im Sinne einer Poetologie des Wissens, die »das Auftauchen neuer Wissensobjekte und Erkenntnisbereiche mit den Formen ihrer Darstellung korreliert« und das »Wissenssubstrat poetischer Gattungen und die poetische Durchdringung von Wissensformen« (13f.) aufeinander bezieht. Im Hinblick auf Erzählen im ökonomischen Diskurs interessant ist besonders die Frage nach der Konvergenz literarischer und ökonomischer Handlungsmodelle.

Von rechter Sittlichkeit und richtigem Betragen. Erzählen im moralisch-ethischen Diskurs

Christian Klein

1. Einleitung und Bestimmung des Wirklichkeitsfeldes (Leitdifferenz)

Moral (verstanden als Gesamtheit der sittlichen Grundsätze, die zwischenmenschliches Handeln regulieren) und Ethik (verstanden als reflexive Auseinandersetzung mit diesen Grundsätzen, mit der Moral) sind untrennbar mit dem Phänomen des Erzählens verbunden. In diesem Sinne betont etwa Hayden White: »Where, in any account of reality, narrativity is present, we can be sure that morality or a moralizing impulse is present too.«[1] Und Norbert Meuter leitet sogar die moralische Existenz des Menschen aus der quasi-anthropologischen Notwendigkeit des Erzählens ab, wenn er schreibt: »Wir *sind* moralisch, weil [w]ir [...] Geschichten erzählen (müssen).«[2] Bevor im Folgenden das Erzählen im moralischen Feld fokussiert wird, soll zunächst ein Blick auf das Wirklichkeitsfeld und die dominierende Leitdifferenz geworfen werden.

Folgt man Niklas Luhmann, so hat sich im Rahmen der Veränderung der Differenzierungsformen der Gesellschaft (vgl. Einleitung zu diesem Band) die Funktion der Moral gewandelt: Während Moral in früheren Zeiten zur Regulierung gesellschaftlichen Miteinanders gedient habe, sei in der heutigen Gesellschaft, die aus ausdifferenzierten Subsystemen bestehe, ihre regulierende gesamtgesellschaftliche Funktion verloren gegangen.[3] Jedes gesellschaftliche Subsystem ist nach Luhmann durch einen spezifischen Code charakterisiert, der sich an einer Leitdifferenz orientiert – im Falle der Moral: gut/schlecht bzw. moralisch richtige/falsche Handlung. Jedes Subsystem stehe gleichgeordnet neben dem anderen und keines besitze eine Vorrangstellung gegenüber einem anderen. Die Moral ist allerdings, so Luhmann, ein besonderer Fall – sie markiert kein eigenes Subsystem und ist doch allseits präsent:

> Moral ist eine gesellschaftsweit zirkulierende Kommunikationsweise. Sie läßt sich nicht als Teilsystem ausdifferenzieren, nicht in einem dafür bestimmten Funktionssystem derart

---

1   Hayden White: »The Value of Narrativity in the Representation of Reality«, *Critical Inquiry* 7 (1980), H. 1: On Narrative, S. 5–27, hier: S. 26.
2   Norbert Meuter: »Geschichten erzählen, Geschichten analysieren. Das narrativistische Paradigma in den Kulturwissenschaften«, in: Friedrich Jaeger/Jürgen Straub (Hg.): *Handbuch der Kulturwissenschaften*, Stuttgart/Weimar 2004, Bd. 2: Paradigmen und Disziplinen, S. 140–155, hier: S. 154, Hervorhebung im Original.
3   Vgl. Niklas Luhmann: »›Was ist der Fall?‹ und ›Was steckt dahinter?‹. Die zwei Soziologien und die Gesellschaftstheorie«, *Zeitschrift für Soziologie* 22 (1993), S. 245–260, hier: S. 249.

konzentrieren, daß nur in diesem System und nirgendwo außerhalb moralisch kommuniziert werden kann.[4]

Zwar seien die Funktionsweisen der verschiedenen Subsysteme von der Moral losgekoppelt – wirtschaftliches Handeln zum Beispiel funktioniere unabhängig von moralischen Implikationen und ein erfolgreicher Politiker müsse auch kein moralisch guter Mensch sein. Dennoch seien alle Subsysteme durchsetzt mit moralischen Aspekten, ohne sich aber davon determinieren zu lassen – mit anderen Worten: Moral spiele in allen Subsystemen eine Rolle, aber nicht die entscheidende. Das Verhältnis der Funktionssysteme zur Moral sei, so Luhmann, am ehesten geprägt von Indifferenz.[5] So sollte ein Politiker zwar nicht wissentlich die Unwahrheit sagen, wenn er es aber doch tue, bedeute das noch nicht das Ende seiner Karriere. Luhmann spricht in diesem Falle von einer »strukturelle[n] Nichtidentität des Moralcodes und des politischen Codes«.[6] Im Prinzip charakterisiert diese »strukturelle Nichtidentität« das Verhältnis zwischen den Funktionscodes aller Subsysteme und dem Moralcode. Während sich wirtschaftliches Handeln am Gewinn oder Verlust von Eigentum orientiert, ist dieser Code für die Moral völlig unerheblich: »Die Moral sträubt sich dagegen, jemanden deswegen, weil er Eigentum hat, zu achten«.[7] Gleichzeitig betont Luhmann aber, dass gerade die Unabhängigkeit der Codes der Subsysteme von moralischen Bewertungen eine Verankerung in der Moral erfordere, damit diese Unabhängigkeit erhalten bleiben könne: »Die ›höhere Amoralität‹ der Funktionscodes bedarf mithin einer Absicherung in der Moral«.[8] Daraus könne aber, so Luhmann, nicht geschlossen werden, »daß die Funktionssysteme selbst auf Moral gegründet sind. Eher liegt der umgekehrte Schluß nahe, daß das fluide Medium der Moral dort ankristallisiert, wo Funktionssysteme ihm eine Funktion geben können.«[9] Wo die Funktionscodes auf unsichtbare Weise sabotiert werden können (durch Insidergeschäfte an der Börse, durch Bestechlichkeit bei Richtern, durch Fälschung von Datenmaterial in wissenschaftlichen Studien etc.), sie also auf Vertrauen angewiesen sind, greifen sie auf Moral zurück.[10]

In der modernen, ausdifferenzierten Gesellschaft müsse man zwischen der Achtung der Person und dem Respekt vor den fachlichen oder sonstigen Fähigkeiten eines Menschen unterscheiden. Moral sei im Gegensatz zu fachlichem Können auf Ebenbürtigkeit eingestellt:

> [J]ede moralische Kommunikation ist symmetrische Kommunikation. Das, was sie als Moral postuliert, gilt für beide Seiten und darüber hinaus für alle, denen Kommunikation

---

4   Niklas Luhmann: »Ethik als Reflexionstheorie der Moral«, in: Ders.: *Die Moral der Gesellschaft*, hg. v. Detlef Horster, Frankfurt a.M. 2008, S. 270–347, hier: S. 336.
5   Luhmann (Anm. 4), S. 333.
6   Niklas Luhmann: »Die Ehrlichkeit der Politiker und die höhere Amoralität der Politik«, in: Ders. (Anm. 4), S. 163–174, hier: S. 171.
7   Luhmann (Anm. 4), S. 333.
8   Luhmann (Anm. 6), S. 172.
9   Luhmann (Anm. 4), S. 334.
10 Vgl. Luhmann (Anm. 4), S. 334.

zugemutet wird. Im Bereich der Arbeitsteilung und des Spezialistentums ist dagegen eine Anerkennung von Leistungen gerade dann nötig, wenn man es selber nicht kann.[11]

Moral halte entsprechend Bedingungen hoch, die unabhängig von Spezialfähigkeiten gälten und den Menschen in seiner Bedeutung als Mitglied der Gesellschaft beträfen. So könne man mehr oder weniger Respekt vor dem juristischen Können seines Anwalts haben, das tangiere aber nicht die Achtung vor der Person des Anwalts. Selbst wenn der Anwalt einen Prozess nach dem nächsten verliere, kritisiere man allein seine anwaltlichen Fähigkeiten – sobald man aber erführe, dass er von der Gegenseite bestochen worden sei, empöre man sich, ziehe seine Vertrauenswürdigkeit grundsätzlich in Frage und verachte ihn als Person. Verliert man so die Achtung vor seinem Anwalt als Person, dann stellt man ihn letztlich in seiner Ebenbürtigkeit als Kommunikationspartner in Frage und schließt ihn in finaler Konsequenz von jeder weiteren Kommunikation aus. Die Frage nach der Achtung oder Missachtung einer Person, mithin die Beurteilung nach moralischen Maßstäben betrifft also immer die Person an sich: »In diesem Sinne beziehen sich die Begriffe Achtung/Mißachtung auf die *Person als ganze* und auf die Zugehörigkeit zur Gesellschaft. Es sind Bezeichnungen für, oder indirekt: Hinweise auf die *Inklusion* der Person in die Gesellschaft.«[12]

Wenn die Einhaltung der moralischen Maßstäbe zur Achtung der Person führt, muss der Verstoß gegen die Maßstäbe zu Missachtung führen und müsste in letzter Konsequenz im Ausschluss der Person aus der Gesellschaft gipfeln. Da ein Ausschluss aus der Gesellschaft aber nicht möglich ist, weil Personen für Luhmann immer qua Existenz Kommunikationsteilnehmer sind, deren Teilnahme an Kommunikation nur durch Exitus zu verhindern wäre, müsse Moral die mangelnden Ausschlussmöglichkeiten eben durch Verachtung kompensieren:

> Wenn man nicht töten kann oder nicht töten will, muß man etwas *statt dessen* tun. Man verurteilt moralisch, wenn jemand gegen die Bedingungen des Achtungserweisens verstößt und wenn man nicht vermeiden kann, dass er weiterhin da ist und weiterhin kommuniziert.[13]

Basis der Moral ist demnach die wechselseitige, auf Symmetrie angelegte Achtung der Kommunikationsteilnehmer. Verstößt ein Kommunikationsteilnehmer gegen die moralischen Maßstäbe, dann droht ihm (weil Moral immer die Person als ganze im Blick hat und nicht Partikular-Fähigkeiten) die Verachtung der anderen Kommunikationsteilnehmer. Ethik fungiert in diesem Verständnis als eine »Reflexionstheorie der Moral«.[14]

Moral kommt demnach eine merkwürdig paradoxe Position zu: Einerseits spielt Moral in allen Subsystemen vor allem bei grundsätzlichen Verstößen gegen die internen Funktionscodes eine Rolle im Sinne einer »externen Absicherung«.[15]

---

11 Luhmann (Anm. 4), S. 277.
12 Luhmann (Anm. 4), S. 279, Hervorhebung im Original.
13 Luhmann (Anm. 4), S. 279, Hervorhebung im Original.
14 Luhmann (Anm. 4), S. 336.
15 Luhmann (Anm. 6), S. 172.

Andererseits kann die Moral aber nur Maßstäbe aufstellen, denen das individuelle Verhalten genügen muss, damit man fürderhin als geachteter Kommunikationsteilnehmer gilt. Wenn sich jemand diesen Maßstäben von vornherein verweigert, fehlen der Moral indes die weiteren Sanktionsmöglichkeiten. So kommt der Moral aus systemtheoretischer Perspektive die Funktion einer Schiedsrichterin ohne rote Karte zu.

Erzählungen spielten immer eine bedeutende Rolle bei der Strukturierung und Durchsetzung moralischer bzw. ethischer Normen. Die Bedeutung von Erzählungen ist für den moralisch-ethischen Diskurs grundlegend, denn nicht nur sind Erzählungen geprägt von moralischen Inhalten, Moral selbst manifestiert sich vornehmlich in Erzählungen. Und auch für die Ethik ist Erzählen von Bedeutung, wie Thomas Wägenbaur unterstreicht, wenn er meint: »Ein Narrativ kann eine Ethik illustrieren – bestätigen oder widerlegen –, aber eine Ethik kann auch aus einem Narrativ heraus entwickelt werden.«[16]

Die Beschäftigung mit »narrativer Ethik« ist allerdings erst seit jüngerer Zeit zu einer eigenen Forschungsrichtung avanciert (s.u.) und fokussiert beileibe nicht nur historische Texte (etwa die moralischen Wochenschriften des 18. Jahrhunderts). Denn ungeachtet aller Debatten, die um den Bedeutungsverlust des moralisch-ethischen Diskurses in der Postmoderne kreisen und behaupten, dass zwischenmenschliches Miteinander immer weniger von allgemein verbindlichen Normen geprägt werde, finden sich zunehmend Texte, die sich der Unterscheidung von ›gut‹ und ›böse‹ widmen oder versuchen, Regeln für eine angemessene Interaktion zu entwerfen. Hierzu zählen neben den unzähligen Lebenshilfe-Ratgebern (*Der kurze Weg zum Glück*, *Sorge Dich nicht, lebe!*) auch die vielen Titel zum Thema ›Lebenskunst‹ (denen der Suhrkamp-Verlag eine eigene Buchreihe widmet) oder jene Texte, die in zeitgemäßem Gewand alte moralische Kontroversen aufgreifen (wie beispielsweise *Der Ehrliche ist der Dumme* von Ulrich Wickert oder das Buch *Manieren* von Asfa-Wossen Asserate als ›Nachfolger‹ des Leitfadens zum Umgang mit Menschen des Freiherrn Knigge).

2. Forschungslage und Systematik der Formen des Erzählens im ethisch-moralischen Diskurs

Ungeachtet der Relevanz von Erzählungen für den moralisch-ethischen Diskurs widmet sich die Forschung dem Thema erst seit wenigen Jahrzehnten explizit, dafür aber in den letzten Jahren mit besonderer Intensität. Dieser Umstand ist sicher auch dem ›Boom‹ der Narrativitätsforschung an sich geschuldet – Erzählen erscheint als wesentliche Dimension unserer Wirklichkeitskonzeption und unseres Verständnisses von Welt. Die Beschäftigung mit dem Erzählen bietet in dieser Lesart einen privilegierten Zugriff auf moralische Phänomene, die von fä-

---

16 Thomas Wägenbaur: »Schön und gut: Literatur«, http://parapluie.de/archiv/schoenheit/gut, Aufruf 17.5.09.

cherübergreifender Tragweite sind und weit über philosophische Fragestellungen im engeren disziplinären Sinne hinausgehen.

Ethische und moralische Fragen spielen in unserer Lebenswelt in den verschiedensten Bereichen eine Rolle und entsprechend befassen sich zahlreiche Untersuchungen mit der Bedeutung des Erzählens im Hinblick auf moralische Fragen in einzelnen gesellschaftlichen Feldern. So finden sich erzähltheoretisch orientierte Arbeiten zur Auseinandersetzung mit moral-theologischen oder literatur-theoretischen Fragen, mit Aspekten der ökologischen Ethik, der Medizin-Ethik oder der Technologie-Ethik.

Die Forschungen zur Bedeutung des Erzählens im theologischen Diskurs markieren in den 1970er Jahren besonders frühe Auseinandersetzungen mit dem Zusammenhang zwischen Narrativität und moralisch/ethischen Fragen, sollen hier aber nur der Vollständigkeit halber erwähnt werden.[17] Mitte der 1970er Jahre beginnt daneben die Beschäftigung mit dem moralisch-ethischen Gehalt literarischer Texte, als deren Hauptvertreter (bis heute) Dietmar Mieth gilt.[18] Ausgangspunkt von Mieths Überlegungen ist die Annahme, Literatur weise ethische Modelle auf, auf welche der Mensch angewiesen sei, um moralische Phänomene dann in ethischer Argumentation überprüfen zu können. Dabei sind Mieths frühe Arbeiten so angelegt, dass sie gleichermaßen literarische und theologische Erzählungen fokussieren.[19] Die Beschäftigung mit Fragen der »narrativen Ethik« führt Mieth (der den Terminus geprägt hat) stets auf das Feld der Ästhetik, denn: »Im Medium der Narrativität sind Ethik und Ästhetik identisch.«[20] So wie die richtige, situations- und erwartungsangemesse Handlung moralisch gut sei, sei die richtige und passgenaue Wortfolge poetisch gelungen.

Seit den 1990er Jahren befassen sich zunehmend Arbeiten mit Erzählungen aus dem medizinisch/bioethischen oder technologischen Bereich, um die in diesen Feldern tangierten Aspekte der klassischen »Fragen nach dem guten Leben« zu erörtern.[21] Indem Moral (als Bereich des Imperativs: »Du sollst...«) und Ethik (als Bereich des Fragens: »Wie können wir...?«, »Was sollen wir...?«) konsequenterweise immer um Aspekte der Lebensgestaltung kreisen (»Welches Leben sollen wir führen?«, »Was ist ein gutes Leben?«, »Wie sollen wir miteinander umgehen?«, »Wie treffen wir die richtige Wahl?«), befassen sich zahlreiche Arbeiten zum Zusammenhang von Narrativität und Ethik mit Lebensgeschichten (wie ja Mieths Ansatz bereits nahe legt, wenn er die Relevanz der literarischen Muster für die Lebenswelt der Leser betont). So untersucht etwa Norbert Meuter die

---

17 Vgl. etwa Harald Weinrich: »Narrative Theologie«, *Concilium* 9 (1973), S. 329–334.
18 Vgl. Dietmar Mieth: *Dichtung, Glaube und Moral. Studien zur Begründung einer narrativen Ethik mit einer Interpretation zum Tristanroman Gottfried von Straßburgs*, Mainz 1976.
19 Dietmar Mieth: »Narrative Ethik«, *Freiburger Zeitschrift für Philosophie und Theologie* 22 (1975), S. 297–326.
20 Mieth (Anm. 19), S. 316.
21 Vgl. Hille Haker: »Narrative Bioethics«, in: Christoph Rehmann-Sutter u.a. (Hg.): *Bioethics in Cultural Contexts. Reflections on Methods and Finitude*, Berlin 2006, S. 353–376; sowie Peter Kemp: *Das Unersetzliche. Eine Technologie-Ethik*, Berlin 1992; Ludwig Siep: *Konkrete Ethik. Grundlagen der Natur- und Kulturethik*, Frankfurt a.M. 2004; oder Claudia Wiesemann: *Medizinethik*, Stuttgart 2004.

Bedeutung des Erzählens für die Herausbildung unserer Identität und damit die emotionale und moralische Bedeutung von Geschichten.[22] In diesem Zusammenhang stehen häufig Fragen nach der Organisation von Zeit und Sinn bzw. Handlung im Vordergrund.

Um die verschiedenen Zugangsweisen zur Betrachtung der Bedeutung von Narrativität für den moralisch-ethischen Diskurs und damit die verschiedenen Formen des Erzählens im moralisch-ethischen Diskurs in einen systematischen Überblick fassen zu können, möchte ich folgende Differenzierungen vorschlagen: Zunächst gilt es grundsätzlich zu unterscheiden, ob man (I) die allgemeine Bedeutung von Erzählungen für die Herausbildung moralischer Werte und Normen fokussiert oder (II) den Zusammenhang zwischen Erzählen und konkretem Handeln untersucht. Auf der ersten Ebene kann man sich mit der allgemeinen Bedeutung von Erzählungen für die Herausbildung von moralischen Werten und Normen unter unterschiedlichen Schwerpunktsetzungen befassen: Man kann sich (1) allgemein mit der Bedeutung von Narrativität für die diskursive Begründung moralisch-ethischer Maßstäbe und Urteile befassen oder (2) den moralisch-ethischen Gehalt konkreter Erzählungen untersuchen. Der (1) diskursbezogene Zugriff kann sich dabei (1.1) mit dem diskursiven Zustandekommen moralisch-ethischer Aussagen und Urteile an sich befassen. Moral und Ethik werden in dieser Perspektive insgesamt begriffen als narrative Zusammenhänge. Demzufolge wären Urteile über Sein und Sollen nur im Erzählzusammenhang zu erzielen. Diese Perspektive betrifft also eher die Metaebene und fragt nach dem Zustandekommen ethisch begründeter, ›richtiger‹ Urteile. Dieser Zugriff will klären, welche Verfahren hierzu angewendet werden müssen bzw. können. Der diskursbezogene Zugriff kann sich aber auch (1.2) mit dem Zustandekommen begründeter und richtiger Urteile in spezifischen Disziplinen befassen. Hier steht dann der Zusammenhang zwischen Erzählen und der Etablierung sittlicher Maßstäbe in einzelnen Diskursen (Medizin, Technik etc.) im Vordergrund.

Neben der Fokussierung von Narrativität für die diskursive Begründung moralisch-ethischer Maßstäbe und Urteile lässt sich aber auch (2) der moralisch-ethische Gehalt konkreter Erzählungen untersuchen. Und auch hier muss wieder differenziert werden: Man kann (2.1) konkrete fixierte Texte oder (2.2) spontane Alltagskommunikation untersuchen. Auf der Ebene der konkreten fixierten Texten (die entweder schriftlich fixiert oder mündlich tradiert sein können) lassen sich einerseits (2.1.1) primär literarische Texte (häufig: Märchen, Fabeln, Gleichnisse) auf ihren moralisch-ethischen Gehalt untersuchen und andererseits (2.1.2) primär ›didaktische‹ Texte (Ratgeber, Verhaltensanleitungen) in den Blick nehmen. Schlägt man fixierte konkrete theologische Texte (die wohl weder zu den primär literarischen, noch primär didaktischen Texten zu zählen sind) dem moralisch-ethischen Diskurs zu, so wäre ihre Untersuchung unter einem eigenen Unterpunkt (2.1.3) zu fassen. Schließlich wäre als abschließender Punkt der Fokussierung der allgemeinen Bedeutung von Erzählungen für die Herausbildung moralischer Werte und Normen die (2.2) Analyse der Bedeutung spontaner Alltags-

---

22 Vgl. Meuter (Anm.2).

kommunikation für die Herausbildung moralischer Werte und Normen (etwa im Rahmen von Beschwerden, Redewendungen etc.) zu nennen.[23]

Auf einer zweiten Ebene (II) ließe sich der Zusammenhang zwischen Erzählen und konkretem Handeln analysieren, wobei zwei Ansätze zu unterscheiden wären: Der erste fasst Erzählen als nachholende Fixierung des Nicht-Narrativen (Handeln), hier wären die zahlreichen Arbeiten zum Zusammenhang von Erzählen und Identität oder auch zum biographischen Erzählen zu verorten.[24] Dem zweiten Ansatz liegt die Überlegung zugrunde, dass jedes konkrete Handeln narrative Strukturen aufweist. Wir setzten, so die Prämisse, in unserem Leben immer narrative Strukturen um und deuten Handlungen mithilfe dieser Erzähl-Strukturen.[25] Und wenn der Mensch, wie Wilhelm Schapp ausführt, immer schon »in Geschichten verstrickt ist«,[26] müsse er diese, so der Ausgangspunkt dieses Ansatzes, zu verstehen und interpretieren wissen, um ihren moralischen Wert erkennen zu können.

Der Übersichtlichkeit halber seien die verschiedenen Perspektiven, aus denen man sich der Bedeutung von Narrativität im moralisch-ethischen Diskurs annehmen kann, in einer Grafik zusammengefasst:

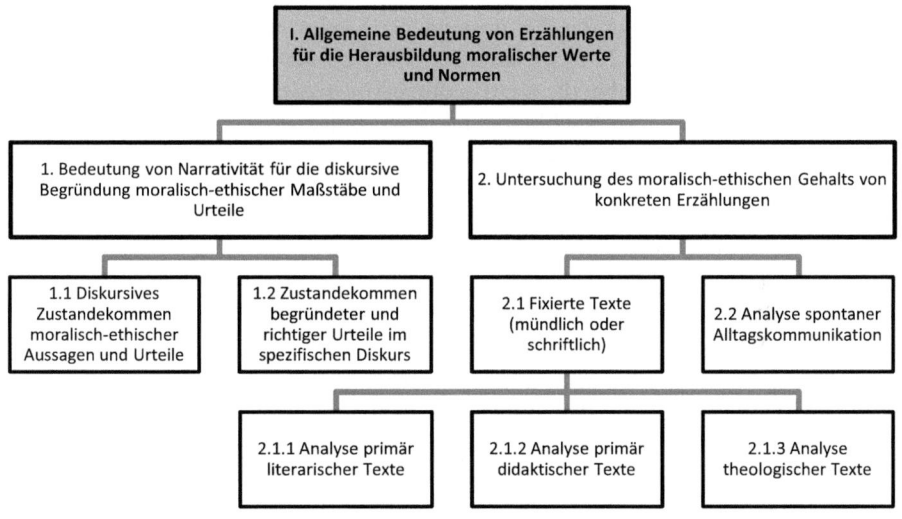

---

23 Besonders einschlägig sind hier die zahlreichen Arbeiten von Thomas Luckmann; vgl. etwa: Jörg Bergmann/Thomas Luckmann (Hg.): *Kommunikative Konstruktion von Moral*, Bd. 1: Struktur und Dynamik der Formen moralischer Kommunikation, Opladen 1999.
24 Vgl. etwa: Norbert Meuter: *Narrative Identität. Das Problem der personalen Identität im Anschluß an Ernst Tugendhat, Niklas Luhmann und Paul Ricoeur*, Stuttgart 1995.
25 Vgl. Alasdair MacIntyre: *Der Verlust der Tugend. Zur moralischen Krise der Gegenwart*, Frankfurt a.M. 1995.
26 Wilhelm Schapp: *In Geschichten verstrickt. Zum Sein von Mensch und Ding*, 4. Aufl., Frankfurt a.M. 2004.

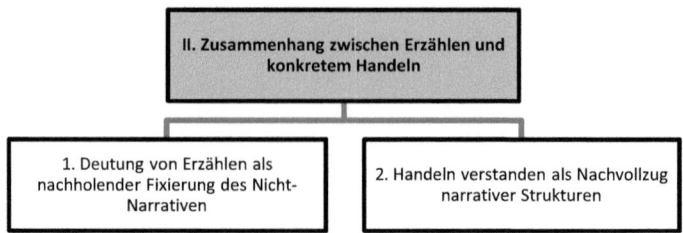

Grafik 1: Systematik Moral und Erzählen

Legt man die in der Einleitung zu diesem Band ausgeführten allgemeinen Charakteristika von Wirklichkeitserzählungen zugrunde, dann fokussieren einige Zugriffe auf das Erzählen im moralisch-ethischen Diskurs auch ›Texte‹, die im engeren Sinne nicht als Wirklichkeitserzählungen zu bezeichnen sind. Denn einerseits werden (wie erwähnt) auch fiktionale Erzähltexte (also genuin literarische Texte) auf ihren moralischen Gehalt hin untersucht (2.1.1), andererseits wird Narration sehr allgemein als (auch potenzieller) sprachlich organisierter Sinnzusammenhang verstanden, der auf unterschiedlichen Ebenen eine Rolle spielt: Auf der Ebene der Produktion adäquater Urteile an sich (1.1) oder im disziplinären Kontext spezifischer Diskurse (1.2). Aber auch im Hinblick auf die sinnhafte Einbettung von Handlungen (II), wobei diese entweder selbst immer schon als narrativ organisiert erscheinen oder im Nachhinein narrativ kontextualisiert werden.

Im Folgenden soll der Fokus auf jene Art von Texten gerichtet werden, die ich unter 2.1.2 subsumiert habe: primär ›didaktische‹ Texte (›Sittlichkeits-Ratgeber‹).

3. Exemplarische Einzelanalysen: ›Sittlichkeits-Ratgeber‹

Ausgehend von den allgemeinen Überlegungen zur Bestimmung von Wirklichkeitserzählungen und der Bedeutung des Autor-Leser-Verhältnisses (Abschnitt 3.1), werde ich mich mit der Struktur von Ratgebern im moralisch-ethischen Diskurs allgemein (Abschnitt 3.2) und Aspekten der Handlung (Abschnitt 3.3) befassen. Gegenstand von moralischen Erzählungen sind häufig Handlungen, die vorbildhaften (modellartigen) oder abschreckenden Charakter haben und aus denen man eine Art Lehre ziehen kann bzw. können soll. Ich werde hier neben der Frage der Struktur auch auf die Motive und ihre Verknüpfung eingehen. Auf der Ebene des *discours* (Abschnitt 3.4) scheint insbesondere der Modus des Erzählens und hier vor allem die Fragen nach der Distanz (*Wie mittelbar wird das Erzählte präsentiert?*) und der Fokalisierung (*Aus welcher Sicht wird erzählt?*) von Bedeutung. Ferner ließe sich auch die sprachliche Gestaltetheit von Erzählungen im ethisch-moralischen Diskurs näher untersuchen. Auf diese Aspekte werde ich nicht näher eingehen, sondern mich mit dem kursorischen Hinweis darauf begnügen, dass Erzählungen im ethisch-moralischen Diskurs häufig sog. »Kategorische Formulierungen« verwenden (in Wendungen wie ›wer-der‹, ›wenn-dann‹, ›wo-da‹).²⁷

Eine erste Beobachtung vorweg: Die hier im Fokus stehenden Ratgeber sind Text-Hybride und strenggenommen nicht durchgehend erzählerisch angelegt (in dem Sinne, dass sie ausschließlich zeitlich voraus liegende Begebenheiten vergegenwärtigen würden). Es werden vielmehr erzählende mit aphoristischen, essayistischen, beschreibenden Passagen und Maximen, Sinnsprüchen etc. kombiniert. Allerdings markiert jedes dieser Bücher einen narrativ konstituierten Sinnzusammenhang, dessen Aufbau unter Einsatz eines narratologischen Instrumentariums analysiert werden kann. Ungeachtet dessen spielen Erzählungen im engeren Sinne auch stets eine besondere Bedeutung in diesen Ratgebern.

3.1 Das Verhältnis zwischen Autor, Erzähler und Leser – Strategien der Legitimierung

Beschäftigt man sich mit der Textsorte primär didaktischer Erzählungen im moralisch-ethischen Diskurs, so fällt zunächst die besondere Präsenz des Autors auf, der hier auch zugleich Erzähler ist (wobei die Identität von Autor und Erzähler häufig als Konstituente faktualer Texte herausgestellt wird).

Folgt man Gérard Genette, dann ist (wie in der Einleitung zu diesem Band näher ausgeführt) im Rahmen der Lektüre faktualer Texte eine Art Pakt konstitutiv: Im Gegensatz zur Lektüre-Erwartung bei fiktionalen Texten geht der Leser eines faktualen Textes davon aus, eine wahre, das heißt: eine an außersprachlichen Referenzpunkten überprüfbare Geschichte präsentiert zu bekommen. Dieser Anspruch (dass eine wahre/wahrhaftige Geschichte erzählt wird) kommt auf Basis eines Vertrags zustande, eines »Wahrheits-« bzw. »Wahrhaftigkeitsvertrags«, den der Autor mit dem Leser eingeht: Der Autor ›verspricht‹ dem Leser, dass er sich darum bemüht hat, historisches Geschehen nach bestem Wissen und Gewissen zu schildern, und der Leser glaubt ihm. Erst dieser Vertrag oder Pakt macht es sinnvoll, dass der Leser das Geschilderte auf außertextuelle Wirklichkeit bezieht, erst vor diesem Hintergrund ergibt es Sinn, den Text als nicht-fiktional zu lesen.

Auf einer Metaebene zeigt sich hier, dass die Rezeption von faktualen Texten an sich immer schon Fragen der Moral touchiert: Denn während der Anspruch der ›Wahrheit‹ auch bedeuten kann, dass man das Geschilderte an der Übereinstimmung mit außersprachlichen Fakten überprüfen kann und somit auch eine nicht-emphatische, puristisch-empirische Auslegung erlaubt (der Verstoß gegen diesen Anspruch kann eben auch ein unbeabsichtigter Irrtum sein), ist ›Wahrhaftigkeit‹ immer eine moralische Kategorie.²⁸ ›Wahrhaftigkeit‹ setzt die Übereinstimmung von (sprachlichen) Handlungen mit subjektiven Erkenntnissen und Überzeugungen voraus. Während es der Rezipient eines faktualen Textes noch

---

27 Vgl. Ruth Ayaß: »Form und Funktion Kategorischer Formulierungen«, in: Bergmann/Luckmann (Anm. 23), S. 106–124.
28 Vgl hierzu auch: Bernard Williams: *Wahrheit und Wahrhaftigkeit*, Frankfurt a.M. 2003.

verzeihen wird, wenn dem Autor an der einen oder anderen Stelle ein unbeabsichtigter Fehler unterlaufen ist, wird er es kaum hinnehmen, dass der Autor ihn auch nur an einer Stelle belügt, ihm also wissentlich die Unwahrheit sagt. Daher ist es letztlich immer auch eine moralische Frage, wie der Leser mit Fehlern (also Abweichungen zwischen textueller Präsentation und außertextueller Referenz) in faktualen Texten umgeht. Der Pakt setzt, um seine Wirkung entfalten zu können, ein beiderseitiges Vertrauen voraus, und wenn der Leser den Eindruck gewinnt, der Autor halte sich nicht an die Verabredung, sieht er sich auch nicht mehr daran gebunden.

Auch vor diesem Hintergrund ist es wichtig, etwas über den ›Vertragspartner‹ zu wissen, vor allem dann, wenn man sein eigenes Handeln an dessen Ratschlägen ausrichten will/soll. Gerade in Fragen des richtigen und guten Handelns, die jene primär didaktischen Erzählungen im moralischen Diskurs zu beantworten versuchen, scheint die Person des Autors von besonderem Gewicht – ganz im Sinne der antiken Rhetorik, die Ethos, also die Autorität und Glaubwürdigkeit des Redners, als eine wesentliche Dimension der Rede verstand. Auch Habermas weist darauf hin, wie eng Richtigkeit (einer Handlung) und die Wahrhaftigkeit (einer Äußerung) zusammen hängen.[29] Insofern ist es nahe liegend, dass man sich als Leser eines Ratgebers zunächst ein Bild über die Wahrhaftigkeit jener Person verschaffen will, die meint, einem etwas über die Richtigkeit der eigenen Handlungen zu sagen zu haben.

So macht sich in den meisten primär didaktischen Erzählungen im moralisch-ethischen Diskurs der Autor (der auch ganz explizit als Ich-Erzähler in Erscheinung tritt) zum Thema einleitender Reflexionen. Diese Reflexionen gipfeln zumeist in einer Rechtfertigung und sollen klären, warum gerade dieser Autor legitimiert sei, Verhaltens- und Handlungs-Ratschläge zu erteilen. Diese Rechtfertigungsstrategie scheint integraler Bestandteil von ›Sittlichkeits-Ratgebern‹ zu sein.

Die Legitimation leitet sich dabei stets aus der überlegenen Position des Autors ab, der im Gegensatz zu seinen Lesern die Maßstäbe im Blick hat, nach denen sich richtiges und falsches Verhalten unterscheiden lassen. Diese Überlegenheit kann sich aus mindestens drei Eigenschaften ableiten, die miteinander kombiniert auftreten können und die alle den erforderlichen Beobachterstatus begründen: (1) Der Autor ist besonders erfahren und verfügt über Wissen aus erster Hand (dann ist er meist auch alt), (2) der Autor ist besonders gebildet und/oder verfügt über besondere Kompetenzen, die ihm helfen, die Flut der Handlungsoptionen zu überschauen, (3) der Autor stammt aus einem anderen Kulturkreis und kann quasi als außenstehender Beobachter objektiv urteilen. Die Kompetenz Ratschläge erteilen zu können, so der Eindruck, wird als Konsequenz aus besonderen Eigenschaften inszeniert, die der Autor durch entsprechende Erläu-

---

29 Jürgen Habermas: »Vorbereitende Bemerkungen zu einer Theorie der kommunikativen Kompetenz«, in: Ders./Niklas Luhmann: *Theorie der Gesellschaft oder Sozialtechnologie – was leistet die Systemforschung?*, Frankfurt a.M. 1971, S. 101–141, hier: S. 131f.

terungen im Vorfeld nachzuweisen hat. Häufig wird der Leser in diesen einleitenden Rechtfertigungen direkt angesprochen.

Prototypisch entwickelt wird die Legitimationsstrategie des Autors im Hinblick auf den ersten Fall (= erfahrener Autor) in dem wohl bekanntesten deutschen Werk zur, so Wolf Lepenies, »überständischen Verhaltensregulierung« in der »Tradition der Moralistik«,[30] in Adolf Freiherr Knigges *Über den Umgang mit Menschen*:

> Man sollte wohl mehr Rücksicht nehmen; [...] folglich ist es wichtig für jeden, der in der Welt mit Menschen leben will, die Kunst zu studieren, sich nach Sitten, Ton und Stimmung anderer zu fügen. Über diese Kunst will ich etwas sagen – aber habe ich denn auch wohl Beruf, ein Buch über den esprit de conduite zu schreiben, ich, der in meinem Leben vielleicht sehr wenig von diesem Geiste gezeigt habe? [...] Lasset doch sehn, meine Freunde! was [sic] sich darauf antworten läßt. Habe ich widrige Erfahrungen gemacht, die mich von meinen eignen Ungeschicklichkeiten überzeugt haben – desto besser! Wer kann so gut vor der Gefahr warnen, als der, welcher darin gesteckt hat?[31]
>
> Indem ich [...] von jenem esprit de conduite rede, der uns leiten muß, bei unserm Umgange mit Menschen aller Gattung, will ich nicht etwa ein Komplimentierbuch schreiben, sondern einige Resultate aus den Erfahrungen ziehn, die ich gesammelt habe, während einer nicht kurzen Reihe von Jahren [...].[32]

Es folgt eine Liste autobiographischer Erlebnisse und Verfehlungen, bevor Knigge seine Einleitung mit den Worten schließt:

> [J]etzt, da ich die Menschen besser kenne, da Erfahrung mir die Augen geöffnet, mich vorsichtig gemacht und vielleicht die Kunst gelehrt hat, auf andre zu würken; jetzt ist es zu spät für mich, diese Wissenschaft zur Anwendung zu bringen. [...] [A]ber nicht zu spät, Jünglingen zu zeigen, welchen Weg sie wandeln müssen – und so lasset uns dann den Versuch machen und der Sache näherrücken.[33]

Es ist sicher kein Zufall, dass diese autobiographische Einleitung sehr bekenntnishafte Züge trägt und an die entsprechenden autobiographischen Selbstentwürfe Augustinus' oder Rousseaus gemahnt. Wenn Rousseaus *Bekenntnisse* (die Knigge übersetzt hat), erschienen zwischen 1782 und 1789, als Reaktion auf den Zusammenbruch überkommener Ordnungen und vermeintlicher Gewissheiten gedeutet wurden, deren Funktion darin liege, die auseinander fliegenden Teile (hier des Selbst) zusammenzuhalten,[34] so ist es sicher nicht übertrieben, eine ähnliche Funktion auch Knigges 1788 erstmals veröffentlichtem Werk zuzuschreiben (wenn auch eher im Hinblick auf gesellschaftliche Strukturen). Ent-

---

30 Wolf Lepenies: »Benimm und Erkenntnis. Gedenkrede auf den Freiherrn Knigge in 13 Kapiteln«, in: Harro Zimmermann (Hg.): *Adolph Freiherr Knigge – Neue Studien*, Bremen 1998, S. 15–25, hier: S. 15.
31 Adolph Freiherr Knigge: *Über den Umgang mit Menschen*, hg. v. Karl-Heinz Göttert, Stuttgart 1991, S. 23.
32 Knigge (Anm. 31), S. 15.
33 Knigge (Anm. 31), S. 28.
34 Vgl. Roland Galle: »Sozialpsychologische Überlegungen zu Rousseaus Autobiographie«, in: Johannes Cremerius u.a. (Hg.): *Freiburger literaturpsychologische Gespräche*, Bd. 1, Frankfurt a.M. 1981, S. 39–61.

sprechend liefert Knigge viel mehr als nur einen Ratgeber in Benimmfragen, nämlich eine soziologische Bestandsaufnahme seiner Zeit und ihrer Strukturen, die ihre Ausläufer in Studien wie Norbert Elias' *Über den Prozeß der Zivilisation* oder Pierre Bourdieus *Die feinen Unterschiede* findet.

Weniger ambitioniert, aber mit einer auf das Gleiche abzielenden rhetorischen Strategie operiert Ulrich Wickert in seinem 1994 erschienenen Buch *Der Ehrliche ist der Dumme*, wenn es in der Einleitung heißt:

> Wenn zwei gerade zehn Jahre alte Kinder in Liverpool einen Zweijährigen aus Langeweile brutal erschlagen, fragt sich mancher, ob die Moral, die gutes Handeln bestimmen soll, noch existiert. Als Moderator eines Nachrichtenmagazins, dessen Inhalt weitgehend von negativen Ereignissen in dieser Welt bestimmt wird, mache auch ich mir – notgedrungen – immer wieder Gedanken über den Zustand dieser Welt. Die meisten Menschen in den Industrieländern erfahren den Widerspruch zwischen ihrem Alltagstrott und dem vom Fernsehsessel aus wahrgenommenen Bösen, das sich tatsächlich ereignet hat, allabendlich.
>
> In dem nachfolgenden Essay möchte ich mich nicht mit Philosophen und Wissenschaftlern messen. Ich nutze aber einige ihrer Erkenntnisse, um – als Journalist, der täglich mit ›schlechten‹ Nachrichten arbeitet – an konkreten Beispielen praktischen Fragen nachzugehen.[35]

Wickert inszeniert sich hier ganz offensichtlich (ganz im Sinne der Legitimationsstrategie des zweiten Typs) als der mit besonderen Kompetenzen ausgestattete Medienprofi: Während die Menschen in den Fernsehsesseln dem Bösen ausgeliefert seien, arbeite er damit. Wo andere nur den Einbruch des Außeralltäglichen in ihre Ordnung sähen, sei es sein Job, das Chaos für die Nachrichtensendungen zu ordnen und aufzubereiten – sein Alltagstrott sei der Umgang mit dem Bösen. Entsprechend sei er der richtige Mann, um das Gute auch weiterhin nicht aus dem Auge zu verlieren.

Ein vergleichsweise aktuelles Beispiel für den dritten Typ der Legitimation der Überlegenheit des Autors ist das Buch *Manieren* von Asfa-Wossen Asserate aus dem Jahr 2003. Der Autor ist ein äthiopischer Prinz, der in den 1970er Jahren nach Deutschland kam. Entsprechend kommt in diesem Fall die Strategie der Betonung des Standpunkts des außenstehenden Beobachters zum Tragen:

> Seine Andersartigkeit verdankt dieses Buch einem anderen Blick auf seinen Gegenstand. Was ich zusammengetragen habe, entspricht nur dem, was ich gesehen habe oder was mir von glaubwürdigen Zeugen berichtet worden ist. [...] Obwohl ich die europäischen Manieren schon als kleiner Junge kennengelernt habe, ist es ein Blick von außen. [...] Dem Europäer wird eher auffallen, was sich geändert hat, dem Nicht-Europäer fallen auch die Konstanten auf.[36]

Auf welchem Abstraktionsniveau auch immer – alle Versuche, über sittliche Fragen zu schreiben, Kriterien zu finden, nach denen zwischen richtig und falsch, gut und böse unterschieden werden könnte, kreisen um die Frage, was eine Gesellschaft ausmacht bzw. ausmachen sollte. Die Dialektik der Selbstbeschreibung

---

35 Ulrich Wickert: *Der Ehrliche ist der Dumme. Über den Verlust der Werte*, Hamburg 1994, S. 9f., 11.
36 Asfa-Wossen Asserate: *Manieren*, Frankfurt a.M. 2003, S. 30ff.

besteht darin, dass in der Bestandsaufnahme des Status Quo immer auch ein wünschenswerter Idealzustand skizziert wird, oder in den Worten Asserates:

> Wer die Manieren der Europäer und insbesondere der Deutschen beschreiben will, muß das Schönheitsideal dieses Kontinents kennen, das für Europa typische Verhältnis von Mann und Frau, die Rolle der Religion, die Geschichte der Stände und aus ihr heraus den Umgang mit der Ungleichheit der Menschen, und das Bild Europas vom geformten, gelungenen Leben.[37]

3.2 Zur allgemeinen Struktur von Ratgebern

Den drei Ratgebern ist die gleiche Grob-Struktur zu eigen: Nach einer Einleitung, in der der Autor seine Position legitimiert, folgt eine Reihe von Einzelabschnitten zu (mehr oder weniger) spezifischen Fragen des sittlich angemessenen Verhaltens, die dann bei Knigge etwa »Über den Umgang mit Frauenzimmern« oder »Über die Verhältnisse zwischen Herrn und Diener heißen«, bei Wickert etwa »Disziplin – ein Fremdwort?« und bei Asserate nüchtern »Drucksachen und Briefe« oder »Anrede und Titel«. Denn auch wenn alle Ratgeber letztlich gleichzeitig Zustandsbeschreibung und Wunschvorstellung in Bezug auf die jeweilige Gesellschaft liefern, liegt ihre vornehmliche Funktion für den Leser doch wohl in der Präsentation passgenauer Informationen zu spezifischen Fragen des zwischenmenschlichen Miteinanders. Neben der besseren Handhabbarkeit für den Leser dürfte die kleinteilige Aufspaltung der Fragestellungen aber auch noch einen anderen Grund haben, der in der Sache selbst liegt: »[D]enn die Manieren«, so noch einmal Asserate, »sind kein System, sie sind logisch nicht erschließbar und sie entziehen sich der exakten Fixierung.«[38]

Sieht man sich die hier zu thematisierenden, primär didaktischen Erzählungen genauer an, so erkennt man auch im Hinblick auf die einzelnen Abschnitte einen prototypischen (in diesem Falle dreigliedrigen) Aufbau: Eingeleitet werden die jeweiligen Abschnitte meist mit Thesen oder Imperativen zum jeweiligen Thema, häufig gefolgt von der Schilderung konkreter Begebenheiten, die dieses Thema bzw. das zugrunde liegende Problem veranschaulichen, positive oder negative Beispiele liefern, damit im Anschluss daran aus dem konkreten Fall die Berechtigung der einleitenden These bzw. die Berechtigung des Imperativs gezogen werden kann. Ein Beispiel aus Ulrich Wickerts Buch *Der Ehrliche ist der Dumme* soll diesen Aufbau verdeutlichen: Sein Kapitel zur Disziplin leitet Wickert ein mit allgemeinen Thesen und Imperativen:

> Pflicht ist *out* – nicht zuletzt als Reaktion auf das Dritte Reich. Aber ohne Pflichterfüllung funktioniert ein Gemeinwesen nicht. Wir müssen sie zurückholen in unsere Gemeinschaft. [...] Die Gesellschaft braucht ein Gerüst von Grundwerten, das ihren Mitgliedern Halt und Orientierung gibt. [...] Sie müssen wieder lernen, daß Pflicht nicht Unterdrückung, sondern Verantwortung bedeutet.[39]

---

37 Asserate (Anm. 36), S. 31.
38 Asserate (Anm. 36), S. 31.
39 Wickert (Anm. 35), S. 249.

Anschließend liefert er eine Reihe von vorbildhaften bzw. abschreckenden Beispielen:

> Ein Modell könnte dafür die Projektgruppe von Ausbildern von Daimler-Benz in Gaggenau sein, die seit 1992 an einem Konzept zur Förderung moralischer Urteilsfähigkeit bei Lehrlingen arbeitet. Neben Fachkompetenz, Methodenkompetenz und die soziale Kompetenz tritt bei dieser Ausbildung als ›vierter Baustein‹ die moralische Kompetenz.
>
> Während in den siebziger und achtziger Jahren Unternehmen auf ihre ›corporate identity‹ achteten und meinten, damit mehr zu verdienen, haben sie festgestellt, daß nicht das Image wichtig ist, sondern das moralische Bild, das sie abgeben. Nichts hat der Deutschen Bank mehr geschadet als die Äußerung ihres Vorstandssprechers Hilmar Kopper im Zusammenhang mit dem Fall des Immobilienbesitzers Schneider, bei fünfzig Millionen Mark handle es sich um ›peanuts‹.[40]

Abschließend zieht Wickert dann die Schlüsse:

> Es sollte sich jeder seiner Verantwortung bewußt werden. Und wenn er es nicht ist, muß die Gesellschaft Druck ausüben. [...] Gewiß ist es nicht leicht, eine Grenze zu finden, wo gesellschaftlicher Druck sinnvoll ist und wo er belehrend, gar autoritär wird. Doch er sollte spätestens da einsetzen, wo es gilt, die Grundwerte zu schützen, beginnend mit der Würde des Menschen.[41]

Damit schließt sich der Kreis, denn die Würde des Menschen im letzten und das im ersten Satz des Abschnitts erwähnte Dritte Reich gehören zusammen – schließlich ist Artikel 1, Satz 1 des Grundgesetzes, der hier aufgerufen wird, eine direkte Antwort auf die menschenverachtende Politik der Nationalsozialisten. Die Argumentationsstrategie ist folgendermaßen aufgebaut: Pflicht sei wichtig, aber durch die Instrumentalisierungen im ›Dritten Reich‹ desavouiert worden (These 1). Man glaubte im Anschluss, ein guter Demokrat zu sein, wenn man Pflicht nicht so wichtig nähme. Aber genau diese Indifferenz führe das Gemeinwesen vor die Wand (These 2). Negativbeispiele illustrieren den Niedergang, Positivbeispiele zeigen Auswege auf. Das Fazit aus Wickerts Ausführungen lautet: Pflichtgefühl ist wichtig, und gerade als guter Demokrat (der die Menschenwürde achtet) sollte man die richtige Lehre aus dem ›Dritten Reich‹ ziehen und die Pflicht achten.

3.3 Beobachtungen auf der Ebene der *histoire* (*Was wird erzählt?*)

Konzentriert man sich auf die kleinsten thematischen Einheiten der Handlung, die Motive, so fällt im Hinblick auf die erzählenden Passagen in Ratgebern der Detailreichtum ins Auge: Wen interessiert es, um bei Wickerts Beispiel zu bleiben, ob die Projektgruppe bei (a) Daimler, (b) in Gaggenau und (c) seit 1992 installiert ist? Wohl kaum jemanden – hier geht es vermutlich auch weniger um die Vermittlung relevanter Informationen, als vielmehr darum, durch viele Klei-

---

40 Wickert (Anm. 35), S. 252, 254.
41 Wickert (Anm. 35), S. 255.

nigkeiten die Referentialität des Geschehens zu untermauern und den Kenntnisreichtum des Autors/Erzählers zu manifestieren. Der pragmatische Sinn der Rede ist also: »Ihr könnt mir glauben, ich kenn mich aus und genauso ist es gewesen.« Durch die Vielzahl funktional überschüssiger Details wird der Anspruch untermauert, dass sich die Begebenheit wie geschildert zugetragen hat – unabhängig davon, ob es von dieser Begebenheit (wie im Falle des Bankmanagers Kopper) auch allgemein zugängliche Aufzeichnungen gibt oder nicht. Roland Barthes bezeichnet diese funktionslosen Details als »Realitätseffekte«:[42] Auch in der Wirklichkeit würden wir ständig mit einer Fülle funktionsloser Details konfrontiert – indem eine Erzählung funktionslose Details anhäuft, imitiert sie unsere lebensweltliche Erfahrung. Je detailreicher die jeweiligen Beispiele sind (und es findet sich darin zumeist eine Vielzahl funktional überschüssiger Details), desto stärker ist ihre Überzeugungskraft.

Geht man von der Differenzierung des Literaturwissenschaftlers Boris Tomasevskijs aus, so kann man zwei Arten von (Handlungs-)Motiven danach unterscheiden, ob sie eine Situation verändern oder nicht: (1) dynamische (situationsverändernde) und (2) statische Motive. Die dynamischen Motive ließen sich noch einmal differenzieren, je nach dem, ob es sich bei ihnen um (a) intendierte (im engeren Sinne: Figurenhandlungen) oder (b) nicht-intentendierte Zustandsveränderungen (Geschehnisse) handele. Unter die statischen Motive fallen (a) Zustände und (b) Eigenschaften.[43]

Es liegt auf der Hand, dass bei moralischen Erzählungen situationsverändernde Motive (insbesondere Handlungen) eine herausgehobene Rolle spielen, da es schließlich zumeist um die Präsentation richtiger oder falscher Taten und der daraus folgenden Konsequenzen geht. Unter den statischen Motiven finden sich gleichermaßen Eigenschaften und Zustände, die jedoch eher illustrativen Charakter haben.[44]

Fragt man nach der Motivierung, also nach der Verknüpfung der geschilderten Ereignisse, so liegen – was nicht sonderlich überraschen dürfte – zumeist kausale Verknüpfungen vor, das heißt, die Ereignisse werden in einen Ursache-Wirkungs-Zusammenhang eingebettet.[45]

3.4 Beobachtungen auf der Ebene des *discours* (*Wie wird erzählt?*)

Nun soll ein Blick auf die Ebene des *discours*, also die Art und Weise des Erzählens geworfen werden, wobei ich mich auf die Bereiche des *Modus* (also den Grad an Mittelbarkeit und die Perspektive des Erzählens) und der *Stimme* – hier vor

---

42 Vgl. hierzu: Matías Martínez/Michael Scheffel: *Einführung in die Erzähltheorie*, 7. Aufl., München 2007, S. 117.
43 Vgl. hierzu: Martínez/Scheffel (Anm. 42), S. 108f.
44 Vgl. beispielsweise: Knigge (Anm. 31), S. 47.
45 Vgl. Martínez/Scheffel (Anm. 42), S. 110.

allem das Verhältnis von erzählendem Subjekt und Erzähltem – konzentrieren werde.

Modus

Jene Passagen im Rahmen der ›Sittlichkeits-Ratgeber‹, die auch im engeren Sinne als Erzählungen zu bezeichnen sind, sind zumeist mit großer Distanz erzählt, also im narrativen Modus. Ein Beispiel aus Knigges Kompendium:

> Ich saß einst an einer fremden Tafel zwischen einer hübschen, verständigen jungen Dame und einem kleinen, garstigen Fräulein von etwa vierzig Jahren. Ich beging die Unhöflichkeit, die ganze Mahlzeit hindurch, mich nur mit jener zu unterhalten, zu dieser hingegen kein Wort zu reden.[46]

Man sieht, dass das Geschehen aus größtmöglicher Distanz, nämlich in erzählender Rede präsentiert wird. Der Leser erfährt nur, dass sich der Ich-Erzähler unterhalten hat – über den Gegenstand der Unterhaltung oder andere Einzelheiten wird nichts mitgeteilt. Es liegt auf der Hand, dass Präsentationsweisen des dramatischen Modus im Hinblick auf die gesprochene Rede eher selten vorkommen. Der Einsatz von Gedankenrede ist bei faktualen Texten ja ohnehin die große Ausnahme, ›Seelenschau‹ ist – im Gegensatz zu fiktionalen Texten – ausgeschlossen, sofern sie nicht explizit als Ausflug in die Fiktionalität markiert wird. Denn im Gegensatz zum Erzähler im Roman kann der Erzähler eines faktualen Textes anderen Figuren nicht ›in den Kopf‹ sehen, ohne gegen den Wahrhaftigkeitspakt zu verstoßen. Zwar findet sich vereinzelt auch direkte Rede in Wirklichkeitserzählungen, doch muss der Autor beim Erzählen mit Primat der objektiven Perspektive (also etwa in Werken der Geschichtsschreibung) dann Quellen nachweisen (Tonaufnahmen, Gesprächsmitschriften) oder beim Erzählen mit Primat der subjektiven Perspektive (z.B. autobiographische Texte) das Gespräch selbst miterlebt haben. Und auch dann weckt der dramatische Modus eher Zweifel an der Zuverlässigkeit des Autors, denn je detaillierter eine Gesprächssituation wiedergegeben wird, desto unwahrscheinlicher ist es, dass der Autor nicht ausschmückend ergänzt hat.

Fokalisierung

Was die Fokalisierung (also den Wahrnehmungsstandpunkt) betrifft, so lassen sich vornehmlich (a) Nullfokalisierung oder (b) externe Fokalisierung feststellen – der Erzähler weiß also (a) mehr als die Figuren oder (b) der Erzähler beschreibt nur, was äußerlich wahrnehmbar ist. Angesichts der Tatsache, dass die geschilderten Handlungen im Kontext moralischer Erzählungen stets unmittelbar eine Funktion zu erfüllen haben, die im Vordergrund steht, finden sich kaum Fälle von interner Fokalisierung. Die Kopplung der Wahrnehmung an die Sicht einer Figur würde der unmittelbaren Einbettung in den übergeordneten Erzählzusammenhang zuwider laufen.

---

46 Knigge (Anm. 31), S. 47.

Stimme

Blickt man auf die Ebene der Stimme, also auf das Verhältnis von erzählendem Subjekt und Erzähltem, so ist im Hinblick auf den Zeitpunkt des Erzählens festzustellen, dass zumeist vorzeitige Ereignisse geschildert werden, also meistens Fälle späteren Erzählens vorliegen. Das ist wenig verwunderlich, geht es doch bei den moralischen Geschichten vor allem um die Veranschaulichung der (guten oder schlechten) Folgen von Handlungen, die zum Zeitpunkt des Erzählens vom Erzähler eben schon eingeordnet werden können müssen. Die Handlung muss folglich abgeschlossen, die Folge eingetreten sein, damit die Erzählung ihre volle Funktion entfalten kann.

Ort des Erzählens

Fragt man nach dem Ort des Erzählens (*Auf welcher Ebene wird erzählt?*), so lässt sich mit einiger Plausibilität behaupten, dass wir in den drei konkreten Beispielen (Knigge, Wickert, Asserate) Erzählungen mit Rahmen-Binnen-Struktur vorliegen haben. Alle drei Beispiele setzen (wie erwähnt) mit autobiographischen Rechtfertigungen ein und entwerfen den größeren Rahmen, vor dem die eingelagerten Kapitel zu verstehen sind. So entwirft etwa Asserate (wie oben gezeigt) zunächst das Bild des außenstehenden Beobachters, dessen Blick noch nicht verstellt ist für die typischen und gleichzeitig besonderen Verhaltensweisen der Bewohner seiner neuen Heimat. Dann folgen verschiedene Beobachtungen, bevor zum Schluss wieder in die Quasi-Rahmenhandlung zurück gesprungen und eine Art Resümee gezogen wird, die wieder durch Rechtfertigungsstrategien und die Auseinandersetzung mit der Autor/Ich-Erzähler-Instanz geprägt sind:

> Wenn ich die Kapitel dieses Buches abschließend Revue passieren lasse, fallen mir vor allem die Lücken auf, die ich gelassen habe und die ich lassen mußte, denn das Gebiet Manieren ist genauso groß wie das Leben selbst und genauso wenig vollständig erfaßbar.[47]

Stellung des Erzählers zum Geschehen

Abschließend sei noch ein kurzer Blick auf die Stellung des Erzählers zum Geschehen (*In welchem Maße ist der Erzähler am Geschehen beteiligt?*) erlaubt. Diesbezüglich sind in den primär-didaktischen Erzählungen im moralischen Diskurs verschiedene Varianten anzutreffen: Wir finden einerseits einen homodiegetischen Erzähler, das heißt der Erzähler ist an dem von ihm erzählten Geschehen beteiligt: So heißt es etwa bei Knigge: »Ich habe einen Menschen gekannt, der [...]«.[48] Ein Sonderfall der homodiegetischen Erzählung ist die autodiegetische Erzählung (der Ich-Erzähler ist hier gleichzeitig die Hauptfigur), die wir auch antreffen, was das bereits erwähnte Beispiel aus Knigges Buch verdeutlichte: »Ich saß einst an einer fremden Tafel zwischen einer hübschen, verständigen jungen Dame und einem kleinen, garstigen Fräulein von etwa vierzig Jahren. Ich beging die Unhöf-

---

47 Asserate (Anm. 36), S. 369.
48 Knigge (Anm. 31), S. 29.

lichkeit...«.⁴⁹ Und schließlich finden wir anderseits auch den distanzierten Erzähler, der nicht zu den Figuren seiner Geschichte zählt, wenn etwa Ulrich Wickert über den Wahlkampf des Präsidentschaftskandidaten Ross Perot in den USA und dessen Medieneinsatz berichtet.⁵⁰

4. Desiderate

Grundsätzlich lässt sich feststellen, dass die Zahl der Arbeiten zum Komplex Erzählen und Moral, die sich mit konkreten Texten auseinandersetzen, eher gering ist. Diese Arbeiten befassen sich dann häufig mit fiktionalen Erzähltexten oder (aus linguistischer Perspektive) mit konkreten Alltagsgesprächen. Dezidiert narratologische Studien zum Erzählen im ethisch-moralischen Diskurs sind die Ausnahme.

Ferner stellt sich auf der Metaebene die (meines Wissens bislang nicht näher in den Blick genommene) Frage, welchen Einfluss im Einzelnen Foucaults Diskursanalyse auf die Debatten um den Zusammenhang von Erzählen und Moral hatte. Letztlich geht es Foucault doch vor allem darum zu klären, inwieweit die Etablierung von Diskursen, das Sprechen über bestimmte Phänomene bestimmte Handlungen bzw. Verhaltensweisen überhaupt erst hervorbringt. Es scheinen somit weniger die Handlungs*verbote*, als vielmehr Sprech*gebote* zu sein, die als Restriktionssysteme unsere Gesellschaft strukturieren – ein Ansatz, den im Kern zahlreiche Beiträge zur Bedeutung von Narrationen für die Durchsetzung moralischer Normen teilen.

5. Auswahlbibliographie

Hübner, Dietmar: *Entscheidung und Geschichte. Rationale Prinzipien, narrative Strukturen und ein Streit in der Ökologischen Ethik*, Freiburg/München 2001. – Versuch des Entwurfs einer Geschichtsethik.
MacIntyre, Alasdair: *Der Verlust der Tugend. Zur moralischen Krise der Gegenwart*, Frankfurt a.M. 1995. – Vertritt den Ansatz, im Leben würden Erzählungen umgesetzt, mithilfe derer wir uns verstünden.
Mieth, Dietmar (Hg.): *Erzählen und Moral. Narrativität im Spannungsfeld von Ethik und Ästhetik*, Tübingen 2000. – Wie auch in Mieths vorgängigen zahlreichen Publikationen zum Thema Ethik und Erzählen (s.o.) nehmen sich die Beiträge in diesem Band der ethischen Relevanz des Erzählens unter besonderer Berücksichtigung ästhetischer Dimensionen an. Im Zentrum der Annäherungen aus literarischer, philosophischer und theologischer Perspektive stehen vor allem die Funktionen des Erzählens für die Identitätskonstitution.
Schapp, Wilhelm: *In Geschichten verstrickt. Zum Sein von Mensch und Ding*, 4. Aufl., Frankfurt a.M. 2004. – Der Mensch sei schon immer (quasi als anthropologi-

---

49 Knigge (Anm. 31), S. 47.
50 Wickert (Anm. 34), S. 187.

sches Faktum) in narrative Zusammenhänge eingebunden – die Geschichten machten den Menschen aus.

Letztlich ist allerdings eine auf wenige Titel reduzierte Auswahlbibliographie zum Thema wenig sinnvoll, weil das Spektrum möglicher Zugriffe enorm weit (s.o.) und die Zahl einschlägiger Publikationen immens ist. Daher sei an dieser Stelle (guten Gewissens) abschließend auf den ausführlichen bibliographischen Kommentar von Nicole Thiemer verwiesen. Hier werden zahlreiche Titel verschiedenen Kategorien (etwa Grundlagen, Grundpositionen, Anwendungen) zugeordnet und umfangreich kontextualisiert:

Nicole Thiemer: »Narrativität und Ethik. Ein bibliographischer Kommentar«, in: Karen Joisten (Hg.): *Narrative Ethik. Das Gute und das Böse erzählen* (= *Deutsche Zeitschrift für Philosophie*, Sonderband 17), Berlin 2007, S. 293–301.

Erzählen im Journalismus

Matías Martínez

1. Erzählen im Journalismus: Bestimmung des Gegenstandsbereichs

Gibt es bestimmte soziale Funktionen des Journalismus, aus denen man Merkmale journalistischer Wirklichkeitserzählungen ableiten kann? Niklas Luhmann hat vorgeschlagen, den Journalismus als Teil der Massenmedien zu verstehen, die ein eigenständiges soziales System innerhalb unserer funktional differenzierten Gesellschaft bilden. Der spezifische Code, der das System der Massenmedien von seiner Umwelt abgrenze, sei die Unterscheidung zwischen Information und Nichtinformation. Die Massenmedien, so Luhmann, stünden unter einem dauernden Erneuerungsdruck wegen der »ständigen Deaktualisierung von Information«:[1] »Informationen lassen sich nicht wiederholen; sie werden, sobald sie Ereignis werden, zur Nichtinformation. Eine Nachricht, die ein zweites Mal gebracht wird, behält zwar ihren Sinn, verliert aber ihren Informationswert«.[2] Im Einzelnen ordnet Luhmann den Massenmedien (nicht im Sinne einer »geschlossenen Typologie«, sondern »rein induktiv«) drei »Programmbereiche« zu: »Werbung«, »Unterhaltung« und »Nachrichten und Berichte«.[3] Bernd Blöbaum beschreibt den für »Nachrichten und Berichte« zuständigen Journalismus nicht als Teil des sozialen Systems der Massenmedien, sondern als ein eigenständiges soziales System, dem, so wie den Massenmedien insgesamt bei Luhmann, als primäre Funktion die »aktuelle Selektion und Vermittlung von Informationen« zukomme.[4] In beiden Fällen wird der Journalismus jedenfalls systemtheoretisch durch die Leitdifferenz zwischen Information und Nichtinformation bestimmt. Obwohl selbstverständlich nicht nur im Journalismus, sondern auch in der Werbung und in der Unterhaltung erzählt wird, geht es im vorliegenden Beitrag, der engeren Bestimmung Blöbaums folgend, um Formen und Funktionen des Erzählens im Journalismus, und zwar um das rein sprachliche Erzählen im Printjournalismus von Zeitungen und Zeitschriften.

Was Luhmann als den ›Informationswert‹ einer Nachricht bezeichnet, wird in der publizistischen Theorie des ›Nachrichtenwerts‹ in ein Bündel unterschiedli-

---

1 Niklas Luhmann: *Die Realität der Massenmedien*, 2., erw. Aufl., Opladen 1996, S. 43, vgl. S. 36. Vgl. Matthias Kohring: »Journalismus als soziales System: Grundlagen einer systemorientierten Journalismustheorie«, in: Martin Löffelholz (Hg.): *Theorien des Journalismus. Ein diskursives Handbuch*, 2., vollst. überarb. u. erw. Aufl., Wiesbaden 2004, S. 185–200.
2 Luhmann (Anm. 1), S. 41.
3 Luhmann (Anm. 1), S. 51.
4 Bernd Blöbaum: *Journalismus als soziales System. Geschichte, Ausdifferenzierung und Verselbständigung*, Opladen 1994, S. 261.

cher Faktoren zerlegt.⁵ Die Redaktionen der Zeitungen und Zeitschriften melden nur einen kleinen Teil der Informationen (bis zu 10 Prozent) weiter, die sie täglich durch die Nachrichtenagenturen erreichen – und auch diese sind bereits das Ergebnis einer sehr starken Selektion aller Meldungen, die täglich anfallen. Die Auswahl der Meldungen erfolgt nach ihrem Nachrichtenwert, der von den inhaltlichen Merkmalen (›Nachrichtenfaktoren‹) einer Meldung bestimmt wird. Zu den Nachrichtenfaktoren gehören u.a. das Ausmaß und die Konsequenzen des gemeldeten Ereignisses, seine Aktualität, räumliche und zeitliche Nähe, die Auswirkungen auf die eigene (nationale, regionale oder lokale) Gemeinschaft, die Prominenz der beteiligten Personen sowie ein sehr heterogenes Faktorenbündel, das unter ›human interest‹ zusammengefasst wird: Skurrilität (›Hund beißt Mann‹ ist keine Nachricht, wohl aber ›Mann beißt Hund‹), Kampf, Konflikt, Sex, Liebe, Romantik, Humor, Abenteuer, Spannung, Tiere, Alter, Tragödie.

2. Formen und Geltungsansprüche journalistischen Erzählens

Journalisten bedienen sich unterschiedlicher Textsorten.⁶ Es gibt nicht-narrative Formen wie den Essay, das Feature, den Kommentar, die Glosse, die Kulturkritik, die Polemik oder das Interview. Zu den narrativen Formen gehören die Nachricht (oder Meldung), der Bericht und die Reportage. Aus diesen drei Gattungen bestehen die Wirklichkeitserzählungen im Feld des Printjournalismus.

Nachricht

Im Sinne einer bestimmten Form der journalistischen Darstellung (nicht im weiten Sinne von ›Information‹ oder ›Mitteilung‹) bezeichnet man als *Nachricht* (oder auch: Meldung) einen kurzen Text, der in der Zeitung bis zu 25 Druckzeilen umfasst. Sie dient der knappen Informationsvermittlung und ist faktenorientiert. Jede Nachricht soll die sogenannten ›W-Fragen‹ beantworten: Was? Wann? Wo? Wer? Wie? Warum?; außerdem wird oft die Herkunft der Information genannt: Welche Quelle? Der Kern der Information erscheint in kürzester Form bereits in der Überschrift und wird zu Beginn der Nachricht (je nach Gesamtlänge des Artikels im ersten Satz oder im ersten Absatz) zusammengefasst. Der Textaufbau wird deshalb in der Journalistik gern mit der Gestalt einer ›umgekehrten Pyramide‹ (›inverted pyramid‹) verglichen: Der Textanfang (die Pyramidenspitze) ist sozusagen kompakter als das Ende (die Basis). Die *Form* des Nachrichtentextes

---

5   Zur Theorie des Nachrichtenwerts s. Joachim Friedrich Staab: »Entwicklungen der Nachrichtenwert-Theorie. Theoretische Konzepte und empirische Überprüfungen«, in: Jürgen Wilke (Hg.): *Fortschritte der Publizistikwissenschaft*, Freiburg/München 1990, S. 161–172; Siegfried Weischenberg: *Nachrichtenschreiben. Journalistische Praxis zum Studium und Selbststudium*, 2. Aufl., Opladen 1990, S. 16–24.

6   Eine knappe Übersicht gibt Erich Straßner: »Zeitschriftenspezifische Präsentationsformen und Texttypen«, in: Joachim-Felix Leonhard u.a. (Hg.): *Medienwissenschaft. Ein Handbuch zur Entwicklung der Medien und Kommunikationsformen*, 2. Teilbd. (= *Handbücher zur Sprach- und Kommunikationswissenschaft*, Bd. 15.2), Berlin 2001, S. 1734–1739.

wird hier also unmittelbar durch die dominante *Funktion* des Journalismus (Information vs. Nichtinformation) geprägt.

Bericht

Der *Bericht* ist länger und inhaltlich umfassender als die Nachricht. Er gibt eine detailliertere, verlaufsorientierte, chronologisch-lineare Darstellung des Ereignisses und informiert nicht nur über Ort und Zeit und die beteiligten Personen, sondern auch über die Ursachen des Geschehens. Auch der Bericht soll nach dem Prinzip der umgekehrten Pyramide das Wichtigste an den Anfang stellen und die W-Fragen beantworten.

Reportage

Reportage ist der Sammelname für alle Großformen der Berichterstattung in den Printmedien. Anders als bei Nachrichten und Berichten, die in der Redaktion auf der Grundlage von Agenturmeldungen geschrieben werden, gehen der Reportage in der Regel eigenständige Recherchen des Reporters vor Ort voraus. Nicht alle Reportagen sind Erzählungen in dem Sinne, dass sie über ein Geschehen berichten würden – es gibt auch Reportagen über Personen, Zustände oder Hintergründe. Die Gestaltungsformen der Reportage sind variabler als bei den beiden kürzeren Arten journalistischer Wirklichkeitserzählungen. Reportagen lassen sich durch ihre Themen unterscheiden: Lokalreportagen, Sensationsreportagen, Sozialreportagen, Reportagen aus der Arbeitswelt, Enthüllungsreportagen, Kriegsreportagen, politische Reportagen, Gerichtsreportagen, Sportreportagen, Wissenschaftsreportagen, Reisereportagen. Allen diesen Reportagetypen ist gemeinsam, dass sie nicht auf eine neutrale Informationsvergabe zielen, sondern subjektiv getönte Darstellungen realer Ereignisse liefern. Sie wollen dem Leser nicht nur ein bestimmtes Ereignis, sondern auch das *Erlebnis* dieses Ereignisses vermitteln. Häufig geschieht das dadurch, dass der Reporter, als Stellvertreter des Lesers, aus der Perspektive eines teilnehmenden Beobachters erzählt.

Die moderne Reportage hat zahlreiche historische Vorläufer im Bereich des nichtliterarisch-faktualen und des literarisch-fiktionalen Erzählens. Zu ihren nichtliterarischen Quellen gehören, neben Selbstzeugnissen (Autobiographien, Memoiren, Konfessionen), Biographien, Briefen, Augenzeugenberichten (über Kriege, Naturkatastrophen usw.) und Parlamentsberichten, die Reiseerzählungen seit Herodots antiken *Historien*.[7] Der Geltungsanspruch dieser Gattung sei am Beispiel von Johann Gottfried Seumes *Spaziergang nach Syrakus im Jahre 1802* (1803) illustriert. In der Vorrede schreibt Seume:

> In Romanen hat man uns nun lange genug alte, nicht mehr geleugnete Wahrheiten dichterisch eingekleidet, dargestellt und tausendmal wiederholt. Ich tadle dieses nicht, es ist der Anfang: aber immer nur Milchspeise für Kinder. Wir sollten doch endlich auch Männer werden und beginnen, die Sachen ernsthaft geschichtsmäßig zu nehmen, ohne Vorurteil und Groll, ohne Leidenschaft und Selbstsucht. Örter, Personen, Namen, Umstände soll-

---

7 Vgl. Michael Haller: *Die Reportage*, 6., überarb. Aufl., Konstanz 2008, S. 17–59.

ten immer bei den Tatsachen als Belege sein, damit alles soviel als möglich aktenmäßig würde.[8]

Seume grenzt seinen *Spaziergang* als einen tatsachengetreuen (»geschichtsmäßig«), objektiven (»ohne Leidenschaft und Selbstsucht«) und nachweisbaren (»aktenmäßig«) Bericht von den kindischen Erfindungen der Dichter ab: »Faktisch waren die Dinge so, wie ich sie erzähle«.[9]

Zu den literarisch-fiktionalen Quellen journalistischer Wirklichkeitserzählungen gehört der realistische und naturalistische Roman des 19. Jahrhunderts, die Werke von Honoré de Balzac und Émile Zola in Frankreich, Theodor Fontane in Deutschland, Charles Dickens in England. Egon Erwin Kisch und Tom Wolfe etwa haben sich in ihren Konzeptionen des Journalismus ausdrücklich auf diese Autoren bezogen.

Zahlreiche bedeutende Schriftsteller haben sowohl im journalistischen als auch im fiktional-literarischen Modus erzählt. Dazu zählen im 18. Jahrhundert Daniel Defoe und Jonathan Swift, im 19. Jahrhundert, neben Zola, Fontane und Dickens, Heinrich Heine, Heinrich von Kleist und Mark Twain, im 20. Jahrhundert Joseph Roth, George Orwell, Jack London, Upton Sinclair, John Dos Passos, Ernest Hemingway, John Steinbeck, Gabriel García Márquez, Mario Vargas Llosa und viele andere mehr.[10]

Reportagen im heutigen Sinn zielen auf eine breite Öffentlichkeit, bemühen sich um Aktualität und Nachrichtenwert und setzen damit den Journalismus als soziales System in der funktional differenzierten Gesellschaft der Moderne voraus. Dieses System entstand im Laufe des 19. Jahrhunderts, als soziale und soziokulturelle Voraussetzungen (etwa die zunehmende Alphabetisierung), rechtliche Neuerungen (Aufhebung des staatlichen Anzeigenprivilegs) und technische Erfindungen in der Drucktechnik (Schnellpresse, Papiermaschine, Rotationsmaschine, Setzmaschine), in den Vertriebsmöglichkeiten (Eisenbahn) und in den Kommunikationsmedien (Telegraphie, Telefon) die Entstehung der Massenpresse ermöglichten.[11] Die klassische Form der journalistischen Reportage wurde maßgeblich in den Jahren der Weimarer Republik durch Egon Erwin Kisch geprägt. Im Vorwort zu seiner Reportagensammlung *Der rasende Reporter* (1925) schreibt Kisch: »Der Reporter hat keine Tendenz, hat nichts zu rechtfertigen und hat keinen Standpunkt. Er hat unbefangen Zeuge zu sein und unbefangene Zeugenschaft zu liefern, so verläßlich, wie sich eine Aussage geben läßt«.[12] Während

---

8   Johann Gottfried Seume: »Spaziergang nach Syrakus im Jahre 1802«, in: Ders.: *Prosaschriften*, Darmstadt 1974, S. 155–597, hier: S. 158.
9   Seume (Anm. 8), S. 165.
10 Eine umfassende systematische und historische Untersuchung zu den Wechselbeziehungen zwischen Literatur und Journalismus in Europa, Lateinamerika und den USA liefert Albert Chillón: *Literatura y periodismo. Una tradición de relaciones promiscuas*, Valencia 1999.
11 Vgl. Hans-Ulrich Wehler: *Deutsche Gesellschaftsgeschichte 1815–1845/49*, München 1987, S. 520–546 (»Die Ausdehnung des literarisch-öffentlichen Marktes und die Verdichtung der öffentlichen Kommunikation«).
12 Egon Erwin Kisch: *Der rasende Reporter* [1925], *Gesammelte Werke in Einzelausgaben*, Bd. 6, 6. Aufl., Berlin/Weimar 1993, S. 9f. Vgl. Michael Geisler: *Die literarische Reportage in Deutsch-*

Kisch hier im Gestus der Neuen Sachlichkeit vom Reporter vor allem »Hingabe an sein Objekt« und »Sachlichkeit« verlangte, um »die einfache Wahrheit« schreiben zu können, betonte er später, nach seinem Eintritt in die KPD im Jahr 1925, der Reporter solle eine engagierte Haltung einnehmen. »Gehäufte Fakten nur durch sich selbst wirken zu lassen«, »Tatsachen [...] einfach zu registrieren«, heißt es etwa in der Rede *Reportage als Kunstform und Kampfform* (1935), sei »phantasielos«. Der Reporter benötige eine »logische Phantasie«, um die Fakten zu einem »anklägerischen Kunstwerk« gestalten zu können. Aber auch in diesen späteren Jahren hielt Kisch am faktualen Geltungsanspruch des Reporters fest: »Bei aller Künstlerschaft muß er Wahrheit, nichts als Wahrheit geben, denn der Anspruch auf wissenschaftliche, überprüfbare Wahrheit ist es, was die Arbeit des Reporters so gefährlich macht, gefährlich nicht nur für die Nutznießer der Welt, sondern auch für ihn selbst, gefährlicher als die Arbeit des Dichters, der keine Desavouierung und kein Dementi zu fürchten braucht.« Obwohl die Reportage, als »Kunstform«, nach ästhetischen Kriterien konstruiert und zugleich, als »Kampfform«, politisch engagiert sein soll, habe sie vor allem »die Wahrheit präzis hinzustellen«.[13]

Auch Georg Lukács bestimmte die Gattung der Reportage durch ihren faktualen Geltungsanspruch. In seinem Aufsatz *Reportage oder Gestaltung?*, der 1932 in der *Linkskurve*, der Zeitschrift des *Bundes der proletarisch-revolutionären Schriftsteller* (BPRS) Deutschlands erschien, schreibt er: »In der Reportage kommt es nämlich vor allem darauf an, daß die angebenene Tatsachen in allen Details mit der Wirklichkeit übereinstimmen«.[14] Allerdings habe die Reportage die Aufgabe, den dargestellten Einzelfall in einen übergeordneten Zusammenhang zu stellen und ihm dadurch allgemeinere Bedeutung zu geben; es gehe im journalistischen Erzählen um »die Verknüpfung der Tatsachen und ihrer Zusammenhänge, also auch des Besonderen und des Allgemeinen, des Individuellen und des Typischen, des Zufälligen und des Notwendigen«.[15]

3. Journalistisches Erzählen zwischen Faktum und Fiktion

Egon Erwin Kisch und Georg Lukács verstanden Reportagen als faktuale Texte. Dieser lange Zeit selbstverständliche, wahrheitsheischende Geltungsanspruch journalistischer Erzählungen wird seit den 1970er Jahren im Zeichen dekonstruktivistischer und radikal-konstruktivistischer Auffassungen bestritten. Stattdessen wird, im Einzelnen mit ganz unterschiedlichen Argumenten, ein Panfiktionalis-

---

land. *Möglichkeiten und Grenzen eines operativen Genres*, Königstein 1982, und Ders.: »Berichterstattung in der Zeitung: Kommunikative und ästhetische Fragen«, in: Leonhard (Anm. 6), S. 1712–1720.

13 Egon Erwin Kisch: »Reportage als Kunstform und Kampfform. Rede auf dem Internationalen Schriftstellerkongreß für die Verteidigung der Kultur in Paris im Juni 1935«, in: Theodor Karst (Hg.): *Reportagen*, Stuttgart 1986, S. 163–166, hier: S. 165f. (sämtliche Zitate).

14 Georg Lukács: »Reportage oder Gestaltung?«, in: Karst (Anm. 13), S. 159–163, hier: S. 162.

15 Lukács (Anm. 14), S. 159.

mus propagiert. So kommt – um ein Beispiel für viele zu nennen – Winfried Schulz in seiner wichtigen Studie über die *Konstruktion von Realität in den Massenmedien* zu dem Schluss, »daß das, was von den Autoren als Maßstab zur Beurteilung der Angemessenheit oder ›Ausgewogenheit‹ der Nachrichtenberichterstattung herangezogen wird, tatsächlich immer eine fiktive Realität ist«.[16] Will man jedoch Formen und Funktionen des Erzählens im Journalismus angemessen und differenziert erfassen, muss man journalistisches und fiktional-literarisches Erzählen voneinander unterscheiden. Dafür ist es hilfreich, zwischen dem unvermeidlichen *Konstruktionscharakter* journalistischer Erzählungen (den sie mit allen anderen Formen und Feldern des Erzählens teilen) einerseits und ihrem angeblichen *Fiktionscharakter* andererseits zu trennen.[17] Selbstverständlich prägen Faktoren wie die Selektion des verwendeten Informationsmaterials, die Verwendung bestimmter Erzähltechniken und rhetorisch-stilistische Gestaltungsformen maßgeblich die Nachrichten des Journalismus und das durch sie vermittelte Wirklichkeitsbild. Zweifellos ›konstruieren‹ journalistische Nachrichten und Reportagen eine bestimmte Realität. Aber diese Texte sind eben auch auf eine intersubjektiv gegebene Wirklichkeit bezogen. Jeder narrative Text stellt *etwas* dar; doch unterscheiden sich faktuale Texte von fiktionalen dadurch, dass die in ihnen erzählte Wirklichkeit den Anspruch erhebt, auf konkrete Sachverhalte in unserer Wirklichkeit zu referieren. Es führt zu einer unnötigen begrifflichen Unschärfe, wenn man aus der unabweisbaren Tatsache der »Formung, Bildung und Gestaltung« journalistischer Texte ihren Fiktionscharakter ableitet.[18]

Ergiebiger ist es, die Verwendung genuin fiktionaler Erzählformen in faktualen Texten ernst zu nehmen, ohne deshalb gleich den Referentialitätsanspruch dieser Texte abzustreiten, der sie grundsätzlich von den Geschichten der fiktionalen Literatur unterscheidet. Sein faktualer Geltungsanspruch unterscheidet journalistisches Erzählen grundsätzlich von den fiktionalen Erzählungen der Literatur. Gerade durch diesen Anspruch kann es seine spezifische Funktion im System der Gesellschaft erfüllen, nämlich wahrheitsheischende Informationen zu liefern. In

---

16 Winfried H. Schulz: *Die Konstruktion von Realität in den Massenmedien. Analyse der aktuellen Berichterstattung*, 2. Aufl., Freiburg 1990, S. 27.

17 Zum hier verwendeten Fiktionsbegriff und grundsätzlich zur Unterscheidung zwischen faktualen und fiktionalen Erzähltexten vgl. die Einleitung zu diesem Band sowie Matías Martínez/Michael Scheffel: *Einführung in die Erzähltheorie*, 7. Aufl., München 2007, S. 9–20.

18 So z.B. Elisabeth Klaus: »Jenseits der Grenzen: Die problematische Unterscheidung zwischen Fakt und Fiktion«, in: Joan Kristin Bleicher/Bernhard Pörksen (Hg.): *Grenzgänger. Formen des New Journalism*, Wiesbaden 2004, S. 100–125, hier: S. 115: »Fakten sind [...] nur in ihrer kontextuellen Einbindung Kernbestandteil des Journalismus. Erst durch ihre ›fictio‹, ihre Formung, Bildung und Gestaltung, werden sie zum journalistischen Produkt«. Eine differenziertere Auffassung formuliert etwa Bernhard Pörksen: Konstruktivismus in der Journalistik »bedeutet nicht, dass man auch innerhalb der Lebenswelt und der eigenen Erfahrungswirklichkeit auf (unvermeidlich temporäre und sozial verbindliche) Erkenntnissicherheiten verzichten muss. In der Sphäre der (journalistischen) Erfahrungswirklichkeit ist selbstverständlich Konsensbildung möglich«. Bernhard Pörksen: »Journalismus als Wirklichkeitskonstruktion«, in: Martin Löffelholz (Hg.): *Theorien des Journalismus. Ein diskursives Handbuch*, 2., vollst. überarb. u. erw. Aufl., Wiesbaden 2004, S. 335–347, hier: S. 341f.

dem Moment, in dem journalistische Texte in mediale Zirkulation gebracht werden, gehen sie einen stillschweigenden Faktualitätspakt mit ihren Lesern ein.

Die Existenz eines solchen Paktes zeigt sich dann besonders deutlich, wenn er verletzt wird. Zu den größten Skandalen des investigativen Journalismus in den Printmedien der letzten Jahrzehnte gehört Janet Cookes 1980 in der *Washington Post* publizierte, eindrucksvolle Reportage *Jimmy's World* über die trostlose Existenz eines achtjährigen, heroinabhängigen Jungen in der Hauptstadt der USA.[19] Die Reportage löste eine zweiwöchige erfolglose Suche der städtischen Behörden nach Jimmy aus und wurde mit dem Pulitzer Preis ausgezeichnet. Später stellte sich heraus, dass Cooke Jimmy und seine traurige Lebensgeschichte erfunden hatte. Ähnlich großes Aufsehen erregte der Journalist Jayson Blair. Er wurde 2003 von der *New York Times*, Inbegriff des faktentreuen Journalismus, entlassen, nachdem bekannt geworden war, dass Blair in dieser Zeitung jahrelang Hunderte von teils frei erfundenen, teils plagiierten Berichten publiziert hatte.

Die empörten Reaktionen auf solche Fälschungen machen deutlich: Journalistische Texte werden als faktuale Erzählungen verstanden, die beanspruchen, dass das, was sie erzählen, wahr ist. Die Wahrheit, um die es dabei geht, liegt in der nachprüfbaren Referenz auf *konkrete* Tatsachen, d.h. auf einzelne, räumlich und zeitlich bestimmte Sachverhalte und Ereignisse unserer Wirklichkeit. Es hat Janet Cooke nichts genützt, dass sie zu ihrer Verteidigung vorbrachte, der von ihr beschriebene Jimmy existiere zwar nicht, dafür aber zahllose reale Kinder, die in der Figur des Jimmy exemplarisch dargestellt würden. Welchen Anspruch journalistische Reportagen ansonsten auch immer erheben: sie unterstehen jedenfalls der Erwartung, im konkreten Sinn wahr zu sein.

4. Drei Fallanalysen

Günter Wallraff

Günter Wallraffs Rollenreportagen setzen seit den 1960er Jahren die Tradition der klassischen Reportage der Zwanziger Jahre fort, insofern sie die *Erfahrung* konkreter sozialer Wirklichkeit vermitteln möchten. Egon Erwin Kisch hatte, wie erwähnt, vom Reporter »unbefangene Zeugenschaft« verlangt.[20] Mehr noch als auf Kisch beruft sich Wallraff auf den russischen Schriftsteller Sergej Tretjakow: »Er entwarf das Bild eines Autors, der vom Beobachter zum operierenden Schriftsteller wird, der sich in die Prozesse der Veränderung hineinstellt«.[21] Wallraff radikalisiert die Haltung des Reporters als teilnehmender Beobachter, indem er sich selbst intensiv den Missständen aussetzt, über die er berichtet. In dem

---

19 http://www.uncp.edu/home/canada/work/markport/lit/litjour/spg2002/cooke.htm, Aufruf 21.3.09.
20 Kisch (Anm. 12), S. 9f.
21 Günter Wallraff: »»Sicht von unten«. Interview mit Alfred Eichhorn«, *Neue Deutsche Literatur* 24 (1976), H. 8, S. 147–149, hier: S. 148f. Zu Wallraffs Rollenreportagen s. Ulla Hahn/Michael Töteberg: *Günter Wallraff*, München 1979.

Artikel *Kisch und ich heute. Über die logische Phantasie* (1977) schreibt er: »Ich muß selbst erst zum Betroffenen, notfalls zum Opfer werden, um über die Situation der Opfer dieser Gesellschaft schreiben zu können«.[22] Nicht schon die sympathisierende Beobachtung sozialer Opfer, sondern erst das Erlebnis ihrer Situation am eigenen Leib ermöglichen, so Wallraff, eine authentische Berichterstattung. Deshalb hat er paradoxerweise immer wieder falsche Identitäten angenommen: Durch verdeckte Identitäten möchte er Wahrheit aufdecken. Mehr noch, mit absichtlichen Provokationen verändert er aktiv in seinen Rollenspielen gegebene Situationen und treibt soziale Missstände auf die Spitze. Auf diese Weise hat er seit seinen ersten Reportagen aus der industriellen Arbeitswelt (*Industriereportagen. Als Arbeiter in deutschen Großbetrieben*, 1970; zuerst 1966 erschienen unter dem Titel *Wir brauchen dich – Als Arbeiter in deutschen Industriebetrieben*) zahllose und unterschiedlichste Milieus kennengelernt und dargestellt. Zu seinen bekanntesten Arbeiten gehören *Der Aufmacher. Der Mann, der bei ›Bild‹ Hans Esser war* (1977) über seine verdeckte Tätigkeit als Journalist in der Hannoveraner Redaktion der *Bild*-Zeitung und sein erfolgreichstes Buch, *Ganz unten*. (1985). Wallraff berichtet hier über seine Erlebnisse als angeblicher Türke Ali Levent z.B. in der Küche von McDonalds-Restaurants, als Leiharbeiter auf Großbaustellen, in Industrieanlagen von Thyssen oder bei Medikamentenversuchen. Im Text erscheint durchgängig die Sprecherinstanz »ich (Ali)«, während das Vorwort (»Die Verwandlung«) mit »Günter Wallraff« unterzeichnet ist. In diesem Vorwort schreibt Wallraff: »Sicher, ich war nicht wirklich ein Türke. Aber man muß sich verkleiden, um die Gesellschaft zu demaskieren, muß täuschen und sich verstellen, um die Wahrheit herauszufinden«.[23] Nun ist aber die Sprecherinstanz »ich (Ali)« keineswegs zu verwechseln mit fiktiven Erzählern in fiktional-literarischen Texten. Während der Ich-Erzähler Oskar Matzerath in der *Blechtrommel* die unwahrscheinlichsten Dinge behaupten kann, ohne dass wir seinen Autor Günter Grass der Lüge bezichtigen, erhebt »ich (Ali)« einen faktualen Geltungsanspruch: ›So ist es gewesen‹, ›so habe ich es erlebt‹. Dieser Anspruch wird selbstverständlich nicht außer Kraft gesetzt durch Wallraffs Hinweis, er habe »zum Schutz meiner Kollegen ihre Namen in diesem Buch zum großen Teil verändern« müssen.[24] Gerade die vermutete Gefahr einer arbeitsrechtlichen oder strafrechtlichen Verfolgung unterstreicht den referentiellen Charakter des Textes.

Soweit zu Wallraffs Erneuerung und Radikalisierung des klassischen, wahrheitsheischenden Reportage-Journalismus. Es gibt aber auch Autoren, die den faktualen Geltungsanspruch journalistischen Erzählens herausfordern, indem sie mit der Grenze zwischen fiktionalem und faktualem Erzählen spielen. Betrachten wir zwei dieser Grenzgänger.

---

22 Günter Wallraff: »Kisch und ich heute. Über die logische Phantasie«, *Die Zeit*, 11.11.1977. Wallraff stellt sich hier in die Tradition Kischs, fügt aber hinzu, er habe dessen Reportagen erst spät kennengelernt.
23 Günter Wallraff: *Ganz unten*, Köln 1985, S. 12.
24 Wallraff (Anm. 23), S. 13.

New Journalism

1965 erschien Truman Capotes *In Cold Blood*. Das Buch trägt den Untertitel »A True Account of a Multiple Murder and Its Consequences« und erzählt die Geschichte der Ermordung der vierköpfigen Familie Clutter im Jahr 1959 nahe der Kleinstadt Holcomb in Kansas (USA). *In Cold Blood* enthält eine Reihe von Passagen, die streng genommen den übermenschlichen Standpunkt eines allwissenden Erzählers voraussetzen, beispielsweise Dialoge zwischen verschiedenen Protagonisten, die in direkter Rede zitiert werden, obwohl sie nicht aufgezeichnet wurden, oder auch die Wiedergabe von Gedanken und Gefühlen der Protagonisten in erlebter Rede oder mit Hilfe anderer Techniken der Bewußtseinsdarstellung, die eigentlich einen direkten Zugang zum Bewußtsein dieser Personen voraussetzen. Ungeachtet dieser Fiktionalisierungen beansprucht Capote jedoch in den Paratexten von *In Cold Blood* faktuale Wahrheit. Das zeigt sich außer in dem erwähnten Untertitel mit der Kennzeichnung »true account« auch in den »Acknowledgments«, die dem Haupttext vorangestellt sind. Auf der Schwelle zur eigentlichen Erzählung wird dem Leser hier mitgeteilt, dass Capotes Geschichte vollständig durch Recherchen belegt sei: »All the material in this book not derived from my own observation is either taken from official records or is the result of interviews with the persons directly concerned, more often than not numerous interviews conducted over a considerable period of time«.[25] Die fiktionalisierenden Erzählverfahren sind begründungsbedürftige Lizenzen eines Textes, der gleichwohl einen faktualen Geltungsanspruch erhebt. Deshalb bezeichnete Capote sein Buch als »non-fiction novel«.[26] Die Behauptungen, die in fiktionalen Texten erhoben werden, können nicht dem realen Autor (z.B. Günter Grass), sondern nur einem fiktiven Erzähler (z.B. Oskar Matzerath in Grass' Roman *Die Blechtrommel*) zugerechnet werden – sonst müssten wir Grass der Lüge bezichtigen, weil er uns wider besseres Wissen von Figuren und Ereignissen erzählt, die gar nicht existiert haben. Capote aber muss für die Wahrheit (oder zumindest für die Plausibilität) seiner Darstellung geradestehen. Anders als in Texten der fiktionalen Literatur mit ›echten‹ allwissenden Erzählern, deren Behauptungen vom Leser ohne weiteres als wahr (›wahr‹ allerdings nur in der fiktiven Welt des Romans) hingenommen werden, muss Capote die fiktionalisierenden Passagen als zwar hypothetische, aber aufgrund umfangreicher Recherchen zumindest plausible Darstellung eines vermutlich realen Sachverhalts rechtfertigen. Ungeachtet aller ›literarischen‹ Erzähltechniken spricht er stets in eigener Sache. Nur so ist es z.B. überhaupt möglich, dass man *In Cold Blood* gelegentlich eine verfälschende Darstellung der vier Morde in Kansas vorgeworfen hat. Dage-

---

25 Truman Capote: *In Cold Blood. A True Account of a Multiple Murder and Its Consequences*, New York 1965, o.S. Zu Capotes Erzähltechnik s. John Hollowell: »Truman Capote's ›Nonfiction Novel‹«, in: Ders.: *Fact & Fiction. The New Journalism and the Nonfiction Novel*, Chapel Hill 1977, S. 63–86.
26 George Plimpton: »Truman Capote: An Interview« [1966], in: Ronald Weber (Hg.): *The Reporter as Artist: A Look at The New Journalism Controversy*, New York 1974, S. 188–206, hier: S. 189.

gen wäre es sinnlos, die Behauptungen des fiktiven Erzählers eines Romans als falsch zurückzuweisen.

Capotes Schreibweise, die am faktualen Geltungsanspruch journalistischen Erzählens festhält, aber zugleich die dafür üblichen Darstellungskonventionen durchbricht, ist für eine Gruppe von US-amerikanischen Journalisten der 1960er und 1970er Jahre charakteristisch, die unter dem Begriff *New Journalism* zusammengefasst werden. Zu ihr gehören neben Capote u.a. Gay Talese, Norman Mailer, Hunter Thompson und Tom Wolfe.[27] Die Reportagen des New Journalism zeigen, dass die Opposition zwischen fiktionaler und faktualer Rede nicht trennscharf ist, sondern Kombinationen in unterschiedlicher Art und Weise zulässt. Unterscheidet man zwischen der *Fiktivität* der erzählten Geschichte (besitzen die erzählten Sachverhalte eine Referenz in unserer Wirklichkeit oder nicht?) und der *Fiktionalität* der Erzählrede (wahrheitsheischende Rede des realen Autors oder imaginäre Rede eines fiktiven Erzählers?), dann lassen sich die Reportagen des New Journalism als faktuale Erzählungen mit teilweise fiktionalisierenden Erzählverfahren charakterisieren.[28]

Tom Kummer

Der Schweizer Journalist Tom Kummer veröffentlichte zwischen 1996 und 1999 vor allem im Magazin der *Süddeutschen Zeitung*, aber auch im *ZEIT Magazin* und in weiteren Zeitungen Dutzende von Interviews mit Hollywood-Stars und anderen Berühmtheiten der US-amerikanischen Populärkultur. Im Jahr 2000 stellte sich heraus, dass die meisten dieser Interviews zu großen Teilen oder ganz erfunden worden waren. Kummer war den Stars zumeist gar nicht persönlich begegnet. Die Aufdeckung der Fälschung führte zur Beendigung der Zusammenarbeit der betroffenen Redaktionen mit Kummer und zur Entlassung der verantwortlichen Redakteure, aber auch, anders als in den Fällen von Janet Cooke und Jayson Blair, zu hitzigen Debatten über die Legitimität solcher Interviews. Kummer hat nämlich seinen ›Borderline-Journalismus‹ mit interessanten Argumenten verteidigt. Es gehe ihm um eine »Neudefinition von Realität im Journalismus«.[29] Er habe in seinen Texten – Kummer nennt sie »konzeptionelle Interviews«[30] – die Stars nicht als private Personen, sondern als Teil der Imageindustrie Hollywoods porträtieren wollen. Deswegen handele es sich nicht um Fälschungen, da seine Interviews wahrheitsgetreu das Image der Stars vorstellten. Nun geben die Interviews keine expliziten Hinweise auf ihren fiktiven Status. Ein unwissender Leser muss sie für

---

27 Vgl. Tom Wolfe/Edward Warren Johnson (Hg.): *The New Journalism. With an Anthology*, New York 1973.
28 Zu den Begriffen ›faktual‹, ›fiktional‹ und ›fiktiv‹ vgl. die Einleitung zu diesem Band.
29 Tom Kummer: »Manifesto. Die Matrix der Wirklichkeitsentwürfe«, in: http://tomkummer.be/manifesto, Aufruf 14.5.05; diese Internetseite ist inzwischen nicht mehr zugänglich. Zum Fall Kummer s. Holger Schulze: »Wirklichkeit messen. Tom Kummer vs. Reality«, in: http://nachdemfilm.de/no2/sul01dts.html, Aufruf 20.4.09. Kummer selbst hat sich dagegen gewehrt, seine Star-Interviews als ›Borderline-Journalismus‹ zu bezeichnen.
30 Tom Kummer: »›Wow, das ist guter Stoff‹. Interview mit Martin Suter«, *Tagesspiegel*, 02.12.2001.

authentisch halten. Allerdings spielen sie hier und da auf Kummers Konzeption eines zeitgemäßen Journalismus an. Im angeblichen Gespräch mit Courtney Love sagt diese: »Ich betrüge so echt, ich bin jenseits von Betrug«. Jenny McCarthy bittet ihren Interviewpartner, sie »Jenny, deine beste TV-Freundin« zu nennen, und behauptet, »daß sich die Menschen über Images eine Meinung bilden und daß man diese Tatsache nutzen sollte«.[31] Der Rapper Snoop Doggy Dogg antwortet auf die Frage Kummers »Dann ist also alles, was Sie mit Ihrer Stimme verbreiten, bloß Dichtung?«: »Was denn sonst. Mich interessiert nicht *die* Wahrheit, ich inszeniere *meine* Wahrheit«.[32] Und bei Pamela Anderson kommt Kummer auf ihren schönheitschirurgisch hergerichteten »Designkörper« zu sprechen, der sie zur »Ikone des Körperkults« und damit zu einem »künstlichen Menschen« werden ließ: »Pamela, eigentlich verkörperst du ja den materialisierten Zeitgeist annähernd perfekt: Die Wirklichkeit verliert sich in der Simulation, und der Körperkult ist die konsequenteste Reaktion darauf«.[33] In einem »Manifesto« erläuterte Kummer nachträglich seine Auffassung von Journalismus:

> Es ist wirklich nicht mehr leicht, Journalist zu sein. Eine Armada von Authentizisten klebt einem im Nacken und fordert die Wahrheit, die einzige wahrhaftige Wirklichkeit. [...] Wir sind in die vom Schein beherrschte Welt der Postmoderne hineingeboren worden, deren bestimmendes Element die Show ist. In der Show gibt es keine Wahrheit, sondern Effekte. [...] Meine journalistische Erfahrung war immer die, dass mit dem Auftauchen von Journalisten die Wirklichkeit implodiert. Ich habe das immer wieder gesehen, ob in der Wartestellung auf den ersten Golfkrieg im Intercontinental-Hotel von Amman, wo die Wirklichkeit von isolierten Journalisten choreographiert wurde. [...] Objektivität ist genauso wie Wahrheit und Wirklichkeit in den Medien ein reiner Mythos.[34]

Kummer beruft sich hier auf Jean Baudrillards Auffassung, unsere postmoderne Welt der Simulakren und Simulationen setze den Begriff der Wirklichkeit außer Kraft: »simulation threatens the difference between ›true‹ and ›false‹, between ›real‹ and ›imaginary‹«.[35] Ob das eine plausible These ist oder nicht, braucht hier nicht diskutiert zu werden. Die öffentlichen Reaktionen auf die Enthüllung des fingierten Charakters von Kummers Star-Interviews zeigen jedenfalls, dass es für den Umgang des Publikums mit journalistischen Texten nach wie vor einen entscheidenden Unterschied ausmacht, ob es sie als fiktional oder als faktual versteht. Kummers Texte wurden eben nicht als wahrheitsneutrale Simulationen, sondern als Fälschungen authentischer Interviews angesehen – und ihr Autor und die übrigen Verantwortlichen entsprechend bestraft.

---

31 *Gibt es etwas Stärkeres als Verführung, Miss Stone? Star-Interviews von Tom Kummer*, München 1997, S. 101, 176, 177. Es handelt sich hier zwar nicht um narrative Texte, sondern um Interviews; für das Verständnis des faktualen Geltungsanspruchs journalistischen Erzählens ist Kummers Position dennoch aufschlussreich.
32 *Gibt es etwas Stärkeres als Verführung, Miss Stone?* (Anm. 31), S. 72.
33 *Gibt es etwas Stärkeres als Verführung, Miss Stone?* (Anm. 31), S. 27.
34 Kummer (Anm. 29).
35 Jean Baudrillard: »Simulacra and Simulations«, in: Ders.: *Selected Writings*, Stanford 1988, S. 166–184, hier: S. 168.

Wie wir gesehen haben, fordern die Reportagen des New Journalism und Tom Kummers Interviews den faktualen Geltungsanspruch journalistischer Wirklichkeitserzählungen heraus. Die grundsätzliche Existenz dieses Anspruchs bestätigen sie aber eher, als dass sie ihn beseitigen. Durch ihr Spiel mit den Grenzen zwischen faktualem und fiktionalem Erzählen und zwischen Faktum und Fiktion zwingen sie allerdings zu einer genaueren Beschreibung des Geltungsanspruchs journalistischen Erzählens.

4. Forschungsgeschichte

Die Erforschung journalistischen Schreibens als ein besonderer Modus des Erzählens erlebte einen ersten Höhepunkt in den 1920er Jahren in Beiträgen von Egon Erwin Kisch, Georg Lukács, Kurt Tucholsky u.a. Insbesondere verglichen sie die Leistungen literarischen und journalistischen Erzählens und diskutierten den spezifischen Wahrheitsanspruch von Reportagen. Praxisbezogene Handbücher zum journalistischen Schreiben entstanden zuerst in den Jahren zwischen den Weltkriegen in den USA. Eine bis heute anhaltende Diskussion über die Legitimität fiktionalisierender Darstellungstechniken in journalistischen Texten setzte Mitte der 1960er Jahre mit dem Aufkommen des New Journalism ein. Tom Wolfe lieferte mit seinem Aufsatz »The New Journalism« (1973) die bekannteste Selbstbeschreibung dieser Richtung.[36] Während die Vertreter des New Journalism ungeachtet ihrer Verwendung literarischer Erzähltechniken am faktualen Geltungsanspruch ihrer Reportagen festhalten, wird seit den 1970er Jahren unter dem Einfluss von postmodernen Auffassungen einerseits (hier war Jean Baudrillards Theorie des Simulakrums besonders populär) und von manchen radikal-konstruktivistischen Theorien andererseits (in der Nachfolge von Niklas Luhmanns Systemtheorie) die Berechtigung der Unterscheidung zwischen fiktional-literarischem und faktual-journalistischem Erzählen bestritten. Seit einigen Jahren scheint die Überzeugungskraft dieser Positionen nachzulassen. Hingegen hält der Einfluss des New Journalism an. Auf ihn berufen sich aktuelle Ansätze eines ›Narrative Journalism‹ (auch: ›Literary Journalism‹, ›Immersive Journalism‹). Das 2001 an der Harvard University gegründete *Nieman Program on Narrative Journalism* beispielsweise ist ausdrücklich den erzählenden Aspekten des Journalismus gewidmet.[37] In der Tradition des New Journalism wird dort ein journalistisches Schreiben gefordert, das literarische Erzähltechniken wie szenisches Erzählen, komplexe Figurendarstellung, dramatische Handlungsführung und psychologisierende (intern fokalisierte) Erzählstandpunkte verwendet. Die rasch zunehmende Bedeutung des Internets für die Verbreitung aktueller Nachrichten könnte dazu führen, dass im Printjournalismus der Aktualitätsgrad der Meldungen unwichtiger wird und man sich dort stattdessen mehr auf umfangreichere Berichte und Re-

---

36 Tom Wolfe: »The New Journalism«, in: Ders./Warren (Anm. 27), S. 1–52. Auch die in diesem Band enthaltene Auswahl von Beispieltexten bestimmte maßgeblich das Bild des New Journalism.
37 http://www.nieman.harvard.edu/narrative/home.aspx, Aufruf 20.3.09.

portagen konzentriert. Die Bedeutung des Erzählens und die Vielfalt der Erzählformen würden dann wohl eher zu- als abnehmen.

5. Kommentierte Auswahlbibliographie

Bleicher, Joan Kristin/Pörksen, Bernhard (Hg.): *Grenzgänger. Formen des New Journalism*, Wiesbaden 2004. – Die Aufsätze untersuchen literarische und fiktionalisierende Formen des erzählenden Journalismus seit dem New Journalism bis hin zu Texten Tom Kummers, der Popliteratur und der Zeitschrift *Tempo*, sowie entsprechende Phänomene im Fernsehen; einige Beiträge diskutieren genereller den Objektivitätsanspruch journalistischer Texte.
Geisler, Michael: *Die literarische Reportage in Deutschland. Möglichkeiten und Grenzen eines operativen Genres*, Königstein 1982. – Geisler gibt einen historischen Überblick über Theorien und Formen der literarischen Reportage im 20. Jahrhundert.
Haller, Michael: *Die Reportage*, 6., überarb. Aufl., Konstanz 2008. – Standardwerk über journalistische Darstellungs- und Erzähltechniken für den praktischen Gebrauch.
Löffelholz, Martin (Hg.): *Theorien des Journalismus. Ein diskursives Handbuch*, 2., vollst. überarb. u. erw. Aufl., Wiesbaden 2004. – Der Band enthält Überblicksdarstellungen über aktuelle Theorien des Journalismus mit einem Schwerpunkt auf Ansätzen der Systemtheorie, der Kommunikationstheorie und der Cultural Studies.
Weischenberg, Siegfried: *Nachrichten-Journalismus. Anleitungen und Qualitätsstandards für die Medienpraxis*, Wiesbaden 2001. – Standardwerk über journalistische Darstellungs- und Erzähltechniken für den praktischen Gebrauch.

In Gottesgeschichten verstrickt.
Erzählen im christlich-religiösen Diskurs

Andreas Mauz

1. Religion: Gegenstand und wissenschaftliche Perspektiven

»Woran erkennen wir, diese Frage muß zuerst gestellt werden und beantwortet werden, daß es sich bei bestimmten sozialen Erscheinungen um Religion handelt?« So beginnt Niklas Luhmann seine Erwägungen über »Die Sinnform Religion«[1], die rund 70 Seiten später in die bekannte These münden, dass der religionsspezifische Code in der Unterscheidung von *Immanenz* und *Transzendenz* liege. »Man kann [...] sagen, daß eine Kommunikation immer dann religiös ist, wenn sie Immanentes unter dem Gesichtspunkt der Transzendenz betrachtet.«[2] Die genannte Unterscheidung ist somit eine, die auf der Seite der *Immanenz* gemacht wird. Die Welt wird aus der Immanenz in der Transzendenz ›verdoppelt‹ – und damit von außen beobachtbar. Aber auch Gott ist in dieser Perspektive im Wesentlichen ein »Beobachtergott«[3]. Er ist die »Kontingenzformel«, welche die Paradoxien, die der Immanenz/Transzendenz-Codierung folgen, »durch eine Identität«[4] absorbiert. Dieses Gottesverständnis, diese Bestimmung von Religion, hat christlich-theologischerseits zu Rückfragen Anlass geboten. Denn nur zu offensichtlich sind in dieser soziologischen Außenbeschreibung des Religionssystems wesentliche Traditionselemente der normativen christlich-religiösen Selbstbeschreibung nicht unterzubringen. Luhmanns Gottesverständnis mag bestimmten mittelalterlichen Strömungen und insbesondere dem des Theismus des 17. und 18. Jahrhunderts entsprechen – die trinitätstheologische Reflexionstradition wird dadurch jedoch etwa vollständig übergangen.[5] Und gerade sie wurde im 20. Jahrhundert offensiv aufgenommen, um der Krise des theistisch-metaphysischen Gottesbildes zu begegnen, das Luhmann durch seinen »unterscheidungslosen, allgegenwärtigen und allwissenden Beobachtergott«[6] beerbt.

---

1   Niklas Luhmann: *Die Religion der Gesellschaft*, hg. v. André Kieserling, Frankfurt a.M. 2000, Kap. 1, S. 7–52, hier: S. 7.
2   Luhmann (Anm. 1), insb. S. 77.
3   Vgl. Luhmann (Anm. 1), S. 150–168.
4   Luhmann (Anm. 1), S. 148.
5   Vgl. Günter Thomas: »Die Unterscheidung der Trinität und die Einheit der Kontingenzformel Gott«, *Soziale Systeme* 7 (2001), S. 87–99.
6   Thomas (Anm. 5), S. 90. Ein Sammelband von Günter Thomas und Andreas Schüle (Hg., *Luhmann und die Theologie*, Darmstadt 2006) macht allerdings deutlich, dass die Wahrnehmung derartiger Inkompatibilitäten keineswegs das Ende des Gesprächs zwischen Systemtheorie und Theologie bedeuten muss. Im Gegenzug ist gerade auch eine produktive theologische Aneignung systemtheoretischer Denkfiguren möglich.

Was sich in dieser kleinen Skizze andeutet, ist symptomatisch für den wissenschaftlichen Diskurs über Religion: Das Phänomen ist vielfältig bestimmbar, wobei sich diese Bestimmungen je nach Perspektive ebenso widersprechen wie auch ergänzen können. Was Religion ist und wie man sie wissenschaftlich angemessen thematisiert, sind Fragen, die nicht nur zwischen den verschiedenen Disziplinen, die sich ihr widmen (Religionswissenschaft, -philosophie, -psychologie, -soziologie, Theologie), sondern auch innerhalb von ihnen kontrovers diskutiert werden.[7] Dabei lässt sich im Interesse einer groben Sortierung von Religions*begriffen* zumindest zwischen (a) *funktionalen* Ausprägungen (so insbesondere in der Religionssoziologie) und (b) *substanziellen* (so insbesondere in der Theologie und älteren Religionswissenschaft) unterscheiden: Während dieser (b) Religion inhaltlich über die Relation zum »Übernatürlichen«, »Transzendenten« oder »Heiligen« bestimmt, orientiert sich jener (a) an den Leistungen, die Religion für eine Person oder ein soziales Gefüge erbringen (»Sinn- und Identitätsstiftung«, »Kontingenzbewältigung«).[8] Nun führen aber weder die Vielfalt der als »religiös« angesprochenen Phänomene noch ihre divergierenden disziplinären Thematisierungen zu einer Auflösung der Sinnhaftigkeit des Allgemeinbegriffs »Religion«[9]. Deutlich ist jedoch die Notwendigkeit, klar zu benennen, in welchen Perspektiven Religion in den Blick genommen wird. Und dabei meint Religion in der Regel eine *bestimmte* Religion bzw. ein bestimmtes religiöses Phänomen, denn offensichtlich hat der Allgemeinbegriff nur in den verschiedenen, in sich plural verfassten Religionen eine empirische Realität. Die für den religiösen Diskurs signifikante Transzendenzbeziehung wird immer im Kontext historisch und regional verschiedener Symbolsysteme und Praktiken vollzogen – etwa auch in der Praxis des Erzählens.

2. Formen und Funktionen des Erzählens im Christentum

2.1 Einleitendes

Im Zentrum des folgenden Überblicks stehen Erzählformen der christlichen Tradition. Dass Christentum und Erzählen in vielfältiger Weise verbunden sind, liegt auf der Hand. Wesentliche Teile der Bibel, der heiligen Schrift des Christen-

---

7 Vgl. Ernst Feil: »Zur Bestimmungs- und Abgrenzungsproblematik von ›Religion‹«, in: Ders. (Hg.): *Streitfall ›Religion‹. Diskussionen zur Bestimmung und Abgrenzung des Religionsbegriffs*, Münster 2000, S. 5–35. Einblick in die Vielfalt möglicher Verständnisse bietet: Volker Drehsen u.a. (Hg.): *Kompendium Religionstheorie*, Göttingen 2005 (zu Luhmann der Beitrag Dietrich Korschs, S. 248–259). – Die Pluralität akademisch etablierter Perspektiven auf den – dem Begriff nach – einen Gegenstand der Religion dürfte auch eine entscheidende Differenz sein zu den anderen disziplinären Beiträgen dieses Bandes.
8 Vgl. Feil (Anm. 7), S. 8ff., 14ff. Ein Vorzug der späten Religionstheorie Luhmanns besteht darin, dass sie im einfachen Schema substanziell vs. funktional gerade nicht mehr unterzubringen ist. Vgl. Korsch (Anm. 7), S. 257f.
9 Zu den Etymologien des Religionsbegriffs und zur Begriffsgeschichte: Feil (Anm. 7), S. 18–24.

tums, sind erzählender Natur. Die Bibel erzählt Geschichten: von der Erschaffung der Welt und des Menschen, vom Schicksal des auserwählten Volkes Israel, von der Menschwerdung Gottes in Jesus Christus, von der frühen Christenheit und vom Ende der Welt. Auch die christliche Tradition, die sich auf diese Grundgeschichten beruft, hat eine Fülle von Geschichten hervorgebracht, summiert in der Kirchen- oder besser Christentumsgeschichte – die sich zu Teilen sicher nicht nur aus religionskritischer Perspektive als »Kriminalgeschichte« (K.-H. Deschner) liest. Einzelne Episoden dieser Geschichte wiederum bilden den Stoff, der im Religions- und Konfirmandenunterricht erzählend vermittelt wird. Aber nicht nur in der christlichen Bildungsarbeit, auch in der Predigt kommt das Erzählen zum Zuge, etwa in der interpretierenden Nacherzählung einer Episode aus dem Leben Jesu (auch er ein Erzähler; man denke an die Gleichnisse). Und schließlich ist das Erzählen auch von entscheidender Bedeutung für den einzelnen Christenmenschen. Weshalb er sein Leben so und nicht anders lebt, wird deutlich, wenn er erzählt, in welcher Weise er sich in die Geschichte Gottes und die auf sie folgenden Geschichten verstrickt hat.

Dieser Aufriss vermag zu illustrieren, weshalb gelegentlich gesagt wird, das Christentum sei seinem Wesen nach eine »*Erzählgemeinschaft*«:

> [Das] Erzählen [ist] grundlegend für den Glauben, weil nur so die Geschichte Gottes und Jesu mit unseren Geschichten verknüpft werden kann, weil sie tradiert werden muss und damit sie tradiert werden kann als unabgeschlossene Geschichte, in die sich die Gläubigen einschreiben und die sie weiterschreiben. Christlicher Glaube hat also elementar eine ›narrative Tiefenstruktur‹.[10]

Da es hier nicht möglich ist, die Vielfalt der Formen und Funktionen darzustellen, die das Erzählen innerhalb der Erzählgemeinschaft des Christentums auszeichnen, soll im Folgenden eine einführende Darstellung ausgewählter religiöser Erzählgenres geliefert werden: *der Konversionserzählung, der Predigt, des Gebets und des Evangeliums*. Dabei handelt es sich mit Ausnahme des Evangeliums nicht um spezifisch christliche Gattungen, die aber doch primär anhand ihrer christlichen Ausprägungen diskutiert werden. Was in konfessionell bestimmter Perspektive zur Sprache kommt, ist tatsächlich nicht mehr als eine kleine Auswahl von Genres, und sie umfasst auch nur teilweise jene, die zurecht klassisch zu nennen wären. Wenn etwa auf Mythos und Legende verzichtet wird, so geschieht dies zu Gunsten von Gattungen, deren (zumindest partiell) erzählender Charakter vielleicht nicht so geläufig ist (Gebet, Predigt). Die textnäheren Einzelfalldarstellungen gelten dann einerseits dem *Lukas-Evangelium*, andererseits – ergänzend zu den bekannten und institutionell-kirchlich verankerten Erzähltypen – dem insbesondere im esoterisch-religiösen Kontext begegnenden Typus der *Offenbarungserzählung*.

Auch wenn im Einzelfall äußerst strittig ist, ob diese Erzählungen auf reale Geschehnisse rekurrieren, so kann ihr Status als *Wirklichkeitserzählungen* doch

---

10 Edmund Arens: »›Wer kann die großen Taten des Herrn erzählen?‹ (Ps 106,2). Die Erzählstruktur christlichen Glaubens in systematischer Perspektive«, in: Rolf Zerfass (Hg.): *Erzählter Glaube – erzählende Kirche*, Freiburg i.B. 1988, S. 13–27, hier: S. 24.

nicht bezweifelt werden: Offenbarungs- und Konversionserzählung, Predigt, Gebet und Evangelium erheben jeweils den Anspruch, Aussagen über Gewesensein bzw. Sollen von Wirklichkeit zu treffen – man leitet aus den Erzählungen Handlungsanweisungen ab oder formuliert einen erwünschten Zustand von Wirklichkeit.

2.2 Erzählen, wie man ein neuer Mensch wurde: die Konversionserzählung

Wenn Religion im Leben von Menschen eine zentrale Stellung zukommt, äußert sich dies besonders prägnant in autobiographischen Erzählungen, in deren Zentrum das Ereignis einer *Konversion* steht. Die klassischen Beispiele sind bekannt: Saulus wird »durch eine Offenbarung Jesu Christi« zum Paulus (Gal 1,11–24; vgl. Apg 9)[11], Augustin hört das »tolle lege«, bezieht die entsprechende Schriftstelle (Röm 13,13f) auf sich selbst und beendet sein lasterhaftes Vorleben (*Confessiones* VIII 12,29). Im Ereignis der Bekehrung verschiebt sich, wie William James bildhaft formuliert, das Zentrum des »Innenlebens [...] wie eine Magnetnadel«[12], der »innere Sturm« kommt »für immer zur Ruhe«[13]. Nun verbindet sich aber auch die narrative Darstellung derartiger Erfahrungen mit bestimmten wiederkehrenden Mustern. Insbesondere seit ihrem *linguistic turn* hat die (religionssoziologische) Konversionsforschung herausgearbeitet, welche erzählerischen Mittel und Strategien die »rekonstruktive Gattung« (Luckmann) der Konversionserzählung auszeichnen.[14] Die folgenden Hinweise orientieren sich in erster Linie am diesbezüglich einschlägigen Beitrag *Bernd Ulmers*.[15] Ulmers Analysen beruhen auf zehn Gesprächen mit Konvertitinnen und Konvertiten, die sich christlichen Minderheitsgruppen, dem Islam, aber auch sogenannten neuen religiösen Bewegungen (Sannyasins, Ananda Marga) angeschlossen haben. Es handelt sich bei den Texten sowohl um »invited stories«, die im Rahmen einer deklarierten Interviewsituation aufgezeichnet und nachträglich transkribiert wurden, wie um »non invited stories«, die in Form verdeckter Feldforschung in ›natürlichen‹ Kommunikations-

---

11 Bibeltexte werden nach der Luther-Übersetzung zitiert (rev. Fassung 1984).
12 William James: *Die Vielfalt religiöser Erfahrung. Eine Studie über die menschliche Natur* [1902], mit einem Vorwort von Peter Sloterdijk, Frankfurt a.M. 1997, S. 188.
13 James (Anm. 12), S. 193.
14 Pointiert zur Forschungsgeschichte: Volkhard Krech: »Religiöse Erfahrung und artikulatorische Identitätsbildung in Konversionserzählungen: Wissenschaftsgeschichtliches und Systematisches«, in: Magnus Schlette/Matthias Jung (Hg.): *Anthropologie der Artikulation. Begriffliche Grundlagen und transdisziplinäre Perspektiven*, Würzburg 2005, S. 341–370.
15 Bernd Ulmer: »Konversionserzählungen als rekonstruktive Gattung. Erzählerische Mittel und Strategien bei der Rekonstruktion eines Bekehrungserlebnisses«, *Zeitschrift für Soziologie* 17 (1988), H. 1, S. 19–33 (Nachweise im Folgenden direkt im Haupttext). – Ferner: Hubert Knoblauch u.a. (Hg.): *Religiöse Konversion. Systematische und fallorientierte Studien in soziologischer Perspektive*, Konstanz 1998; Stefanie Pfister: *Messianische Juden in Deutschland: Eine historische und religionssoziologische Untersuchung*, Münster 2008. Vgl. auch die im Aufbau befindliche *Digitale Quellenedition: Konversionserzählungen (16.–20. Jahrhundert)* der Freien Universität Berlin, http://www.geschkult.fu-berlin.de/e/konversionen/index.html, Aufruf 10.4.09.

kontexten zustande kamen (Kirchentag, Nationalkongress christlicher Minderheitsgruppen).

Die Zentralstellung der Bekehrung sorgt dafür, dass Konversionserzählungen eine *dreigliedrige Zeitstruktur* aufweisen: Die erzählte Zeit zerfällt in eine *vorkonversionelle* Phase, in die des *Konversionsereignisses selbst* und in eine *nachkonversionelle*. In dieses Vorher-Nachher-Gerüst wird der gesamte Erzählstoff eingepasst. Der Wendepunkt, der diese Struktur stiftet, wird aber auch diskursiv privilegiert. Seine Schilderung erfolgt stets besonders detailliert; Ulmer geht so weit zu sagen, dass »Erzählzeit und erzählte Zeit gleichsam zur Deckung« kämen (23). Die Darstellung dieser Phase zeichnet sich überdies durch die Dominanz stilistischer und intonatorischer Mittel aus (Betonungen, Pausen, Wortwiederholungen); die vor- und die nachkonversionelle Phase wird dagegen meist in stark raffender Summierung und kohärenterem Stil erzählt. Ein Beispiel für die Darstellung eines Wendepunkts, die genrekonform auch die Berührung der Grenze des Sagbaren anzeigt: »ähm, es war so, i ah i konnt i / *konnt net anders*, ja es war, es / war einfach äh, i konnt, i konnt / mi gar net dagega wehra oder gar / nichts dagega macha, jedenfalls / mich *hat's* dann echt, i konnt / bloß no in die Knie gehen...« (26).[16] In vielen Fällen wird die Schwierigkeit, das entscheidende Erlebnis zu artikulieren, nicht nur in der Performanz des Sprechens deutlich, sondern ausdrücklich thematisiert: »und ich kann –, es war *so* ne tiefe / Gotteserfahrung i kann dir's gar / net äh, s'isch schwierig, des zu / beschreiben, ja,...« (26). Aber gerade die bedingte Kommunikationsfähigkeit des Konvertiten erfüllt eine entscheidende kommunikative Funktion: Dass sich das Ereignis der direkten erzählerischen Vermittlung entzieht, demonstriert seine Außerordentlichkeit, seinen besonderen Wirklichkeitsstatus. Denn was die Erzählung leisten soll, ist ja eben dies: eine *innerpsychische* religiöse Erfahrung als Anlass der Konversion *intersubjektiv* plausibel machen. Eben deshalb wird »die innere Welt des Konvertiten [...] als Zwischenbereich konzipiert, in dem seine äußere, alltägliche Erfahrungswirklichkeit und die alltagstranszendente, religiöse Erfahrungsdimension ineinander übergehen« (27).

Dieser Struktur korrespondiert auf inhaltlicher Ebene die Abfolge von vier Teilakten, welche für die Darstellung des eigentlichen *Konversionsereignisses* konstitutiv sind: (1.) Die Öffnung des Konvertiten auf das Religiöse, auf eine »alltagstranszendente Wirklichkeit« hin (28), (2.) die Schilderung eines außergewöhnlichen Ereignisses, (3.) die Thematisierung einer emotionalen Erschütterung und (4.) die Beschreibung, wie die religiöse Erfahrung reflektierend verarbeitet wird. Ein Beispiel für den ersten Aspekt, wobei die Öffnung hier in der verbreiteten Form des Gebets erfolgt: »eines Nachts wieder äh, hab ich / einfach mal zu Gott *geschrieen* und / *gheult*, i war so fertig und und / hab gesagt: ›Gott, wenn's Dich / wirklich gibt, dann hilf mir und / i kann so nimmer leben‹ gell, / ›dann zeig dich mir oder mach irgendwas, aber so geht's nimmer‹« (28).

---

16 Kursivierung steht in den hier verwendeten Transkriptionsregeln für eine Betonung. Eingeklammerte Zahlen verweisen auf die Länge von Sprechpausen; kurze Pausen werden durch (-) angezeigt. Vgl. Ulmer (Anm. 15), S. 33.

Die Konversion ist aber nicht nur in Hinsicht auf die Zeit- und Sprachgestaltung maßgeblich für die Darstellung der anderen biographischen Phasen. Sie bestimmt diese in jeglicher Hinsicht. Die *vorkonversionelle Biographie* muss einerseits in ihrer damaligen Wahrnehmung zur Geltung gebracht werden, andererseits ist zugleich auch »die Revisionsbedürftigkeit dieser Interpretationsweise« (25) anzudeuten. Entsprechend steht hier die Betonung der Diskrepanz zur Erzählgegenwart im Vordergrund: »ha sehr viel Stolz gha / (1.2) / a so öppis mir vorstella / dass ich das / au mitmache *um*möglich;...« (23). In diesen Passagen ist entscheidend, dass deutlich wird, was zur Konversion geführt hat. Und zumindest in den von Ulmer untersuchten Fällen war dies eine biographische Krise, deren Darstellung meist mit Hinweisen auf die früheste Kindheit eingeleitet wird. Charakteristisch scheint überdies die Schilderung zu sein, wie vergeblich versucht wurde, die Krise durch ›gängige‹ Mittel zu überwinden (Freundschaften, Reisen etc.). Dieses Element erfüllt eine doppelte Funktion: Einerseits macht das – mehrfache – Scheitern deutlich, dass es sich um ein Problem handelt, das die Lebenssituation des Betroffenen umfassend bestimmt, andererseits verweist es »auf die Grenzen der Alltagswelt« bzw. auf die Problemlösung in einem »alltagstranszendenten Bereich« (24). Auch hier begegnet die typische Verschränkung der Vorher- und der Nachher-Perspektive, etwa dann, wenn wohltuende Naturerfahrung retrospektiv als Anrede Gottes interpretiert wird:

> Un d's oinzige was mich also immer / (-) zum Nachdenka brachd hat des war / (-) die Natur. / [...] / da bin i dann in an – in / a Dimension neikomma wo e eigentlich / no gar net *kennt* han; aber i wusste / des *net* daß des mit Gott was zu tun / hat (-) und dass er mi eigentlich / dadurch immer *agschprocha* hat (24)

Die *nachkonversionelle Biographie* beginnt in der Regel mit der Darstellung der unmittelbaren Folgen der Bekehrung, etwa der Erfahrung ungekannter Lebensfreude oder der Erlösung von einem Leiden. Hier ist, wie Ulmer im Detail zeigen kann, eine Spiegelbildlichkeit wirksam: Die positiven Folgen der Konversion verhalten sich komplementär zu den vorkonfessionellen Krisenaspekten. Eine Komplementarität ist darüber hinaus aber auch in funktionaler Hinsicht auszumachen:

> Die Entfaltung der vorkonversionellen biographischen Krise diente vor allem dazu, die Innenwelt des Konvertiten zu erschließen. Demgegenüber zielt die Schilderung der psychischen und physischen und sozialen Effekte der Konversion darauf ab, ein inneres, direkt nicht vermittelbares Geschehen – die religiöse Konversionserfahrung – nach außen zu kehren und anhand der Beschreibung seiner Wirkungen auf indirektem Wege intersubjektiv zugänglich zu machen. (30)

Das Insistieren auf die *unmittelbar* folgenden biographischen Veränderungen (»ab dem Moment«, »sofort«) schließt dabei die Möglichkeit anderer Ursachen aus. Ein weiterer Teil dieser Erzähleinheit gilt dann der neuen Lebensweise des Konvertiten, insbesondere seiner Religiosität:

> bin erst später öfters in die / Moschee gegangen und hab also dann / Freundschaft geschlossen mit den / Leuten dort und die haben mich dann / also aufgenommen und wir

waren also / sehr gut zueinander / [...] / und dann bin ich da / eingetreten und wenige Wochen / später erhielt ich meinen Namen / vom Kalifen zugeteilt... (31)

Darüber hinaus werden aber auch weitere (Ulmer: »alle«) Ereignisse, etwa die Bekanntschaft einer neuen Freundin, in religiöser Perspektive interpretiert. Und eben damit demonstriert der Konvertit, dass die »einzigartige und momentane« Erfahrung in eine »dauerhafte, stabile religiöse Orientierung übergeht« (31).

Liegt das zentrale Problem des Bekehrten darin, die persönliche religiöse Erfahrung, die als Ursache der Konversion erfahren wurde, intersubjektiv zu vermitteln, so stellt die Form der dreigliedrigen Konversionserzählung dafür die Mittel bereit, und dies eben wesentlich, indem sie verschiedene Erfahrungsbereiche differenzierend aufeinander bezieht. Was plausibel werden muss, ist der Zusammenhang zwischen der vor- und der nachkonversionellen Biographie, die sich »im Bereich der äußeren alltäglichen Wirklichkeit« abspielen und der Konversion selbst, die »in der Innenwelt des Konvertiten« stattfindet (31).

Während die ältere Konversionsforschung das methodische Problem kennt, plausibel machen zu müssen, inwieweit die Erzählung Rückschlüsse auf den ›eigentlichen‹ Vorgang zulässt, so wird vor dem Hintergrund des »kommunikativen Paradigmas«[17] betont, dass die Konversionserzählung nicht jenseits des Ereignisses steht, sondern wesentlich an ihm *Anteil* hat: Die ›Stunde Null‹ der Konversion gewinnt ihr Profil erst durch ihre narrative Formung. Und diese wiederum folgt, wie in allen rekonstruktiven Gattungen, »gesellschaftlich verfestigte[n] und intersubjektiv verbindlich vorgeprägten kommunikativen Mustern« (21).

2.3 Der lieben Gemeinde erzählen: die Predigt

Die lateinische Wurzel des Begriffs Predigt – *predicare*, »öffentlich bekannt machen« – verweist sowohl auf ihre Mündlichkeit wie auf ihre Öffentlichkeit. Die Predigt ist der Großgattung nach eine *Rede*, wie sie auch in anderen Kontexten (Gerichtsrede, Festrede) ihren Ort hat. Wie diese ist sie adressatenbezogene und aktuelle Ansprache, zeichnet sich jedoch aus durch ihren religiösen Charakter. Üblicherweise erfolgt sie im Gottesdienst der Gemeinde, aber auch bei anderen kirchlichen Anlässen (Evangelisation, Andacht) und in den Medien. Im konfessionellen Vergleich gilt die Predigt insbesondere als »Wahrzeichen des evangelischen Christentums«.[18] Hier bildet sie fraglos das Zentrum des Gottesdienstes, der zugleich verschiedene andere (teils ebenfalls narrative) Elemente umfasst: Lesungen, Lieder, Gebete, Bekenntnisse. Die Aufgabe der Predigt besteht wesentlich in der Auslegung des biblischen Textes. Sie ist einerseits auf diesen zurückbezogen, versucht ihn andererseits aber »für die gegenwärtige Lebenswirk-

---

17 Krech (Anm. 14), S. 358.
18 Dietrich Rössler: *Grundriss der Praktischen Theologie*, 2. Aufl., Berlin 1994, S. 351.

lichkeit der Hörerinnen und Hörer lebendig werden zu lassen«.[19] »Text- und Lebensauslegung«[20] sollen in der Predigt ineinandergreifen.

Vor dem Hintergrund ihrer Grundbestimmung als Rede ist es nicht selbstverständlich, die Predigt als Erzähltext zu beschreiben. Inwiefern dies nicht nur legitim, sondern sowohl in produktionstheoretischer wie in analytischer Hinsicht produktiv ist, hat *Isolde Meinhard* in einer bemerkenswerten Arbeit umfassend dargelegt.[21] Im gegebenen Zusammenhang ist nur von Interesse, was narratologisch von *schriftlich* vorliegenden Predigttexten zu sagen ist; das Predigt- bzw. Gottesdienstgeschehen zwischen Pfarrer/in und Gemeinde wird lediglich in Bezug auf diese thematisiert. Nur anzudeuten, nicht aber auszuführen ist ferner, dass »die Predigt« Erzählmaterial sehr verschiedenen Umfangs aufweisen kann, dass es einerseits eigentliche Erzählpredigten gibt, andererseits aber auch primär argumentativ strukturierte Ausprägungen.[22]

Predigten beginnen üblicherweise mit der Anrede »Liebe Gemeinde«. Was auf sie folgt, kann hinsichtlich des *discours* sehr verschieden profiliert sein. Mit Meinhard ist aber davon auszugehen, dass die Erzählstimme, die auf die einleitende (extradiegetische) »Predigtstimme« folgt, in vielen Fällen eine *intra- und heterodiegetische* ist:

> Den Predigttext für das Pfingstfest haben Sie vorher als Schriftlesung gehört. Es ist die Geschichte einer Begegnung, eine Erzählung also. Deshalb möchte ich nicht theoretisch über diese Erzählung predigen, sondern sie nacherzählen und dabei für Sie auslegen und interpretieren. Manches Detail ist dabei meiner Phantasie entsprungen, um die Erzählung anschaulicher zu machen.
> Debora war 15 Jahre alt, als ihr Vater beschloß, sie zu verheiraten. (107)[23]

Was auf diese ausdrückliche Thematisierung des Redetypus und -wechsels folgt, ist eine längere Erzähleinheit, die schließlich in eine erste direkte Rede einer Figur übergeht: »Als es eines Tages zwischen ihnen Streit gab, warf sie ihm an den Kopf: ›Ich will nicht modern sein. Ich will wenigstens eine Scheidung, wenn du gehst. [...] Ich will kein Gegenstand sein! Schön für den Gebrauch, aber nicht einmal wert für eine Scheidung!‹« (108) Die Koppelung der intra-heterodiege-

---

19 Birgit Weyel: »Predigt«, in: Wilhelm Gräb/Birgit Weyel (Hg.): *Handbuch Praktische Theologie*, Gütersloh 2007, S. 627–638, hier: S. 628.
20 Weyel (Anm. 19), S. 634.
21 Isolde Meinhard: *Ideologie und Imagination im Predigtprozess: Zur homiletischen Rezeption der kritischen Narratologie*, Leipzig 2003; ich übernehme die Beispiele aus dieser Arbeit, die Nachweise jeweils direkt im Haupttext. – Meinhards Verdienst liegt darin, dass sie den spezifischen Beitrag der Erzähl*theorie* zu Problemen der Homiletik (= Predigtlehre) kenntlich gemacht hat. Da ihr Erkenntnisinteresse zugleich ideologiekritisch-feministisch ist, folgt sie insbesondere der theologienahen kritischen Narratologie Mieke Bals. Ferner: Andreas Egli: *Erzählen in der Predigt. Untersuchungen zu Form und Leistungsfähigkeit erzählender Sprache in der Predigt*, Zürich 1995.
22 Vgl. die quantitativ orientierte Typologie Eglis (Anm. 21), S. 60–67. Für rein narrative Primärtexte: Horst Nietzschke (Hg.): *Erzählende Predigten*, Gütersloh 1981; ansonsten die vielbändige *Calwer Predigtbibliothek* (Stuttgart 1996ff.).
23 Meinhard (Anm. 21), S. 107. Meinhard spricht irrtümlicherweise von »extra-heterodiegetisch«.

tischen Erzählstimme mit Reden, die an Figuren abgetreten werden – biblische Zitate oder auch Stimmen aus der Gemeinde – darf als charakteristisch gelten für die Predigt. Sie erlaubt, wie im genannten Beispiel, etwa auch eine subjektiv-emphatische Ausdrucksweise, die der Erzählstimme fremd ist.

Ein weniger verbreiteter – obgleich wirkungsvoller – Erzähltypus ist die *intra-homodiegetische* Figurenrede.[24] Auch hier wird die Erzählung eingeführt durch die rahmende Predigtstimme, die dann aber übergeht in die einer biblischen Figur (hier der Samaritanerin aus Joh 4,1–42), die rückblickend ihre eigenen Erlebnisse schildert:

> Und das möchte ich heute tun: diese Frau zu Wort kommen lassen und das, was Jesus ihr zu sagen hatte. Ich möchte diese Frau zu Wort kommen lassen, indem ich sie einen Brief an eine Freundin schreiben lasse. [...] So könnte der Brief dieser Frau aus Samaria lauten: Liebe Ruth. Vielleicht denkst du nun, das sei wieder typisch für uns Frauen, daß wir Angst bekommen, wenn wir an einem einsamen Ort einem Mann begegnen und uns dieser anspricht und um etwas bittet. (110)

Diese Anlage – ein fiktiver Brief – erlaubt es, unter unmittelbarer Bezugnahme auf das biblische Personal einen vertrauten Gesprächston einzuführen (Ausrufe, Fragen, vermutete Einwände etc.), der in diesem Fall zudem auf die dialogische Konstellation des Predigttextes reagiert.

Die genannten Typen zeichnen sich beide durch einen klaren und metatextuell markierten Übergang zwischen Predigt- und Erzählstimme aus. Nun ist gerade in evangelischer Tradition aber entscheidend, dass der Prediger selbst im Vollzug der Auslegung – existenziell – präsent ist. Es stellt sich die Frage nach dem *Ich-Diskurs* in der Predigt:

> Sicher – ich habe auch eine Weile gerätselt, was diese Passage soll. Warum wechselt Jesus plötzlich das Thema...
> Ich glaube, daß Jesus den Geist der Liebe meint, wenn er von lebendigem Wasser spricht. (114)

Unabhängig davon, ob es sich wie im ersten Beispiel um ein »kommunikatives Ich« handelt oder um ein »konstatives« wie beim zweiten,[25] wird die Interpretation des Textes durch die Ich-Rede ausdrücklich rückbezogen auf den Interpretierenden. Sie reduziert die Differenz zwischen dem Diskurs der Predigt und dem Kontext, in dem sie steht. Die Entscheidung für den Ich-Stil lässt sich genauer betrachtet zumindest zweifach begründen: Das Ich markiert einerseits eine klare Differenz zwischen dem Prediger und der Sache seiner Verkündigung; wird darauf verzichtet, weckt dies unter Umständen den Verdacht »ein[es] ideologische[n]

---

24 Meinhard (Anm. 21), S. 110 spricht von »extra-homodiegetisch«; mit Genette genauer: »intra-*auto*diegetisch«.
25 So Beate Stierle in: Karl-Fritz Daiber (Hg.): *Predigt als religiöse Rede. Homiletische Überlegungen im Anschluß an eine empirische Untersuchung*, mit Exkursen von Wolfgang Lukatis, Peter Ohnesorg und Beate Stierle, Predigen und Hören, Bd. 3, München 1991, S. 430.

Verstecken[s] der eigenen Interessen«[26]. Andererseits darf sich der Prediger, wenn er Aussagen macht über die Gemeinde oder gar die Menschheit insgesamt, selbst nicht ausschließen. Sein »repräsentatives Ich«[27] muss zur Sprache kommen: »Ich muß gestehen, ich stehe ratlos vor dieser Zusage Jesu, sie ist mir fast zu groß: ›in Ewigkeit nicht dürsten‹. Meine Erfahrung ist doch die, daß ich auch als Glaubende noch dürste nach Leben, noch Sehnsucht verspüre.« (115) Narratologisch reformuliert: Die Predigt kennt aus theologischen Gründen eine Verpflichtung zu einem homodiegetischen, genauer: zu einem *auto*diegetischen Erzählen. Ihr Diskurs muss zumindest punktuell ein autobiographischer sein.

Der kommunikative Kontext der Predigt bringt mit sich, dass die Gestaltung des *discours* grundsätzlich eher konventionell erfolgt. Sicher wird um des Effektes willen etwa proleptisch erzählt oder relativ zum Zeitpunkt des Erzählens auch ins Zukünftige ausgegriffen. Bereits aufgrund der Verpflichtung auf die biblischen Texte wird die Regel aber doch ein dem *ordo naturalis* verpflichtetes späteres Erzählen sein. Auch Verstöße gegen die Ordnung der Erzählebenen – Metalepsen, wie sie das (post-)moderne Erzählen kennt – sind der Predigt aufgrund ihres pragmatischen Kontexts eher fremd.

Im Blick auf die *histoire* der Predigt Charakteristisches zu benennen fällt schwer. Die Stoffangabe, sie gelte einem bestimmten biblischen Text bzw. den pluralen biographischen Texten des Publikums, ist ebenso umfassend wie vage. Worauf allenfalls hingewiesen werden kann (und dies unvermeidlich in wertender Perspektive), ist die naheliegende Versuchung, auf der Kanzel ›runde‹ Geschichten zu erzählen. Wird die Handlung maßgeblich durch das Schema Exposition-Komplikation/Konflikt-Umschlag-Auflösung bestimmt, droht die Gefahr, dass die faktische Offenheit oder auch das nachhaltige Scheitern von Lebensgeschichten nicht ernst genug genommen wird. Selbst wenn in und mit einer Erzählung die Fragilität menschlicher Existenz tendenziell offen thematisiert wird, scheint es seitens der Predigenden die Neigung zu geben, das Erzählte interpretierend in bestimmte Richtungen zu vereindeutigen. Der Homiletiker Wilfried Engemann verweist aus produktionstheoretischem Interesse nachdrücklich auf Fälle, »in denen die Erzählung als ganze bzw. die Erzählelemente der Predigt durchaus gelingen, deren erschließende Funktion aber dadurch Schaden nimmt, dass der Prediger sie mit *nachgeschobenen Erklärungen* in ihrer Tiefen- und Weiterwirkung behindert«.[28] Die Schwierigkeit des Versuchs, Text- und Lebensauslegung in überzeugender Weise miteinander zu verbinden, zeigt sich sicher auch dann, wenn der biblische Text maßgeblich auf ›schließenden‹ Schemata beruht, etwa

---

26 Manfred Josuttis: *Praxis des Evangeliums zwischen Politik und Religion: Grundprobleme der Praktischen Theologie*, 4. Aufl., München 1988, S. 85.
27 Josuttis (Anm. 26), S. 85.
28 Wilfried Engemann: *Einführung in die Homiletik*, Tübingen 2002, S. 45. – Vgl. auch Engemanns grundsätzliche Äußerungen zur »Predigt als involvierende[r] Erzählung«, ebd., S. 307–312.

dem des Wunders oder des »Tun-Ergehen-Zusammenhangs«[29] – sei es, um ihn in heute anstößiger Weise zu affirmieren (Propheten, Buch der Sprüche) oder zu problematisieren (Hiob, Prediger).

2.4 Gott von mir erzählen: das Gebet

»Mit Gebet wird eine Äußerung gegenüber Gott bezeichnet, die Dank, Lob, Klage, Bitte oder Fürbitte beinhalten kann.«[30] Diese Grundbestimmung lässt sich in verschiedenster Hinsicht differenzieren. Was Gebet heißt, wird durch den Verweis auf den Gebets*text* nicht erschöpft, das Vollzugsmoment, der religiöse *Akt* des Betens, gehört ihm unmittelbar an. Es ist selten nur reiner Wortvorgang, sondern ist begleitet von Gesten als »Sprache vor den Worten«, ebenso wie es verschiedene Formen der kultisch-liturgischen Einbindung kennt. Überdies wäre zwischen dem äußeren Handlungsvollzug und dem Akt innerer Ausrichtung zu unterscheiden; das Gebet kann sowohl auf Worte wie auf Gesten verzichten und, obwohl es geschieht, äußerlich in keiner Weise wahrnehmbar sein (man denke an das Schweigegebet der Quäker). Dieser vielgestaltige Überschuss, das, was an der grundsätzlich mündlichen Gattung Gebet nicht als Text verrechenbar ist, kann hier wiederum nicht berücksichtigt werden. Aber auch die Beschränkung auf den Gebetstext wirft Folgefragen auf. Denn wie wird dieser zugänglich? Natürlich gibt es zahlreiche Sammlungen von Gebetstexten,[31] doch stellt sich unmittelbar die Frage nach ihrer Eigenart – nach ihrer eventuellen Verschiedenheit vom Gebet des Einzelnen »im stillen Kämmerlein« (Mt 6,6).[32] Zweifellos ist das, was dort gesprochen wird, von vor- oder reformulierten Gebeten verschieden. Denn allein durch den Akt der Verschriftung verflüchtigt sich die Bindung an die unmittelbare Redesituation, die bewusste Gestaltung des Textes ist ungleich größer. Bei aller Spontaneität und Intimität ist das Gebet aber zugleich »wie kaum eine andere Redeform von traditionellen Redeweisen und überlieferten Sprachmus-

---

29 Vgl. Georg Freuling: »Tun-Ergehen-Zusammenhang«, in: *Wibilex.de*, http://www.bibel wissenschaft.de/nc/wibilex/das-bibellexikon/details/quelle/WIBI/zeichen/g/referenz/3 6298, Aufruf 10.04.09.
30 Carsten Claußen: »Gebet«, in: Alf Christopherson/Stefan Jordan (Hg.): *Lexikon Theologie. Hundert Grundbegriffe*, 2. Aufl., Stuttgart 2007, S. 115–117. – Zum Gebet: Jürg Wüst-Lückl: *Theologie des Gebetes: Forschungsbericht und systematisch-theologischer Ausblick*, Fribourg 2007; Adolf Holl: *Om & Amen. Eine universale Kulturgeschichte des Betens*, Gütersloh 2006; Eduard Lohse: *Das Vaterunser im Licht seiner jüdischen Voraussetzungen*, Tübingen 2007; Friedrich Heiler: *Das Gebet. Ein religionsgeschichtliche und religionspsychologische Untersuchung* [1919], 5. Aufl., München 1969.
31 Einen Eindruck von der Fülle gibt die Bibliographie in Frieder Schulz' Artikel »Gebetbücher III (Reformations- und Neuzeit)«, *TRE* 12 (1984), S. 109–124, hier: S. 122–124, bzw. das Internet, dem ich die hier herangezogenen Beispiele verdanke.
32 Dass Gebetsanthologien unter dem Verdacht stehen, nicht gänzlich authentische Gebete zu enthalten, zeigt sich, wenn etwa Michel Quoist in der Einleitung zu seiner Gebetssammlung eigens betont: »Diese Gebete sind erlebt und gebetet worden, ehe sie aufgeschrieben wurden. Sie sind das täglich Gott dargebrachte Leben tätiger Christen.« Michel Quoist (Hg.): *Herr da bin ich. Gebete*, 2. Aufl., Gütersloh 1986, S. 9.

tern geprägt und auf sie angewiesen«,[33] was die Fülle der (allerdings nicht nur in gebundener Rede gehaltenen) Gebetsliteratur ebenso deutlich macht wie die Gebetsanleitungen, die zum festen Bestand der Geschichte der Rhetorik des Gebets gehören. Die Formalisierung der Gebetsliteratur bleibt auch für das intime Gebet nicht ohne Wirkung. Als naheliegende Beispiele ist auf die Vater-Anrede zu verweisen, welche – durch das Vaterunser legitimiert – in das freie Gebet eingehen kann, oder auf die Amen-Formel.

Die Erzählinstanz von Gebetstexten lässt sich eindeutig benennen: Es ist ein Ich oder ein Wir, das spricht – das von *sich* spricht (wobei das bekannteste Kollektivgebet wohl das Vaterunser ist). Das Gebet als *autodiegetischen Diskurs* zu bezeichnen, scheint auch dann gerechtfertigt, wenn nicht frei formuliert, sondern auf Gebetsformulare zurückgegriffen wird. Weil der Gebetsakt oft an bestimmte Tageszeiten gebunden ist, scheint das Verhältnis des Zeitpunkts des *Erzählten* zu dem des *Erzählens* hier von besonderem Interesse. Das Abendgebet wird üblicherweise wohl bestimmt durch die klassische Nachträglichkeit des Erzählaktes: Artikuliert wird, was sich im Lauf des Tages ereignet hat. Das Morgengebet wird dagegen im Modus der Bitte um Beistand oder Gelingen vorgreifen auf die kommenden Ereignisse des Tages, sei es in abstrakter und deshalb täglich wiederholbarer Form (»In Gottes Namen / steh ich auf / Herr Jesus leite meinen Lauf / begleite mich mit deinem Segen / behüte mich auf allen Wegen«) oder im Blick auf konkrete Dinge. Ein verbreiteter vom Zeitpunkt des Gebetsakts unabhängiger Typus dürfte allerdings darin bestehen, dass die retrospektive Darstellung abschließend in die Prospektion mündet, in die Formulierung von Zukunftswünschen, Bitten etc. Eine vertraute Ausprägung des Gebets wäre schließlich aber auch die, welche sich durch ein gleichzeitiges Erzählen auszeichnet: Gebete, die benennen, was im gegenwärtigen Augenblick gilt, weil es grundsätzlich gilt: »Herr, dein Heiliger Geist steht auch über meinem Leben. Er trägt mich und bewegt mich...«

Im Blick auf die *histoire* des Gebets dürfte charakteristisch sein, dass nicht nur die vielgestaltige Lebenswelt des Beters zur Sprache kommt, sondern auch das Sein und die Eigenschaften des »intendierten Hörers«: »O Gott Du bist heilig! Du starker Gott Du bist heilig! Du unsterblicher Gott Du bist heilig! Der Du für uns gekreuzigt worden bist, Du bist heilig! Der Du für uns Brot geworden bist Du bist heilig!«[34] Verallgemeinernd ließe sich sagen, dass im Gebet also auch die *selbstreflexive Funktion*, die den Erzählakt als solchen betrifft, zum dominanten Gegenstand werden kann. Denn nicht nur dessen Adressat kommt im Gebet ausdrücklich zur Sprache, sondern – und insbesondere in Verbindung mit dem Ausdruck von Dankbarkeit – auch die Möglichkeit des Betens *als solche*: »Ich danke Dir, Herr, dass Du uns die Möglichkeit gibst, im Gebet vor Dich zu treten...«

Da das alttestamentliche Buch der Psalmen für das jüdische und christliche Gebet eine zentrale Rolle spielt (ebenso im Sinn des Betens von Psalmen als im

---

33 Dirk Evers: »Gebet«, *HWRh* 3 (1996), Sp. 580–587, hier: Sp. 580.
34 Gerhard Ebeling betont daher zu Recht, dass das Gebet auch als »implizite Gotteslehre« zu verstehen sei. Gerhard Ebeling: »Das Gebet«, *ZThK* 70 (1973), S. 206–225.

Sinn ihrer stilbildenden Wirkung), abschließend ein Blick auf die narrative Charakteristik des wohl bekanntesten Psalms, wenn nicht eines der bekanntesten Bibeltexte überhaupt:

> ¹*Ein Psalm Davids.*
> Der HERR ist mein Hirte,
> mir wird nichts mangeln.
> ²Er weidet mich auf einer grünen Aue
> und führet mich zum frischen Wasser.
> ³Er erquicket meine Seele.
> Er führet mich auf rechter Straße
> um seines namens Willen.
> ⁴Und ob ich schon wanderte im finstern Tal,
> fürchte ich kein Unglück;
> denn Du bist bei mir,
> Dein Stecken und Stab trösten mich.
> ⁵Du bereitest vor mir einen Tisch
> im Angesicht meiner Feinde.
> Du salbest mein Haupt mit Öl
> und schenkest mir voll ein.
> ⁶Gutes und Barmherzigkeit werden mir folgen
> mein Leben lang,
> und ich werde bleiben im Hause des HERRN immerdar.

Psalm 23, das König David zugeschriebene »Lied des Gottvertrauens«[35], ist hier allein deshalb von Interesse, weil er die zentrale Eigenschaft des *discours* des Gebets nicht bzw. nur mittelbar aufweist: Zwar handelt es sich um Ich-Rede, doch richtet sich diese zunächst nicht an Gott (Jahwe). Dennoch wird sein Wesen auch hier zum zentralen Gegenstand. Dass Gott für seine Geschöpfe sorgt, kommt bekenntnishaft im suggestiven Bild des *guten Hirten* zum Ausdruck[36] – womit sich der Beter selbst die Rolle eines Schafes zuschreibt, das geleitet und geweidet werden muss. Die mehrgliedrige Entfaltung des Bildes geht über in ein zweites, das von Gott dem *Gastgeber*, das gleichfalls präsentisch vermittelt wird. Der Übergang zwischen beiden ist nicht eindeutig auszumachen. Die Verse 3 und 4 bilden gleichsam eine Schwelle, in denen die Selbstbeschreibung des Ichs im Bildfeld des Tierischen sich überlagert mit der normal-menschlichen. Vers 4 ist dabei insofern zentral, als sich gerade hier – beim Gang durchs »finstere Tal«, dem bedrohlichsten Bild – die Rede an Gott zu adressieren beginnt. Die Artikulation der Überzeugung, dass da, wo die Not am größten sein Mitsein am gewissesten ist, wird durch den Modus der Anrede noch einmal intensiviert. Vers 5 bleibt dann in diesem Modus, verschiebt aber nicht nur die Szenerie, sondern auch die Art ihrer Entfaltung. Man könnte von einer chiastischen Anlage spre-

---

35 So die Überschrift im Psalmenkommentar Manfred Oemings: *Das Buch der Psalmen I. Ps 1–41*, Stuttgart 2000, S. 152–157. Vgl. auch: Werner Stenger: »Strukturale ›relecture‹ von Ps 23«, in: Ernst Haag/Frank-Lothar Hossfeld (Hg.): *Freude an der Weisung des Herrn: Beiträge zur Theologie der Psalmen*, 2. Aufl., Stuttgart 1987, S. 441–456.
36 Die Popularität des Psalms dürfte sich auch dem Umstand verdanken, dass der johanneische Jesus eben dieses Bild für sich selbst wählt (Joh 10,11.14).

chen: Während das übertragene Bildfeld des Hirten *innerhalb* des Bildes durchaus kohärent bleibt, wird das nicht-übertragene des Gastmahls in sich gerade exzessiv. Menschen sind keine Schafe, sie feiern aber Feste. Und das Bild des Festes wird insofern gesprengt, als Gott selbst – als Angesprochener – seinen Gast überschwänglich bewirtet. Die Schilderung von Situationen des Mangels bzw. der Bedrohung, denen der Beter gelassen gegenüber stehen kann, wird überboten durch das (auch intime) Bild der Feiergemeinschaft mit Gott. Vers 6 lässt das Bewusstsein dieses Vertrauens quasi konsekutiv münden in eine abstraktere Artikulation, und sie greift nun typischerweise aus in die futurische Dimension: »Sein Leben lang« bzw. »immerdar« wird die Gemeinschaft mit Gott wären, ob ihre Manifestationen dem Beter denn passiv zufallen (6a) oder ob er selbst aktiv an ihr festhält (6b). Nun ist die Bildsprache dieser Erzählminiatur gegenwärtigen Lebenswelten wohl eher fremd. Aber das scheint der Popularität des Psalms nicht abträglich zu sein. Wenn vorformulierte Gebetstexte in vielen Fällen Angebote machen für die *direkte* Artikulation der eigenen religiösen Befindlichkeit, so liegt der Reiz von Ps 23 vielleicht gerade darin, dass er diese *indirekt* zum Ausdruck bringt: Wer den Psalm betet, artikuliert damit möglicherweise weniger die unerschütterliche Glaubengewissheit, die er zur Sprache bringt, als den Wunsch nach eben dieser.

2.5 Die frohe Botschaft erzählen: die Evangelien

Innerhalb der literarischen Großformen des Neuen Testaments – biographische Erzählung, Geschichtsschreibung, Brief, Apokalypse – sind die biographischen Erzählungen der Evangelien von erster Bedeutung. Hier steht die Darstellung des christlichen Helden im Zentrum. Evangelien sind Erzähltexte, die Ereignisse im Leben Jesu von Nazareth berichten, in Verbindung mit der Überlieferung von Sprüchen und Reden belehrenden Inhalts. Es handelt sich um eine spezifisch theologisch-literarische Gattung, die erst mit dem Christentum in die Literaturgeschichte Eingang findet: Das »Evangelium« kann als christliche Sonderbildung einer »kerygmatisch-historiographischen Biographie« bestimmt werden.[37] Die Überschrift des Mk-Evangeliums (des ältesten *kanonischen* Evangeliums)[38] markiert den Beginn der Gattung: »Dies ist der Anfang des Evangeliums von Jesus Christus des Sohnes Gottes.« (Mk 1,1) »Evangelium« bezeichnet also ebenso die Gattung wie deren Inhalt (vgl. Mk 1,15): das *euangélion*, die theologisch qualifizierte »frohe Botschaft« der heilseröffnenden Menschwerdung Gottes in Jesus Christus.

---

37 Detlev Dormeyer: *Evangelium als literarische und theologische Gattung*, Darmstadt 1989, S. 173.
38 Bei der Rede von Evangelien ist zu unterscheiden zwischen den kanonisch gewordenen Schriften (Mt, Mk, Lk, Joh) und einer größeren Zahl apokrypher Evangelien, die sich nicht nur in Hinsicht auf den Erzählstoff, sondern auch literarisch erheblich von diesen unterscheiden. Das apokryphe Petrus-Evangelium ist etwa ein reines Passionsevangelium; das Thomas-Evangelium eine reine Logiensammlung, d.h. eine Sammlung von belehrenden Aussprüchen Jesu zu bestimmten Themen. – Die Darstellung konzentriert sich auf die kanonischen Evangelien.

Als Großform umfassen die Evangelien eine größere Zahl literarischer Kleinformen: verschiedene *Erzählformen* (Anekdote, Wundergeschichte, Gleichnis, Genealogie), verschiedene *Erzählmuster* (u.a. Verkündigungsschema, Berufungsschema), verschiedene *Redeformen* (Vorwort, Spruch, Abschiedsrede, Katalog, Haustafel, Gebet, Hymnus, liturgische Formeln und Bekenntnisformeln, Akklamation) und *Stiltypen* (Diatribe, Paränese).[39] Die *histoire* der Evangelien wird insgesamt jedoch nur durch wenige Stoffkreise gebildet: die Geburt bzw. das erste Auftreten Jesu, sein Lehren und Handeln, sein Leiden, sein Tod und seine Auferstehung. Diese werden grundsätzlich chronologisch präsentiert. Im Einzelnen divergiert der Erzählstoff jedoch erheblich und wird auch sehr unterschiedlich arrangiert und akzentuiert: Nur Lk bietet eine ausführliche Geburtsgeschichte, Mk schildert den Weg Jesu von Anfang an mit einer starken Betonung der Passion (Martin Kähler hat daher das Wort geprägt, es handle sich bei Mk um »eine Passionsgeschichte mit ausführlicher Einleitung«), nur Joh berichtet von mehreren Aufenthalten in Jerusalem etc. Abweichungen begegnen auch an zentralen Punkten, etwa in der Überlieferung der letzten Worte am Kreuz oder in der konkreten Gestaltung der bemerkenswerten narrativen Leerstelle der Auferstehungsberichte (was erzählt wird, sind *indirekte* Hinweise auf die ›Faktizität‹ der Auferstehung; das ›Ereignis‹ selbst wird ausgespart). Interessanterweise wurden diese vielfältigen Abweichungen, die der neuzeitlichen Bibel- und Christentumskritik reichlich Material boten, im Zuge des Kanonisierungsprozesses der neutestamentlichen Schriften nicht als Problem wahrgenommen. Offensichtlich ging man davon aus, dass die plurale Überlieferung der vier Evangeli*en* die *theologische* Einheit des Evangeli*ums* nicht gefährdet – oder, stärker, dass es erst durch diese Pluralität zur Geltung gebracht wird. Unverkennbar ist auf jeden Fall die Uneinheitlichkeit der Profile, welche die Evangelien von ihrem Helden zeichnen. In starker Abstraktion lässt sich sagen, dass Christus bei Mt vorwiegend »der Lehrer des Gotteswillens und Weltenrichter« ist, bei Mk »der Gottessohn im Leiden und Sterben«, bei Lk »der Heiland, der die Verlorenen sucht und rettet« und bei Joh »der souveräne Überwinder von Tod und Finsternis«.[40] – Spezifischeres zur theologischen bzw. narrativen Eigenart der Evangelien ist jeweils nur im Blick auf ein bestimmtes Evangelium zu sagen. Dies soll im Folgenden durch einige Schlaglichter auf das *Lk-Evangelium* geschehen.

---

39 Vgl. Marius Reiser: *Sprache und literarische Formen des Neuen Testaments. Eine Einführung*, Paderborn 2001.
40 Reinhard Feldmeier: »Die synoptischen Evangelien«, in: Karl-Wilhelm Niebuhr (Hg.): *Grundinformation Neues Testament. Eine bibelkundlich-theologische Einführung*, Göttingen 2000, S. 75–142, hier: S. 127, vgl. S. 127–138.

3. Exemplarische Einzelfalldarstellungen

3.1 ›Historisch‹ vom Heiland der Armen und Sünder erzählen: das Lukas-Evangelium

Lk[41] hat den Ruf eines besonders versierten Erzählers und Stilisten – eine Wahrnehmung, die sich insbesondere auch dem *Prolog* seines Evangeliums (entstanden ca. 90–100 n.Chr.) verdankt. Als einziger Evangelist operiert er mit einer Erzählinstanz, die sich einleitend in der Ich-Form zu Wort meldet (Lk 1,1–4):

> ¹Viele haben es schon unternommen, Bericht zu geben von den Geschichten [*diégesin*], die unter uns geschehen sind, ² wie uns das überliefert haben, die es von Anfang an selbst gesehen haben und Diener des Worts gewesen sind. ³So habe auch ich's für gut gehalten, nachdem ich von Anfang an sorgfältig erkundet habe, es für dich, hochgeehrter Theophilus, aufzuschreiben, ⁴damit du den sicheren Grund der Lehre erfahrest, in der du unterrichtet bist.

Lk spricht hier mit dem Gestus der antiken Historiographie.[42] Er beginnt mit metatextuellen Erwägungen über seine Vorgänger, seine Methode, seine Darstellungsabsicht. Und er adressiert seine Schrift an einen konkreten Rezipienten, der damit zum Repräsentanten des Lesers im Text wird und mit ihm den »sicheren Grund der Lehre« erfährt. Nun beschränkt sich der Ich-Diskurs aber nur auf den Prolog selbst. Ab Vers 1,5 wird (wie auch in den anderen Evangelien) auktorial erzählt: »Zu der Zeit des Herodes, des Königs von Judäa, lebte ein Priester...«, und dies hält sich bis zum Ende des Evangeliums durch. Auf die Darstellung der Himmelfahrt Jesu (Lk 24,50–53) folgt keine ›hintere‹ Rahmung, die noch einmal den Prolog aufnimmt; als solche fungiert vielmehr der Prolog der lukanischen Apostelgeschichte (Apg),[43] der zugleich ein Summarium des Evangeliums bietet.

Der historiographische Anspruch des Evangelisten zeigt sich darin, dass ihm an einer ausgewogenen biographischen Entfaltung liegt, die eben auch die Ge-

---

41 Wenn hier und andernorts von Lk, Mk etc. die Rede ist, so geschieht dies aus Gründen der Einfachheit: Es geht *nicht* um historisch nachweisbare frühchristliche Autoren dieses Namens (wie etwa bei Paulus), sondern um ein Kürzel für einen komplexen von einer »Gemeindetheologie« bestimmten Schreib- und Redaktionsprozess an dessen Ende der heutige Wortlaut steht, der in diesem Fall unter dem Verfassernamen Lk tradiert wurde. – Zu Lk als Erzähler: Mikeal C. Parsons: *Luke: Storyteller, Interpreter, Evangelist*, Peabody 2007; Hans Klein: *Lukasstudien*, Göttingen 2005, S. 21ff., S. 174–185. Einführendes zu allen Evangelien findet sich im Themenheft *Evangelien als Erzählwerke* der Zeitschrift *Bibel und Kirche* 62 (2007), H. 3.

42 Man vergleiche im Gegensatz dazu insbesondere den hymnischen Auftakt des Joh-Evangeliums zur Präexistenz und Inkarnation des »Wortes« (Joh 1,1–18). Zu den Kontexten des Prologs: Alexander Loveday: *The Preface to Luke's Gospel. Literary Convention and Social Context in Luke 1,1–4 and Act 1,1*, Cambridge 1993.

43 Lk hat als einziger Evangelist ein zweites kanonisch gewordenes Werk vorgelegt, die Apostelgeschichte, welche die Zeit der Kirche schildert und ausdrücklich als Fortsetzung des Evangeliums – der Schilderung der Zeit Jesu – eingeführt wird (vgl. Apg 1,1f.).

burt und die Jugend Jesu umfasst.[44] Lk ist der einzige, der das Auftreten Johannes des Täufers – und damit dasjenige Jesu – durch eine Jahresangabe datiert und unmittelbar auf andere geschichtliche Ereignisse bezieht (Lk 2,1; 3,1). Aber auch hier verbindet sich sein chronistisches Anliegen mit dem theologischen: Ist bereits die Geburtsankündigung und Geburt des Johannes ein wunderbares Ereignis, so wird sie durch die kunstvoll mit ihr verschränkte Geburtsgeschichte Jesu noch überboten (Lk 1,5–2,52).

Der Stoff, der auf diese Vorgeschichten folgt, zerfällt deutlich erkennbar in drei Teile: Ein *erster Teil* (4,1–9,50) berichtet vom Wirken Jesu in Galiläa und Judäa. Der *zweite Teil* (9,51–19,28) ist der sogenannte »Reisebericht«, der den Ereignissen auf dem Weg Jesu nach Jerusalem gilt. Der *dritte Teil* (19,29–24,53) schildert schließlich das Wirken Jesu in Jerusalem und die zentralen Ereignisse zwischen dem Verrat des Judas und der Himmelfahrt. In der Forschung wird nun intensiv diskutiert, ob und inwiefern die theologische Konzeption, die die gesamte Darstellung grundiert, eine *heilsgeschichtliche* ist: Reagiert der Historiker Lk durch die Anordnung des Stoffs und die Eingriffe, die er in seine Quellen vornimmt, auf das Problem der »Parusieverzögerung« (d.h. des Ausbleibens der bald erwarteten endzeitlichen Wiederkehr Christi)? Vertritt er eine dreigliedrige geschichtstheologische Konzeption, welche diese Naherwartung kritisch korrigiert: dass auf die »Zeit Israels« mit dem Wirken Jesu die »Mitte der Zeit« folgt, welche wiederum durch die vom Geist Gottes bestimmte und nach vorn *offene* »Zeit der Kirche« (dargestellt in der Apg) abgelöst wird?[45] – Diese kontroversen Fragen sind hier nicht zu beantworten, sie machen jedoch exemplarisch deutlich, welche grundlegenden theologischen Probleme im Medium der Evangelien narrativ verhandelt werden bzw. welche unterschiedlichen Optionen im synoptischen Vergleich wahrnehmbar sind.

Lukas' Ruf, der beste neutestamentliche Erzähler zu sein, hat aber noch einen zweiten Grund: Sein *erzählter Held* ist in besonders hohem Maß auch ein (intra-heterodiegetisch) *erzählender Held*. »Als kongenialer Erzähler hat Lukas mit seinen einprägsamen Parabeln [...] das Bild von Jesus als Gleichniserzähler wohl am nachhaltigsten geprägt.«[46] Lk bietet nicht nur die meisten Gleichnisse Jesu, er verfügt auch diesbezüglich über exklusiven Erzählstoff (sog. »Sondergut«), etwa auch die prominenten umfangreichen Gleichniserzählungen »Vom barmherzigen Samariter« (Lk 10,30–35) und »Vom verlorenen Sohn« (Lk 15,11–32). Mit ihnen kommt eine narrative Kleinform in den Blick, die für die Lehre Jesu entscheidend

---

44 Mk, der in historisch-kritischer Hinsicht die maßgebliche Quelle des Lk war, beginnt seinen Bericht dagegen mit dem ersten öffentlichen Auftreten Jesu (Mk 1,9).
45 So die klassische These Hans Conzelmanns: *Die Mitte der Zeit: Studien zur Theologie des Lukas* (1954), 7. Aufl., Tübingen 1993; zur Diskussion: Klein (Anm. 41), S. 105–118.
46 Annette Merz: »Einleitung [zu den Parabeln im Lk-Ev.]«, in: Ruben Zimmermann u.a. (Hg.): *Kompendium der Gleichnisse Jesu*, Gütersloh 2007, S. 513–517, hier: S. 513.

ist, und dies nicht nur bei Lk.⁴⁷ Sie stellen neben den Apophthegmata und den Logien die dritte und zentrale Form des Redestoffs der Evangelien dar.

Gleichnisse sind kurze, fiktionalisierte Erzähltexte, die in der erzählten Welt auf eine bekannte Realität bezogen sind, jedoch »durch implizite oder explizite Transfersignale zu erkennen geben, dass die Bedeutung des Erzählten vom Wortlaut des Textes zu unterscheiden ist«.⁴⁸ Es sind Texte, die »[v]on Gott reden mit den Bildern der Welt«.⁴⁹ Im Fall des Lk finden sie sich nahezu alle im zweiten Teil des Evangeliums, dem »Reisebericht« – wobei diese herkömmliche Bezeichnung eben nur bedingt plausibel ist. Die entsprechenden Kapitel umfassen kaum Schilderungen des Verlaufs der Reise; zentral ist vielmehr die Belehrung der Jünger und anderen Zuhörer, wie sie eben maßgeblich (und quantitativ zu Lasten der Wunderwirksamkeit) auch durch 15 Gleichnisse geschieht. Dabei fällt auf, dass Lk thematisch einheitliche Parabel*gruppen* bildet. Ein exemplarischer Hinweis auf das Gleichnis »Vom verlorenen Schaf« (Lk 15,1–7), das die drei Parabeln vom Verlorenen (Vom verlorenen Groschen, Lk 15,8–10; Vom verlorenen Sohn, Lk 15,11–32) eröffnet:⁵⁰

> ¹Es nahten sich ihm aber allerlei Zöllner und Sünder, um ihn zu hören. ²Und die Pharisäer und Schriftgelehrten murrten und sprachen: Dieser nimmt die Sünder an und ißt mit ihnen. ³Er sagte aber zu ihnen dies Gleichnis [*parabolén*] und sprach: ⁴Welcher Mensch ist unter euch, der hundert Schafe hat und, wenn er *eines* von ihnen verliert, nicht die neunundneunzig in der Wüste läßt und geht dem verlorenen nach, bis er's findet? ⁵Und wenn er's gefunden hat, so legt er sich's auf die Schultern voller Freude. ⁶Und wenn er heimkommt, ruft er seine Freunde und Nachbarn und spricht zu ihnen: Freut euch mit mir; denn ich habe mein Schaf gefunden, das verloren war. ⁷Ich sage euch: So wird auch Freude im Himmel sein über *einen* Sünder, der Buße tut, mehr als über neunundneunzig Gerechte, die der Buße nicht bedürfen.

Die Erzählung der Gleichnisreihe wird insgesamt motiviert durch das »Murren« der Schriftgelehrten und Pharisäer – d.h. der nach ihrer Auffassung rechtgläubigen Juden –, die sich an Jesu Nähe zu den »Sündern« stoßen (wie bereits Lk 5,29ff.). Dieser stellt ihre Selbstgewissheit aber gerade dadurch in Frage, dass die Gleichnisse, die ausdrücklich als solche eingeführt werden (Vers 3), in verschiedenen Weisen den Umgang mit *scheinbar* Verlorenem thematisieren. Im Schaf-Gleichnis geschieht dies durch die erzählende Entfaltung eines Entscheidungsdilemmas: Was tut der Hirte, dessen Herde 100 Schafe umfasst, wenn ein einziges

---

47 Ruben Zimmermann: »Die Gleichnisse Jesu«, in: Zimmermann (Anm. 46), S. 3–48. Je nach Bestimmung der Gattung werden in der Forschung zwischen 36 und 53 Gleichnisse gezählt (vgl. S. 28).
48 Zimmermann (Anm. 47), S. 25 (in Anlehnung an einen Definitionsvorschlag Rüdiger Zymners).
49 Zimmermann (Anm. 47), S. 9.
50 Das Gleichnis findet sich, mit anderen Akzentsetzungen, ebenfalls in Mt 18,12–14 bzw. in der sogenannten Redequelle Q (15,4–5a.7), der Mt und Lk den Stoff verdanken. – Zur Auslegung: Arland J. Hultgren: *The Parables of Jesus. A Commentary*, Grand Rapids 2000, S. 46–62; Animosa Oveja [Pseudonym des Herausgeberkollektivs um R. Zimmermann]: »Neunundneunzig sind nicht genug! (Vom verlorenen Schaf)«, in: Zimmermann (Anm. 46), S. 205–219.

fehlt? Auch in der Erzählung wird das Dilemma in Frageform formuliert. Wäre die Frage im Horizont einer Kosten-Nutzen-Rechnung klar zu beantworten – er bleibt bei den 99 –, wird sie von Jesus in rhetorischer Weise offen gelassen, in Gestalt ihrer Formulierung aber gerade *gegenteilig* beantwortet: Wer würde *nicht* das eine Schaf suchen? Das Gedankenexperiment wird aber noch weitergetrieben, und dies wiederum in unselbstverständlicher, hier jedoch als selbstverständlich vorausgesetzter Weise. Wenn der Hirt das verlorene Schaf findet, nimmt er es nicht nur auf seine Schultern, sondern teilt seine Freude über den Fund auch anderen mit, damit sie sich mit ihm freuen – wobei hier signifikanterweise die Unmittelbarkeit der Figurenrede zum Zuge kommt (Vers 6b). Das Gleichnis, das von Kontrasten lebt (hundert vs. eines, haben vs. verlieren, bleiben vs. suchen, suchen vs. finden), wird schließlich vom Erzähler selbst ausgelegt (was bei vielen Gleichnissen, nicht aber bei allen der Fall ist). Als Scharnier zwischen Text und Auslegung fungiert hier das – typisch lukanische – Stichwort der Freude: So wie sich der Hirt freut, freut man sich auch »im Himmel« über einen bekehrten Sünder, und auch hier wird das Ausmaß der Freude anhand des extremen quantitativen Verhältnisses illustriert. Die Unselbstverständlichkeit auf der Bildebene wird also genau – und gerade darin provokativ – auf die Ebene der theologischen Interpretation transponiert: Die Freude Gottes über den einen Sünder, der Buße tut, übertrifft die über die 99 Gerechten.

Bringt das Gleichnis in theologischer Hinsicht die bedingungslose Zuwendung Gottes zu den – scheinbar – Verlorenen zum Ausdruck, so hat es im situativen Kontext den Charakter einer Rechtfertigung. Weil Gott so ist, besteht kein Anlass, Anstoß zu nehmen an der Tischgemeinschaft Jesu mit den »Zöllnern und Sündern«. Und insofern diese – anders als das Schaf – von sich aus kommen, »um ihn zu hören«, wirkt die Tischgemeinschaft wie ein Vorschein der göttlichen Freude über die Bekehrten. Der appellative Zug des Gleichnisses ist also deutlich, und dies ebenso im Erzählkontext wie im Blick auf die Rezeption: Die murrenden Gerechten sollen sich wenn nicht an der Suche beteiligen, so zumindest mitfreuen über die potentiell Gefundenen. Das Gleichnis ist insofern auch charakteristisch für das gesamte Lk-Evangelium, als Jesus in diesem eben am deutlichsten als Heiland der gesellschaftlich Marginalisierten profiliert wird.[51]

3.2 Für Gott erzählen: Silvia Wallimanns *Mit Engeln beten* als Beispiel einer Offenbarungserzählung

Wenn Religion grundsätzlich einen potentiellen Biographiefaktor darstellt, so sind es doch (wie bereits anhand der Konversionserzählungen deutlich wurde) biographische *Ausnahmeereignisse*, die ein besonderes Interesse auf sich ziehen, Ereignisse, welche die – religiöse – Biographie in nachhaltiger Weise bestimmen. Im Folgenden soll ein Ausnahmeereignis diskutiert werden, das einem kirchenfernen esoterisch-christlichen Kontext entstammt: Silvia Wallimanns Erfahrung

---

51 Vgl. Hermann-Josef Venetz: *Der Evangelist des Alltags. Streifzüge durch das Lukas-Evangelium*, Freiburg (CH) 2000.

eines Kontakts mit der »geistigen Welt«, wie er in ihrem Buch *Mit Engeln beten* (1991)[52] dokumentiert wird.

Dass Menschen beanspruchen, Offenbarungen oder Visionen gehabt zu haben, entrückt worden zu sein, mit Geistern zu kommunizieren oder Jenseitsreisen zu erleben, ist religionsgeschichtlich ein vertrautes Phänomen.[53] Im gegebenen Zusammenhang ist nun vor allem ein bestimmter Typus solcher Zeugnisse paranormaler Erfahrung von Interesse: Wenn die Offenbarung nicht auf den unmittelbar Betroffenen beschränkt bleibt, sondern auch anderen vermittelt werden soll, wenn der Betroffene als Medium einer ›höheren Botschaft‹ in Anspruch genommen wird:

> Den ersten Anstoß zu dieser Niederschrift erhielt ich, als meine feinstofflichen Freunde noch die Schlusstexte zum vorangegangenen Buch mit dem Titel *Die Umpolung* diktierten, das inzwischen in mehreren Auflagen erschienen ist. An einem Apriltag des Jahres 1988 hatte ich meinen Körper wieder in eine tiefe Versenkung gebracht, damit einer der geistigen Helfer durch mich das Tonband besprechen konnte. Als ich es abhörte, hieß es gegen Ende, es sei richtig, was ich in meinem Traum erfahren hatte, dass ich nämlich ein weiteres Buch schreiben sollte. In ihm stünden Gebete im Mittelpunkt. Diese würden mir wiederum von Wesen aus anderen Bewusstseinssphären übermittelt, vor allem von Schwester Céline, einer feinstofflichen Nonne, der ich in einem früheren Leben begegnet sei. (7)

So eigentümlich diese »Bewusstseinssphären« verbindende Schreibkooperation auch anmuten mag, sie ist was ihr Profil betrifft doch alles andere als eine singuläre Erscheinung. Schriften, in denen transzendente Instanzen sich zu Wort melden, bilden eine eigentliche Gattung und werden in esoterischen Buchhandlungen oft auch so präsentiert, hier unter dem Label des »Channeling«. In sektenkundlicher Perspektive spricht man in der Regel von »Neuoffenbarungen«, wobei als historische Paradigmen der Gattung meist die Schriften des »Sehers« Imanuel Swedenborg (1688–1772) und des »Schreibknechts« Jakob Lorber (1800–1864) genannt werden.[54] Das prominenteste Beispiel eines modernen offenbarten Textes ist aber zweifellos *Das Buch Mormon* (1830), das dem »Propheten« Joseph Smith (1804–1844) durch einen Engel vermittelt worden sein soll und heute welt-

---

52 Silvia Wallimann: *Mit Engeln beten*, 12. Aufl., Freiburg 2000 (Nachweise direkt im Haupttext).
53 Die genannten Ausprägungen wären im Einzelnen zu unterscheiden. Vgl. einführend: Marco Frenschkowski/Norbert Mette: »Vision«, *TRE* 35 (2003), S. 117–150; zum Problem der Validierung: Ulrich Niemann/Marion Wagner: *Visionen. Werk Gottes oder Produkt des Menschen?*, Regensburg 2005.
54 »Im Unterschied zu den medialen Offenbarungen und Jenseitskundgaben des Spiritismus ist für den Offenbarungsempfang der Neuoffenbarung die Berufung auf das ›innere Wort‹ oder die ›innere Stimme‹ charakteristisch.« Hans-Jürgen Ruppert: »Neuoffenbarung«, in: Harald Baer (Hg.): *Lexikon neureligiöser Gruppen, Szenen und Weltanschauungen. Orientierungen im religiösen Pluralismus*, Freiburg i.B. 2005, Sp. 881–885; vgl. Matthias Pöhlmann (Hg.): *»Ich habe euch noch viel zu sagen...«. Gottesboten – Propheten – Neuoffenbarer*, Berlin 2003.

weit rund 10 Millionen Anhänger/innen der »Kirche Jesu Christi der Heiligen der Letzten Tage« als heilige Schrift gilt.[55]

Was aber zeichnet diese Gattung aus? Narratologisch betrachtet handelt es sich um eine charakteristische Verbindung zweier Diskursebenen, die meist auch texttopologisch klar zu unterscheiden sind. Die zitierten Zeilen aus Wallimanns *Mit Engeln beten* entstammen der *Rahmenerzählung* (»Der Anstoß zu diesem Buch«, 7–17), welche die aparten Umstände der Genese des ›eigentlichen‹ Textes, der *Binnenerzählung*, erläutert. Funktional betrachtet könnte man auch von einem *heiligenden Text* sprechen, welcher dem – deshalb – *geheiligten Text* vorangeht oder (je nach Beispiel) ihn rahmt. Da der heiligende Text also wesentlich dafür zuständig ist, die Rezeption des Textes in der gewünschten Weise zu steuern, handelt es sich in vielen Fällen um einen mehrgliedrigen und komplex strukturierten paratextuellen Apparat, der das *Selbstzeugnis* des Mediums durch verschiedene *Fremdzeugnisse* ergänzt – seien es Vorworte von (Para-)Wissenschaftler/innen, welche die Authentizität des geheiligten Binnentextes auch mit ›empirischen‹ Mitteln belegen, seien es Beiträge von ›Laien‹, die von der heilsamen Wirkung der entsprechenden Texte zeugen.[56] Im Fall Wallimanns ist der heiligende Text vergleichsweise einfach strukturiert: Vom Klappentext abgesehen, der die Autorin als »eine der bekanntesten Sensitiven im europäischen Raum« ausweist,[57] umfasst er lediglich die anzitierte autobiographische Schilderung. Aber die unverfängliche Rede von der »Autorin« Wallimann trifft das Entscheidende ja gerade nicht: Was ihre Bücher dokumentieren, sind nicht ihre eigenen Auffassungen, sondern »Durchsagen« (18) aus der »geistigen Welt«, die lediglich durch sie vermittelt werden. Da sie an der Genese der Texte dem Anspruch nach nur passiv-funktional beteiligt ist, wäre die Autorinnenangabe »Silvia Wallimann« auf dem Umschlag wenn nicht zu bestreiten, so zumindest unvollständig zu nennen. Mit einer pragmalinguistischen Unterscheidung gesprochen, erfüllt sie nur die Sekundärfunktion eines *adressors*, der die Äußerung verlautbart, nicht aber die eines *speakers*, der über ihre Semantik verfügt.[58]

---

55 Vgl. Terry L. Givens: *By the Hand of Mormon: The American Scripture That Launched a New World Religion*, New York 2003. – Eigens hinzuweisen ist auf den Umstand, dass der Titel *Mit Engeln beten* nicht unmittelbar erkennen lässt, dass es sich um eine neuoffenbarerische Schrift handelt. Denn oft wird die Gattungsfrage bereits in diesem rezeptionsentscheidenden Paratext geklärt. Vgl. etwa: Neale Donald Walsch: *Conversations with God*, New York 1996ff.; Pascal Voggenhuber: *Nachricht aus dem Jenseits. Meine Kontakte mit Verstorbenen und der Geistigen Welt*, 2. Aufl., Altendorf 2008.
56 Für eine detaillierte Analyse eines üppig angelegten heiligenden Textes vgl. Andreas Mauz: »Federführung. Grenzüberschreibung. Schreiben und Schreibenanfangen im ›heiligen‹ Text« (Vassula Ryden, ›True Life in God‹, 1986ff.)«, in: Hubert Thüring u.a. (Hg.): *Anfangen zu Schreiben. Ein kardinales Moment von Textgenese und Schreibprozess im literarischen Archiv des 20. Jahrhunderts*, München 2009, S. 41–73 (S. 48–51 zur Begrifflichkeit heiligender/geheiligter Text).
57 Insofern erstaunt es, dass über Wallimanns Biographie abgesehen davon, dass sie in der Schweiz lebt und bereits früh ihre medialen Fähigkeiten erkannte, kaum etwa in Erfahrung zu bringen ist.
58 Vgl. Dell Hymes: *Foundations in Sociolinguistics*, London 1977, S. 52ff. Vgl. Matías Martínez: »Episches Schreiben als inspiriertes Sprechen. Zu einem Typus mythischer Rede am Bei-

Wallimann schildert ausführlich, wie sich ihr Kontakt zur geistigen Welt vollzog, wie nach einer »dreimonatigen Vorbereitungszeit« während einer Meditation plötzlich der »geistige Durchbruch« zu Schwester Céline erfolgt, wie es ihr schwerfällt, das »Erleuchtungserlebnis« zu beschreiben, da »die menschliche Sprache schlicht für solche Welten nicht geschaffen ist« (8). Besonderes Gewicht liegt dann aber auf der Darstellung der eigentlichen Offenbarungsvermittlung. Wie sich bereits im einleitenden Zitat zeigte, vollzieht sich diese in Gestalt einer komplexen Koppelung menschlicher und technisch-apparativer Elemente: Indem das »Tagesbewußtsein« (12) des Menschmediums Wallimann im Trancezustand ausgeschaltet wird, wird sie zu einem Empfänger, der das Empfangene seinerseits akustisch hörbar sendet, so dass die – authentische – Botschaft mittels eines Tonbandgeräts aufgezeichnet werden kann.[59] Charakteristischerweise kommt »Schwester Céline« aber bereits im heiligenden Text selbst zu Wort. Wallimann dokumentiert in ihrer Vorrede zwei Kundgaben, die man in der Begrifflichkeit der alttestamentlichen Prophetenforschung als *Berufungsvisionen* bezeichnen könnte. Die wörtliche Wiedergabe dieser Instruktion dürfte – von der Schilderung der Offenbarungsvermittlung abgesehen – das zentrale beglaubigende Element des heiligenden Paratextes darstellen: Hier wird die Ermächtigung zum »Sprechen-im-Namen-von«, indem sie aus der Perspektive eben der Instanz dargestellt wird, die vermittelt werden will, ›eindeutig‹ vom Verdacht einer zweifelhaften *Selbst*ermächtigung des Mediums befreit. Dass die Stimme Célines tatsächlich eine andere ist, wird auch auf der Ebene der Materialität der Kommunikation demonstriert, wenn ihr Text bereits graphisch von den Ausführungen Wallimanns abgesetzt wird (vgl. 11f., 16).

Als Beispiel für den *geheiligten Text*, die eigentlichen Offenbarungen, sei ein kleiner Abschnitt aus dem Kapitel *Die Religionen* (92–103) zitiert:

> Gott zum Gruß, liebe Freunde des Planeten Erde. Schwester Céline grüßt in Liebe.
> In vielen Menschenherzen herrscht Traurigkeit über die fehlende Einsicht der Religionen, daß keine von ihnen Gott für sich allein in Anspruch nehmen kann. Der ewige Schöpfergeist ist unteilbar. Dieser Gedanke findet sich in jeder Religion und steht im Widerspruch zu der Anmaßung, allein die Wahrheit über den Schöpfer zu kennen. [...] Im Neuen Zeitalter wird sich das religiöse Bewusstsein auf dem ganzen Planeten in einer Kirche, einem Weg, einem Geist, einer Weisheit ausdrücken. Die Weltreligion wird eine gewaltige Friedensenergie darstellen, und sie wird das, was Christus vor fast 2000 Jahren gelehrt hat, wieder als die ewige Wahrheit in den Mittelpunkt allen Lebens stellen. (92f.)

---

spiel von John Miltons ›Paradise Lost‹«, in: Udo Friedrich/Bruno Quast (Hg.): *Präsenz des Mythos. Konfigurationen einer Denkform in Mittelalter und Früher Neuzeit*, Berlin 2004, S. 329–339, hier: S. 334f.

59 »Wenn ich in Trance Durchsagen für ein Buch erhalte, spreche ich sie auf Tonband. Dabei geschieht folgendes: Mein geistiges Wesen verlässt im Astralleib den physischen Körper, damit ein anderes Wesen schwingungsmäßig in ihn eintreten kann. Während ich in anderen Dimensionen weile, sendet das Wesen Energie in Form von Schwingungen aus. Diese fließen über die Chakras und das Rückenmark dem Gehirn zu, das sie dann in Worte der menschlichen Sprache umwandelt. Es ist also die Wesenheit, die durch mich als sprechendes Instrument den Text auf das Tonband diktiert, jeweils in der ihr eigenen, individuellen Stimmlage.« Wallimann (Anm. 52), S. 18f.

Die Charakteristika sind deutlich: Der geheiligte Texte gestaltet sich als *Rede*, als offenbarte *Erzählung von Worten*, wobei Schwester Céline bei ihren Belehrungen als Teil eines Kollektivs spricht: »Ihr Kinder der Erde sollt wissen, daß wir nicht Prediger, sondern Gefäße sind, aus denen kosmische Liebe in eure Bewußtsein [sic] strömt.« (100) Der Adressatenkreis der Belehrungen wird in der Anrede (die in Variationen wiederkehrt) ausdrücklich benannt: Er ist maximal, die gesamte menschliche Bevölkerung. Dies kann nicht anders sein, da das zu vermittelnde Wissen das Sein aller Menschen betrifft, auch wenn es in diesem Fall nur auf eine »Traurigkeit« reagiert, die in »vielen Menschenherzen« herrscht. Die Kompetenz, ins Innere der Menschen zu blicken, um auf die wahrgenommenen Probleme zu reagieren, wird – indem sie sie voraussetzt – durch die Kompetenz der Einsicht in künftige Ereignisse im »Neuen Zeitalter« überboten. Die prophetische Gabe, im Modus des *früheren Erzählens* Kommendes zu antizipieren, stellt die Grundlage dar, um zumindest die »Kinder der Erde«, die bereit sind, die Botschaft zu hören, schon in der Gegenwart am Kommenden Anteil haben zu lassen – sei es, um im Jetzt gelassen zu sein oder aber, um aktiv an der Realisierung der Ansagen mitzuarbeiten.

Diesen Texttypus als Offenbarungserzählung zu bezeichnen, ist vielleicht nicht ganz glücklich. Denn der Begriff bringt nicht zum Ausdruck, dass er in einem *doppelten* Sinne zu verstehen ist bzw. im Sinne einer Relation: Er bezeichnet das Verhältnis zwischen einer autobiographischen *Erzählung von einer Offenbarungs- oder Berufungserfahrung* – sie etabliert den Kanal, indem sie den transzendenten Sender und den immanenten Empfänger (bzw. Mittler) in bestimmter Weise positioniert – und einer *Erzählung des Offenbarten*, die festhält, was über diesen Kanal gesendet wird (hier gleichfalls in Form eines Ich-Diskurses). Dass dieser Zusammenhang hier wie generell ein fragiler ist, liegt auf der Hand. Worum es ›eigentlich‹ geht, sind fraglos die Kundgaben Schwester Célines. Doch sie stehen in intimer Abhängigkeit von Wallimanns Selbstzeugnis, das sie allererst autorisiert: Wer den Offenbarungen (dem geheiligten Text) einen Wahrheitsgehalt zugesteht, hat ihn vorgängig bereits dem Zeugnis Wallimanns zugestanden (dem heiligenden Text). Insofern kann man auch hier von einem »Gattungsvertrag« sprechen. Das Beispiel mag ein abseitiges sein. Dass von diesem (wie man Lejeune variierend sagen könnte) *Pacte théographique* grundsätzlich eine erhebliche Attraktivität ausgeht, zeigen andere Exemplare der Gattung – sei es das *Buch Mormon* oder auch Neale Donald Walschs *Conversations with God* (1996ff.), die sich über zweieinhalb Jahre auf der Bestseller-Liste der *New York Times* halten konnten.

4. Zur Forschung

Bereits diese wenigen Hinweise dürften deutlich gemacht haben, dass das Erzählen innerhalb der christlichen Tradition vielfältigste Formen und Funktionen kennt. In gebotener Kürze Hinweise zur Forschungsgeschichte zu formulieren, fällt daher schwer. Um über wenig aufschlussreiche Äußerungen generellster Art

(Etabliertheit der Narratologie auf dem Feld der biblischen Exegese[60] und biographisch interessierte empirische Religionsforschung,[61] unterschiedlichster Stand der Gattungsforschung im engeren Sinn) hinauszukommen, müsste die Entwicklung in und zwischen den verschiedenen Disziplinen im Einzelnen berücksichtigt werden. Und eben dies hätte u.a. ein Kompendium zu leisten, das die Ausprägungen der Erzählthematik auf dem Feld der Religion *umfassend* darstellt. Eine solche Studie stellt jedoch ein empfindliches Desiderat dar – sowohl für die disziplinäre wie für die interdisziplinäre Forschung.

Was dieser Band zu berücksichtigen hätte, wären insbesondere auch jene Diskurse, die – anders als hier – nicht mehr oder weniger klassische Genres betreffen, sondern das Erzählen im Blick auf Problemlagen allgemeinerer Art thematisieren. Um abschließend wenigstens einige Beispiele anzudeuten, an die *theologischerseits* zu denken wäre: Seit den 1970er Jahren kursiert dies- und jenseits des Atlantiks – zuweilen heftig debattiert – der Programmbegriff einer »*narrativen Theologie*«. Er bezeichnet eine größere Zahl unterschiedlich akzentuierter Ansätze, deren gemeinsamer Nenner darin besteht, dass sie den Stellenwert des »Narrativen« innerhalb der Theologie deutlich machen bzw. aufwerten wollen – bis hin zu einer Narrativisierung der wissenschaftlichen Metasprache.[62] Teils mit Bezug auf diese Positionen, teils unabhängig von ihnen werden gegenwärtig aber auch verstärkt die Möglichkeiten einer »*narrativen (theologischen) Ethik*« ausgelotet.[63] Und zu denken wäre schließlich an theologische Beiträge zu einem zentralen Aspekt der Erzähltheorie: dem der *Fiktion/Fiktionalität*.[64] Denn das Problembündel, das mit dem Stichwort der *Wirklichkeitserzählung* angesprochen ist, betrifft auch die Theologie in grundlegender Weise, in Bezug auf die biblischen Erzählungen (Welcher Art sind sie? Wie sind sie zu lesen – etwa die von der Auferstehung Jesu?),[65] aber auch in religionsphilosophischer Hinsicht.[66]

---

60 Vgl. Cynthia Long Westfall: »Narrative Criticism«, in: Stanley E. Porter (Hg.): *Dictionary of Biblical Criticism and Interpretation*, London 2007, S. 237–239.

61 Vgl. Angela Kaupp: *Junge Frauen erzählen ihre Glaubensgeschichte. Eine qualitativ-empirische Studie der narrativen religiösen Identität katholischer junger Frauen*, Ostfildern 2005, S. 22–74.

62 Für die angelsächsische Diskussion: Stanley Hauerwas/L. Gregory Jones (Hg.): *Why Narrative? Readings in Narrative Theology*, Grand Rapids 1989; kritisch: Francesca Aran Murphy: *God is Not a Story. Realism Revisited*, Oxford 2007. Für die deutschsprachige Diskussion: Andreas Mauz: »Theology and Narration. Reflections on the ›Narrative Theology‹-Debate and Beyond«, in: Sandra Heinen/Roy Sommer (Hg.): *Narratology in the Age of Interdisciplinary Research*, Berlin 2009, im Druck.

63 Vgl. u.a. Marco Hofheinz u.a. (Hg.): *Ethik und Erzählung. Theologische und philosophische Beiträge zur narrativen Ethik*, Zürich 2009; Johannes Fischer: »Vier Ebenen der Narrativität. Die Bedeutung der Erzählung in theologisch-ethischer Perspektive«, in: Karen Joisten (Hg.): *Narrative Ethik. Das Gute und das Böse erzählen*, Berlin 2007, S. 235–252.

64 Vgl. Mirja Kutzer: *In Wahrheit erfunden. Dichtung als Ort theologischer Erkenntnis,* Regensburg 2006; Heinz-Günter Schöttler (Hg.): *»Der Leser begreife«. Vom Umgang mit der Fiktionalität biblischer Texte*, Münster 2006.

65 Vgl. Hans-Joachim Eckstein/Michael Welker (Hg.): *Die Wirklichkeit der Auferstehung*, Neukirchen-Vluyn 2002.

66 Vgl. Ingolf U. Dalferth: *Die Wirklichkeit des Möglichen. Hermeneutische Religionsphilosophie*, Tübingen 2003.

5. Kommentierte Auswahlbibliographie

Backhaus, Knut/Häfner, Gerd: *Historiographie und fiktionales Erzählen. Zur Konstruktivität in Geschichtstheorie und Exegese*, Neukirchen-Vluyn 2007. – Aufschlussreicher Versuch, Positionen der aktuellen Geschichtstheorie bibelwissenschaftlich (insb. neutestamentlich) fruchtbar zu machen.

Bal, Mieke: *Lethal Love. Feminist Literary Readings of Biblical Love Stories*, Bloomington 1987. – Ein Klassiker der feministisch-theologischen Exegese, narratologisch auf höchstem Niveau.

Barton, John/Sauter, Gerhard (Hg.): *Offenbarung und Geschichten: ein deutsch-englisches Forschungsprojekt*, Frankfurt a.M. 2000. – Ein Sammelband, an dem sich exemplarisch ablesen lässt, wie unterschiedlich das Narrationsthema in den deutschsprachigen und angelsächsischen systematisch- und exegetisch-theologischen Traditionen bearbeitet wird – und wie beide produktiv ins Gespräch kommen können.

Goldberg, Michael: *Theology and Narrative: A Critical Introduction*, 2. Aufl., Philadelphia/PA 1991. – Entgegen dem Untertitel ein Entwurf einer *narrative theology* aus progressiv-jüdischer Perspektive.

Langenhorst, Georg: *Theologie & Literatur. Ein Handbuch*, Darmstadt 2005. – Eine theologisch perspektivierte Einführung in das verzweigte Diskursfeld von Theologie und Literatur im Allgemeinen.

Poplutz, Uta: *Erzählte Welt. Narratologische Studien zum Matthäusevangelium*, Neukirchen-Vluyn 2008. – Exemplarische narratologisch-exegetische Arbeit.

Schmidt, Hans-Peter/Weidner, Daniel (Hg.): *Bibel als Literatur*, München 2008. – Prägnant eingeleiteter Band mit Übersetzungen wesentlicher Beiträge der angelsächsischen »Bible as Literature«-Debatte (u.a. Alter, Boyarin, Josipovici, Kermode, Sternberg).

Sparn, Walter (Hg.): *Wer schreibt meine Lebensgeschichte? Biographie, Autobiographie, Hagiographie und ihre Entstehungszusammenhänge*, Gütersloh 1990. – Vielrezipierter, primär theologisch ausgerichteter Sammelband zu den verschiedenen Ausprägungen von Religion und Biographik.

Wenzel, Knut: *Zur Narrativität der Theologie. Prolegomena zu einer narrativen Texttheorie in soteriologischer Hinsicht*, Frankfurt a.M. 1997. – Zu wenig beachteter katholisch-theologischer Versuch, im Rekurs auf Ricœur eine ausgearbeitete Theorie der Narrativität der Theologie vorzulegen.

Yandell, Keith E. (Hg.): *Faith and Narrative*, Oxford 2001. – Lesenswerter Sammelband, in dem namhafte Vertreter der englischsprachigen Forschung (u.a. Steiner, Woltersdorff) die Thematik breit ausleuchten; keine narratologischen Beiträge im engeren Sinn.

Narrationen in der Politik*

Gary S. Schaal

1. Das Wirklichkeitsfeld Politik

Politik erfüllt für die Gesellschaft eine spezifische Funktion: Sie erzeugt kollektiv verbindliche Entscheidungen für eine politische Gemeinschaft.[1] Die *differentia specifica* der Politik im Vergleich zu anderen Systemen der Gesellschaft ist die Verfügung über Macht, der Code des politischen Systems ist Macht haben/keine Macht haben (Regierung/Opposition).[2] Die zentralen Ressourcen der Politik zur Durchsetzung von Entscheidungen sind – in der Tradition Max Webers – der Legitimitätsglaube der Entscheidungsbetroffenen einerseits und die staatliche Sanktionsmacht andererseits.[3]

Herausragende Bedeutung besitzt die Legitimation politischer Entscheidungen in der Staats- und Herrschaftsform Demokratie. Viele zeitgenössische Demokratietheorien gehen davon aus, dass die Identität von Rechtsautoren und Rechtsadressaten jenes Ideal ist, das moderne Demokratien legitimatorisch auszeichnen sollte.[4] Die Identität von Rechtsautoren und Rechtsadressaten[5] ist in funktional ausdifferenzierten modernen Flächendemokratien jedoch aus einer Vielzahl von Gründen unmöglich. Dementsprechend erfolgt eine fiktionale Zurechnung der Identität von Autoren und Adressaten des Rechts. In der wohl differenziertesten zeitgenössischen Demokratietheorie, der Diskurstheorie des Rechtes und des demokratischen Rechtsstaats von Jürgen Habermas,[6] besteht die

---

* Ich danke Veith Selk herzlich für seine Unterstützung bei der Konzeptualisierung dieses Aufsatzes und den beiden Herausgebern für hilfreiche Anmerkungen zu einer ersten Fassung.
1 Vgl. David Easton: *A Systems Analysis of Political Life*, New York 1965.
2 Vgl. Niklas Luhmann: *Soziale Systeme. Grundriss einer allgemeinen Theorie*, Frankfurt a.M. 1984.
3 Vgl. Max Weber: *Wirtschaft und Gesellschaft*, Tübingen 1980.
4 Vgl. Giovanni Sartori: *Demokratietheorie*, Darmstadt 1992.
5 Vgl. Jürgen Habermas: *Faktizität und Geltung*, Frankfurt a.M. 1992.
6 Die Bedeutung der deliberativen Demokratietheorie für die zeitgenössische politische Theorie kann kaum überschätzt werden. Bereits im Jahr 2000 hat John Dryzek in einer weithin beachteten Monographie die These vertreten, dass ein »deliberative turn« in der Demokratietheorie vorliegt. Wenige Jahre später vertritt Dryzek die Position, dass die Theorie der Deliberation zu dem zentralen Paradigma innerhalb der zeitgenössischen politischen Theorie avanciert ist. James Bohman konstatiert in diesem Zusammenhang ein »coming of age« der deliberativen Demokratietheorie – eine Einschätzung, die weithin geteilt wird. So hat Simone Chambers in einem Überblicksaufsatz vor wenigen Jahren die These vertreten, dass die deliberative Demokratietheorie inzwischen den experimentellen Status hinter sich gelassen hat und zu einer »working theory« avanciert ist. Vgl. John Dryzek: *Deliberative Democracy and Beyond: Liberals, Critics, Contestations*, Oxford 2000; Ders.: »Theory, Evidence, and the Tasks of Deliberation«, in: Shawn Rosenberg (Hg.): *Deliberation, Participation and Democracy: Can the People Govern?*, Basingstoke 2007, S. 237–250; James

Annäherung an die Identität von Rechtsautoren und Rechtsadressaten in der Vorstellung der kommunikativen Verflüssigung der Volkssouveränität.[7] In seiner normativen Perspektive, die jedoch die politische Wirklichkeit recht gut beschreibt, muss das politische System seine Politik mit Gründen legitimieren. Da das politische System aus sich selbst heraus keine guten Gründe produzieren kann, muss es zur Begründung seiner Politik auf jene Argumente zurückgreifen, die sich im Säurebad der Diskurse innerhalb der verfassten und nicht verfassten Öffentlichkeit der Zivilgesellschaft als gute Gründe herausgestellt haben.[8]

Die besondere Bedeutung des Erzählens in der Politik wird im Folgenden primär im Rahmen einer deliberativ orientierten demokratietheoretischen Perspektive diskutiert. Die deliberative Demokratietheorie – deren bekanntester Vertreter in Deutschland Jürgen Habermas ist – stellt sehr allgemein gesprochen die Kommunikation unter den Bürgern in der politischen Öffentlichkeit ins Zentrum ihrer Betrachtungen – anders als z.B. der heute noch dominante Ansatz der liberalen Demokratietheorie. Damit liegt die Verbindung zwischen Kommunikation und Narration in dieser Theoriefamilie *eigentlich* sehr nahe. Eigentlich insofern, als die deliberative Demokratietheorie gemeinhin die Ratio betont und die Emotionen eher ausblendet. Gute Gründe in einer politischen Diskussion sind für diesen Ansatz also maßgeblich *rational* begründet. Damit spielen bestimmte Kommunikationsformen, wie z.B. Narrationen, in diesem Ansatz entsprechend keine oder doch nur eine sehr kleine Rolle, was angesichts der Zentralität der Kommunikation doch eher verwundert.

Im Folgenden soll daher versucht werden, Narration und deliberative Demokratietheorie zusammen zu denken, da beide eine »natürliche« Affinität besitzen. Konkreter werde ich das Verhältnis von Legitimation, Narration und deliberativen Formen der Herstellung kollektiv verbindlicher Entscheidungen diskutieren. Ein zentrales Problem der Demokratie sind *Machtasymmetrien* – und genau deshalb ist die deliberative Demokratietheorie so erfolgreich. Sie nährt die Hoffnung, dass Machtasymmetrien im politischen Prozess reduzierbar sind. Im Laufe des Aufsatzes wird jedoch gezeigt werden, dass der rationale Diskurs selbst Machtasymmetrien hervorbringt, die bislang nicht hinreichend analysiert wurden. Narrationen könnten unter bestimmten Bedingungen diese Machtasymmetrien reduzieren. Um diese These argumentativ zu entfalten, wird zunächst ein Standardmodell deliberativer Demokratie entwickelt sowie die Kritik an ihm artikuliert. Die Kritik besteht darin, dass asymmetrische Chancen der Artikulation von Präferenzen und Argumenten in diskursiven Gruppen bestehen – und zwar ent-

---

Bohman: »The Coming of Age of Deliberative Democracy«, *The Journal of Political Philosophy* 6 (1998), H. 4, S. 400–425; Simone Chambers: »Deliberative Democratic Theory«, *Annual Review of Political Science* 6 (2003), S. 307–326.

7   Vgl. Habermas (Anm. 5), S. 365. Gemeint ist mit »Verflüssigung« die Vorstellung, dass die Souveränität des Volkes nicht mehr in den einzelnen Bürgern »verkörpert« ist, sondern sich in der Steuerung der Politik durch öffentlich artikulierte Argumente manifestiert.

8   Vgl. für eine ausführlichere Rekonstruktion dieses Arguments Gary S. Schaal/Felix Heidenreich: »Quality versus Equality«, *Österreichische Zeitschrift für Politikwissenschaft* 36 (2007), H. 1, S. 23–38.

lang sozio-kultureller, sozio-moralischer und ökonomischer Spannungslinien. Lösungen für dieses Problem – insbesondere *storytelling* und *testimony* als spezifische Formen der Narration – werden im Rückgriff auf die Arbeiten von Iris Marion Young und Lynn Sanders präsentiert. In einem zweiten Schritt werden dann die theoretischen Voraussetzungen diskutiert und es wird erläutert, warum *storytelling* in politischen Diskursen als Argument überhaupt gelten sollte. Diese Diskussion wird unter der Überschrift »Erfahrung als Argument« geführt. Der Blick auf Forschungsdesiderate schließt die Überlegungen ab.

2. Narrationen im politischen Diskurs

2.1 Narration und Deliberation

Wie bereits ausgeführt wurde, sind politische Entscheidungen gegenüber den Rechtsadressaten begründungsbedürftig. Die Begründungen sollen, so zumindest das Ideal der deliberativen Demokratietheorie auf das ich mich hier beziehe,[9] aus der Zivilgesellschaft selbst kommen und von der Politik als Begründung für das politische Handeln gegenüber den Rechtsadressaten in Anschlag gebracht werden. Die Überzeugungskraft eines Arguments resultiert in dieser Perspektive aus der Tatsache, dass es sich in einem Diskurs, in dem der zwanglose Zwang des besseren Arguments gilt, mithin also die kontrafaktischen Präsuppositionen des rationalen Diskurses eingehalten werden, durchgesetzt hat. Ein solches Argument – oder besser gesagt: eine solche Begründung – besitzt gegenüber den Rechtsadressaten eine moralisch zwingende Kraft, da es (auch in empirischer Perspektive) von partikularen Interessen gereinigt und in eher gemeinwohlorientierte Interessen überführt wurde. Diese Orientierung ist dabei keine substantielle Eigenschaft des Argumentes und seiner Begründung, sondern eine prozedurale Resultante

---

9   Die deliberative Demokratietheorie ist der sich am schnellsten entwickelnde Zweig der zeitgenössischen normativen Demokratietheorie. Entsprechend differenzierte Positionen finden sich im Diskurs (vgl. für eine Übersicht das Kapitel »Deliberative Demokratietheorie«, in: Gary S. Schaal/Felix Heidenreich: *Einführung in die Politischen Theorien der Moderne*, Opladen u.a. 2006, sowie David Strecker/Gary S. Schaal: »Die Politische Theorie der Deliberation: Jürgen Habermas«, in: André Brodocz/Gary S. Schaal (Hg.): *Politische Theorien der Gegenwart*, Bd. II, Opladen u.a. 2006, S. 99–148). Um die Argumentation in diesem Aufsatz zu vereinfachen, beziehe ich mich auf ein von mir als »Mainstreammodell der Deliberation« bezeichnetes Verständnis. Es rekurriert maßgeblich auf die Arbeiten von Jürgen Habermas sowie seinen Weiterentwicklungen aus dem theoretisch sympathisierenden Umfeld. In dieses Modell inkludiere ich explizit *nicht* die eher pragmatischen Ansätze, die sich in den USA finden lassen (James S. Fishkin: *The Voice of the People. Public Opinion and Democracy*, New Haven 1995; James Bohman: *Public Deliberation, Pluralism, Complexity, and Democracy*, Cambridge 1996), deren Konzepte zwar von vornherein stärker durch die Integration von Emotionen und Narrationen geprägt sind, sich jedoch auf der philosophischen Begründungsebene mit weniger zufrieden geben als das »Mainstreammodell«.

des deliberativen Prozesses: Als epistemologisch höherwertig gelten jene Argumente, die diskursiv gereinigt wurden.[10]

Die Akzeptabilität von Begründungen von Argumenten – oder die rationale Akzeptabilität von Begründung für Politiken, die kollektiv verbindlich sind – hängt von der Intaktheit des deliberativ verfassten demokratischen Prozesses ab.[11] In dem Mainstreammodell der deliberativen Demokratietheorie spielt die Frage, *wer* in der Öffentlichkeit miteinander kommuniziert, eine zu vernachlässigende Rolle.[12] Auch spielen sozio-demographische und sozio-kulturelle Faktoren eine geringe Rolle.[13] Man geht davon aus, dass der zwanglose Zwang des besseren Arguments blind ist – und es auch sein darf – gegenüber sozio-kulturellen, sozio-moralischen oder ökonomischen Differenzen der Diskussionspartner.

Etliche Kritiker der deliberativen Demokratietheorie werfen dem Mainstreammodell[14] vor, dass es wichtige Aspekte diskursiver Prozesse vernachlässigt. Solche nicht-rationalen Aspekte des deliberativen Prozesses sind einerseits Emotionen, andererseits Narrationen – wobei beide Aspekte aufeinander verweisen. Die wohl prominenteste Kritik an der kognitivistischen Verkürzung der Legitimation deliberativer Politik, d.h. an der fast alleinigen Fokussierung auf rationale Argumente, ist von Iris Marion Young artikuliert worden.[15]

Um die Bedeutung von Narrationen für die Ausgestaltung legitimer deliberativer politischer Entscheidungsprozeduren herauszuarbeiten, werde ich zunächst die Kritik am Standardmodell der deliberativen Demokratie präsentieren.

---

10 So bereits das »laundering preferences« Argument von Robert E. Goodin (Robert E. Goodin: *Motivating Political Morality*, Oxford 1986), was jedoch im Rahmen eines anderen Theoriedesigns artikuliert wurde.
11 Vgl. Gary S. Schaal: *Demokratie, Verfassung und Integration*, Berlin 2000.
12 In neueren Aufsätzen findet dieser Aspekt bei Habermas größere Aufmerksamkeit (vgl. Jürgen Habermas: »Hat die Demokratie noch eine epistemische Dimension? Empirische Forschung und normative Theorie«, in: Ders.: *Ach, Europa. Kleine Politische Schriften XI*, Frankfurt a.M. 2008, S. 138–191). Vgl. für den Stand der empirischen Forschung zur Relevanz der Komposition von deliberativen Gruppen: Tali Mendelberg: »The Deliberative Citizen. Theory and Evidence«, in: Michael X. Delli Carpini u.a. (Hg.): *Political Decision Making, Deliberation and Participation*, Amsterdam 2002, S. 151–194; sowie Diana Carole Mutz: *Hearing the Other Side: Deliberative versus Participatory Democracy*, Cambridge 2006.
13 Ausnahme hiervon schon früh: Axel Honneth: »Demokratie als reflexive Kooperation. John Dewey und die Demokratietheorie der Gegenwart«, in: Hauke Brunkhorst/Peter Niesen (Hg.): *Das Recht der Republik*, Frankfurt a.M. 1999, S. 37–65.
14 Vgl. Fußnote 9.
15 Die folgenden Werke sind die Grundlage der weiteren Ausführungen: Iris Marion Young: »Communication and the Other: Beyond Deliberative Democracy«, in: Seyla Benhabib (Hg.): *Democracy and Difference*, Princeton 1996, S. 120–135; Dies.: »Equality of Whom?«, *The Journal of Political Philosophy* (2001), H. 1, S. 1–18; Dies.: »Activist Challenges to Deliberative Democracy«, *Political Theory* 29 (2001), H. 5, S. 670–690; Dies.: *Inclusion and Democracy*, Oxford 2000; Dies.: *Intersecting Voices: Dilemmas of Gender, Political Philosophy, and Policy*, Princeton 1997; vgl. auch Laura W. Black: »Storytelling as a Means of Conflict Management in Deliberative Groups«, http://www.allacademic.com/meta/p256678_index.html, Aufruf 2.2.09; Francesca Polletta/John B. Lee: »Is Telling Stories Good for Democracy?«, http://www.allacademic.com/meta/p110272_index.html, Aufruf 4.3.09.

Die grundlegende Kritik an diesem Modell – artikuliert u.a. von Young und Sanders – besteht darin, dass rationale Deliberation keine angemessene Repräsentation gesellschaftlicher Pluralität und Diversivität leistet. Das Gegenteil ist sogar der Fall: Aufgrund der Orientierung auf rationale Argumente bleiben andere ausgesperrt, aufgrund der prozeduralen Orientierung hin zu einem kommunikativen Konsens verstummen sogar noch jene Stimmen und Perspektiven zum Ende eines deliberativen Prozesses, die zu seinem Beginn noch zu hören waren. Dieser Homogenisierungsprozess führt für Young deutlich vor Augen, dass der deliberative Prozess im Mainstreammodell gerade nicht dem zwanglosen Zwang des besseren Arguments unterliegt, sondern vielmehr machtverzerrt ist. Die Machtverzerrung resultiert – und dies ist auf der theoretischen Ebene die zentrale Kritik – direkt aus dem Ideal des rationalen Diskurses einerseits und aus empirischen Verunreinigungen des Ideals andererseits.

Das Ideal des rationalen Diskurses privilegiert zunächst die Position jener Personen, die sich auf einen bestimmten Sprachstil – Young selbst spricht von »norms of articulateness«[16] – einlassen können. Dieser Sprachstil besteht darin, seine eigene Position in möglichst neutraler, rationaler und unemotionaler Form artikulieren zu können. Anders als das Standardmodell es erwartet, resultiert die Überzeugungskraft eines Arguments aber nicht aus dem Argument selbst, sondern aus der spezifischen sprachlich-gestischen Form, in der es vorgetragen wird, also konkret aus einer kühlen, distanzierten, unemotionalen und rhetorisch brillanten Präsentation. Die Kritik lautet, dass dieser Sprachstil nur von einer bestimmten Klasse von Bürgern beherrscht wird, die in der Regel – und hier kommt die amerikanische Herkunft von Iris Marion Young ins Spiel – weiße amerikanische Männer der Mittelschicht mit universitärer Bildung sind. Personen, die diese Sprachkompetenz nicht besitzen, haben schlechtere Chancen, ihre politischen Präferenzen in den Diskurs einzuspeisen und dort zu überzeugen.[17]

Die zweite Kritik von Iris Marion Young lautet, dass in rationalen Diskursen Emotionen ausgeblendet würden, die, so Young, allerdings ein wichtiges Mittel seien, um die berechtigte Intensität der Betroffenheit einer Person zu verdeutlichen. DiskursteilnehmerInnen, die emotional reagieren, laut sprechen, aufbrausend sind oder vielleicht sogar aggressiv, haben jedoch schlechtere Chancen, ihre Argumente und Positionen durchzusetzen als ruhig und besonnen vortragende Personen – und dies gilt sowohl in normativer als auch in empirischer Perspektive.

Schließlich argumentiert Young, dass an Körperlichkeit und partikularen Gruppenerfahrungen spezifische Argumentationsressourcen hängen, die aufgrund der Fokussierung auf *individuelles* rationales Argumentieren innerhalb des

---

16 Young: »Communication« (Anm. 15), S. 124.
17 Diese bei Iris Marion Young noch theoretisch artikulierte Kritik ist von empirischen Studien mehrfach verifiziert worden. Gerade diejenigen, die zum Beispiel von bestimmten politischen Maßnahmen wie Sozialhilfe selber am stärksten betroffen werden, sind diejenigen, deren Stimme im politischen Diskurs am wenigsten zählt. Vgl. hierzu auch Cass R. Sunstein: »The Law of Group Polarization«, in: James S. Fishkin/Peter Laslett (Hg.): *Debating Deliberative Democracy*, Oxford 2003, S. 80–101.

Standardmodells deliberativer Demokratie außen vor bleiben. Die spezifische Bedeutung der argumentativen Ortlosigkeit der Gruppenerfahrung sollte nicht unterschätzt werden – gerade angesichts der Tatsache, dass der Liberalismus seine Leitidee des Individualismus narrativ naturalisiert und damit die kulturelle Basis gemeinschaftlichen politischen Handelns erodieren lässt.[18]

Fasst man die drei Kritikpunkte zusammen, so zeigt sich, dass der rationale Diskurs nicht machtfrei, sondern vielmehr systematisch machtverzerrt ist. Es ist normativ nicht sinnvoll, die Legitimität politischer Entscheidungen auf diskursiven Prozessen basieren zu lassen, die inhärent machtverzerrt sind. Daher stellt sich die Frage, mit welchen Strategien diese Machtverzerrungen reduziert werden können. Ein solcher Ansatz ist Youngs Konzept der *communicative democracy*.[19]

Um gerecht zu sein, so Young, müsse die deliberative Demokratie ihr auf rationalen Diskurs fokussiertes konsensorientiertes Kommunikationsideal um die drei Kommunikationsformen *greeting*, *rhetoric* und *storytelling* ergänzen.[20] Welche konkrete Bedeutung besitzen nun diese drei Kommunikationsformen?[21]

Angesichts des Pluralismus, der alle westlichen Demokratien auszeichnet, muss ein inklusiver und möglichst machtfreier deliberativer Prozess so ausgestaltet sein, dass sich alle beteiligten Personen – unabhängig davon, wie unterschiedlich sie sind – auf einem Niveau treffen und sich in ihrer Andersartigkeit als Gleiche anerkennen.[22] Ein Ritual, das diese Form der wechselseitigen Anerkennung symbolisch zur Darstellung bringt, ist *greeting*. Gemeint ist damit nichts anderes als die ritualisierte Kommunikation über Floskeln wie »Guten Morgen!«, »Wie geht es dir?«, »Hallo!« oder »Bis bald!«. Solche Floskeln sollen jene positive Dis-

---

18 Dieses Argument kann an dieser Stelle leider nicht näher ausgeführt werden. Es greift einerseits das berühmte Diktum des ehemaligen Richters am Bundesverfassungsgericht Ernst-Wolfgang Böckenförde auf, wonach der säkularisierte liberale Staat jene soziomoralischen und sozio-kulturellen Ressourcen, die er für seinen Bestand benötigt, nicht selbst herstellen kann. Eine moderne Fassung dieses Diktums findet sich bei Tine Stein (Tine Stein: *Himmlische Quellen und irdisches Recht*, Frankfurt a.M. 2007). Sie argumentiert, dass die Geltung der Grund- und Menschenrechte auf ihrer transzendental verankerten Unverfügbarkeit basiert. Andererseits greift das Argument Überlegungen von Hannah Arendt auf, wonach intransitive Macht nur durch das *gemeinsame* politische Handeln erzeugt werden kann (vgl. Gerhard Göhler (Hg.): *Macht, Institution, Repräsentation*, Baden-Baden 1997).
19 Young: »Communication« (Anm. 15), S. 120.
20 Young: »Communication« (Anm. 15), S. 121: »A theory of communicative democracy that attends to social difference, to the way that power sometimes enters speech itself, recognizes the cultural specificity of deliberative practices, and proposes a more inclusive model of communication.«
21 Vgl. Young: »Communication« (Anm. 15), S. 120.
22 Young: *Intersecting Voices* (Anm. 15), S. 73: »I discussed earlier how deliberation can privilege the dispassionate, the educated, or those who feel they have a right to assert. Because everyone has a story to tell, with different styles and meanings, and because each can tell her story with equal authority, the stories have equal value in the communicative situation.«

kurs- und Gruppenatmosphäre erzeugen, die letztlich dazu führt, dass auch inhaltlich hart ausgetragene Diskussionen fair ablaufen können.[23]

Young kritisiert am Standardmodell der deliberativen Demokratietheorie, dass es zwischen negativer *Rhetorik* und positivem rationalen Dialog trenne. Rhetorik – so das Argument des Standardmodells deliberativer Demokratie – wirke manipulativ und würde vom rationalen Gehalt eines Argumentes ablenken. Young hingegen argumentiert, dass man Rhetorik und rationalen Dialog nicht voneinander separieren könne. Schon Aristoteles identifiziert in seiner *Rhetorik* drei grundlegende Überzeugungsmittel: *ethos*, *pathos* und *logos*. Das Emotionale ist insofern wichtig, als dass es die Verbindung herstellt zwischen dem Sprecher und seiner Zuhörerschaft. Im Publikum Emotionen wachzurufen, sei ein legitimes Mittel, um zu überzeugen, wobei so unterschiedliche Emotionen evoziert werden könnten wie Freude, Hoffnung, aber auch Wut oder Enttäuschung.[24]

Young geht davon aus, dass deliberative Prozeduren implementiert werden, um kollektive Probleme zu lösen. Häufig verlaufen jedoch solche Diskussionen ergebnislos, weil die an der Diskussion Beteiligten keine Vorstellung von der Lebenswelt, von den zentralen Werten, den Zielen und den Hoffnungen der jeweils anderen haben. Ein solches wechselseitiges Verständnis sei jedoch notwendig, wenn man Probleme kollektiv lösen wolle und diese Lösung deliberativ herbeiführen möchte. Young stellt daher die These auf, dass Narrative das Verständnis zwischen Diskursteilnehmern erhöhen können, ohne dabei die Differenzen, die zwischen ihnen bestehen, aufzulösen.

Zusammenfassend gesagt erbringen Narrative in deliberativen Verfahren drei Leistungen: Sie erlauben es erstens, die Lebenserfahrungen der anderen nachzuvollziehen und somit Verständnis hervorzurufen. Trotz dieses Verständnisses bleibt die Differenz zwischen den Gesprächspartnern erhalten – ohne das wechselseitige Verständnis zu behindern.[25] Zweitens erbringen sie eine Begründungsleistung: Häufig basieren Argumente auf Werten, die selbst nicht mehr rational zu rechtfertigen sind; vielmehr sind letzte Werte häufig biographisch begründet. Narrationen ermöglichen es, diese Wertentscheidungen nachvollziehbarer zu machen.[26] Schließlich sind in Narrativen nicht nur individuelle Biographien eingeschrieben, sondern oft die Geschichten größerer Gruppen. Diese Gruppenerfahrungen werden durch Narrationen – wenn auch häufig nur implizit – in Diskussion präsent gehalten.[27]

Der Vorschlag von Iris Marion Young, die deliberative Demokratietheorie um alternative Formen der Kommunikation neben dem rationalen Diskurs zu

---

23 Die empirische Diskursforschung hat diese eher theoretisch gewonnene Einsicht von Young mehrfach empirisch bestätigt: Eine wichtige Voraussetzung für den Erfolg einer kommunikativen Gruppe ist eine positive Gruppenatmosphäre (vgl. David M. Ryfe: »Can Deliberative Democracy Work?«, *Annual Review of Political Science* 8 (2005), S. 49–71).
24 Unterstützend Paul Hoggett/Simon Thompson: »Toward a Democracy of the Emotions«, *Constellations* 9 (2002), H. 1., S. 106–126, hier: S. 114: »The emotions are never not in the public sphere; they can never be excluded from deliberative spaces.«
25 Young: »Communication« (Anm. 15), S. 131.
26 Young: »Communication« (Anm. 15), S. 131f.
27 Young: »Communication« (Anm. 15), S. 132.

ergänzen, wurde im demokratietheoretischen Diskurs produktiv aufgegriffen. Insbesondere Lynn M. Sanders nahm die Idee auf, den rationalen Diskurs durch einen weiteren Modus der Kommunikation, durch *testimony*, zu ergänzen:

> The idea of giving testimony, of telling one's particular story to a broader group, has important precedents in American politicchurches [...] Testimony might be a model that allows for the expression of different perspectives rather than seeking what's common. The contrast between the pursuit of commonality, and the simpler aim to include and represent a fuller range of critical voices, is at the core of the difference between deliberation and testimony.[28]

Welche Bedeutung besitzen nun Narrationen auf der individuellen Ebene für den demokratischen Prozess, wenn er deliberativ verfasst ist und der Legitimation politischer Entscheidungen dienen soll? Deutlich wurde, dass die Identität von Rechtsautoren und Rechtsadressaten als legitimierende Leitidee einer deliberativen Demokratie nur dann normativ attraktiv ist, wenn der Diskurs sich nicht auf den Austausch rationaler Argumente beschränkt. Ein solcher Austausch würde, wie im Anschluss an Young und Sanders gezeigt wurde, unweigerlich dazu führen, dass der deliberative Prozess machtverzerrt wäre, da die Frage, welche Argumente sich in einem Diskurs durchsetzen, durch sozio-demographische, soziokulturelle und ökonomische Faktoren beeinflusst würde. Die Verzerrung von deliberativ getroffenen Entscheidungen kann in dieser Perspektive dann überwunden werden, wenn alternative Formen der Kommunikation Berücksichtigung finden. Diese alternativen Formen stehen in Ergänzung zum rationalen Diskurs, sie ersetzen ihn nicht. Narrationen sind vor diesem Hintergrund in der deliberativen Demokratietheorie von zentraler Bedeutung. Sie erhöhen die Legitimation kollektiv bindender Entscheidung genau dann, wenn das politische System durch Gründe, die in der Zivilgesellschaft gefunden wurden, programmiert wird. Arbeiten, die die Ausgestaltung solch narrativer Prozesse im einzelnen untersuchen und das genaue Verhältnis von rationalem Diskurs und Narration, ›story telling‹ und ›testimony‹, bestimmen, stehen indes noch aus.

2.2 Narration und Erfahrung

Einen weiteren Zugang zur narrativen Dimension diskursiv legitimierter Politik bietet der aktuelle Diskurs über die Frage, ob individuelle oder kollektive Erfahrungen als Argumente in politischen Diskursen gelten können. André Brodocz[29] vertritt die These, dass man Erfahrung in dreierlei Hinsicht differenzieren muss: Erfahrung als (1) normatives, (2) methodologisches und (3) empirisches Argument. Im Folgenden soll die Betonung auf dem Aspekt von Erfahrung als nor-

---

28 Lynn M. Sanders: »Against Deliberation«, *Political Theory* 25 (1997), H. 3, S. 347–376, hier: 370f.
29 André Brodocz: »Erfahrung. Zur Rückkehr eines alten Arguments«, in: Ders. (Hg.): *Erfahrung als Argument*, Baden-Baden 2007, S. 9–26.

mativem Argument liegen und der Zusammenhang von Narration, Erfahrung und Legitimation beleuchtet werden.

Im Bezugsrahmen der Politik wird Erfahrung ein normatives Argument deshalb, weil »der Mensch seine Existenz als kontingent erfährt«.[30] Wenn der Mensch aber »seine Existenz als kontingent erfährt«, so impliziert dies natürlich auch die Kontingenz individuellen Handelns. Aus der Kontingenz des Handelns resultiert die Möglichkeit – und die Notwendigkeit – der Rechtfertigung einer Handlung vor dem Hintergrund einer gemachten Erfahrung. Eine Erfahrung kann also eine Begründung für ein zukünftiges Handeln sein; sie bezieht sich auf ein Erlebnis in der Vergangenheit, das reflexiv verarbeitet wurde. Das Besondere einer Erfahrung besteht für Brodocz im Vergleich mit einem sinnlichen Erlebnis darin, dass erstere aus einer Zweck-Mittel-Relation resultiert. Erfahrung erlange aber erst dann eine Bedeutung für das Gemeinwesen, wenn sie sozial relevant würde: »Die soziale Relevanz der Erfahrung«, so Brodocz, »liegt [...] darin, dass sie das Erlebte nicht auf die Wahrnehmung des Einzelnen reduziert, sondern in einen Bezug zu *gemeinsamen* Tätigkeiten setzt.«[31] Daher ist für Brodocz die politische Gemeinschaft die Grundlage einer politischen Erfahrung. Damit Erfahrung in diesem Sinne aber soziale Relevanz erlangen könne, müsse sie kommuniziert werden – und genau hier liegt die Verbindung zur Narration.

Doch bevor auf diese Verbindung näher eingegangen werden kann, soll der ambivalente und umstrittene Status von »Erfahrung als normativem Argument« ein wenig näher beleuchtet werden. Es kann die These vertreten werden, dass die Postmoderne ihre Aufmerksamkeit primär auf die Zukunft richtet – woraus folgt, dass die Erfahrung, die immer in der Vergangenheit begründet liegt, normativ einen geringeren Stellenwert besitzt als die Erwartung auf die Zukunft. Diese Orientierung auf die Zukunft resultiert aus der Kontingenz des sozialen Lebens, aus der Tatsache, dass die Zukunft nicht mehr als Fortführung der Vergangenheit verstanden wird. Hintergrund dieser Entwicklung ist die Vervielfältigung individueller wie kollektiver Handlungsoptionen, die zu einer immensen Steigerung gesellschaftlicher Dynamik und Komplexität beigetragen hat. Möchte man Erfahrung trotzdem in postmodernen Gesellschaften als normatives Argument für die Begründung von politischen Entscheidungen – mithin als Legitimationsressource – nutzen, so steht man vor der Herausforderung, die Vergangenheit als Argumentationsressource wieder nutzbar zu machen.[32]

Brodocz hat darauf hingewiesen, dass die politische Gemeinschaft die Grundgegebenheit aller politischen Erfahrung ist. Diese politische Gemeinschaft, so die kanonische Interpretation der soziologischen Zeitdiagnose, befindet sich jedoch

---

30 Brodocz (Anm. 29), S. 15.
31 Brodocz (Anm. 29), S. 13.
32 Vgl. Grit Straßenberger: »Partikulare Erfahrungen und normative Urteile. Wege kommunikativer Universalisierung bei Martha Nussbaum und Michael Walzer«, in: Brodocz (Anm. 29), S. 137–152; Grit Straßenberger: *Über das Narrative in der politischen Theorie*, Berlin 2005.

in einem forcierten Prozess der individualistischen Zersetzung.[33] Wie Robert Bellah[34] sehr überzeugend für die Vereinigten Staaten gezeigt hat, erfolgt diese Auflösung traditioneller Formen der politischen und sozialen Gemeinschaft gleichsam hinter dem Rücken der Akteure. Zentrale Bedeutung besitzt hierbei die Sprache. Bellah konnte zeigen, dass sich in den USA der 1980er Jahre ein liberal-individualistisches Sprachspiel durchgesetzt hat, das viele Formen des Gemeinschaftlichen bereits auf der sprachlichen Ebene diskreditiert. Selbst wenn Menschen sich affirmativ zur Gemeinschaftlichkeit bekennen wollen, steht ihnen doch nur ein liberales Vokabular zur Verfügung, um Gemeinschaftlichkeit performativ herzustellen. Solch ein sprachlicher Zugriff auf Gemeinschaftlichkeit kann jedoch nur ein distanzierter, zynischer und ironischer sein, da er der emotionalen Authentizität der Hinwendung zur Gemeinschaft entbehrt.[35] Möchte man die Bürger emotional an das politische Gemeinwesen rückbinden, so ist Narration dazu das Mittel der Wahl. Denn nur mithilfe von Narrationen können Erfahrungen der politischen Gemeinschaft aus der Vergangenheit an die heutige Lebenswirklichkeit der politischen Gesellschaft und ihrer Bürger angeschlossen und so für Vergemeinschaftungsprozesse nutzbar gemacht werden.

3. Forschungsdesiderate

Die Frage nach der empirischen Tragfähigkeit der von Young theoretisch so elegant hergeleiteten Relevanz der Narration ist bislang noch nicht zufriedenstellend beantwortet worden. Zwar ist Youngs Einwand unmittelbar einsichtig, dass Kommunikation systematisch durch den sozio-ökonomischen Status der Kommunikatoren und deren Sprachkompetenz beeinflusst wird. Doch welchen genauen Einfluss Kommunikationskompetenz und Sprachstil auf die Fähigkeit, seine eigenen politischen Präferenzen im politischen Diskurs durchzusetzen, besitzen, konnte bislang noch nicht empirisch nachgewiesen werden.

Auch wurde in der bisherigen Diskussion ausschließlich auf die positiven Effekte von Narrationen in der Politik eingegangen. Doch muss hinter diese positive Bewertung ein kleines Fragezeichen gesetzt werden, da die mit der deliberativen Demokratietheorie sympathisierenden Theoretiker fraglos davon ausgehen, dass Narrationen in deliberativen Entscheidungsprozessen nicht ausgebeutet werden und Bürger ein Interesse daran haben, kollektive Probleme auch kollektiv und verständigungsorientiert zu lösen. Doch – um die Problematik an einem Bei-

---

33 Gerhard Schulze: *Die Erlebnisgesellschaft*, Frankfurt a.M. u.a. 1992; Ulrich Beck: *Die Risikogesellschaft*, Frankfurt a.M. 1986; Gary S. Schaal: »Vier normative Konzepte von Integration qua Verfassung«, in: Hans Vorländer (Hg.): *Integration durch Verfassung*, Wiesbaden 2000, S. 71–99.
34 Robert N. Bellah u.a.: *Die Gewohnheiten des Herzens. Individualismus und Gemeinsinn in der amerikanischen Gesellschaft*, Köln 1987.
35 Brodocz skizziert den daraus resultierenden Problemhorizont: »Dennoch wird eine reine legale Herrschaft als nicht krisensicher angesehen. Indem sie sich von der Vergangenheit löst, fehlt es an der notwendigen emotionalen Bindung der Bürger und Bürgerinnen an die politische Gemeinschaft.« Brodocz (Anm. 29), S. 9.

spiel zu verdeutlichen – wie soll man mit einer Narration umgehen, die zwar authentisch ist, deren Gehalt jedoch weder in moralischer noch in normativer Perspektive erwünscht ist? Wie steht es mit der Narration eines xenophoben Rassisten in einer diskursiven Gemeinschaft, die mehrheitlich aus ausländischen Bürgern besteht? Auch kann die authentische Artikulation von intensiven Emotionen wie Wut oder Verärgerungen dazu führen, dass sich andere Diskursteilnehmer eingeschüchtert fühlen, woraus wiederum eine kommunikative Asymmetrie resultieren kann, die normativ unerwünscht ist.

Das wichtigste Forschungsdesiderat kreist um die Frage, *warum* und *welche* Narrationen – seien sie individuell oder kollektiv – zu einem spezifischen Zeitpunkt als Argumente akzeptiert werden. Deliberationen sind nicht freischwebend, sondern immer von höheren, abstrakteren Faktoren beeinflusst. Ein Bündel solcher Faktoren bezeichne ich als »Kontext der Deliberation«.[36] Der abstrakteste Kontext der Deliberation ist das »Paradigma« im Sinne der *Cambridge School*.[37] Diesem Ansatz zufolge ist die Wahl von Begriffen, Konzepten und Argumenten sowie deren Bewertung nicht kontingent. Vielmehr existieren zu jeder gegebenen Zeit hegemoniale Vorstellungen davon, welche Bedeutung, welche Bewertung und welche Beschreibung mit bestimmten Begriffen einhergeht. Hartmut Rosa[38] geht in einem Grundsatzbeitrag zur Cambridge School sogar so weit davon zu sprechen, dass wir uns in einem intellektuellen Gefängnis befinden, das durch ein Paradigma konstituiert wird. Innerhalb eines Paradigmas können wir relativ frei diskutieren, die Grenzen eines Paradigmas zu überwinden, ist jedoch besonderen Voraussetzungen vorbehalten.

Ein Beispiel mag dies verdeutlichen: In den vergangenen Jahren und Jahrzehnten entwickelte sich der Neoliberalismus zu einem dominanten Paradigma in unserer Gesellschaft, das sowohl die Verfasstheit von Politik als auch politisches Handeln in vielfacher Art und Weise beeinflusste. Ein großer Teil jener Literatur, die heute unter dem Label »Postdemokratie« rubriziert wird, setzt sich mit den Folgen der Tatsache auseinander, dass ein kontingentes Paradigma zur Deutung polit-ökonomischer Sachverhalte, der Neoliberalismus, hegemonial wurde und dabei den Charakter des Umstrittenen größtenteils abgelegt hat.[39] Fraglos kann auch zu Zeiten der Hegemonie des neoliberalen Paradigmas Kritik an seiner Bedeutung und den daraus folgenden politischen Konsequenzen artikuliert werden – in diesem Kontext ist vor allem an zivilgesellschaftliche, globalisierungskritische Organisationen und Bewegungen wie *Attac* zu denken. Diese Kritik hatte jedoch nur wenig Aussicht darauf, die Hegemonie des Neo-Liberalismus in Frage zu

---

36 Die folgenden Überlegungen beziehen sich auf einen unveröffentlichten Vortrag von Gary S. Schaal und Claudia Ritzi zum Thema »Kontexte der Deliberation. Empirische Diskursforschung als Mehrebenenanalyse«.
37 John G. A. Pocock: *The Machiavellian Moment, Florentine Political Thought and the Atlantic Republican Tradition*, Princeton 1975; Terence Ball: *Transforming Political Discourse, Political Theory and Critical Conceptual History*, Oxford 1988; Ders.: »Political Theory and Conceptual Change«, in: Andrew Vincent (Hg.): *Political Theory*, Oxford 1997, S. 28–44.
38 Hartmut Rosa: »Ideengeschichte und Gesellschaftstheorie. Der Beitrag der ›Cambridge School‹ zur Metatheorie«, *Politische Vierteljahresschrift* 35 (1994), H. 1, S. 197–223.
39 Vgl. Colin Crouch: *Postdemokratie*, Frankfurt a.M. 2008.

stellen, solange das Wirtschaftssystem, dessen Interessen weitgehend in Einklang mit dieser politischen Ideologie standen, relativ reibungslos funktionierte. Die Finanzkrise und die daraus resultierende aktuelle Weltwirtschaftslage lassen das neoliberale Paradigma jedoch seit kurzem fraglich erscheinen und könnten zum Anlass eines Paradigmenwechsels werden.

Eine Narration, die den Bürger zu einer »Ich-AG« transformiert, gewinnt ihre argumentative Überzeugungskraft aus der Dominanz des Neo-Liberalen Paradigmas. Wird die Implementierung der »Ich-AG« eingebettet in eine Erzählung, die um die Werte Selbstverwirklichung, Autonomie und Leistungsorientierungen kreist, so besitzt diese Erzählung dann hohe Glaubwürdigkeit, wenn sie rückgebunden werden kann an die Erfahrung des – individuellen wie kollektiven – Erfolgs, den ein an den Idealen des Neo-Liberalismus orientiertes Leben in der Vergangenheit gehabt hat. Seit dem Herbst 2008 hat der Neo-Liberalismus als Paradigma jedoch seine diskursive Unverfügbarkeit zu einem gewissen Teil eingebüßt – und mit ihm die Glaubwürdigkeit, die eine Narration besitzt, die sich in das Paradigma »Neo-Liberalismus« einfügt. Es steht daher zu erwarten, dass in den öffentlichen Begründungen von Politik jetzt andere Narrationen häufiger zu hören sein werden. Die Bedeutung, die Paradigmen als herrschende Sprachspiele für die Formierung von Diskursen besitzen, kann also gar nicht überschätzt werden.

4. Auswahlbibliographie

Hanne, Michael: *The Power of the Story: Fiction and Political Change*, Providence 1994. – Hanne geht in seinem Buch der Frage nach, ob und inwieweit literarische Texte politische Entscheidungen und Ereignisse beeinflussen. Er legt anhand mehrerer Beispiele dar, dass fiktionale Texte nicht kausal politisches Handeln beeinflussen, aber dass bestimmte politische Gegebenheiten zu einer intervenierenden Variable werden bei der Rezeption fiktionaler Literatur.

Roe, Emery: *Narrative Policy Analysis*, Durham 1994. – Roe zeigt, dass Politikfelder von »stories« und »non-stories« durchzogen sind. Um politische Probleme analysieren und lösen zu können, ist es notwendig, dass diese Erzählungen transparent werden und zu »Metanarrativen« zusammengeführt werden.

Straßenberger, Grit: *Über das Narrative in der politischen Theorie*, Berlin 2005. – Straßenberger entwickelt einen alternativen Typus politischen Denkens, der auf Narration als Methode der Vermittlung von Theorie und Erfahrung zielt. Narrative Elemente sollen dabei Aufschluss geben über die handlungsorientierte Bedeutung von Gefühlen und Urteilen, die ansonsten in der politischen Theorie weitgehend ausgeblendet werden.

Young, Iris Marion: *Intersecting Voices*, Princeton 1997. – Hier zeigt Young, dass gegenseitiger Respekt und Verständnis für die Lebenswelt der Mitglieder einer Gemeinschaft idealerweise nicht über Zugehörigkeit zur selben sozialen Gruppe konstituiert wird, sondern über das Anhören und Verstehen des subjektiven Erlebens von Realität. Zentral ist dabei, dass narrative Elemente die Bedeutung von Identität klären und somit zur Grundlage politischen Handelns werden können.

Kollektiverzählungen. Definition, Fallbeispiele und Erklärungsansätze

Roy Sommer

1. Einleitung: Leitdifferenzen in narrativen Identitätsdiskursen?

In den Geistes- und Sozialwissenschaften hat sich in den vergangenen zwanzig Jahren übereinstimmend die Auffassung durchgesetzt, dass das Erzählen von Geschichten eine Konstante menschlicher Welterfahrung ist: »Oral narrative, or what we call storytelling in everyday speech, is as much around us as the air we breathe, although we often take its casual forms so much for granted that we are scarcely aware of them.«[1] Selbst wenn man nicht so weit geht, den menschlichen Hang zum Erzählen mit Sugiyama (2005) aus evolutionsgeschichtlicher Sicht als Teil eines Adaptionsprozesses zu deuten,[2] wird doch in der interdisziplinären Erzählforschung generell die Auffassung geteilt, dass sich die Omnipräsenz des Erzählens im Alltag als ein Indiz dafür werten lässt, dass Erzählungen nicht nur für die erzählenden Individuen von Bedeutung sind, sondern auch wichtige soziokulturelle Funktionen erfüllen. Die kulturwissenschaftliche Forschung hat insbesondere die Rolle von nichtfiktionalen und fiktionalen Geschichten für das kollektive Gedächtnis und die Formation personaler und kollektiver Identitäten herausgestellt. Um letztere geht es in diesem Beitrag, der Formen und Funktionen von Kollektiverzählungen untersucht.

Bei der Konzeption kollektiven Erzählens scheint es naheliegend, von der Annahme einer antagonistischen Struktur der Narrationen auszugehen, die Eigenes und Fremdes trennt und auf- bzw. abwertet. Schließlich haben die Cultural Studies, die Gender Studies und die Postcolonial Studies überzeugend nachgewiesen, dass die Konstituierung und Perpetuierung kollektiver Identitäten häufig durch den Rekurs auf binäre Oppositionen (Arbeiter vs. Chefs, Männlichkeit vs. Weiblichkeit und das Eigene vs. das Fremde) erfolgen.[3] Dass ein Gegensatzpaar

---

[1] John D. Niles: *Homo Narrans – the Poetics and Anthropology of Oral Literature*, Philadelphia 1999, S. 1.

[2] Vgl. Michelle Scalise Sugiyama: »Reverse-Engineering Narrative: Evidence of Special Design«, in: Jonathan Gottschall/David Sloan Wilson (Hg.): *The Literary Animal: Evolution and the Nature of Narrative*, Evanston 2005.

[3] Ein klassisches Beispiel aus dem Bereich der Cultural Studies ist Hoggarts Gegenüberstellung der Arbeiterklasse (›us‹) und den Anderen (›them‹), d.h. allen ihr antagonistisch gegenüberstehenden gesellschaftlichen Kräften: »Them‹ is a composite dramatic figure, the chief character in modern urban forms of the rural peasant-big-house relationships. The world of ›Them‹ is the world of the bosses, whether those bosses are private individuals or, as is increasingly the case today, public officials.« Richard Hoggart: *The Uses of Literacy: Aspects of Working-Class Life, with Special References to Publications and Entertainments* [1957], London 1971, S. 62.

nach dem Muster einer Leitdifferenz ›wir/ihr‹ als analytisches Instrumentarium bei der Untersuchung von Kollektiverzählungen ausreicht, die ohnehin, so Klein und Martínez, »quer zu den gesellschaftlichen Teilsystemen liegen«,[4] ist jedoch zu bezweifeln. Gegen eine Verabsolutierung polarisierender Leitdifferenzen dieser Art ist einzuwenden, dass es Kollektiverzählungen gibt, die nicht über Abgrenzung vom Anderen funktionieren, sondern durch die Erzeugung eines inkludierenden Wir-Gefühls.

Die vier Fallbeispiele, die im Anschluss an eine kurze Begriffsdefinition und -explikation (Abschnitt 2) im Folgenden vorgestellt werden, werfen einen Blick auf sehr unterschiedliche Lebensbereiche, um die große Bandbreite relevanter narrativer Phänomene aufzuzeigen. Das Spektrum reicht von Kollektiverzählungen aus dem amerikanischen Präsidentschaftswahlkampf 2008 über die Erinnerungsliteratur zu den Bombenangriffen auf deutsche Städte im Zweiten Weltkrieg[5] bis hin zu Selbstbeschreibungen von Polizisten und narrativer Werbung für kanadischen Wein. Während Kollektiverzählungen durch die Opposition von Eigenem und Fremdem charakterisiert sein *können*, so die These dieses Beitrags, *muss* dies nicht unbedingt der Fall sein – es handelt sich somit um ein fakultatives, nicht um ein konstitutives Merkmal.

2. Was sind ›Kollektiverzählungen‹?

Der Begriff ›Kollektiverzählung(en)‹ wird in journalistischen und wissenschaftlichen Publikationen unterschiedlich verwendet, etwa als Synonym für den Begriff ›Mythos‹ oder als Sammelbezeichnung für Erzählungen, die einem bestimmten Medium zuzurechnen sind (›Kino als Kollektiverzählung‹). Als wissenschaftlicher Terminus ist er jedoch weder innerhalb der literaturwissenschaftlichen Gattungstheorie noch innerhalb der intermedialen Erzähltheorie etabliert und definiert. So fehlt ein entsprechender Eintrag im *Reallexikon der Deutschen Literaturwissenschaft* ebenso wie in der *Routledge Encyclopedia of Narrative Theory*.[6] Dass der Begriff dennoch nicht als Neologismus erscheint und auf den ersten Blick nicht einmal erklärungsbedürftig, sondern unmittelbar einleuchtend wirkt, liegt wohl daran, dass die Annahme eines engen Zusammenhangs zwischen dem Erzählen auf der einen Seite und dem kollektiven Gedächtnis sowie der Entstehung kollektiver Identitäten auf der anderen Seite zu den allgemein akzeptierten Prämissen des aktuellen kulturwissenschaftlichen Diskurses zählt – selbst wenn der Begriff

---

4 Vgl. Einleitung zu diesem Band, S. 12.
5 Bei den Beispielen ›Erinnerungsliteratur‹ und ›Polizeierzählungen‹ wird auf bereits vorliegende Studien zurückgegriffen.
6 Harald Fricke u.a. (Hg.): *Reallexikon der deutschen Literaturwissenschaft*, 3 Bde., Berlin/New York 1997–2003; David Herman/Manfred Jahn/Marie-Laure Ryan (Hg.): *Routledge Encyclopedia of Narrative Theory*, London/New York 2005.

als solcher auch in einschlägigen kulturwissenschaftlichen Nachschlagewerken nicht aufgeführt wird.[7]

Als Kollektiverzählungen sind im Kontext dieses Bandes nicht-fiktionale Wirklichkeitserzählungen zu verstehen, die als mündliche (ggf. transkribierte), schriftliche oder audiovisuelle Texte (Filme) vorliegen können. Damit unterscheiden sich Kollektiverzählungen sowohl von literarischen ›we-narratives‹[8] als auch von »kollektiven Texten«,[9] d.h. fiktionalen Erzählungen, die primär referentiell gelesen werden und die u.a. zur Verfestigung bestimmter Geschichtsbilder oder kultureller Stereotypen beitragen. Übereinstimmungen gibt es jedoch hinsichtlich der Betonung der Funktion von Texten, die für die Forschung zum Verhältnis von Literatur und kulturellem bzw. kollektivem Gedächtnis insgesamt und auch für Arstrid Erlls Konzept der ›kollektiven Texte‹ charakteristisch ist: »Wie im Fall der Assmannschen ›kulturellen Texte‹ handelt es sich bei ›kollektiven Texten‹ um Rezeptionsphänomene.«[10]

Aleida Assmanns Konzept des ›kulturellen Textes‹ scheint dem der ›Kollektiverzählung‹ näher zu kommen,[11] da es prinzipiell auch nicht-fiktionale Erzählungen einbezieht und ebenfalls auf eine spezifische Rezeptionshaltung abhebt, die einem Text oder einem Ensemble von Texten kanonischen Status und damit eine normative Funktion innerhalb einer als Erinnerungs- oder Wertegemeinschaft definierten Gruppe zugesteht. In ähnlicher Bedeutung wird außerhalb der Literaturwissenschaft häufig auch der Begriff des ›Mythos‹ verwendet, der meist das Phänomen der Selbstvergewisserung, Identitätsbildung und Wertorientierung einer Gruppe mit Hilfe eines gemeinsamen Kanons oder ›Archivs‹ von Geschichten bezeichnet.

Im Unterschied zu Assmanns ›kulturellen Texten‹ sind Kollektiverzählungen jedoch zum einen nicht notwendig Teil eines verbindlichen Bildungskanons und können durchaus flexible narrative Konstellationen sein. Wie Reichertz' Analyse von Polizeierzählungen zeigt (vgl. Abschnitt 3.3), können die konkreten Geschichten stark variieren, solange sie demselben abstrakten Muster entsprechen und damit als dem Typ zugehörig erkannt und im Erzählkontext als passend empfunden werden. Eine Kollektiverzählung muss sich also nicht unbedingt in

---

7   Vgl. etwa das von Friedrich Jaeger u.a. herausgegebene dreibändige *Handbuch der Kulturwissenschaften,* Stuttgart 2004, oder Ansgar Nünning (Hg.): *Metzler Lexikon Literatur- und Kulturtheorie,* Stuttgart 2007.
8   Hierbei handelt es sich um den formalen Sonderfall homodiegetischer Erzählungen in der ersten Person Plural. Vgl. dazu Monika Fludernik: *Towards a ›Natural‹ Narratology,* London/New York 1996, S. 224f.
9   Vgl. Astrid Erll: *Gedächtnisromane: Literatur über den Ersten Weltkrieg als Medium englischer und deutscher Erinnerungskulturen in den 1920er Jahren,* Trier 2003, S. 88: »Voraussetzung des Phänomens ›kollektive Texte‹ ist, dass der Leser dem literarischen Werk einen Wirklichkeitsbezug zuspricht. Die Aktualisierung des literarischen Textes im Rezeptionsrahmen ›kollektive Texte‹ bedeutet eine referentielle Lesart.«
10 Erll (Anm. 9), S. 87.
11 Aleida Assmann: »Was sind kulturelle Texte?«, in: Andreas Poltermann (Hg.): *Literaturkanon – Medienereignis – kultureller Text. Formen interkultureller Kommunikation und Übersetzung.* Berlin 1995, S. 232–244.

einem konkreten, ›kulturellen‹ und damit kanonischen Text manifestieren, sondern kann aus einem Ensemble strukturanaloger und funktionsäquivalenter Einzelerzählungen bestehen.

Der Begriff ›Kollektiverzählungen‹ bezeichnet also in Anlehnung an den von Assmann und Erll ausgearbeiteten rezeptions- und funktionsorientierten Textbegriff konkrete Geschichten oder abstrakte Erzählmuster, die zum einen dazu beitragen, einer Gruppe ein kollektives (von allen Mitgliedern der Gruppe geteiltes) Gedächtnis und/oder eine kollektive (allen Mitgliedern der Gruppe gemeinsame) Identität zu verschaffen. Voraussetzung für die Definition einer Erzählung als Kollektiverzählung in diesem Sinne wäre, dass alle Mitglieder eines Kollektivs die erzählte Geschichte als konstitutiv für die geteilte Identität auffassen. Ein Beispiel sind die Geschichten, die sich ehemalige Klassenkameraden bei Klassentreffen über ihre gemeinsame Schulzeit erzählen. Da solche Geschichten überhaupt erst dazu beitragen, bei Menschen desselben Jahrgangs, die sich womöglich völlig aus den Augen verloren haben, in der Retrospektive wieder das Gefühl der Klassenzugehörigkeit und damit der Zusammengehörigkeit zu erzeugen, sind sie konstitutiv für das narrativ und retrospektiv konstruierte Kollektiv ›Klasse‹.

Wichtig ist dabei weniger der Wahrheitsgehalt der Erzählungen als die Tatsache, dass sie von den Erzählenden und Zuhörern als authentisch akzeptiert werden. Kollektiverzählungen dienen nämlich nicht in erster Linie der Information der Adressaten. Im Vordergrund stehen, was den am Erzählvorgang Beteiligten in der Regel nicht bewusst ist, die Selbstversicherung, das Gemeinschaftserlebnis, der normierende Charakter des Erzählten und der Orientierungseffekt, der aus einer Gruppe eine Wertegemeinschaft macht. Die Erzählung muss dabei nicht unbedingt tatsächliche, kollektiv geteilte Erfahrungen in Erinnerung rufen, sondern kann Kollektiverfahrungen auch selbst hervorbringen. Eine solche Wirkung können etwa exemplarische Geschichten mit hohem emotionalem Gehalt und großem Wiedererkennungswert entfalten, die auf bereits im Kanon verankerte ›kulturelle Texte‹ (im Assmannschen Sinne) verweisen. In dem in Abschnitt 3.1 dargestellten Fallbeispiel der Geschichte von der 106jährigen schwarzen Wählerin in Obamas Siegesrede wäre einer dieser kulturellen Kontexte die Rede mit dem Titel »I Have a Dream«, die Martin Luther King am 28. August 1963 vor dem Lincoln Memorial in Washington D.C. hielt.

Sinnstiftende und normative Effekte dieser Art finden in den Kulturwissenschaften seit Längerem breite Beachtung. Darüber hinaus können Kollektiverzählungen aber auch zu anderen Zwecken instrumentalisiert werden, etwa durch ihren bewussten Einsatz als Marketingstrategie in der Produktwerbung. Wie im politischen Diskurs werden auch hier regelmäßig Muster kollektiver Erfahrung zitiert, um Gemeinsamkeiten zwischen den Sprechern und Angesprochenen zu implizieren und so die Identifizierung mit einem Produkt bzw. einer Marke oder einem Politiker bzw. einer Partei zu erreichen.

Komplementär zu dieser thematisch-funktionalen Begriffsbestimmung verhält sich eine zweite, formale bzw. prozessuale Bedeutungsvariante. Unter einer ›Kollektiverzählung‹ ist, insbesondere aus anthropologischer, soziologischer und psychologischer Sicht, auch der Erzählvorgang an sich zu verstehen,[12] der aufgrund der Interaktivität des mündlichen Erzählens häufig für das Zusammengehörigkeitsgefühl der einzelnen Mitglieder einer Gruppe zum Kollektiv mindestens ebenso wichtig ist wie das Resultat des Erzählens, der ›Text‹.[13] Dies gilt insbesondere für Kontexte, in denen alle Beteiligten die (schon oft wiederholte) Geschichte kennen, wie etwa bei Klassen- und Familientreffen, aber auch bei den konventionalisierten Zusammenkünften in sozialen Räumen, etwa der ›Teeküche‹ im Fallbeispiel ›Polizeierzählungen‹ (Abschnitt 3.3). Da die empirische Beobachtung des kollektiven Erzählens die Erkenntnisinteressen und methodischen Möglichkeiten der literaturwissenschaftlichen Erzählforschung übersteigt, liegt der Schwerpunkt bei der Auswahl und Darstellung der folgenden Beispiele auf den Aspekten der formalen Inszenierung und Funktionalisierung von Kollektiverzählungen.

3. Die Konstruktion und Funktionalisierung von Kollektiverzählungen: 4 Fallbeispiele

3.1 Fallbeispiel 1: »Hope of a Better Day« – Barack Obamas Siegesrede

Die Rede zählt Nischick zufolge zu denjenigen Textsorten im Grenzbereich der Literatur, die primär pragmatischen Zwecken dienen.[14] Politische Reden haben appellierende Funktion. Erfolgreiche PolitikerInnen versuchen nicht nur, ihr Publikum durch Argumente und durch die Wahl thematischer Schwerpunkte zu überzeugen, sondern wollen mit ihren Reden ihre Zuhörer durch rhetorische, narrative und dramaturgische Strategien fesseln und emotional mitreißen. In als historisch empfundenen politischen Konstellationen, in denen ein Macht- oder gar Systemwechsel ansteht, kommt die Erwartung hinzu, dass Reden durch die Selektion und Kombination von Metaphern, Vergleichen, Bildern, Symbolen, Begriffen und auch Erzählungen das kollektive Bewusstsein des Publikums, in Ausnahmefällen sogar einer internationalen oder gar globalen Zuhörerschaft, in einer Weise auf den Punkt bringen, die ein neues Wir-Gefühl erzeugt.

---

12 Vgl. dazu Elinor Ochs/Lisa Capps: *Living Narrative. Creating Lives in Everyday Storytelling*, Cambridge Mass./London 2001.
13 Zu Beginn ihrer Studie zur Rolle von Alltagserzählungen für die Alltagsbewältigung unterstreichen Elinor Ochs und Lisa Capps den interaktiven Charakter des Erzählens: »Narrative activity becomes a tool for collaboratly reflecting upon specific situations and their place in the general scheme of life. In assays of this sort, the content and direction that narrative framings take are contingent upon the narrative input of other interlocutors, who provide, elicit, criticize, refute and draw inferences from facets of the unfolding account. In these exchanges, narrative becomes an interactional achievement and interlocutors become co-authors.« Vgl. Ochs/Capps (Anm. 12), S. 2f.
14 Reinhard M. G. Nischick: »Der Brief und andere Textsorten im Grenzbereich der Literatur«, in: Heinz Ludwig Arnold/Heinrich Detering (Hg.): *Grundzüge der Literaturwissenschaft*, München 1997, S. 357–364, hier: S. 357.

Ein solcher Ausnahmefall war sicherlich der Präsidentschaftswahlkampf in den USA, an dessen Ende am 4. November 2008 mit Barack Obama zum ersten Mal ein schwarzer Politiker ins Weiße Haus gewählt wurde. Neben den politischen Implikationen und der geschichtlichen Dimension dieser Wahl sind vor allem die technischen Besonderheiten dieses Wahlkampfs hervorgehoben worden, der sich durch den flächendeckenden Einsatz modernster Kommunikations- und Informationstechnologien auszeichnete. Die demokratische Kampagne sah sich dabei mit der Schwierigkeit konfrontiert, dass Obama einerseits den Erwartungen der schwarzen Bevölkerung gerecht werden sollte, um seine Glaubwürdigkeit nicht zu verspielen, andererseits aber als Hoffnungsträger der gesamten Gesellschaft fungieren musste, um die für den Wahlsieg nötigen Stimmen aus allen Bevölkerungsschichten und ethnischen Gruppen auf sich zu vereinen.

Am Beispiel der am 5. November 2008 in Chicago gehaltenen Siegesrede mit dem Titel »Hope of a Better Day« lässt sich illustrieren,[15] welche Funktionen die beiden längeren darin enthaltenen narrativen Passagen erfüllen, welche Techniken der narrativen Rahmung zum Einsatz kommen und wie Rahmungen und eingebettete Erzählungen zusammenspielen, um die intendierte Wirkung zu erzielen. Die Rede lässt sich in 6 größere Abschnitte untergliedern, von denen zwei (Abschnitte 3 und 5) als dominant narrativ zu klassifizieren sind. Die Einleitung (Abschnitt 1) etabliert den Wahlsieg als Antwort (»tonight is your answer«) auf die Hoffnungen und Entbehrungen der Wähler, die stundenlang auf die Stimmabgabe gewartet haben, um ihren Beitrag zu dem ersehnten Wandel zu leisten, der nun Wirklichkeit geworden ist: »at this defining moment, change has come to America«.

Damit ist bereits zu Beginn der Begriff des Wandels eingeführt, der in Obamas Rhetorik eine zentrale Rolle spielt; zudem wird bei der Charakterisierung der Wähler, die den Wandel herbeigeführt haben, bereits die gesamte Bevölkerung (»young and old, rich and poor, Democrat and Republican, black, white, Hispanic, Asian, Native American, gay, straight, disabled and not disabled«) angesprochen, die in einer ersten Beschwörung der Vergangenheit und Größe der Nation als Einheit bezeichnet wird: »we have never been just a collection of individuals or a collection of red states and blue states; we are and always will be the United States of America«.

Nach einer Reihe von Danksagungen an Familienmitglieder, Freunde und Weggefährten (Abschnitt 2) wird im dritten Abschnitt mit Hilfe einer narrativen Passage das Motiv der Widmung des Wahlsiegs an die Wähler eingeführt und durch die mehrfache Wiederholung eindrucksvoll hervorgehoben: »I will never forget who this victory truly belongs to. It belongs to you. It belongs to you.« Diese ›Widmung‹ fungiert als Rahmung für die nachfolgende Erzählung, die Obama als Außenseiter (»never the likeliest candidate«) stilisiert, der nur mit Hilfe seiner Wähler (»our campaign«) an die Macht kommen konnte und um die Entbehrungen weiß, die seine Anhänger seinetwegen in Kauf genommen haben:

---

15 http://elections.nytimes.com/2008/results/president/speeches/obama-victory-speech.html, Aufruf 28.4.08.

> *I was never the likeliest candidate* for this office. We didn't start with much money or many endorsements. *Our campaign* was not hatched in the halls of Washington; it began in the backyards of Des Moines and the living rooms of Concord and the front porches of Charleston. It was *built by working men and women* who dug into what little *savings* they had to give $5 and $10 and $20 to the cause [...].

Am Ende dieses narrativen Rückblicks auf die Genese des Wahlsiegs wird die Rahmung noch einmal aufgegriffen (»This is your victory.«). Die Wiederholung verleiht der ›Widmung‹ Nachdruck, schließt diesen Abschnitt und leitet den Mittelteil der Rede (Abschnitt 4) ein, in dem auf die großen Probleme der Gegenwart und Zukunft (Irakkrieg, Finanzkrise, Klimakatastrophe) verwiesen wird. Obama wirbt um Verständnis für die unvermeidlichen Startschwierigkeiten seiner Regierung (»There will be setbacks and false starts.«) und gelobt, sein Bestes zu geben (»I will always be honest with you about the challenges we face. I will listen to you, especially when we disagree.«). Diese an ein Eheversprechen erinnernde Passage endet mit einer Verpflichtung des Volkes, das angesichts der großen Probleme nicht aus der Verantwortung entlassen werden kann, sondern Opferbereitschaft zeigen (»a new spirit of service, a new spirit of sacrifice«) und beim Aufbau der Nation vereint mithelfen soll: »In this country, we rise and fall as one nation; as one people.«

Dieser letzte Satz geht über das Eingangsmotiv der alle Bevölkerungsgruppen umfassenden Unterstützer hinaus – ab nun dankt Obama nicht mehr nur seinen eigenen Wählern, sondern spricht zu der gesamten, im Angesicht der Krise vereinten Nation. Damit beginnt der Übergang zum fünften, historischen Teil: Amerikas Vergangenheit wird in der Person von Lincoln in Erinnerung gerufen und die während der Bush-Regierung in den Hintergrund getretenen Ideale (»democracy, liberty, opportunity and unyielding hope«) werden beschworen. Die Hoffnung auf deren Realisierung, so Obama weiter, speist sich aus dem in der Vergangenheit Erreichten – und damit leitet er nach den vergleichsweise abstrakten Anmerkungen zum Verhältnis von Vergangenheit, Gegenwart und Zukunft zum Höhepunkt der Rede über, einem Kurzdurchlauf durch die amerikanische Geschichte, die aus der Perspektive einer 106 Jahre alten schwarzen Wählerin erzählt wird:

> This election had many firsts and *many stories that will be told for generations.* But one that's on my mind tonight's about a woman who cast her ballot in Atlanta. She is a lot like the millions of others who stood in line to make their voice heard in this election, except for one thing: Ann Nixon Cooper is *106 years* old. She was born *just a generation past slavery;* a time when there were *no cars on the road or planes in the sky;* when *someone like her couldn't vote* for two reasons, because she was a *woman* and because of the *color of her skin*. And tonight, I think about all that she's seen throughout *her century in America*: the heartache and the hope, the struggle and the progress, the times we were told that we can't, and the people who pressed on with that American creed, *yes we can.*

Der einleitende Verweis auf die Geschichten, die sich künftig um die eben vollzogene Wahl ranken werden, fungiert hier als eine narrative Rahmung, die den mythenhaften, beinahe märchenhaften Charakter der folgenden Geschichte von der alten Frau antizipiert, die kurz nach dem Ende der Sklaverei geboren wurde und nun miterlebt, wie – mit Hilfe ihrer Stimme – ein Schwarzer Präsident wird. Entsprechend dem durch die Rahmung suggerierten märchenhaften Duktus endet die Geschichte mit einem optimistischen Fazit, dem zum Markenzeichen der Wahlkampagne stilisierten Obama-Slogan »yes we can«. Doch damit ist die Geschichte nicht zu Ende, denn der Slogan wird nun refrainartig wiederholt, wenn einzelne Episoden aus der Biographie der alten Wählerin, schlaglichtartig aufgezählt, zum Zeitrafferdurchlauf durch die amerikanische Geschichte werden:

> At a time when women's voices were silenced and their hopes dismissed, she lived to see them stand up and speak out and reach for the ballot. *Yes we can*. When there was despair in the Dust Bowl and depression across the land, she saw a nation conquer fear itself with a New Deal, new jobs, a new sense of common purpose. *Yes we can*. When the bombs fell on our harbor and tyranny threatened the world, she was there to witness a generation rise to greatness and a democracy was saved. *Yes we can*. She was there for the buses in Montgomery, the hoses in Birmingham, a bridge in Selma, and a preacher from Atlanta who told a people that ›We shall overcome.‹ *Yes we can*. A man touched down on the Moon, a wall came down in Berlin, a world was connected by our own science and imagination. And this year, in this election, she touched her finger to a screen and cast her vote, because after *106 years in America*, through the best of times and the darkest of hours, *she knows how America can change.*

Die einzelne Biographie erweist sich in dieser Erzählung als exemplarisch für die Biographie des Kollektivs – eine implizite Erinnerung an die amerikanische Ideologie der Verantwortung, aber auch der Chancen des Einzelnen in der Gesellschaft, die in der Verbindung der namenlosen Wählerin mit berühmten Figuren der amerikanischen Geschichte (Martin Luther King, Neil Armstrong) zum Ausdruck gebracht wird. Dass dabei auch die Bedeutung des Wahlsiegs von Obama mit der der Bürgerrechtsbewegung und der Mondlandung gleichgesetzt wird, unterstreicht den Anspruch des neuen Präsidenten, der zum Ende seiner als Dankesrede inszenierten Siegesrede – kurz vor der obligatorischen Bitte um Gottes Segen am Ende des Schlußteils (Abschnitt 6) – noch einmal sein Wahlkampfmotto zitiert, nun als zeitlose Überzeugung: »that timeless creed that sums up the spirit of a people: Yes, we can.«

Wie die Analyse dieser Rede zeigt, nutzt Obama die identitätsstiftende und emotionale Kraft des Erzählens, um seine abstrakten Wertvorstellungen zu konkretisieren, um die Kontinuitäten der amerikanischen Geschichte zu betonen und um die Einheit der Nation als Wertegemeinschaft, die über ethnische Grenzen hinweggeht, zu beschwören. In narratologischer Terminologie lässt sich das so formulieren: Obama gelingt es durch seine Reden, eine neue Kollektiverzählung hervorzubringen, die alle Bevölkerungsschichten gleichermaßen anspricht und anspornt, und deren Botschaft selbst außerhalb der Vereinigten Staaten verstanden wird: ein Angebot der grenzüberschreitenden, transkulturellen Zusammenarbeit. Dieses Beispiel zeigt daher, dass Kollektiverzählungen im politischen Diskurs sich nicht notwendig polarisierender Strategien bedienen müssen – von dem binären ›wir/ihr‹-Schema der Bush-Rhetorik bleibt bei Obama nur noch ein Gemeinsamkeiten überdeutlich hervorhebendes ›wir‹.

3.2 Fallbeispiel 2: Jörg Arnolds Analyse des ›Bombenkrieg‹-Narrativs in der deutschen Erinnerungsliteratur

In einer Sammelrezension für das geschichtswissenschaftliche Fachinformationsangebot *H-Soz-u-Kult* bespricht Jörg Arnold 26 zwischen 2001 und 2003 erschienene Bände, die sich mit den alliierten Luftangriffen auf deutsche Städte während des zweiten Weltkriegs beschäftigen.[16] Die besprochenen Publikationen sind nicht der wissenschaftlichen Geschichtsschreibung zuzurechnen. Vielmehr handelt es sich um von Journalisten verfasste oder von Archiven herausgegebene Darstellungen, die sich an ein breites, nicht-wissenschaftliches Publikum richten und Arnold zufolge als »Indikatoren der gegenwärtigen Erinnerungskultur« gelesen werden können.

Die Vielzahl der Veröffentlichungen lässt sich in lokalgeschichtliche Publikationen zu den Auswirkungen der Luftangriffe auf einzelne Städte auf der einen, und Gesamtdarstellungen auf der anderen Seite unterteilen. Arnold stellt unter den zum ersten Typ gehörenden Werken ein »überraschend hohes Maß gemeinsamer Grundannahmen und Darstellungsmodi« fest.[17] Dominante Darstellungsmodi sind die historische Fotografie und der retrospektive Augenzeugenbericht, die Erzählungen stellen die erfahrungsgeschichtliche Dimension der Ereignisse in den Vordergrund, die vom Luftkrieg betroffene Bevölkerung wird durch die retrospektive Auswahl der berücksichtigten Perspektiven in stark homogenisierender Weise auf »die entnazifizierte, ethnisch homogene ›Stadtgemeinschaft‹« reduziert, und die Wirkungsintention liegt vornehmlich in der Erzeugung von ›nachholender Empathie‹, die sich jeder Differenzierung oder gar Schuldzuweisung enthält und stattdessen die Identifikation mit den Opfern anstrebt und ermöglicht.

Als Beispiel für diese Art von Vergangenheitskonstruktion nennt Arnold den Band *Die Nacht, in der Krefeld unterging* (2003) von Elisabeth Kremers.[18] Kremers, so Arnold, »begreift sich als Teil einer Wir-Gruppe, welche die Autorin, die Leserschaft und die anthropomorphisierte Stadt umfasst«. Dass diese »Wir-Gruppe« nicht – oder nur implizit – nach einem dichotomen ›wir/ihr‹-Schema (Angreifer vs. Opfer) konstruiert wird, liegt sicherlich nicht zuletzt daran, dass sich eine allzu einseitige Solidarisierung mit den ›Opfern‹ der Luftangriffe angesichts der deutschen Kriegsverbrechen und des Holocaust nach wie vor verbietet.[19] Arnolds

---

16 Jörg Arnold: »Sammelrezension: Bombenkrieg«, *H-Soz-u-Kult* (28.06.2004), http://hsozkult.geschichte.hu-berlin.de/rezensionen/2004-2-062, Aufruf 28.4.08.
17 Arnold (Anm. 16), o.S.
18 Elisabeth Kremers: *Die Nacht, in der Krefeld unterging. 22. Juni 1943*, Gudensberg-Gleichen 2003.
19 Arnold (Anm. 16) konstatiert auf der Grundlage der Analyse seines umfangreichen Textkorpus folgende Grundtendenz im gegenwärtigen Erinnerungsdiskurs: »Hitlers Name fungiert bevorzugt dann als Platzhalter, wenn von Deutschen zu verantwortendes Handeln thematisiert wird, wie etwa in ›Hitlers Bombenterror‹. Ist hingegen von Erlittenem die Rede, so finden wir Formulierungen wie ›die Deutschen‹, ›die Städte‹ oder ›die Zivilbevölkerung‹. Der selbstverständliche Rückgriff auf Dämonisierung und Externalisierung einerseits, Entnazifizierung und Universalisierung andererseits unterstreicht die Langlebig-

Analyse zeigt, dass die Dramaturgie der Erzählung durch eine andere Opposition bestimmt wird, nämlich durch das »Spannungs- und Konkurrenzverhältnis zweier Narrative: einer Geschichte vom Verlust und einer Geschichte vom Erfolg«.[20]

Zu den zahlreichen interessanten Beobachtungen der Sammelrezension zählt auch die Feststellung, dass von einem Nebeneinander konkurrierender Positionen auszugehen ist: »An die Stelle einer Meistererzählung von ›Rache‹, ›sinnlosen Zerstörungen‹ und ›unschuldigen Opfern‹ ist eine diskursive Pluralisierung getreten, die auch einander widersprechende Thesen nebeneinander stehen lässt.« Angesichts der Dimension der historischen Ereignisse und ihrer vergleichsweise geringen zeitlichen Distanz ist ein solcher Befund zu erwarten. Allerdings lässt sich der Erfolg massenwirksamer TV-Produktionen wie des ARD-Zweiteilers *Die Flucht* (2007) oder der ZDF-Zweiteiler *Dresden* (2006) und *Die Gustloff* (2008) als ein Zeichen dafür werten, dass »traumatische Verlust-Narrative« im kollektiven Gedächtnis zunehmend die Deutungshoheit beanspruchen.

Der Schlüssel zum Verständnis dieser wohl populärsten Variante der retrospektiven Kollektiverzählung über die Luftangriffe, die ihre nicht-fiktionale Entsprechung in den von Arnold besprochenen lokalgeschichtlichen Text- und Bildnarrativen hat, liegt in der Hinwendung zum Autobiographischen und Exemplarischen. Die Empathie und der Versuch, den Schrecken nachzuvollziehen, begünstigen einen unreflektierten Umgang mit Augenzeugenberichten, deren Authentizität eher respektvoll akzeptiert als kritisch hinterfragt wird. Das von Arnold beobachtete Ausblenden von Sprachregelungen und Wortfeldern der NS-Propaganda in retrospektiven Beschreibungen etwa führt nicht zur Relativierung der Glaubwürdigkeit der Erzählungen von Zeitzeugen; stattdessen verfestigen wiederkehrende narrative und dramaturgische Strategien wie die Verwendung abendländisch-christlicher Schreckensbilder und Topoi, die den Weltuntergang evozieren, oder die Verwendung stereotyper Metaphern das erfahrungszentrierte ›Bombenkrieg‹-Narrativ. Interessant ist auch Arnolds Feststellung, dass sich die genannten formalen Eigenschaften sowohl bei unmittelbar nach den Angriffen verfassten als auch bei später entstandenen Erinnerungsaufzeichnungen feststellen lassen.[21]

Angesichts der Tatsache, dass für die unmittelbar Beteiligten die traumatische Erfahrung grundsätzlich als nicht kommunizierbar empfunden wurde (vgl. Arnold), kommt der Genese der Kollektiverzählung in diesem Fall besondere Bedeutung zu: zwischen entgegengesetzten Reaktionen wie dem Aufschreiben des Erlebten und seiner Tabuisierung, der kritischen Aufarbeitung und Verdrängung,

---

keit von Deutungsmustern, die der Forschung allgemein als charakteristisch für den Erinnerungsdiskurs der 1950er und 1960er Jahre gelten.« (o.S.)

20 Eine ähnliche Opposition ist auch die von Arnold (Anm. 16) als typisch bezeichnete Gegenüberstellung von »jahrhundertealter Stadtgeschichte« (o.S.) auf der einen, und der »nach Minuten bemessenen Kürze der Angriffsdauer« (o.S.) auf der anderen Seite.

21 Vgl. Arnold (Anm. 16): »Auch 20 Jahre nach den Ereignissen werden die Erinnerungen mit Hilfe derselben narrativen Techniken strukturiert; deren nach wie vor starke Präsenz wird gelegentlich durch das dramatische Präsens unterstrichen.« (o.S.)

und nunmehr der erfahrungsorientierten Narrativierung lassen sich unterschiedliche Stadien und Strategien der retrospektiven Verarbeitung ausmachen. Es ist sicher kein Zufall, dass die Genese dieser neuen Kollektiverzählungen mit dem Übergang vom kollektiven zum kulturellen Gedächtnis zusammenfällt.

3.3 Fallbeispiel 3: Kollektive Selbstbeschreibungen der Polizei

Im Rahmen seiner Studie zu den Prämissen einer hermeneutisch wissenssoziologischen Polizeiforschung beschäftigt sich Jo Reichertz mit sog. ›Polizeimythen‹, Geschichten, die er während einer sechsmonatigen Feldstudie in der Teeküche eines Kriminalkommissariats in einer nicht genannten deutschen Stadt gesammelt und analysiert hat.[22] Die Teeküche fungiert innerhalb der Dienststelle als sozialer Raum, als Begegnungsstätte für alle Mitarbeiter der Fahndung: »Wer dort sitzt, raucht, Kaffee trinkt oder isst, braucht das nicht zu begründen. Es ist eher andersherum: wer sich nicht dort aufhält, kommt leicht in Begründungspflicht«.[23] Wie viele Kommunikationsräume dieser Art in Betrieben und Institutionen lädt auch die Teeküche der Kriminalpolizei zum Erzählen ein: »In solchen Situationen kommt es dann immer wieder mal vor, dass einer eine Geschichte über einen besonderen Fall erzählt. Die wird dann von anderen zum Anlass genommen, selbst eine Geschichte beizusteuern.«[24] Bei diesen Geschichten handelt es sich häufig um ›co-authored stories‹ in dem von Ochs und Capps definierten Sinn (vgl. Abschnitt 2):

> Jeder im Feld kennt sie, und bereits der Beginn der Geschichte genügt, um zustimmende oder ablehnende Reaktionen hervorzurufen. Meist werden diese Geschichten kollektiv erzählt. Man hört sie nicht nur von jedem einzelnen Gruppenmitglied in gleicher oder sehr ähnlicher Form, sondern man erzählt sie auch gemeinsam. [...] Vor allem die kollektiv vorgetragenen Erzählungen sind m.E. als Fallgeschichten zu werten, die im Laufe gemeinsamer Praxis stilisiert wurden und dann geronnen sind zu gemeinschaftsstiftenden und -erhaltenden Mythen.[25]

Diese »kollektiv erzählten Mythen«[26] oder »Kollektiverzählungen«[27] (Reichertz verwendet beide Begriffe synonym) lassen sich anhand ihrer jeweils spezifischen Funktionen grob in zwei Gruppen unterteilen. Der erste Typ, die »Geschichte von der prinzipiellen Gefährlichkeit der Ermittlungsarbeit«[28], umfasst Erzählungen von Vorfällen, in denen Polizisten im Dienst ohne Vorwarnung Opfer von Angriffen wurden. Das Fazit all dieser Geschichten, so Reichertz, ist das Gebot

---

22 Jo Reichertz: »Prämissen einer hermeutisch wissenssoziologischen Polizeiforschung«, *Forum Qualitative Sozialforschung* 3 (2002), H. 1, S. 1–22, http://www.qualitative-research.net/index.php/fqs/article/view/881/1921, Aufruf 28.4.08.
23 Reichertz (Anm. 22), S. 1/Abs. 31.
24 Reichertz (Anm. 22), S. 1/Abs. 32.
25 Reichertz (Anm. 22), S. 2/Abs. 34.
26 Reichertz (Anm. 22), S. 3/Abs. 41.
27 Reichertz (Anm. 22), S. 6/Abs. 55.
28 Reichertz (Anm. 22), S. 3/Abs. 42.

höchster Aufmerksamkeit auch in scheinbar ungefährlichen Situationen. Dem zweiten Typ, den »Geschichten vom trügerischen Schein«[29], sind all jene Erzählungen zuzuordnen, deren Handlungen einen unvorhersehbaren Verlauf nehmen, in denen der Zufall bei der Aufklärung eine besondere Rolle spielt oder in denen Leichtsinn und Dummheit der Verbrecher zur Aufklärung der Straftat führen. Das Fazit ist hier, dass man bei der Ermittlungsarbeit stets mit allen Möglichkeiten rechnen muss.

Reichertz weist abschließend zu Recht darauf hin, dass die Kollektiverzählungen nicht die Realität abbilden, und man deshalb von den Geschichten aus der Teestube nicht ohne weiteres auf die Praxis der Ermittlungsarbeit schließen kann, ein Hinweis, der grundsätzlich wichtig ist, weil er auf Kollektiverzählungen insgesamt zutrifft: Ihre Bedeutung liegt weniger in ihrem Wahrheitsgehalt als vielmehr in ihrer Funktion für das Kollektiv. Reichertz' Studie zufolge erhalten die Polizeierzählungen ihre Berechtigung dadurch, dass sie eine »systematische Schärfung der Aufmerksamkeit«[30] zur Folge haben und zur »Institutionalisierung des systematischen Zweifels«[31] beitragen. In letzter Konsequenz wirken sie also auch konstruktiv auf die Wirklichkeit zurück, denn »die Erzählkultur der Ermittler dient nur nebenbei der Zerstreuung, sehr viel mehr bewahrt und tradiert sie bewährte Handlungsstile und Haltungen. Damit ist sie ein konstitutives Element sowohl der polizeilichen Ausbildung als auch der polizeilichen Arbeit.«[32]

3.4 Fallbeispiel 4: Kollektiverzählungen in der Werbung am Beispiel der Selbstdarstellung kanadischer Weingüter

Das Erzählen (*storytelling*) ist ein wichtiger Bestandteil der Etablierung von Marken (*branding*).[33] Den größten Anteil an narrativer Werbung haben fiktionale Kurzerzählungen (Werbefilme), während Kollektiverzählungen insbesondere für die firmeninterne *corporate culture* von Bedeutung sind.[34] Dass diese internen Erzählungen aber auch markenprägend sein können und daher auch gezielt nach außen kommuniziert werden, soll im Folgenden am Beispiel der Internetauftritte kanadischer Winzer aus der Region Ontario gezeigt werden, die sich und ihre Produkte in einem gemeinsamen Internetportal der Öffentlichkeit präsentieren.[35] Die Webseiten der Weingüter enthalten neben deskriptiven Texten (Informationen zu Bodenbeschaffenheit, Rebsorten und dem Mikroklima, Angaben zur

---

29 Reichertz (Anm. 22), S. 3/Abs. 43.
30 Reichertz (Anm. 22), S. 7/Abs. 60.
31 Reichertz (Anm. 22), S. 7/Abs. 60.
32 Reichertz (Anm. 22), S. 8/Abs. 63.
33 Vgl. dazu Klaus Fog/Christian Budtz/Baris Yakaboylu: *Storytelling: Branding in Practice*, Berlin u.a. 2005; und Gerald Zaltman: *How Customers Think: Essential Insights into the Mind of the Market*, Boston Mass. 2003, darin besonders Kap.10 (»Stories and Brands«).
34 Vgl. Stephen Denning: *The Springboard: How Storytelling Ignites Action in Knowledge-Era Organizations*, Boston u.a. 2001; Karolina Frenzel/Michael Müller/Hermann Sottong: *Storytelling. Das Harun-al-Raschid-Prinzip – Die Kraft des Erzählens für Unternehmen nutzen*, München 2004.
35 http://wcomicro.pimediastaging.com/winery-list.php, Aufruf 28.4.08.

Qualität der Weine unter Verweis auf Auszeichnungen und Preise sowie Bewertungen in Weinführern sowie das Know-How der am Produktionsprozess beteiligten ExpertInnen) häufig auch narrative Rubriken zur Entstehung und Geschichte des Betriebs.

Letztere bedienen sich in der Regel etablierter Erzählmuster, die zwei typische Gründungs-Narrative verbinden: die Geschichte von der erfolgreichen Verwirklichung eines Lebenstraums und die Erzählung der Firmengeschichte als Familiengeschichte. Hinzu kommt gelegentlich eine für das Einwanderungsland Kanada typische Geschichte von der Immigration der Firmengründer oder Vorfahren. In den folgenden zwei Beispielen verbinden sich diese drei Erzählstränge jeweils zu einer Kollektiverzählung, die den Durchsetzungswillen der Gründer und den Zusammenhalt der Familie hervorhebt, Qualitäten, die implizit auf den jeweils hergestellten Wein projiziert werden.

Der Titel der Selbstdarstellung des Château des Charmes[36] – »The Bosc Family Welcomes You« – antizipiert bereits das zentrale Motiv der Firmengeschichte als Familiengeschichte, das im ersten Satz etabliert wird: »The story of Château des Charmes begins over five generations ago with a family that traces its roots to the Alsace region of France and the vineyards of French Algeria.« Diese Botschaft scheint so bedeutend zu sein, dass sie im zweiten Satz wiederholt wird: »Thousands of kilometers from its present day vineyards, Canada's outstanding winery, Château des Charmes, traces its beginnings.« Die narrativen Signale (»story«, »beginnings«) sowie die Ungenauigkeit der zeitlichen und räumlichen deiktischen Angaben (»over five generations ago«, »thousands of kilometers«), die auch noch den folgenden Satz charakterisieren (»In these foreign lands, the ancestors of Paul Bosc began a heritage of fine winemaking that would serve the Bosc family for generations to come.«), verleihen dem Beginn der Erzählung einen märchenhaften Charakter, der sodann in einer blumigen Umschreibung der besonderen Expertise der Familie (»harmonizing science and art«) kulminiert: »This tradition of excellence continues today in the vineyards of Niagara-on-the-Lake where Paul Bosc and his family carry on this rich heritage of meticulous vinification by harmonizing science and art.«

Aus erzähltheoretischer Sicht fällt zum einen auf, dass die Erzählung sich nicht um Kohärenz bemüht (der Übergang von der Vergangenheit zur Gegenwart wird nicht kausal oder temporal plausibilisiert). Zum anderen werden die im zweiten Satz eingeführten Schlüsselwörter der Erzählung (»family« und »heritage«) wieder aufgegriffen, um der intendierten Botschaft Gewicht zu verleihen: Es handelt sich bei dem Weingut (das erst in den 1980er Jahren gegründet wurde) um ein Familienunternehmen mit langer Tradition.

Im Gegensatz zur Selbstdarstellung der Familie Bosc ist im Fall des Weinguts Inniskillin die Präsentation der Unternehmensgeschichte von großer Präzision geprägt.[37] Unter dem Titel »Our history« werden zahlreiche Daten und Fakten dargestellt:

---

36 http://www.chateaudescharmes.com, Aufruf 28.4.08.
37 http://www.inniskillin.com, Aufruf 28.4.08.

>Inniskillin‹ derives from the famous Irish regiment, the Inniskilling Fusiliers, whose Colonel Cooper served in North America in the War of 1812. For his service, he was granted Crown land which he named the Inniskillin Farm. On July 31, 1975, Inniskillin Wines incorporated and its founders Karl J. Kaiser and myself, Donald J.P. Ziraldo, were granted the first winery licence in Ontario, Canada, since 1929. Established in Niagara-on-the-Lake and taking its name from the early history of the area, Inniskillin was founded upon and dedicated to the principle of producing and bottling outstanding wines from select wine grapes grown in the Niagara Peninsula.

Die deiktischen Angaben verleihen der Darstellung ein vergleichsweise hohes Maß an Genauigkeit. Dieses Muster setzt sich im Verlauf der Erzählung fort, die ebenfalls Wiederholungen und Redundanzen enthält: »The name Inniskillin is Irish and is derived from the famous Irish regiment, the Inniskilling Fusiliers. Colonel Cooper, a member of this regiment, served in North America in the War of 1812. On completion of his military service, he was granted Crown land which he named the Inniskillin Farm.« Auch bei der Darstellung der Erweiterungsmaßnahmen und geplanten Umstrukturierung des Weinguts wird Wert auf präzise Angaben gelegt. Die Erzählung der Firmengeschichte präsentiert Inniskillin dadurch implizit als ein zukunfts- und technologieorientiertes Unternehmen, das Tradition mit der im »mission statement« auf der Leitseite (»About us«) zitierten Abenteuerlust vereint. Um die Verbindung von Tradition und Abenteuer zu unterstreichen, wird der Begriff der ›frontier‹ (›Siedlungs-‹ und ›Zivilisationsgrenze‹) verwendet, der den nordamerikanischen Pioniergeist des 18. und 19. Jahrhunderts zum Ausdruck bringt und daher als identitätsgeschichtlicher Leitbegriff fungiert:

> Building on that *tradition*, the *adventure* continues as Inniskillin continues to play a vital role in exploring *new frontiers* in winemaking and appreciation while maintaining strategic partnerships and forging new initiatives in research, education and environmental responsibility.

Trotz der Unterschiede zwischen dem ›Bosc-Narrativ‹ und dem ›Inniskillin-Narrativ‹ überwiegen bei der Funktionsanalyse die Gemeinsamkeiten: In beiden Fällen dient die narrative Konstruktion der Unternehmensgeschichte als Familiengeschichte nicht (nur) der Erzeugung einer firmeninternen Gruppenidentität, sondern im Rahmen der Marketingstrategie der Übertragung der positiv konnotierten Gruppenidentität auf die Produkte. Diese Form der kommerziellen Instrumentalisierung von Kollektiverzählungen zeigt die Grenzen des erinnerungskulturellen Konzepts ›kulturelle Texte‹ auf – hier liegen eindeutig andere Funktionen und Rezeptionsrahmen vor als bei der Bezugnahme auf die kanonischen Geschichten einer Wertegemeinschaft. Gleichwohl handelt es sich auch bei diesen Beispielen um Kollektiverzählungen, so dass sich an dieser Stelle zeigt, dass es durchaus sinnvoll ist, diesen Begriff als eigenständiges Konzept innerhalb der Erzählforschung zu etablieren. Das Konzept der nicht-fiktionalen »Kollektiverzählungen« überschneidet sich zum Teil mit denen des ›kulturellen Textes‹ oder des ›Mythos‹, geht aber von einem breiteren Funktionsspektrum aus und erweitert damit den Objektbereich der Narratologie nicht-fiktionaler Texte.

4. Forschungsdesiderate und Methodik

Abschließend soll ein zentraler Aspekt angesprochen werden, der für die weitere Auseinandersetzung mit nicht-fiktionalen Kollektiverzählungen von besonderer Bedeutung ist – die Theorie kollektiven Erzählens bzw. der Kollektiverzählung sowie die Methodik zur Analyse konkreter Fallbeispiele. Im Bereich der theoretischen Grundlegung der Formen und Funktionsweisen von Kollektiverzählungen ist, wie in Abschnitt 2 gezeigt wurde, noch erhebliche Grundlagenforschung zu leisten, und zwar sowohl bei der Begriffsklärung, Terminologie und Entwicklung von Analysekategorien als auch bei der Integration von Bildnarrativen und Filmnarrativen sowie mündlichen Erzählprozessen in narratologische Modelle. So wie sich die Theorie des fiktionalen Erzählens mittlerweile zu einer intermedialen Erzähltheorie erweitert hat, die nicht nur ›klassische‹ literarische Texte wie Romane und Kurzgeschichten untersucht, sondern auch Filme, Computerspiele und Hyperfiction, ist auch im Bereich der nicht-fiktionalen Wirklichkeitserzählungen eine Verbindung von Erzähltheorie und Medientheorie denkbar und wünschenswert.

Während für solche theoretischen Arbeiten exemplarische Analysen von Kollektiverzählungen wie etwa die Fallbeispiele 1 und 4 in diesem Beitrag ausreichen, erfordert eine genauere Untersuchung spezifischer Kollektiverzählungen in ihren kulturellen Kontexten eine sorgfältige Zusammenstellung von Korpora relevanter textueller und audio-visueller Narrationen, die repräsentativen Charakter haben und verallgemeinerbare Aussagen über die Genese und Tradierung sowie den Funktionsumfang und -wandel spezifischer Kollektiverzählungen ermöglichen. Methodisch wird es zum einen darum gehen, die Korpora zu strukturieren und dann exemplarische Einzelerzählungen nach möglichst expliziten Kriterien, die dem jeweiligen Erkenntnisinteresse entsprechen,[38] zu analysieren und zu interpretieren. Zum anderen stellt sich bei der Analyse einer Kollektiverzählung im Sinne eines Mythos die Frage nach der »impliziten Großerzählung«[39], also nach rekurrenten Erzählmustern, die den einzelnen Fallbeispielen gemeinsam sind und die einer Gruppe von Einzelerzählungen Kohärenz verleihen: Lassen sich unter den Narrationen im Korpus solche Gemeinsamkeiten feststellen, und lassen sich ihre Identität stiftenden, Orientierung gebenden, normativen oder erinnerungskulturellen Funktionen und Effekte benennen?

Die Fragestellungen und Kriterien, die der Untersuchung solcher Korpora zugrunde gelegt werden, überschreiten in der Regel disziplinenspezifische Erkenntnisinteressen, da Fragen nach der Herausbildung von Kollektividentitäten, narrativ vermittelten Selbst- und Fremdbildern, Erinnerungsdiskursen und Geschichtsbildern aus literatur- bzw. erzähltheoretischer, kulturgeschichtlicher und geschichtswissenschaftlicher sowie psychologischer und soziologischer Perspektive gleichermaßen von Interesse sein können. Die Analyse von Narrativen als

---

38 Arnold (Anm. 16) nennt tradierte Geschichtsbilder, Perspektive, Kontext, Darstellungsmodus und Wertung als untersuchungsleitende Aspekte (o.S.).
39 Reichertz (Anm. 22), S. 6/Abs. 55.

Kollektiverzählungen erweist sich somit als ein fruchtbares Feld für interdisziplinäre Zusammenarbeit, zumal die Komplexität der Problemkonstellationen und die Vielzahl der erforderlichen Kompetenzen ohnehin Forschungskooperationen nahe legen.

5. Kommentierte Auswahlbibliographie

Assmann, Jan: *Das kulturelle Gedächtnis: Schrift, Erinnerung und politische Identität in frühen Hochkulturen*. München 1997. – Assmanns Studie ist in der deutschsprachigen Forschung nach wie vor ein Standardwerk zum Zusammenhang von Identität und Erzählung. Assmann entwickelt hier in Auseinandersetzung mit Halbwachs u.a. eine Theorie des ›kulturellen Gedächtnissses‹, die – wie auch seine kulturgeschichtliche These vom Übergang von ritueller zu textueller Kohärenz – weit über seine eigene Disziplin (Ägyptologie) hinaus Beachtung gefunden und der transdisziplinären Gedächtnisforschung wichtige Impulse gegeben hat.

Erll, Astrid: *Gedächtnisromane. Literatur über den ersten Weltkrieg als Medium englischer und deutscher Erinnerungskulturen in den 1920er Jahren*, Trier 2003. – Erll beschreibt auf der Grundlage der Forschung zum kulturellen Gedächtnis die Rolle fiktionaler Kollektiverzählungen aus literatuewissenschaftlicher, kulturwissenschaftlicher und gedächtnistheoretischer Persepktive. Erlls Begriff der ›kollektiven Texte‹ beschreibt Rezeptionsphänomene, die für den Zusammenhang von Erinnerung und kultureller Identität von zentraler Bedeutung sind. Literatur wird dabei als eine Form der medialen Konstruktion und Vermittlung von kollektiv akzeptierten Interpretationen der Vergangenheit aufgefasst.

Gostmann, Peter/Schatilow, Lars: *Europa unterwegs*, Münster 2008. – Diese Studie, die am Beispiel des Kulturtourismus die Suche nach einer europäischen Identität untersucht, illustriert exemplarisch den Stellenwert von Konzepten der Erzähl- und Gedächtnisforschung in der soziologischen Theoriebildung. Kollektive Identität wird als narrative Konstruktion aufgefasst, die dabei entstehenden (nichtfiktionalen) Kollektiverzählungen tragen zum kulturellen Gedächtnis (im Sinne von Jan Assmann) bei.

Wirklichkeitserzählungen im Internet

Doris Tophinke

1. Einführung

1.1 Das Internet als Erzählumgebung

Das Internet als digitales Medium bietet vielfältige Möglichkeiten für das Erzählen bzw. für die Präsentation von Erzählungen. Im Zuge der Aneignung dieser Möglichkeiten haben sich die digitalen Kommunikationsformen, die im Internet zur Verfügung stehen (Website, Weblog etc.), auch zu Umgebungen für das Erzählen[1] entwickelt. Sie werden von Privatpersonen, aber auch von Institutionen, Vereinen, Bildungseinrichtungen genutzt. Diese digitale »Mediatisierung« des Erzählens erstaunt nicht. Geht man davon aus, dass das Erzählen eine zentrale kulturelle Praktik ist, die in allen Gesellschaften bzw. Milieus anzutreffen ist,[2] so ist zu erwarten, dass es auch im digitalen Medium des Internets begegnet.

Der Spielraum, innerhalb dessen sich Formen und Funktionen des Erzählens im Internet entwickeln, ist durch die technologischen Bedingungen und Möglichkeiten abgesteckt. Erzählen im Internet ist – wie das schriftbasierte Erzählen außerhalb des Internets – ein medial vermitteltes und in diesem Sinne mittelbares[3] Erzählen, bei dem Erzähl- und Rezeptionsvorgang nicht synchronisiert erfolgen.[4] Die Verlinkungs- und Vernetzungsoptionen, die die Technik bietet, sowie die textuellen Spuren vorgängiger Erzählereignisse erzeugen für die Beteiligten aber dennoch die Illusion der Kopräsenz und die Möglichkeit der Konstitution eines sozialen Erzählereignisses.[5]

---

1 Zum Konzept des »narrative environment« vgl. Jaber F. Gubrium/James A. Holstein: »Narrative Ethnography«, in: Sharlene Nagy Hesse-Biber/Patricia Leavy (Hg.): *Handbook of Emergent Methods*, New York 2008, S. 241–264, hier: S. 247.
2 Nach Hymes stellt das Erzählen eine universelle Funktion der Sprache dar. Vgl. Dell H. Hymes: *Ethnography, Linguistics, Narrative Inequality: Towards an Understanding of Voice*, London/Bristol 1996; vgl. auch Mieke Bal: »Interdisciplinary Approaches to Narrative«, in: David Herman/Manfred Jahn/Marie-Laure Ryan (Hg.): *Routledge Encyclopedia of Narrative Theory*, London 2008, S. 250–252, hier: S. 251: »There is hardly a cultural practice where some form and degree of narrativity does not play a part«.
3 Zum soziologischen Konzept der Mittelbarkeit vgl. Hubert Knoblauch: »Die kommunikative Konstruktion kultureller Kontexte«, in: Ilja Srubar/Joachim Renn/Ulrich Wenzel (Hg.): *Kulturen vergleichen. Sozial- und kulturwissenschaftliche Grundlagen und Kontroversen*, Wiesbaden 2005, S. 172–194, hier: S. 185f.
4 Vgl. Christa Dürscheid: »Medienkommunikation im Kontinuum von Mündlichkeit und Schriftlichkeit. Theoretische und empirische Probleme«, *Zeitschrift für Angewandte Linguistik* 38 (2003), S. 37–56, die zwischen »asynchron« und »quasi-synchron« unterscheidet.
5 Vgl. Gian S. Pagnucci/Nicholas Mauriello: »Project UNLOC: Understanding Narrative, Literacy, and Ourselves in Cyberspace«, in: Dies. (Hg.): *Re-Mapping Narrative. Technology's*

Wichtige Kommunikationsformen, die als Erzählumgebungen fungieren, sind die klassische Website und der Weblog, der die klassische Website um Kommentierungs- und Verlinkungsoptionen erweitert. Auch Webportale, die themengebunden Erzählungen publizieren, stellen Erzählumgebungen dar.[6] Sie besitzen häufig ebenfalls eine Kommentarfunktion. Die Erhöhung der Prozessorleistung auch einfacher Computer, die Vergrößerung der Computerspeicher in den 2000er Jahren[7] sowie auch die Videoaufnahmefunktion am Computer oder Handy haben dazu geführt, dass die Videotechnik im Zusammenhang der Wirklichkeitserzählungen eine zunehmend wichtige Rolle spielt. Der Prozess des mündlichen Erzählens wird aufgezeichnet und auf der eigenen Website oder der Videoplattform YouTube präsentiert, etwa als Podcast, Vlog (Videoblog) oder Video. Zu den Videos zählen auch multimediale Präsentationen, die mit Programmen wie PowerPoint erstellt werden. Textseiten, die die Erzählung präsentieren, wechseln mit thematisch passenden Bildern ab. Eine Kommentarfunktion erlaubt es, Video- oder Textkommentare zu hinterlassen.

Darüber hinaus finden sich narrative Textpassagen auch in sprachlich-kommunikativen Kontexten, in denen es nicht primär um das Erzählen geht, so etwa im Kontext des Argumentierens oder Beschreibens.[8] Der vorliegende Beitrag konzentriert sich auf solche Formen der Erzählung bzw. des Erzählens, in denen die Erzählfunktion im Vordergrund steht und die von den Partizipanten selbst als Erzählungen begriffen und behandelt werden, etwa indem ein Plot herausgearbeitet bzw. eingefordert wird.[9] Dies entspricht einer Bestimmung von »Erzählung«, die diese nicht als wissenschaftliche Ordnungskategorie versteht, sondern als Kategorie der Alltags- bzw. Sprachpraxis.[10] Hinweise darauf, dass die Internetnutzer etwas als Erzählung bzw. Erzählen begreifen, geben metasprachliche bzw. metatextuelle Aussagen sowie die Gestaltung des Erzähltextes und der

---

Impact on the Way we Write, Cresskill/NJ 2008, S. 3–18, hier: S. 4.

6   Beispiele sind Portale wie »rockundliebe« (http://www.rockundliebe.de/autorenportal/index.php, Aufruf 26.8.08) oder »Orakelfreunde« (http://www.orakelfreunde.de/lovestory.htm, Aufruf 26.8.08), in dem Jugendliche ihre Liebesgeschichten veröffentlichen und zur Diskussion stellen, das Portal »Fernweh.de«, das – allerdings ohne Kommentierungsmöglichkeit – Reiseerzählungen präsentiert (http://www.fernweh.de/378.html, Aufruf 26.8.08), oder auch das Portal »Lebensgeschichten«, das die Veröffentlichung biografischer Texte erlaubt. Wissenschaftliche Untersuchungen zu diesen Portalen fehlen noch.

7   Vgl. Terry Harpold: »Digital Narrative«, in: Herman/Jahn/Ryan (Anm. 2), S. 108–112.

8   Neue Umgebungen für fiktionale Erzählungen sind etwa auch Internet-Spiele: »There are many ways that narrative fragments and suggestions exist in virtual spaces, in games, and in other digital contexts that are not themselves narratives.« Vgl. Nick Montfort: »Narrative and Digital Media«, in: David Herman (Hg.): *The Cambridge Companion to Narrative*, Cambridge 2007, S. 172–188, hier: S. 185.

9   Vgl. Neal R. Norrick: »Conversational Storytelling«, in: Herman (Anm. 8), S. 127–141, hier: S. 128.

10 In der Forschung werden diese auch als »Ethnokategorien« bezeichnet. Vgl. Susanne Günthner/Hubert Knoblauch: »Culturally Patterned Speaking Practices. The Analysis of Communicative Genres«, *Pragmatics* 5 (1995), H. 1, S. 1–32. Mandelbaum bezeichnet sie als »lived definitions«. Jenny Mandelbaum: »How to Do Things with Narrativ: A Communication Perspective on Narrative Skill«, in: John O. Green/Brent R. Burleson (Hg.): *Handbook of Communication and Social Interaction Skills*, Mahwah/NJ 2003, S. 597.

Erzählumgebung. Mandelbaum verweist darauf, dass diese – im Unterschied zu wissenschaftlichen Kategorien – situationsabhängig variieren können, auch unscharf von benachbarten Kategorien abgegrenzt sein können.[11]

1.2 Leitdifferenzen

Nach Luhmann geht es in der Sprache bzw. der sprachlichen Kommunikation um das »Annehmen oder Ablehnen kommunizierter Sinnofferten«.[12] Diese ist die für Sprache bestimmende Basisdifferenz. Dabei birgt die Möglichkeit der Ablehnung ein »Dissenspotential«,[13] kann sprachliche Kommunikation aufgrund von Dissens abbrechen. Dies wird kompensiert durch die besonderen Möglichkeiten der Sachverhalts- und Ereignisdarstellung, die Sprache bietet. Sie kann Sachverhalte und Ereignisse negieren, kann sie als zukünftig oder vergangen, als möglich, erwünscht, gewollt usw. darstellen. Leitdifferenzen bauen auf dieser Basisdifferenz auf. Ihre Funktion ist es, die »Unwahrscheinlichkeit von Kommunikation« zu verringern, die mit zunehmender Komplexität, d.h. mit der Zunahme gleichzeitiger Sinnofferten, zunimmt. Auch mit der Schrift erhöht sich nach Luhmann die Unwahrscheinlichkeit der Kommunikation, denn »[in der Schrift, D.T.] hat man eine viel größere Freiheit, mit einem Nein zu kommen«.[14]

Eine Bestimmung der für das Erzählen im Internet relevanten Leitdifferenzen ist schwierig, da das Internet als digitales Kommunikationsmedium in seiner Nutzung und Funktionalisierung offen und als frei expandierendes Medium kaum überschaubar ist. Wirklichkeitserzählungen, die sich gesellschaftlichen Funktionsbereichen (Recht, Wirtschaft, ...) zuordnen, folgen ganz allgemein auch den Leitdifferenzen dieser Bereiche. Für die privaten Wirklichkeitserzählungen ergibt sich die Leitdifferenz aus dem sozial-kommunikativen Interesse, das sich mit dem Erzählen bzw. der Partizipation an dem Erzählgeschehen verbindet. In Erzählungen, die als Teil der Beziehungspflege innerhalb von Netzwerken entstehen, geht es vor allem um »akzeptabel«/»nicht akzeptabel« im Sinne einer richtigen, von den Mitgliedern geteilten Deutung von Ereignissen, Erlebnissen und Erfahrungen sowie auch um die Relevanz/Irrelevanz der Erzählungen für die sozialen Netzwerke. Erzählungen mit (alltags-)historiographischem und dokumentarischem Anspruch, die das Internet weniger zur Beziehungspflege, sondern stärker als Publikationsmedium nutzen, sind stärker durch die Unterscheidung »wahr«/»unwahr« bestimmt. Um die Differenz »wahr«/»unwahr« geht es auch in den multimedialen Präsentationen, deren Reiz wesentlich darin besteht, dass sie von unwahrscheinlichen, aber als wahr behaupteten Ereignissen erzählen (»wahre Geschichte ...«,[15] »eine schreckliche Geschichte die Leider wahr ist«[16]).

---

11 Mandelbaum (Anm. 10).
12 Niklas Luhmann: *Die Gesellschaft der Gesellschaft*, Bd. 1, Frankfurt a.M. 1998, S. 230.
13 Sybille Krämer: *Sprache, Sprechakt, Kommunikation. Sprachtheoretische Positionen des 20. Jahrhunderts*, Frankfurt a.M. 2001, S. 165.
14 Niklas Luhmann: *Einführung in die Theorie der Gesellschaft*, Heidelberg 2005, S. 151.
15 http://de.youtube.com/watch?v=6Uzj9Xni2x4, Aufruf 26.8.08.
16 http://de.youtube.com/watch?v=tFABGvgm1Ek&feature=related, Aufruf 26.8.08. Die

2. Formen der Wirklichkeitserzählungen im Internet

2.1 Typen und Modelle

Die Aneignung des Internets als Umgebung für Wirklichkeitserzählungen erfolgt unter Rückgriff auf Erzählformen und -modelle, die im kulturellen Repertoire der Akteure vorhanden sind. Im Bereich der medial schriftlichen Erzählungen sind dies einmal literate Erzählmodelle wie die Alltagschronistik, die als privates Schreiben Tradition hat,[17] das Tagebuch, auch das Märchen. Zum anderen spielt das konversationelle Erzählen eine wichtige Rolle.[18] Als nichtliterates, interaktives Erzählmodell der Mündlichkeit wird es in die mediale Schriftlichkeit des Internets übertragen, die – wenn auch begrenzt – interaktive Optionen bietet. Diese Modelle werden an die besonderen Bedingungen des Internets angepasst, werden modifiziert und auch verbunden.

Erzählungen, die an alltagschronistischen Modellen (Tagebuch, Chronik) orientiert sind, nutzen das Internet als Medium der Publikation, mit dem sie – relativ einfach – eine größere Öffentlichkeit erreichen. Sie finden sich in Portalen, auf privaten Websites sowie auch in privaten Weblogs. Ein Beispiel bilden die Weblog-Erzählungen des ehemaligen Bergarbeiters Hans Frackowiak, die im Internet auf Anerkennung stoßen.[19] Die alltagschronistische Orientierung artikuliert sich im Untertitel, der mit der Affinität von »Geschichten« und »Geschichte« spielt (vgl. »Geschichte[n] aus und über Castrop-Rauxel«[20]). Deutlich wird die alltagschronistische Orientierung weiter daran, dass er seine Geschichten zeitlich genau verortet. Auch macht die kurze Erläuterung des Autors die historiographische Perspektive explizit (vgl. »Lieber Besucher, ich heisse Hans Frackowiak, bin 78 Jahre alt und lebe in Castrop-Rauxel. Hier in diesem Blog schreibe ich über verschiedene Themen, die mich bewegen und über vieles, was ich in Castrop heute und in den letzten 78 Jahren erlebt habe.«[21]).

Weblogs sind aber auch Umgebungen für Erzählungen, die stärker am Modell des konversationellen Erzählens orientiert sind. Dies dokumentiert sich in

---

Wiedergabe folgt hier dem Originaltext. Orthographische Abweichungen werden hier und im Folgenden nicht korrigiert.

17 Vgl. Bernd Jürgen Warneken: *Populare Autobiographik*, Tübingen 1985; Siegfried Grosse u.a.: *»Denn das schreiben gehört nicht zu meiner täglichen Beschäftigung.« Der Alltag kleiner Leute in Bittschriften, Briefen und Berichten aus dem 19. Jahrhundert*, Bonn 1989.

18 Norrick betrachtet die Konversation als die natürliche Erzählumgebung: »Conversation Is the Natural Home of Narrative«. Norrick (Anm. 9), S. 127.

19 Dass es sich um einen eher untypischen Blog handelt, zeigt auch folgender Kommentar: »Hans Frackowiak tut das, was man sich von vielen älteren Menschen wünscht: dass sie aus ihrem Leben erzählen. Der 78-jährige nutzt dazu ein Blog, was zumindest bis heute eher die Ausnahme ist. Und er nutzt es virtuos. Seine Erlebnisse zu lesen bzw. mitzuerleben ist wahrscheinlich spannender und lehrreicher als jede Form von Geschichtsunterricht. Ich wünsche mir, dass Hans Frackowiak noch viel zu erzählen hat« (http://kulturmanagement.wordpress.com/2008/01/19/bloggen-heist-geschichten-erzahlen, Aufruf 10.9.08).

20 http://www.castroper-geschichten.de, Aufruf 12.9.08.

21 http://www.castroper-geschichten.de/index.html, Aufruf 26.8.08.

einer stärker informellen Gestaltung, die auch gesprochensprachliche Eigenschaften verschriftet, sowie in der Behandlung von Alltagsthemen, wie sie auch konversationelle Erzählungen bestimmen. Auch findet die Erzählung eine interaktive Fortsetzung im Kommentarbereich, etwa wenn die Leser/-innen eigene Geschichten folgen lassen (vgl. Kap. 4).

Eine weitere Form der Erzählung, die in der Kombination von Text, Bild und Musik außerhalb des Internets kein direktes Vorbild hat, bilden mit Programmen wie PowerPoint erstellte Präsentationen, die im Videoportal YouTube veröffentlicht werden. Der Erzähltext wird dabei nacheinander auf einzelnen Seiten eingeblendet, teilweise ergänzt um Bilderseiten, die zwischen den Textseiten erscheinen. Die Präsentationen sind populär, wie sechs- und siebenstellige Aufrufzahlen dokumentieren. Sie bieten tragische Geschichten, in denen es um extreme und intensive Erfahrungen (Krankheit, Tod, Einsamkeit, ...) geht.[22] Im Videoportal YouTube werden diese Präsentationen unter der Kategorie Video geführt.

Diese verschiedenen Formen sind das Ergebnis der Typisierung bzw. Typenbildung innerhalb der Kommunikations- bzw. Sprachpraxen. Sie lassen sich in ihren typischen Eigenschaften grob bestimmen und unterscheiden, nicht aber scharf abgrenzen.[23] Es kommen auch Misch- und Übergangsformen vor.

2.2 Erzählsemantik

Wirklichkeitserzählungen rekonstruieren vergangene Ereignisse aus der Perspektive eines Erzählers, der als Akteur, Opfer oder Beobachter von diesen Ereignissen betroffen ist oder der von den Ereignissen erfahren hat und diese nun weitererzählt. Erzählungen lassen sich in dieser Perspektive von Berichten unterscheiden, die ebenfalls historische Begebenheiten darstellen, dabei aber die Perspektive eines neutralen Erzählers einnehmen.[24]

Es ist sinnvoll, zwischen der erlebten oder beobachteten, der erinnerten und der erzählten Geschichte zu unterscheiden.[25] Die erlebte bzw. beobachtete Geschichte bildet den faktualen Hintergrund des Erzählens. Sie ist als erinnerte[26]

---

22 Vgl. etwa die Präsentation mit dem Titel »Eine sehr traurige und schwere Geschichte aus Bremen«, http://de.youtube.com/watch?v=5BIQR_mPKA4, Aufruf 26.8.08.
23 Vgl. dazu in Bezug auf das Internet auch Mandelbaum 2003 (Anm. 10), S. 607.
24 Zur Unterscheidung zwischen dem Berichten und dem Erzählen vgl. etwa Margot Heinemann/Wolfgang Heinemann: *Grundlagen der Textlinguistik: Interaktion – Text – Diskurs*, Tübingen 2002, S. 187, auch Wolfgang Heinemann/Dieter Viehweger: *Textlinguistik. Eine Einführung*, Tübingen 1991, S. 238ff. Zur Konstruktivität von Berichten aus einer diskursanalytischen Perspektive vgl. Norman Fairclough: *Analysing Discourse*, London 2003, S. 84f.
25 Vgl. dazu auch Doris Tophinke: »Lebensgeschichte und Sprache. Zum Konzept der Sprachbiografie aus linguistischer Sicht«, *Bulletin Suisse de Linguistique Appliquée* 76 (2002), S. 1–14. Eine Dreiteilung schlägt auch Quasthoff mit der Unterscheidung von »Geschehen«, »Geschichte«, »Erzählung« vor. Vgl. Uta Quasthoff: *Erzählen in Gesprächen. Linguistische Untersuchungen zu Strukturen und Funktionen am Beispiel einer Kommunikationsform des Alltags*, Tübingen 1980.
26 Hausendorf/Quasthoff sprechen von der »kognitiven Geschichte«. Heiko Hausendorf/

Geschichte kognitiv präsent und beeinflusst durch soziale Sinnschemata[27] sowie auch durch den Erinnerungsanlass, der spezifische Aspekte des Erlebten bzw. Beobachteten in den Vordergrund rückt, andere ausblendet. Vergessen und Verdrängen machen Ausschnitte des Erlebten oder Beobachteten unzugänglich. Die erzählte Geschichte basiert auf der kognitiven Erinnerung, ist aber in ihrer Bindung an soziale Erzählanlässe, in der Berücksichtigung der spezifischen Erzählsituation, in der Orientierung an Traditionen des Erzählens (Erzählmodelle, sinnstiftende Plots), in der Berücksichtigung von Hörer- bzw. Lesererwartungen und in der Bindung an das sozial vorgeprägte Medium der Sprache vor allem ein soziales Phänomen. Sie ist eine auf den sozialen Kontext abgestimmte, in den sozialen Kontext eingepasste und – nicht nur im Falle des interaktiven Erzählens – eine auch durch den sozialen Kontext veranlasste Rekonstruktion.[28] Damit verbunden ist eine kohärenz- und sinnstiftende Konstruktivität. Ereignisse werden von anderen Ereignissen abgehoben und als sinnvoll und kohärent dargestellt. Handlungen und Entscheidungen wird im Nachhinein Motiviertheit und Rationalität unterstellt. Diese Konstruktivität muss den Erzähler/-innen nicht bewusst sein.

Das Erzählen hat Einfluss auf das Erleben und Beobachten sowie auf das Erinnern, denn es vermittelt die sozialen Sinnschemata, die Wahrnehmung und Einordnung des Beobachteten bestimmen. Erzählte Geschichten, die im sozialen Kontext erfolgreich sind, wirken auch auf die kognitive bzw. erinnerte Geschichte zurück.[29]

Ute Quasthoff: *Sprachentwicklung und Interaktion*, Opladen 1996, S. 92; Hausendorf und Quasthoff fassen sie als »das verfügbare Wissen über den Vorfall zum Zeitpunkt des Erzählens« (Hausendorf/Quasthoff 1996, S. 92). Polkinghorne spricht in diesem Zusammenhang von »pränarrativen Erfahrungen«, die als »Korrektiv oder Leitfaden für die reflexiv gebildete Geschichte« fungieren. Er verweist auch darauf, dass sie eine dynamische Qualität besitzen, sich vor dem Hintergrund weiterer Erfahrungen verändern. Vgl. Donald E. Polkinghorne: »Narrative Psychologie und Geschichtsbewusstsein«, in: Jürgen Straub (Hg.): *Erzählung, Identität und historisches Bewusstsein. Die psychologische Konstruktion von Zeit und Geschichte. Erinnerung, Geschichte, Identität*, Frankfurt a.M. 1998, S. 12–45, hier: S. 23.

27 Vgl. hierzu auch Thomas Luckmann: »Von der alltäglichen Erfahrung zum sozialwissenschaftlichen Datum«, in: Ilja Srubar/Steven Vaitkus (Hg.): *Phänomenologie und soziale Wirklichkeit*, Opladen 2003, S. 13–26, der darauf verweist, dass es für die Konstitution von Sinn in der Erfahrung »Erfahrungstypisierungen« und »Erfahrungsschemata« bedarf.

28 Vgl. auch Gubrium/Holstein (Anm. 1), S. 250: »Narratives are not simply reflections of experience, nor are they descriptive free-for-alls. Not just anything goes when it comes to storytelling experience. Rather, narratives comprise the interplay between experience, storying practices, descriptive resources, purposes at hand, audiences, and the environments that condition storytelling«.

29 Roth bietet eine kognitionswissenschaftliche Begründung für diese Konstruktivität. Danach erfolgt das Handeln vom Unbewussten beeinflusst, muss aber gerechtfertigt werden: »Da wir aber all unser Fühlen, Denken und Handeln vor uns selbst und insbesondere auch vor den anderen sprachlich-logisch rechtfertigen müssen, erfinden wir ständig Geschichten. Wir glauben in aller Regel an sie und versuchen unsere Mitmenschen von ihnen zu überzeugen«. Gerhard Roth: *Fühlen, Denken, Handeln*, Frankfurt a.M. 2003, S. 429.

	Domänen	Eigenschaften
Erlebte oder beobachtete Geschichte	Faktualer Hintergrund des Erzählens, auch Gegenstand des Erinnerns	• Erleben und Beobachten sind beeinflusst durch internalisierte soziale Sinnschemata und Relevanzsetzungen
Erinnerte Geschichte	Kognitives Produkt der Erinnerung an die erlebte Geschichte	• Erinnern ist beeinflusst durch soziale Sinnschemata, den Erinnerungsanlass • Vergessen und Verdrängen »versperren« Zugang zur erlebten Geschichte, Erinnerungslücken werden konstruktiv gefüllt • Erinnern ist beeinflusst durch »erzählte Geschichten«, auch Bilder, die das Erleben überlagern...
Erzählte Geschichte	Sprachlich manifester Erzähltext als Rekonstruktion der erlebten, beobachteten bzw. erinnerten Geschichte, eventuell unter Rückgriff auf Quellen...	• Erzählen ist im sozialen Kontext motiviert • Erzählen berücksichtigt Erzählkontext und Zielgruppe • Erzählen ist selektiv und perspektivisch • Erzählungen sind orientiert an Erzählmodellen und adaptieren im kulturellen Repertoire verfügbare Erzählmuster und Plots. • Erzählen ist bestimmt durch soziale Sinnschemata (Situations-, Handlungs-, Rollenmodelle) • Erzählen unterlegt Handlungen sinnstiftend Motive und Sinn • Erzähler kontrollieren das Erzählen im Hinblick auf ihre Selbstdarstellung

Tabelle 1: Erlebte, erinnerte und erzählte Geschichte

Die Konstruktivität der erzählten Geschichte hebt nicht die Unterscheidung von Fiktion und Wirklichkeit auf. Es ist – ganz im Gegenteil – für die Teilnehmer/-innen der Erzählsituation wichtig, zu wissen, ob sie es mit einer fiktiven oder faktualen Erzählung zu tun haben. So besteht in den privaten Weblogs, die Alltagsgeschichten präsentieren, eine Faktualitätserwartung, wie sie ähnlich auch in konversationellen Alltagserzählungen besteht. Dies schließt nicht aus, dass die spezifische Deutung des Ereignisses, die der Erzähler präsentiert, von den Lesern zurückgewiesen und in den Kommentaren auf Möglichkeiten einer alternativen Bewertung des Erlebnisses hingewiesen wird. Die Erzählungen werden in diesem Sinne als »deutungsbedürftig« behandelt. Die Erzähler/-innen selbst fordern in ihren Texten zur Deutung auf.

Die Themenwahl ist davon abhängig, ob in der spezifischen Erzählumgebung die Sach- oder Sozialdimension der Kommunikation im Vordergrund steht. Steht die Sozialdimension im Vordergrund, sind auch unspektakuläre Alltagsereignisse erzählbar. Dies gilt etwa für Weblogerzählungen, die in Zusammenhängen der Gruppenkonstitution und Beziehungspflege stehen. In Weblogerzählungen mit alltagschronistischer Intention ist die Sachdimension im Vordergrund. Erzählbarkeit ist hier daran gebunden, dass es sich um erinnerungswürdige Ereignisse handelt.

Auch im Falle der geschilderten multimedialen Präsentationen steht die Sachdimension im Vordergrund. Kennzeichnend ist, dass sie tragische und extreme Geschichten erzählen. Dies ist ein wichtiges Kriterium der Bewertung der Geschichten durch die Betrachter (»hammer... das is voll heftiq ...«, »krasse geschichte«, »aber die geschichte echt heftig«, »ich schreibe gerade mit verweinten Augen«[30]). Auch obszöne und tabuisierte Inhalte können behandelt werden.[31]

Die Geschichten werden stark schematisiert und anonymisiert präsentiert. Der Erzähler sowie auch die Personen, über die erzählt wird, bleiben anonym (vgl. »Ein Junge und ein Mädchen fahren Motorrad sehr schnell ...«[32]). Dies macht die Geschichten in ihrer Tragik erzählbar, denn der Erzähler entgeht dem moralischen Vorwurf, Privates preiszugeben. Das Bildmaterial, das an der Bildästhetik der Gothik-Jugendkultur sowie der Modefotografie orientiert ist, aber auch die Postkarte (mit Sinnspruch) zum Vorbild hat, dient dazu, die Stimmung zu illustrieren, dient nie der Identifizierung der Figuren. Die Kommentare zeigen, dass die Erzählungen trotz der Anonymisierung und Schematisierung als Wirklichkeitserzählungen behandelt werden (vgl. etwa »HEY DiE GESCHiCHTE iS ECHT TRAURiG =(TUT MiAAAH SOO LEiD FUER DiE BEiDEN.«[33], »krass!wenn es eine wahre geschichte is ist es verdammt hart...«[34]). Die Grenze zur Fiktionalität ist allerdings fließend.[35] Geht die semantische Schematisierung zu weit und wird die Besonderheit des Einzelfalls zu wenig herausgearbeitet, wird dies moniert (»Diese Geschichte gibts tausendmal hier«,[36] »die geschichte is sowas von klischeehaft, ich glaubs nich!«[37]).

Chronistische Texte haben mit den Präsentationen gemeinsam, dass sie besondere Ereignisse schildern, unterscheiden sich von diesen aber darin, dass sie – auch als Nachweis der Rekonstruktion von Wahrheit – die Geschichte in ihrer Spezifik schildern. Die Geschichten werden datiert, es werden Namen genannt. Auch nennen sich die Chronisten selbst namentlich.

Diese Formen des Erzählens lassen sich – vor dem Hintergrund dieser typischen Eigenschaften – in einem Feld verorten, das in der Horizontalen von der

---

30 Kommentare zur Präsentation »EiNe tRauriGe GescHicHTe«, http://de.youtube.com/watch?v=paDIW4J-Fm4&feature=related, Aufruf 26.8.08.
31 Was Norrick für das konversationelle Erzählen feststellt, scheint für die multimedialen Präsentationen nicht zu gelten: »the societal sanctions for obscenity are more immediate and obvious than those for telling pointless stories.« Norrick (Anm. 9), S. 136.
32 http://de.youtube.com/watch?v=U2KNVoe-O4c, Aufruf 26.8.08.
33 http://de.youtube.com/watch?v=U2KNVoe-O4c, Aufruf 26.8.08.
34 http://de.youtube.com/watch?v=JXHByJY5H_U, Aufruf 13.9.08.
35 Die Erzählungen ähneln dann den »urban legends«. Vgl. Matías Martínez: »Moderne Sagen (urban legends) zwischen Faktum und Fiktion«, in: Freia Hardt (Hg.): *Mapping the World. New Perspectives in the Humanities and Social Sciences*, Tübingen 2004, S. 147–156.
36 http://de.youtube.com/watch?v=U2KNVoe-O4c, Aufruf 26.8.08.
37 http://de.youtube.com/watch?v=JXHByJY5H_U, Aufruf 13.9.08.

Unterscheidung »alltäglich« und »exzeptionell« und in der Vertikalen von der Unterscheidung »schematisch« und »spezifisch« aufgespannt wird. Sie sind in diesem Feld nicht scharf voneinander abgegrenzt. Auch Mischformen sind möglich.

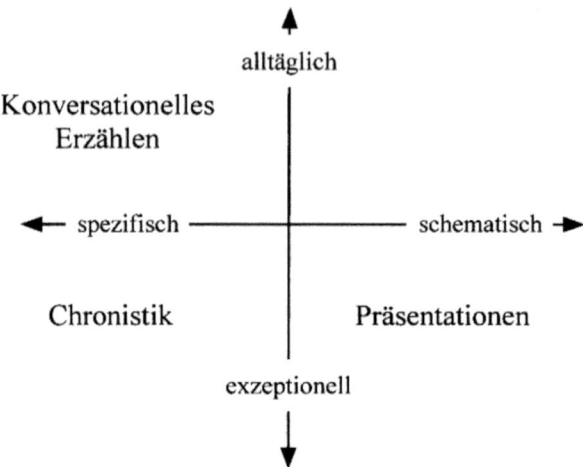

Grafik 1: Formen des Erzählens im Internet

2.3 Grafische Textgestaltung

Die Textgestaltung spielt im Internet eine besondere Rolle, denn der Text ist hier in besonderer Weise auch ein visuelles Objekt.[38] Er wird nicht nur gelesen, sondern auch betrachtet; vgl. Blommaert (2005).[39]

> New forms of literacy have emerged, in which both the visual and the textual combine in one sign. This forces text consumers to combine different activities: ›reading‹ as well as ›looking at‹, and synthetic (the whole sign) as well as analytic decodings (different constituent parts of the sign).[40]

Auch die textbasierten Wirklichkeitserzählungen im Internet sind Objekte des Betrachtens und des Lesens zugleich. Das Textlayout (Farbigkeit, Schrifttype) sowie die Verwendung von Bildelementen haben dabei nicht nur ästhetische Funk-

---

38 Schmitz bezeichnet die textuelle Oberfläche am Computerbildschirm deshalb als »Sehfläche«. Ulrich Schmitz: »Schriftbildschirme. Tertiäre Schriftlichkeit im Word Wide Web«, *Germanistische Linguistik* 186/187 (2006), S. 184–208, hier: S. 194.
39 Vgl. Jan Blommaert: *Discourse. A Critical Introduction*, Cambridge 2005. Kress/van Leeuwen verweisen darauf, dass dieser Aspekt schriftlicher Texte – nicht nur in Bezug auf Computer- bzw. Internettexte – in der Forschung vernachlässigt wird. Vgl. Gunther R. Kress/ Theo van Leeuwen: *Reading Images: The Grammar of Visual Design*, London 2007, S. 215ff.
40 Blommaert (Anm. 39), S. 116.

tion, sondern sind Kontextualisierungsmittel[41] und tragen zur Sinnkonstitution bei.

Dies gilt insbesondere für die multimedialen Präsentationen. Diese greifen Elemente (jugend-)kultureller Ästhetik und Symbolik auf und signalisieren auf diese Weise sozio-kulturelle Zugehörigkeiten. Damit werden die moralischen Standpunkte und Weltanschauungen der betreffenden sozio-kulturellen Milieus zum Verstehenshintergrund für die präsentierten Erzähltexte. Gleichzeitig kann die Gestaltung signalisieren, welche Lesergruppe als Zielgruppe gemeint ist. Schließlich gibt die Textgestaltung auch Hinweise auf Stimmung und Ernsthaftigkeit der Texte. Angenommen werden kann, dass beim Leser eine Ikonizitätserwartung besteht,[42] nach der Textgestaltung und Textinhalt/-stimmung korrespondieren.

2.4 Interaktivität

2.4.1 Formen

Viele Arbeiten verweisen auf das »interaktive« Potential digitaler Medien und beziehen sich dabei – in einem computertechnischen Sinne – auf die Interaktion zwischen dem Computer bzw. der Software und dem Nutzer.[43] Auch der Umgang eines Lesers mit dem Hypertext, der individuelle Lektürewege erlaubt, wird als Interaktion begriffen.[44] Die digitale Technologie erlaubt aber auch die Herstellung von Interaktion in einem gesprächsanalytischen Sinne. Denn sie bietet Kommentierungs- und Rückmeldefunktionen, die die Konstituierung von Interaktionsprozessen zwischen den Partizipanten erlauben.

Interaktion im gesprächsanalytischen Sinne ergibt sich, wenn das sprachliche Geschehen als gemeinsame, koordinierte Aktivität der Beteiligten entwickelt wird. Instruktiv ist das Konzept der Koproduktivität,[45] nach dem Interaktivität entsteht, wenn sich ein sprachliches Geschehen in einem offenen Prozess entwickelt, der sowohl ein paradigmatisch-selektives als auch ein kombinatorisch-syntagmatisches Moment besitzt. Das kombinatorische Moment besteht darin, dass der einzelne sprachliche Beitrag jeweils so gewählt wird, dass er an der spezifischen Stelle in das kommunikative Geschehen passt, das paradigmatisch-selektive Moment darin, dass er das Ergebnis einer Auswahl aus an der Stelle

---

41 Zum Konzept der Kontextualisierung vgl. Doris Tophinke: »Sprachliches Handeln, Kommunikantenrollen, Beziehungsaspekte«, in: Martin Haspelmath u. a. (Hg.): *Sprachtypologie und sprachliche Universalien. Ein internationales Handbuch*, Berlin/New York 2001, 1. Halbbd., S. 444–467, hier: S. 457–459.
42 Vgl. Blommaert (Anm. 39), S. 84.
43 »In computing, the term ›interactive‹ refers to any program that accepts input from a user while it executes, using this input in some way as it runs«. Montfort (Anm. 8), S. 175.
44 Vgl. Marie-Laure Ryan: *Narrative as Virtual Reality: Immersion and Interactivity in Literature and Electronic Media*, Baltimore 2001, S. 258ff.
45 Bernhard Waldenfels: *Der Spielraum des Verhaltens*, Frankfurt a.M. 1980, S. 177ff.

potentiell möglichen sprachlichen Beiträgen darstellt.[46] Interaktivität in diesem Sinne ist konstitutiv für konversationelle Alltagserzählungen, also für Erzählungen, die im Kontext von Gesprächen stattfinden.[47] Die Gesprächs- bzw. Konversationsanalyse hat auf die interaktiven Praktiken der Initiierung, Realisierung und Beendigung von Alltagserzählungen hingewiesen. Sie hat aufgezeigt, dass die konversationelle Erzählung zwar einem Erzähler zuzuordnen ist, der – in der Gesprächssituation – für sie verantwortlich ist, dieser aber nicht als autonomer Erzähler agiert.[48] Die konversationelle Erzählung besitzt einen emergenten Charakter.

In den digitalen Medien finden sich interaktive Formen des Erzählens vor allem in den Weblogs, deren Kommentarfunktion eine interaktive, dynamische Nachbereitung und Evaluierung der Weblogerzählungen erlauben. Das Erzählen kann sich im Weblog in den Kommentarbereich verlängern (vgl. die Einzelfalldarstellung zum Blog in Kap. 4).

2.4.2 Grenzen der Interaktivität

Die Interaktionsmöglichkeiten im Internet sind allerdings eingeschränkt. Die Erzählungen entstehen »offline«, sind in ihrem Entstehen der Einflussnahme der Interaktanten entzogen. Dies gilt für schriftliche Erzählungen in Blogs, aber auch für mündliche Erzählungen, die als Video im Internet zugänglich gemacht werden. Auch im Chat, dem Kommunikationsformat mit dem größten interaktiven Potential, entsteht der einzelne Beitrag »offline«, wird nur das fertige Produkt, der Text, für die Interaktion relevant. Unterbrechungen und Einwürfe, wie sie die face-to-face-Interaktion bestimmen, sind technisch ausgeschlossen. Auch ein gemeinsames Erzählen, bei dem mehrere Beteiligte koproduktiv eine Geschichte produzieren (»co-narrating«[49]), lässt sich im Internet kaum realisieren. Denn die dazu notwendige Synchronisierung der Aktivitäten im Prozess des Erzählens, wie sie für die face-to-face-Interaktion konstitutiv ist,[50] ist unter den technischen Randbedingungen kaum möglich.

---

46 Vgl. Tophinke (Anm. 41), S. 450ff.
47 Vgl. Uta Quasthoff: »Erzählen als interaktive Gesprächsstruktur«, in: Gerd Antos u. a. (Hg.): *Text- und Gesprächslinguistik*, Berlin/New York 2001, 2. Halbbd., S. 1293–1309; Elisabeth Gülich: »Ansätze zu einer kommunikationsorientierten Erzähltextanalyse (am Beispiel mündlicher und schriftlicher Erzähltexte)«, in: Wolfgang Haubrichs (Hg.): *Erzählforschung 1. Theorien, Modelle und Methoden der Narrativik*, Göttingen 1976, S. 224–256.
48 Vgl. auch Norrick (Anm. 9), S. 136f.
49 Norrick (Anm. 9), S. 136f.
50 Vgl. Ron Scollon/Suzanne Scollon: »Somatic Communication: How Usefull Is Orality For the Characterization of Speech Events and Cultures?«, in: Uta Quasthoff (Hg.): *Aspects of Oral Communication*, Berlin/New York 1995, S. 19–29.

2.4.3 Interaktive Schriftlichkeit

Innovativ ist die Verbindung von Interaktivität und Schriftlichkeit, die außerhalb des Internets nicht in gleicher Weise möglich ist.[51] Interaktion als gemeinsame, koproduktive Sinnbildung wird in die Schriftlichkeit verlängert bzw. die Schriftlichkeit durch Nutzung der technologischen Optionen als Medium der Interaktion ausgebaut. Diese schriftliche Interaktivität basiert auf der (Ko-)Präsenz der einzelnen Schrifttexte. Sie fungiert als Substitut für die somatische Kopräsenz in der face-to-face-Interaktion.[52] Dies ist verbunden mit der Vorstellung einer Kopräsenz der Interaktanten, und zwar auch dann, wenn eine zeitliche Zerdehnung vorliegt und zwischen den Interaktionsbeiträgen größere zeitliche Abstände liegen. Dies dokumentiert sich deutlich in Äußerungen wie »Schön, dass du wieder da bist!«[53] Die »vereinzelnde Qualität«, die nach Goody und Watt[54] das Schreiben und Lesen kennzeichnet, bestimmt – in der Vorstellung der Interaktanten – das digitale Schreiben nicht.

Aus dieser Verbindung von Schriftlichkeit und Interaktivität, die im nichtdigitalen Bereich getrennt sind, ergeben sich Ähnlichkeiten des Erzählens im Weblog mit dem mündlichen Erzählen im Kontext von Alltagsgesprächen. Dies betrifft die Themen, aber etwa auch die formale Gestaltung der Texte. So werden etwa gesprochensprachliche syntaktische Muster adaptiert, wie sie in »nähesprachlichen«[55] bzw. »oraten«[56] Erzählsituationen vorliegen. Gleichzeitig sind bestimmte, für die Schriftlichkeit konstitutive Produktionsbedingungen auch im Weblog gegeben. Die Texte werden »offline« verfasst, können kontrolliert, korrigiert und überarbeitet werden, bis sie im Weblog veröffentlicht werden. Es besteht so die Möglichkeit einer »literaten«[57] bzw. »distanzsprachlichen«[58] Textkonzeption. Dies führt zu Konstruktionen, die außerhalb des Internets kaum vorkommen. So verbindet sich das heute weitgehend auf literate Kontexte beschränkte Präteritum im Internet mit der nähesprachlichen Konstruktion der Eli-

---

51 Im Ankündigungstext der Tagung »Storytelling – Media-theoretical Reflections in the Age of Digitalization«, die am 3./4. Dezember an der Universität Innsbruck stattgefunden hat, wird dies als »Verschmelzung zweier ›Kulturen‹« verstanden, »einer Kultur der Mündlichkeit, wie wir sie von vormals schriftlosen Kulturen kennen, und einer Kultur der Literalität« (http://www.uibk.ac.at/medien/storytelling, Aufruf 2.9.08).
52 Vgl. Scollon/Scollon (Anm. 50).
53 Im Kommentarbereich des Blogs »Eine Frau erzählt: Blog«, http://goldfederchen.twoday.net/topics/Blog, Aufruf 26.8.08.
54 Jack Goody/Ian Watt: »Konsequenzen der Literalität«, in: Jack Goody/Ian Watt/Kathleen Gough (Hg.): *Entstehung und Folgen der Schriftkultur*, Frankfurt a.M. 1997, S. 63–122, hier: S. 115.
55 Peter Koch/Wulf Oesterreicher: »Schriftlichkeit und kommunikative Distanz«, *Zeitschrift für Germanistische Linguistik* 35 (2008), H. 3, S. 346–375.
56 Utz Maas: »Geschriebene Sprache«, in: Ulrich Ammon u. a. (Hg.): *Soziolinguistik. Ein internationales Handbuch zur Wissenschaft von Sprache und Gesellschaft*, 2., vollständig neu bearbeitete und erweiterte Aufl., Berlin/New York 2004, 1. Halbbd., S. 633–646.
57 Maas (Anm. 56).
58 Koch/Oesterreicher (Anm. 55).

sion des Subjektpronomens (vgl. »Parkte heut mein Blech mit Schwung im Halteverbot«[59]).

3. Funktionen des Erzählens

3.1 Pragmatische Funktionen

Schegloff hat darauf hingewiesen, dass das Erzählen zumeist nicht Selbstzweck ist, sondern dass damit bestimmte Funktionen innerhalb der jeweiligen sprachlich-kommunikativen Situation verbunden sind:

> For the most part, people tell stories to do something – to complain, to boast, to inform, to alert, to tease, to explain, to excuse or justify, or to provide for an interactional environment in whose course or context or interstices such actions and interactional inflections can be accomplished.[60]

Diese pragmatische Funktion des Erzählens nimmt Einfluss auf die Gestaltung des Erzähltextes. Auch ist sie im Hinblick auf die Rezeption wichtig. Rezipienten erfassen und bewerten die Geschichte vor dem Hintergrund der sprachlich-kommunikativen Situation, in die sie eingebettet ist. Im Falle des Internets ist die pragmatische Funktion eng an die technischen Möglichkeiten der jeweiligen Kommunikationsform (Weblog, Videoportal, ...) sowie auch an deren spezifische Ausgestaltung als Erzählumgebung gebunden. Alltagschronistische Erzählungen, wie sie auf Websites sowie auch in Weblogs präsentiert werden, haben ganz allgemein unterhaltende sowie – im Falle alltagschronistischer Texte – auch informierende Funktion.

3.2 Sozialpsychologische Funktionen

Die Rückmelde- und Kommentierungsoptionen, über die die digitalen Kommunikationsformen zumeist verfügen, ermöglichen die Herstellung eines mittelbaren sozial-interaktiven Kontextes und lassen sozialpsychologische Funktionalisierungen zu, wie sie außerhalb des Internets vor allem mit dem konversationellen Erzählen verbunden sind. Hierzu gehören die Funktionen der Selbstvergewisserung und Identitätskonstruktion.[61] Die Leser/-innen, die Rückmeldungen und

---

59 http://moewes.blog.de/2007/10/31/nett~3224626#comments, Aufruf 25.3.08.
60 Emanuel A. Schegloff: »›Narrative Analysis‹ Thirty Years Later«, *Journal of Narrative and Life History* 7 (1997), H. 1–4, S. 97–106, hier: S. 97. Vgl. ähnlich auch Norrick (Anm. 9), S. 139: »[stories, D.T.] allow participants to share news, to catch up with each other's lives, to entertain each other, to ratify group membership, to modulate group rapport, and to present an individual personality within the group«.
61 Vgl. James A. Holstein/Jaber F. Gubrium: *Self we Live by: Narrative Identity in a Postmodern World*, Oxford 2000; Gubrium/Holstein (Anm. 1); Norrick (Anm. 9), S. 139; Charles Taylor: *Sources of the Self: the Making of Modern Identity*, Cambridge 1989, S. 42; Elinor Ochs/Lisa Capps: *Living Narrative: Creating Lives in Everyday Storytelling*, Cambridge Mass. 2001, S. 7.

Kommentare hinterlassen, werden dabei zur »defining community«,[62] die Selbstbild, Einstellungen und Deutungen, die im Internet präsentiert werden, stützen oder zurückweisen.[63]

Spence weist darauf hin, dass Erzählen die Funktion haben kann, konkurrierende Deutungen und Rekonstruktionen von Erlebnissen und Erfahrungen auszublenden und durch eine einzige, zwingende narrative Rekonstruktion und Deutung zu ersetzen:

> Viele der ›Geschichten von Fremden‹, die heutzutage in den öffentlichen Medien kursieren, können als Versuche betrachtet werden, uns ein alles absorbierendes persönliches Szenario zu liefern, in dem es nur eine Stimme gibt [...].[64]

Die multimedialen Präsentationen im Videoportal YouTube besitzen – teilweise – diesen monoperspektivischen Charakter. Das Internet wird damit zum Kontext für anonymisierte, perspektivisch stark verengte Wirklichkeitskonstruktionen.

Eine weitere psychosoziale Funktion des Erzählens besteht in der »self clarification«.[65] Sie ergibt sich – ganz allgemein – daraus, dass das Gemeinte in eine sprachliche Form gebracht werden muss und der Sinn dabei fixiert und präzisiert wird. Hintergrund ist die »Nichtkoinzidenz von Gemeintem, Gelebtem und Gesagtem«.[66] Sie führt etwa auch zu Überarbeitungen, Wiederholungen, Nachträgen und Paraphrasen, deren Ziel es ist, eine stärkere Passung von Gesagtem und Gemeintem zu erreichen.[67]

Nach Kenneth J. Gergen: *Konstruierte Wirklichkeiten. Eine Hinführung zum sozialen Konstruktionismus*, Stuttgart 2002, und Donald P. Spence: »Das Leben rekonstruieren. Geschichten eines unzuverlässigen Erzählers«, in: Straub (Anm. 26), S. 203–225, hier: S. 206f., ist die Konstruktion von Identität für das Individuum in der postmodernen Gesellschaft tendenziell schwierig, und zwar als Folge eines auch durch die digitalen Kommunikationsmöglichkeiten miterzeugten Überangebots an Sinn- und Identitätsofferten, die zur Verunsicherung des Individuums führen.

62 Taylor (Anm. 61), S. 39. Vgl. auch Augustín Echebarría Echabe/José Luis González Castro: »Psychology des Sozialen. Repräsentationen in Wissen und Sprache«, in: Uwe Flick (Hg.): *Soziales Gedächtnis – makropsychologische Aspekte*, Frankfurt a.M. 1995, S. 119–139, hier: S. 132: »Die eigene Erzählkonstruktion der Vergangenheit hat nur dann Bestand, wenn andere Gesprächspartner sie spezifisch und in geeigneter Weise unterstützen«; ähnlich auch Blommaert (Anm. 39), S. 205.

63 Die Notwendigkeit der narrativen Vergewisserung besteht lebenslang. Polkinghorne verweist darauf, dass das narrative Selbstbild kontinuierlich »nachjustiert« werden muss, da sich Perspektiven und Selbstbild im Laufe des Lebens verändern. Vgl. Polkinghorne (Anm. 26), S. 23.

64 Spence (Anm. 61), S. 208.

65 Carolyn R. Miller/Dawn Shepard: »Blogging as Social Action: A Genre Analysis of the Weblog«, *Into the Blogosphere*, http://blog.lib.umn.edu/blogosphere/blogging_as_social_action_a_genre_analysis_of_the_weblog.html, Aufruf 2.9.07.

66 Waldenfels (Anm. 45), S. 158.

67 Vgl. dazu auch Luhmann, der aus einer systemtheoretischen Perspektive auf die Differenz von Gemeintem und Gesagtem hinweist: »und schon bei einer geringen Aufmerksamkeit auf das, was wir selber sagen, wird uns bewußt, wie unscharf wir auswählen müssen, um sagen zu können, was man sagen kann; wie sehr das herausgelassene Wort schon nicht mehr das ist, was gedacht und gemeint war, und wie sehr das eigene Bewußtsein wie ein

3.3 Sozial-kommunikative Funktionen

Das Erzählen im Internet hat aber nicht nur sozialpsychologische, sondern – als andere Seite – auch sozial-kommunikative Funktionen. Es dient der Herstellung eines gemeinsamen, geteilten Wissenshintergrunds (»common ground«) im Rahmen der Gruppenbildungsprozesse, die im Internet stattfinden.[68] In einer ethnomethodologischen Perspektive lässt sich das Erzählen als Ethnomethode fassen, die der sozialkonstitutiven Sinnbildung dient.[69]

Damit werden Erzählungen im Internet auch zum sozio-kulturellen Spiegel, geben Einblick in Wertsetzungen, Einstellungen und kulturelle Orientierungen der sich im Internet formierenden Gruppen.[70] Sie sind – insbesondere auch in ihrem Plot – durch gruppen- oder milieuspezifische Sinnschemata bestimmt, bestätigen diese mit der Erzählung als richtig oder stellen sie in Frage.[71]

3.4 Kognitive Kontrolle

Im Internet – hier vor allem im Weblog – dokumentiert sich eine Popularisierung des Schreibens. Man kann – unter Rückgriff auf eine Bezeichnung von Goody[72] – auch von einer »demotischen« Schriftlichkeit sprechen. Diese Popularisierung erstaunt, denn sie widerspricht den schrifttheoretischen Prognosen. Nach Luhmann etwa ist Schriftlichkeit eher unwahrscheinlich, bedarf es zum Schreiben einer besonderen Motivation:

> Viele Leute lesen ja nicht. Man braucht Motive, sich mit Schrift zu beschäftigen.[73]

Die Popularität des Schreibens hat mehrere Gründe. Sie ergibt sich einmal daraus, dass das Schreiben die Verschriftlichung einer Geschichte bedeutet, dass die einzelnen Sachverhalte und Handlungen bestimmt, in ihrer Abfolge und ihren semantischen Relationen geklärt werden. Das Erzählen hat in diesem Sinne auch einen klärenden kognitiven Effekt.

> Stories function as a powerful tool for thinking, i.e., a cognitive instrument used as an organisational and problem-solving strategy in many contexts.[74]

Irrlicht auf den Worten herumtanzt«. Luhmann (Anm. 14), S. 123. Dieser Sachverhalt dient auch dazu, die für die Systemtheorie konstitutive Unterscheidung von Bewusstsein und Kommunikation argumentativ zu stützen.

68 Vgl. »Stories help define and ratify group goals and values.« Norrick (Anm. 9), S. 138.
69 Vgl. Mandelbaum (Anm. 10), S. 596.
70 Vgl. Gubrium/Holstein (Anm. 1).
71 Vgl. auch Polkinghorne (Anm. 26), S. 26.
72 Vgl. Jack Goody: »Funktionen der Schrift in traditionalen Gesellschaften«, in: Goody/Watt/Gough (Anm. 54), S. 25–61, hier: S. 28.
73 Luhmann (Anm. 14), S. 126.
74 David Herman: »Narrative as a Cognitive Instrument«, in: Herman/Jahn/Ryan (Anm. 2), S. 349–350, hier: S. 349.

Zum anderen dürften die in der Schriftlichkeit gegebenen besonderen Möglichkeiten der kognitiven Kontrolle von Sprache eine Rolle spielen, die einen Zuwachs an Autonomie bedeuten:[75]

> Finally, control over linguistic output is potentially higher when writing, both because writing usually takes longer than talking, and because the stable and visually accessible written text permits writers to view the text as a whole, while the ephemeral nature of spoken language leaves a tight window for processing.[76]

Dies gilt insbesondere im Hinblick auf die Produktionsbedingungen von konversationellen Erzählungen und von Alltagserzählungen. In konversationellen Erzählungen können zwar außersprachliche Zeichen (Gestik, Mimik) mit eingesetzt werden und ist eine Online-Syntax möglich,[77] die in der Produktionssituation kognitiv von Vorteil ist, erfordert die Interaktionssituation aber neben dem Erzähltext besondere Aufmerksamkeit, sind interaktive »jobs«[78] zu erledigen. In der Schreibsituation des Weblogs sind die Akteure demgegenüber von interaktiven »jobs« entlastet, können sie die Bedingungen des Schreibens (Tempo, Pausen, ...) autonom bestimmen.[79]

Die Präsenz des fixierten Schrifttextes macht diesen gleichzeitig stärker zum Objekt, veranlasst zur Reflexion über den Text, seine inhaltliche und auch formale Gestaltung. So nimmt Olson an, dass in Schriftkulturen an die Stelle des Nachdenkens über die Welt das Nachdenken über Möglichkeiten der (schriftlichen) Repräsentation der Welt tritt.[80]

4. Einzelfalldarstellung: Bloggen zwischen Alltagschronistik und narrativer Interaktion

4.1 Der Weblog als Publikations- und Kommunikationsplattform

Der Weblog ist eine Publikations- und Kommunikationsplattform im Internet, die Eigenschaften der Website mit Eigenschaften stärker interaktiver Formate wie dem Chat oder dem Forum verbindet.[81] Weblogs präsentieren Texte, teilwei-

---

75 Vgl. David R. Olson: *The World on Paper*, Cambridge 1994.
76 Dorit Ravid/Liliana Tolchinsky: »Developing Linguistic Literacy: A Comprehensive Model«, *Journal of Child Language* 29 (2002), S. 414–447, hier: S. 427.
77 Peter Auer: »Online-Syntax«, *Sprache und Literatur* 85 (2000), S. 43–56.
78 Vgl. Hausendorf/Quasthoff (Anm. 26).
79 Vgl. hierzu Maas 2004 (Anm. 56), dessen textkonzeptionelle Beschreibungskategorien »orat« und »literat« an die unterschiedlichen Textproduktionsmöglichkeiten in der Mündlichkeit und Schriftlichkeit anschließen.
80 Vgl. Olson (Anm. 75). Vgl. auch Walter J. Ong: *Orality and Literacy. The Technologizing of the World*, London/New York 2002, S. 81: »To live and to understand fully, we need not only proximity but also distance. This writing provides for consciousness as nothing else does«.
81 Vgl. Peter Schlobinski/Torsten Siever: »Sprachliche und textuelle Merkmale in deutschen Weblogs«, in: Dies. (Hg.): *Sprachliche und textuelle Merkmale in Weblogs. Ein internationales Projekt*, Hannover 2005, S. 52–85; Klaus Schönberger: »Weblogs: Persönliches Tagebuch,

se in Kombination mit Bildern, Ton- und Filmdokumenten[82], unterscheiden sich dabei von der Website dadurch, dass kontinuierlich neue Texte ergänzt werden, dabei die älteren Texte chronologisch geordnet zugänglich bleiben. Auch besitzen Weblogs eine Kommentarfunktion, die es Leser/-innen erlaubt, die Weblogtexte zu kommentieren und mit den Weblogautor/-innen zu diskutieren. Weblogs sind untereinander verlinkt und bilden kleinere oder auch größere Weblog-Netzwerke. Ein typischer Weblog besitzt die folgenden (technischen) Komponenten:

- einen datierten Weblogtext (das »posting«),
- einen Kommentarbereich unterhalb des Weblogtextes,
- eine Kalenderleiste, über die ältere Texte chronologisch geordnet zugänglich sind,
- eine Liste mit Links zu empfohlenen Weblogs oder Weblogs befreundeter Blogger/-innen (»Blogroll«),
- einen Link zu persönlichen Informationen über die Blogger/-innen.

Für das Anlegen und Pflegen eines Weblogs sind computertechnische Grundkenntnisse ausreichend. Es gibt Bloghosting-Dienste, die einfache, vorstrukturierte Weblogs für Privatleute kostenlos anbieten. Über die Zahl der deutschsprachigen Weblogs gibt es divergierende Angaben. Dies resultiert daraus, dass Weblogs, die zwar angelegt worden sind, nicht aber »gepflegt« werden, in den Statistiken unterschiedlich berücksichtigt werden. Auch sind Weblogs, die nicht die Bloghosting-Dienste nutzen, sondern auf gemietetem Webspace von den Blogger/-innen selbst angelegt und verwaltet werden, schwer zu erfassen. Nach einer Zählung von »Blogcensus« vom 19.11.2007,[83] die nur die aktiven Weblogs erfassen will, gibt es ca. 173.300 deutschsprachige Weblogs. Auch fehlen genaue sozial-strukturelle Daten über die Blogger/-innen. Schmidt und Wilbers haben im Rahmen einer auf Selbstauskunft von 5246 Personen basierenden Studie von 2005 festgestellt, dass unter den Blogger/-innen zu gleichen Teilen Frauen und Männer sind, unter den jüngeren Weblogautoren/-innen die Frauen sogar zahlenmäßig dominieren.[84] Blogger/-innen sind – so die Studie – ca. 30 Jahre alt, gebildet, häufig studierend.[85] Diese Ergebnisse bedürfen allerdings der Überprüfung durch weitere Untersuchungen.

Wissensmanagement-Werkzeug und Publikationsorgan«, in: Peter Schlobinski (Hg.): *Von *hdl* bis *cul8r**, Mannheim 2006, S. 233–248, hier: S. 233ff.; vgl. in stärker technischer Perspektive auch Sven Przepiorka: *Weblogs und deren technische Umsetzung* (2003), http://www.tzwaen.com/publikationen/diplomarbeit/diplomarbeit-weblogs.pdf, Aufruf 16.6.06.

82 Häufig sind dies Videofilme aus YouTube, die als interessante »Fundstücke« in den Blog übernommen und präsentiert werden.

83 Vgl. http://blog.blogcensus.de/2007/11/19/blogcensus-report-november-2007-2, Aufruf 30.3.08.

84 Vgl. Jan Schmidt/Martin Wilbers: »»Wie ich blogge«. Erste Ergebnisse der Weblogbefragung 2005«, *Berichte der Forschungsstelle »Neue Kommunikationsmedien«* 1 (2006), S. 1–27.

85 Vgl. Schmidt/Wilbers (Anm. 84), S. 2. Seit dem Aufkommen der Weblog-Technik Ende der 1990er Jahre haben sich verschiedene Weblog-Subtypen entwickelt, die unterschiedli-

4.2 Erzählen im Weblog

Das Erzählen ist – neben der Präsentation und Kommentierung von »Netzfunden« – eine dominante Form der sprach- bzw. schriftkulturellen Nutzung und Ausgestaltung privater Weblogs.[86] Dies zeigen die Weblogtitel, die Blogger wählen: »Bloggen heißt Geschichten erzählen«[87] oder »Eine Frau erzählt: Blog«[88]. Präsentiert werden überwiegend Alltagserzählungen, die eine singuläre Alltagsgeschichte, in die der/die Erzähler/-in verwickelt ist, aus einer internen Perspektive rekonstruieren. Die Weblogerzählungen besitzen in dieser Hinsicht ähnliche inhaltliche Merkmale, wie sie für »konversationelle« Erzählungen gelten.[89] Sie lassen ein breites Spektrum an Varianten erkennen. Es reicht von Minimalerzählungen, die das Ereignis nur knapp skizzieren, bis zur komplexen und detaillierten Erzählung, die alle Merkmale einer voll entfalteten Erzählung aufweist, wie sie Labov/Waletzky und Labov für mündliche Erzählungen bestimmt haben.[90] Ein Beispiel für eine Minimalerzählung bietet folgender Text (3) im privaten Weblog einer 16-jährigen Berliner Schülerin mit dem Pseudonym Teufelchen1820.

(3)
Juhu...
die Klausur geschrieben, korrigiert zurück und supi... das wird morgen ein entspannter Freitag. Nur noch Seminar. Freu.
teufelchen1820 - 10. Jan 08, 16:17[91]

---

che Formen der sinnstiftenden Aneignung und Nutzung der technischen Möglichkeiten dokumentieren. Neben die privaten Blogs sind die »corporate blogs« der Unternehmen sowie die Blogs von Verbänden, Vereinen und Interessengruppen getreten, die diese zur Präsentation sowie zur Kommunikation mit Kunden bzw. Mitgliedern oder Interessenten nutzen.

86 Das »Storytelling« wird auch im Kontext der »corporate blogs« diskutiert, hier allerdings – ganz anders – im Rahmen des »Qualitätsmanagements« als forcierter methodischer Zugang zum unternehmensrelevanten Wissen der Mitarbeiter. Vgl. Erwin Hesser/Karin Thier: »Unternehmenspotenziale mit ›Story Telling‹ aufdecken und nutzen«, *Projektmanagement aktuell (PMaktuell)* 1 (2007), S. 37–40.
87 Als Untertitel im Weblog »Das Kulturmanagement Blog« von Christian Henner-Fehr vom 19.1.2008, http://kulturmanagement.wordpress.com/2008/01/19/bloggen-heist-geschichten-erzaehlen, Aufruf 5.9.08.
88 Als Titel eines Weblogs, http://goldfederchen.twoday.net/topics/Blog, Aufruf 26.8.08.
89 Vgl. Uta Quasthoff: »Zuhöreraktivitäten beim konversationellen Erzählen«, in: Peter Schröder/Hugo Steger (Hg.): *Dialogforschung. Jahrbuch 1980 des Instituts für deutsche Sprache*, Düsseldorf 1981, S. 287–313, hier: S. 289.
90 Vgl. William Labov/Joshua Waletzky: »Narrative Analysis: Oral Versions of Personal Experience«, in: June Helm (Hg.): *Essays on the Verbal and Visual Arts*, Seattle/WA 1967, S. 12–44; William Labov: »Der Niederschlag von Erfahrungen in der Syntax von Erzählungen«, in: Norbert Dittmar/Bert-Olaf Rieck/William Labov: *Sprache im sozialen Kontext*. Königstein/Ts. 1980, S. 287–328. Labov nennt »Abstract«, »Orientierung«, »Handlungskomplikation«, »Resultat«, »Koda« und »Evaluation«. Vgl. Labov, S. 302. Diese Gliederungselemente sind in der Konversationsanalyse aufgegriffen worden, allerdings ist stärker der Prozess der interaktiven Hervorbringung von Erzählungen fokussiert worden. Vgl. Quasthoff (Anm. 47), S. 1296ff.
91 http://teu.twoday.net/stories/4603905/#comments, Aufruf 25.3.08.

Die Erzählung besteht hier in der kurzen narrativen Sequenz »die Klausur geschrieben, korrigiert zurück und supi...«, mit der die Erzählerin ein zurückliegendes Ereignis und dessen freudigen Ausgang schildert. Man kann diese Form des Erzählens im Anschluss an Feilke als »expressiv« bezeichnen.[92] Die Wiedergabe der Ereigniskomponenten erfolgt in chronologischer Form, sie werden »assoziativ« verbunden.[93]

Die als Überschrift platzierte Interjektion (»Juhu«), die auf der Zeitebene des Bloggens liegt, bereitet die Erzählung vor, indem sie eine Erklärung für den Ausruf erwarten lässt. Mit der Formulierung »das wird morgen ein entspannter Freitag« kehrt die Bloggerin nach der narrativen Sequenz auf die Zeitebene des Bloggens zurück. Das finalisierende Inflektiv »freu« wiederholt formal variierend den Ausdruck der Freude und schließt als Situationsbeschreibung den Text ab.

Ein Beispiel für eine entfaltete Erzählung bietet der folgende Text (4) der 70-jährigen Berliner Bloggerin Erice aus ihrem Blog »Mein Tagebuch«. Geschildert wird, wie der Ehemann der Bloggerin, »Opa«, bei einem vier Tage zurückliegenden gemeinsamen Restaurantbesuch seine Schneidezähne verliert.

(4)

A   Opa und da war noch die andere Sache...! von erice @ 2008-03-04-13:49:37

B   Ja das war am Freitag eigendlich mein Haushaltstag. Der verlief etwas anders als sonst. Da war die Unlust in mir, so dass Opa meinte, ich sollte das alles mal lassen und hat mich zum Essen gehen eingladen. Auch dazu hatte ich keine rechte Lust aber Opas Argument war dann sehr überzeugend. Bei uns hier ist ein asiatischer Restorantbetreiber, der hat sein altes Speiselokal aufgegeben und gleich neben dem Palmengarten neu eröffnet. Wir kennen den Herrn und da wollten wir Ente Croß essen.

C   - Prima, hatt uns wie immer gut geschmeckt. Nur bei dem letzten Bissen machte Opa so ein merkwürdiges Gesicht, meinte aber es sei nichts.
     - Später am Abend, hat Opa noch so einen Brotkanten geknabert, was er unheimlich gerne macht. Und wieder verzog ein sein Gesicht, ging raus und kam als zahnloser Opa wieder ins Zimmer. Einfach mal so die Vorderzähne abgebrochen. Das heißt ein echter Zahn und eine Brücke.

D   Schön war das nicht.

E   --- Meinen lockeren Zähnen hätte ich das eher zugtraut. Aber nu....![94]

Die Erzählung von Erice beginnt mit einer Überschrift (A), die – in der Wahl des Präteritums und in der Ankündigung einer »Sache« – zu erkennen gibt, dass der/die Leser/-in eine Erzählung zu erwarten hat, die ein zurückliegendes Ereignis zum Gegenstand hat. Auch wird die Person »Opa« als wichtiger Beteiligter angekündigt. Die Texteinleitung (B) bietet eine allgemeine Orientierung, situiert das

---

92 Helmuth Feilke: »Entwicklung schriftlich-konzeptueller Fähigkeiten«, in: Ursula Bredel u.a. (Hg.): *Didaktik der deutschen Sprache*, Paderborn 2003, Bd. 2, S. 178–192, hier: S. 181.
93 Vgl. Feilke (Anm. 92), S. 181.
94 http://winder.blog.de/2008/03/04/opa-und-war-da-noch-die-andere-sache-3815321#comments, Aufruf 25.3.08.

Ereignis im Verhältnis zur Erzählzeit (A), nennt das Essengehen als situativen Kontext der Erzählhandlung und schildert, wie es zum Essengehen kam. Der darauf folgende Textteil C entwickelt die Handlungskomplikation. Geschildert wird eine auf »Opa« bezogene irritierende Beobachtung am Ende des Restaurantbesuchs und – als Höhepunkt der Erzählung – den Verlust der Schneidezähne, den »Opa« am späteren Abend als Folge des Restaurantbesuchs erleidet. Es folgt eine kurze Bewertung (D). Der kurze Textteil (»Aber nu....!«) (E) führt auf die Zeitebene des Bloggens zurück und beendet die Erzählung.[95]

4.3 Dimensionen narrativer Wirklichkeitskonstruktion im Blog

Der Wirklichkeitsbezug von Alltagserzählungen im Weblog erschöpft sich nicht in der narrativen Thematisierung eines zurückliegenden Ereignisses. Es lassen sich verschiedene Dimensionen der (Re-)Konstruktion sozialer Wirklichkeit unterscheiden.

4.3.1 Identitätskonstruktion

Private Weblogs sind immer Plattformen der Identitätskonstruktion. Mit der inhaltlichen und formalen Gestaltung der Weblogs wird eine Identität als Blogger entworfen und im sozialen Raum der »Blogosphäre« präsent. Für die narrativen Weblogs, um die es in diesem Beitrag geht, gilt dies in besonderer Weise. Die Blogger/-innen entwerfen nicht nur eine Identität als Blogger/-in, Schreiber/-in, sondern machen Ausschnitte der alltäglichen Lebensgeschichte zum Thema.

Auffällig ist, dass die Identität der Blogger/-innen zwar opak bleibt, sie aber einzelne Aspekte ihrer Identität enthüllen. So machen viele Blogger/-innen glaubwürdige Angaben zu ihrer Person, nennen etwa Beruf, Alter und Hobbys, und legen dadurch ihre Identität teilweise offen. Auch Fotoportraits finden sich, die – wenn auch teilweise verfremdet – das Aussehen des Bloggers andeuten sollen. (Fast) alle Blogger/-innen besitzen ein Pseudonym, viele nennen aber – auch – ihren Namen. Dies gilt vor allem für Blogger, die sich als Chronisten und Autoren begreifen, wie etwa der erwähnte Hans Frackowiak. Bloggen ist mithin kein Spiel mit fingierten Identitäten, wie es für den Chat bestimmend ist. Ähnlich stellt Schmidt fest, dass in Weblogs eine »Authentizitäts-Erwartung« besteht.[96]

---

95 Damit finden sich alle von Labov benannten Elemente einer Alltagserzählung. Vgl. Labov (Anm. 90), S. 302.
96 Vgl. Jan Schmidt: »Praktiken des Bloggens. Strukturierungsprinzipien der Online-Kommunikation am Beispiel von Weblogs«, *Berichte der Forschungsstelle »Neue Kommunikationsmedien«* (2005), S. 25, http://www.bamberg-gewinnt.de/wordpress/wp-content/pdf/PraktikenDesBloggens.pdf, Aufruf 15.8.07.

4.3.2 Definition des Bloggens als schriftkulturelle Praktik

Erzählen ereignet sich nicht nur in der Alltagswelt, sondern hat – wie jedes sprachliche Geschehen – Anteil an ihrer Konstitution.[97] Auch werden in sprachlichen Äußerungen und Texten die sozialen Sinnschemata vermittelt und bearbeitet, die für die Alltagswelten relevant sind und die die alltagsweltlichen Aktivitäten und Ereignisse sozial interpretierbar machen. Auch der Weblog wird zur Alltagswelt und zum sinnstiftenden Kontext sprachlicher Aktivitäten erst mit der spezifischen Nutzung durch die Blogger/-innen. Gleichzeitig erhält das Bloggen als spezifische sprach- bzw. schriftkulturelle Aktivität eine Bestimmung und gewinnt »Blogger/-in« als Nomen Agentis Bedeutung.[98] Diese sich mit der Praxis des Bloggens ergebenden Bestimmungen sind Verständnis- und Deutungshintergrund für die Texte, die in den Weblogs präsentiert werden. Im Falle von narrativen Blogs wird die Rekonstruktion von Alltagsereignissen und -erlebnissen als sinnvolle Möglichkeit des Weblogs sozial bestätigt.

Die sinnstiftende Aneignung des Weblogs erfolgt unter Rückgriff auf Text- bzw. Schreibmodelle, wie sie die Blogger/-innen in ihrer Sprach- bzw. Schreibbiographie kennen gelernt haben. Diese Modelle werden in Anpassung an die spezifischen medialen, technischen und funktionalen Bedingungen des Weblogs weiterentwickelt, umgenutzt und zusammengeführt.[99] Im Falle der narrativen Weblogs sind hier zum einen interaktive Modelle wichtig, etwa der Chat, aber auch das konversationelle Erzählen im Alltag. Zum anderen spielen stärker literate, an das Medium der Schriftlichkeit gebundene Modelle, hier vor allem die Alltagschronistik, eine wichtige Rolle.

Dies zeigt sich deutlich in dem Blog von Moewe, einer 57-jährigen Bloggerin, die als ihren »richtigen« Vornamen »Julia« angibt. Gleich der Untertitel ihres Weblogs verweist auf eine Orientierung an einem alltagschronistischen Modell des Erzählens: »Moewes Freesenkabuff. Allerlei ostfriesische Texte und Geschichten«[100]. Gleichzeitig dokumentiert sich die Modellfunktion konversationeller Erzählungen in der Adaptation gesprochensprachlicher Muster, wie sie typischerweise in mündlichen Alltagserzählungen vorkommen. Dies wird deutlich an den erzähltexteinleitenden Konstruktionen, die die Bloggerin wählt (5). Diese folgen dem gesprochensprachlichen Muster der Verberstplatzierung und Subjektelision, wie es insbesondere auch zur Einleitung konversationeller Erzählungen dient.

---

97 Auf die wirklichkeitskonstitutive Funktion hat vor allem die Sozialphänomenologie hingewiesen; vgl. »Sprache ist das hauptsächliche Mittel des gesellschaftlichen Aufbaus jeder menschlichen Wirklichkeit; sie ist aber auch das Hauptmedium der Vermittlung einer bestimmten, also geschichtlichen, gesellschaftlich schon aufgebauten Wirklichkeit«. Alfred Schütz/Thomas Luckmann: *Strukturen der Lebenswelt*, Frankfurt a.M. 1984, Bd. 2, S. 209.
98 Dies schließt auch Normbildungen mit ein, die festlegen, was als gutes Bloggen bzw. Erzählen gelten kann.
99 Im Sinne von Gergen handelt es sich bei den sprachlichen Aktivitäten um »generative Diskurse«. Vgl. Gergen (Anm. 61), S. 69.
100 http://moewes.blog.de/2008/03, Aufruf 25.3.08.

(5)

Bin heute bei einer Freundin gewesen[101]
Parkte heute mein Blech mit Schwung im Halteverbot[102]
Bin mit einer Bekannten heute zu einem großem Supermarkt gefahren.[103]

Diese Konstruktionen zeigen dem Leser texteinleitend an, dass er zwar eine Alltagserzählung zu erwarten hat, nicht aber eine »literate« Erzählung, wie sie mit Blick auf das schriftliche Medium ebenfalls erwartet werden könnte. Sie haben gleichzeitig Kontextualisierungsfunktion, erzeugen einen Erzählkontext sozialer Nähe.

4.3.3 Netzwerkbildung/Gruppenkonstitution

Das Bloggen als sprach- bzw. schriftkulturelle Praktik ist verbunden mit einer Netzwerkbildung. Die Blogger/-innen sind – in der Regel – eingebunden in kleinere oder größere Blogger-Netzwerke oder bemühen sich darum, Anschluss an ein Netzwerk zu finden. Die Netzwerkbildung wird unterstützt durch die Verlinkungsoptionen, mit denen Weblogs von technischer Seite ausgestattet sind. Hinweise auf die Mitglieder des Blogger-Netzwerkes, in das ein Blogger eingebunden ist, gibt die Liste von Freunden, die eine typische Komponente des Weblogs darstellt. Durch Anklicken der entsprechenden »icons« wird der Leser zum Blog des betreffenden Freundes geführt. Zur Netzwerkbildung kommt es aber vor allem durch Nutzung der Kommentarfunktion, die Weblogs typischerweise besitzen. Durch das Verfassen von Kommentaren bestätigen die Blogger/-innen einander als Mitglieder des Blogger-Netzwerks. Eine besondere Rolle spielen dabei natürlich positive Kommentare, etwa auch solche, die zur Veröffentlichung weiterer Texte auffordern.

Ein wichtiges formales Mittel im Rahmen der näheren sozialen Verortung der Blogger-Netzwerke stellt die informelle Gestaltung der Texte dar, die sehr auffällig ist. Die Texte ignorieren Vorgaben der normativen Schriftlichkeit[104] und verwenden eine informelle Lexik. Häufig werden umgangssprachliche oder regionalsprachliche Formen verschriftet, wie sie in informellen mündlichen Situationen bestimmend sind, wie sie aber auch in anderen schriftlich-digitalen Medien (Chat, Foren) vorkommen.[105] Dies gilt für die Weblogtexte, aber besonders für stärker interaktiv ausgestaltete Kommentarsequenzen. Diese informellen Gestal-

---

101 http://moewes.blog.de/2008/03/14/nur-gummilatschen-3878044#comments, Aufruf 25. 3.08.
102 http://moewes.blog.de/2007/10/31/nett~3224626#comments, Aufruf 25.3.08.
103 http://moewes.blog.de/2008/03/11/eine-aufmerksame-burgerin-3858006#comments, Aufruf 25.3.08.
104 Vor allem die orthographischen Abweichungen haben in der Öffentlichkeit zu einer Abwertung dieses Bereichs schriftkultureller Praxis geführt. Dabei wird allerdings die funktionale Bindung normabweichenden Schreibens übersehen.
105 Zur Bezeichnung dieser Varietät hat sich im Internet die Bezeichnung »Chatsprache« etabliert.

tungselemente haben Kontextualisierungsfunktion. Sie signalisieren, dass eine informelle Beziehung intendiert ist. Damit wirken sie dem Eindruck distanzierender Formalität entgegen, wie er mit (normkonformer) Schriftlichkeit tendenziell verbunden ist.

Diese wichtige Kontextualisierungsfunktion informeller Gestaltungselemente in den digitalen Medien hat wesentlich zur Herausbildung eines neuen Schriftregisters beigetragen, wie es in digitalen Medien,[106] aber auch in nichtnormativ bestimmten Schriftkontexten außerhalb des Internets bestimmend ist. Es tritt nicht in Konkurrenz zur normativen Schriftlichkeit, sondern erweitert das Spektrum der Ausdrucksmöglichkeiten im Medium der Schrift.[107]

4.4 Erzählen im Weblog als Koproduktion

Im Falle der Alltagserzählungen im Weblog entsteht Interaktivität im Zuge der Nutzung der Kommentarfunktion. Kommentare binden eine Weblogerzählung in ein interaktives Geschehen ein, fassen sie im Nachhinein als ein Interaktionsangebot auf. Gleichzeitig können die Kommentare selbst aufeinander Bezug nehmen, so dass sich hier ein interaktives Kommentargeschehen ergibt, in das sich auch der Erzähler des Weblogtextes selbst wieder einschalten kann. Weblogs nutzen diese Möglichkeit. Sie besitzen – obgleich an das Medium der Schriftlichkeit gebunden – koproduktive Züge und sind den konversationellen Alltagserzählungen in verschiedener Hinsicht ähnlich.

4.4.1 Adressierung

Eine wichtige Eigenschaft konversationeller Erzählungen ist die Adressiertheit. Sie richten sich an ein Gegenüber als Adressat der Erzählung.[108] Adressierung spielt eine große Rolle bei der Initiierung konversationeller Erzählungen. Aber auch im Prozess des Erzählens kommt es zu Adressierungen, bestätigen die Gesprächspartner einander als Teilnehmer an einer gemeinsamen Erzählsituation.

Im Kontext konversationeller Erzählungen erfolgen Adressierungen verbal, etwa durch Begrüßungs- und Anredeformeln, und auch nonverbal, hier vor allem

---

106 Bereits Ferrara/Brunner/Whitteemore diskutieren die Entstehung eines neuen Registes im Kontext des »written discourse« in den digitalen Medien. Vgl. Kathleen Ferrara/Hans Brunner/Greg Whitteemore: »Interactive Written Discourse as an Emergent Register«, *Written Communication* 8 (1991), H. 1, S. 8–34.

107 Zur schriftkulturellen Einordnung dieser Entwicklungen siehe Doris Tophinke: »Regional schreiben: Weblogs zwischen Orthographie und Phonographie«, in: Helen Christen/Evelyn Ziegler (Hg.): *Sprechen, Schreiben, Hören. Zur Produktion und Perzeption von Dialekt und Standardsprache zu Beginn des 21. Jahrhunderts*, Wien 2008, S. 155–182, hier: S. 178f.

108 Vgl. Martin Hartung: »Formen der Adressiertheit der Rede«, in: Klaus Brinker u. a. (Hg.): *Text- und Gesprächslinguistik*, Berlin/New York 2001, 2. Halbbd., S. 1348–1355.

durch eine zugewandte Körperhaltung oder auch durch Blickkontakt.[109] In einem weiten Sinne ist mit einer mündlichen Äußerung – abgesehen von der Sonderform des Selbstgesprächs – immer auch eine Adressierung verbunden und können sich Personen in Hörweite der Äußerung als adressiert verstehen.[110] Körperhaltung und spezifische Adressierungsformen, die bestimmte Personen fokussiert ansprechen, erlauben es hier, den Kreis der Adressaten einzugrenzen und Mithörer, die nicht als Adressaten gemeint sind, aus dem engeren Kreis der »fokussierten Interaktion«[111] auszuschließen.

Auch in den Weblogs ist Adressierung wichtig. Dies ergibt sich aus der digitalen Öffentlichkeit des Weblogs, dessen Zugang – in aller Regel – nicht beschränkt ist. Weblogerzählungen richten sich zum einen an die Mitglieder der Blogger-Netzwerke, die durch eine gemeinsame Interaktionsgeschichte sozial verbunden sind. Zum anderen haben sie eine größere Weblog-Öffentlichkeit als Adressat im Blick, deren soziale Zusammensetzung und Interessenlagen unbestimmt sind. Hier ist ggf. durch spezifische Adressierungsformen anzuzeigen, wer als Adressat gemeint ist bzw. mit wem eine fokussierte Interaktion initiiert werden soll.

Für die eigentlichen Erzähltexte ist auffällig, dass sie den Adressatenkreis nicht durch direkte, spezifische Adressierungen einengen. Sie enthalten keine Adressierungen, die auf die Konstitution einer fokussierten Interaktion mit den Mitgliedern der Blogger-Netzwerke hindeuten. Folgender Erzähltext (6) der Bloggerin Moewe ist hierfür ein Beispiel.

(6)
Nett? von moewe @ Mittwoch, 31. Okt, 2007 - 15:51:38
Parkte heute mein Blech mit Schwung im Halteverbot, stieg aus-und blickte unmittelbar ins freundliche Gesicht einer Politesse.Ob ich denn Zeit hätte, flugs einen Postkarte einzuwerfen,fragte Möwe. »Nein,aber vielleicht brauche ich ja länger, um ihre Nummer zu notieren«, lächelte die nette Politesse. Möwe sprintete zum Briefkasten und zurück und hatte kein Knöllchen an der Windschutzscheibe. Echt nett die Dame,gell![112]

Texte wie dieser schließen interessierte Leser, die noch nicht in das Bloggernetzwerk gehören, nicht aus. Dies bestätigt eine alltagschronistische Orientierung, die den Weblog – auch – als Möglichkeit der Publikation interessanter Alltagserzählungen betrachtet und eine größere Leserschaft einbeziehen möchte.

In den Weblogerzählungen finden sich allerdings indirekte Adressierungen. Sie ergeben sich dort, wo die Erzählungen Personen nicht einführen, sondern diese als bekannt voraussetzen. Dies verweist auf vorgängige Erzählungen und

---

109 Vgl. Charles Goodwin: »Notes on the Story Structure and the Organization of Participation«, in: Paul Ekman/Klaus R. Scherer (Hg.): *Structures of Social Action*, Cambridge 1984, S. 225–246.
110 Vgl. hierzu auch Luhmann, der im Rahmen der Systemtheorie darauf hingewiesen hat, dass im Falle der Sprache die Mitteilungsabsicht kaum ignoriert werden kann. Luhmann (Anm. 14), S. 196.
111 Erving Goffman: *Behavior in Public Places*, New York 1963.
112 http://moewes.blog.de/2007/10/31/nett~3224626#comments, Aufruf 25.3.08.

auf eine vorgängige Interaktionsgeschichte, in denen diese Personen vorgestellt worden sind. Dies gilt etwa für die Person »Opa« in der Erzählung (4). Ein zufälliger Leser dieser Geschichte wird hier aus dem engen Kreis der Adressaten ausgeschlossen.

Spezifische Adressierungsformen, die eine fokussierte Interaktion herstellen, finden sich in den Kommentaren zu den Erzähltexten. Sie betten den Erzähltext im Nachhinein interaktiv ein, machen ihn zum Teil eines interaktiven Geschehens. Die Adressierungsformen, die sich hier finden, richten sich an Teilnehmer der Interaktion oder den/die Erzähler/-in und weisen potentiellen anderen Lesern die Rolle eines Mitlesers oder Beobachters zu. Sie sind Teilnehmer an der »sozialen Situation«[113] des Weblogs, nicht der »fokussierten Interaktion«. Eine solche Adressierung ergibt sich etwa durch Referenzierungen mit pronominalem »ich«, »Dich«, »wir«. Sie verweisen auf ein gruppenkonstituierendes Interaktionsgeschehen; vgl. Beispiel (7).

(7)
moewe [Mitglied] 21.03.08 @ 17:34
wir treffen uns mal in Berlin auf einen »Saft«
ich lade Dich ein in irgendeinen »Saftladen«[114]

Auch namentliche Adressierungen finden sich; vgl. dazu folgende Kommentarsequenz (8).

(8)
Lederstrumpf pro http://www.oldwestleather.de 27.01.08 @ 21:38
Oh oh, Erice, nimm doch für den Saft immer eine andere Kanne, die sind doch nicht teuer
Gruß Siegfried
erice [Mitglied] http://winder.blog.de/ 27.01.08 @ 22:51
Hast recht Siegfried ... habe ja genug Kannen aber die Trägheit war zu groß: Kadamom soll gegen Vergäßlichkeit und ... so auch helfens
Werde ich mal öfter etwas von genießen.
L.G.erice[115]

4.4.2 »Recipient design«

Zu den Verfahren der Adressierung zählt auch das »recipient design«.[116] Damit ist ein adressatenbezogener Zuschnitt gemeint, der Verstehensvoraussetzungen, Interessenlagen oder sprachkulturelle Besonderheiten der Zielgruppe berücksich-

---

113 Erving Goffman: *Forms of Talk*, Oxford 1981.
114 http://moewes.blog.de/2008/03/21/in-de-fastentied-sapp-anstatt-wien3914454#comments, Aufruf 25.3.08.
115 http://winder.blog.de/2008/01/27/echt_bescheuert_oder_etwa_nicht~3640616#comments, Aufruf 25.3.08.
116 Harvey Sacks/Emanuel A. Schegloff/Gail Jefferson: »A Simplest Systematics for the Organization of Turn-Taking for Conversation«, *Language. Journal of the Linguistic Society of America* 50 (1974), S. 696–735, hier: S. 727.

tigt, um die Attraktivität des Beitrags zu erhöhen und das Verstehen zu erleichtern.

> By ›recipient design‹ we refer to a multitude of respects in which the talk by a party in a conversation is constructed or designed in ways which display an orientation and sensitivity to the particular other(s) who are the co-participants.[117]

Das Konzept des »recipient design« verweist darauf, dass der Adressat nicht erst nach der Textproduktion als Hörer oder Leser relevant wird, sondern er – in der Antizipation durch den Sprecher bzw. Schreiber – auch auf die Äußerungs- bzw. Textgestaltung Einfluss nimmt. Es findet sich nicht nur in koproduktiven Kontexten.

Auch die Weblogerzählungen lassen ein »recipient design« erkennen. Ein zentrales Verfahren besteht in der Adaptation sozialstilistischer Elemente, die die Mitglieder der betreffenden sozialen Gruppen oder Szenen als Adressaten ansprechen. Andere Leser werden auf sozialsymbolische Weise ausgegrenzt. Der kurze Weblogtext der Bloggerin Teufelchen1820 (3) mit jugendsprachlichen Formen wie »supi« bietet hierfür ein Beispiel. Ein anderes Beispiel bieten regionalsprachliche Erzählungen, die sich an Leser/-innen mit Interesse an der betreffenden Regionalsprache richten; vgl. folgenden niederdeutschen Text der Bloggerin Moewe (9).

(9)
In de Fastentied »Sapp« anstatt Wien
von moeve, Freitag 21. März 2008, 14:38:59
To Begirn van de Fastentied wär de Koop van een poor lecker Buddels Wien noch doran hadert,datt de Scänner an de Supermarktkass dat edle Dröpken neet erkennte uns as unbekannt Wore offlehnte-Inkopp also unmöglich. [...][118]

Innerhalb des Kommentarbereichs setzt die Bloggerin das Niederdeutsche auch zur Herstellung einer fokussierten Interaktion und zum Ausdruck großer sozialer Nähe ein. Vgl. dazu folgenden Kommentar (10), in dem sie zusätzlich – zur Herstellung sozialer Nähe – mit ihrem richtigen Namen unterzeichnet.[119]

(10)
moewe [Mitglied] 01.11.07 @ 23:43
Dor hest Du aver völl to doon hat. Moie dat wie beid urns so good verstahn und good mitnanner »pillern« könen.
LG:Julia[120]

Diese sozialstilistischen und auch regionalsprachlichen Gestaltungselemente haben nicht nur Adressierungsfunktion, sondern fungieren auch als Kontextualisie-

---

117 Sacks/Schegloff/Jefferson (Anm. 116), S. 727.
118 http://moewes.blog.de/2008/03/21/in-de-fastentied-sapp-anstatt-wien-3914454#comments, Aufruf 25.3.08.
119 Zur Nutzung der Regionalsprache im Weblog vgl. Tophinke (Anm. 107).
120 http://moewes.blog.de/2007/10/31/nett~3224626#comments, Aufruf 25.3.08.

rungsmarker, die die Sinnstrukturen, Relevanz- und Wertsetzungen der entsprechenden Gruppe als Verstehens- und Deutungshintergrund relevant machen.

4.4.3 »Response stories«

Mündliche Alltagserzählungen im Kontext von Gesprächen sind koproduktive Ereignisse, »extended joint projects«[121]. Sie werden durch »story prefaces«[122] vorbereitet, die dem Zuhörer eine im Zusammenhang relevante Geschichte ankündigen und gleichzeitig die Erlaubnis der Zuhörer einholen, die Geschichte zu erzählen. Nur wenn die Erzählung im interaktiven Zusammenhang vorab »genehmigt« wird, kann sie erfolgen. Auch die eigentliche Erzählung erfolgt in interaktiver Einbettung und ist ein Koprodukt. Zuhörer geben »feedbacks«, die etwa Interesse und Anerkennung signalisieren und so den Erzähler dazu animieren, die Geschichte in der begonnen Weise fortzusetzen. Schließlich folgt auf die Geschichte eine Kommentarsequenz, in der sie bewertet und im bestem Falle als gute, relevante oder interessante Geschichte gewürdigt wird.

In der Phase der Würdigung und Aufarbeitung der Erzählung durch die Hörer/-innen kann es dabei etwa auch zu einer »second story«[123] kommen, die den Kernpunkt der »first story« koproduktiv aufnimmt, ihn aber auf einen anderen »Erfahrungstoff« überträgt. Die »second story« ist in diesem Sinne eine besondere Form der »response story«[124]. Entwickelt wird eine Geschichte, in der sich der Erzähler der »second story« in einer Situation befindet, die derjenigen des Erzählers der »first story« im Hinblick auf den Kernpunkt ähnlich ist, und damit den Kernpunkt der »first story« als richtig bestätigt. Die »first story« induziert in diesem Sinne die »second story«. Sie bestimmt die Perspektive, in der die Erfahrungen des Erzählers der »second story« im Kontext der Interaktion abgerufen und sprachlich rekonstruiert werden.[125] Die »second story« ist – in diesem Sinne – ein Koprodukt, das seine spezifische Gestalt der vorgängigen Interaktion verdankt, die sie motiviert und mitstrukturiert hat.

Die Situation des Erzählens im Weblog ist eine besondere. Alltagserzählungen im Weblog entstehen nicht in Koproduktion mit kopräsenten Leser/-innen und sie unterscheiden sich in dieser Hinsicht von mündlichen Alltagserzählungen. Sie können im Internet präsentiert werden, ohne dass es einer vorgängigen Zustimmung der Leser-/innen oder Besucher/-innen bedarf. Die Produktion der Erzählungen erfolgt in einer nicht interaktiven Schreibsituation, die der alleinigen Kontrolle des Bloggers unterliegt.

Koproduktivität ergibt sich jedoch mit Blick auf den Kommentarbereich, in dem – den mündlichen Alltagserzählungen ganz ähnlich – die Geschichten be-

---

121 Herbert Clark: *Using Language*, Cambridge 1996, S. 346.
122 Harvey Sacks: »Das Erzählen von Geschichten innerhalb von Unterhaltungen«, in: Rolf Kjolseth/Fritz Sack (Hg.): *Zur Soziologie der Sprache*, Opladen 1971, S. 307–314, hier: S. 310.
123 Harvey Sacks: *Lectures on Conversation*, Oxford 1992, Bd. I, S. 764–772.
124 Norrick (Anm. 9), S. 137f.
125 Vgl. Sacks (Anm. 123), S. 769ff.

wertet werden. Und hier ergeben sich große Ähnlichkeiten mit den mündlichen Alltagserzählungen. So finden sich in den Kommentarbereichen etwa auch »second stories«, die die Webloghaupttexte zu »first stories« machen. Folgender Auszug (11) aus dem Weblog der Bloggerin Moewe bietet hierfür ein Beispiel. Der Webloghaupttext von Moewe präsentiert unter dem Titel »Nur Gummilatschen« eine Geschichte, in der vergessene Gummilatschen wider Erwarten nicht gestohlen werden. Der Kernpunkt wird dann im Kommentarbereich von dem befreundeten Blogger »marksma« in einer »second story« aufgegriffen. Erzählt wird eine Geschichte, in der – in Analogie zur »first story« – ein duftendes, gegrilltes Brathühnchen, das der Erzähler versehentlich in einer Tüte am Einkaufswagen vergessen hatte, wider Erwarten nicht gestohlen wurde.

(11)
Nur »Gummilatschen«
von moewe   14.03.08   21:20:21
Bin heute bei einer Freundin gewesen, wo es mir immer so gut gefällt, dass man sich wie Zuhause fühlt. So habe ich mir angewohnt meine urgemütlichen»Gummilatschen« bei ihr in die Wohnung anzuziehen,wie bei mir zu Hause.
Diese »Gummilatschen« waren ziemlich teuer, nur der Tragekomfort ist seinen Preis wert. Am Ziel angekommen,wechsele ich meine Schuhe gegen diese »Gummilatschen«und lasse meine Schuhe im Auto. Wenn ich wieder zurück fahre, wechsele ich mein Schuhwerk draußen am Auto. Heute habe ich meine »Gummilatschen« vergessen ins Auto zurück zu tun. Nach dem Besuch meiner Freundin war ich noch ca.3 Stunden unterwegs. Auf dem Parkplatz zu Hause angekommen bemerkte ich mein Mallör. Ich rief sofort meine Freundin an und erzählte mein Mißgeschick. Sie schaute aus dem Küchenfenster zum Parkplatz und teilte mir mit: »Julia Deine »Gummilatschen« stehen noch an der Bordsteinkante und ich hole sie jetzt direkt. Damit hatte ich nicht mehr gerechnet.
Aber waren ja nur »Gummilatschen, und nicht mein Portemonee
9 Kommentare | Trackback (0) | Permalink | Empfehlen / Bookmarken
marksma pro   15.03.08   01:19
gg keiner wollte deine Gummilatschen
Ich habe mal in einer Plastiktüte ein Brathähnchen vergessen.Das hatte ich frisch vom Grill geholt und roch stark und angenehm durch die ganze Drogerie...angehangen am Einkaufswagen.
Es wurde doch tatsächlich bei der Kassiererin abgegeben, obwohl allen das Wasser im Mumd zusammenlief.[126]

Die Beiträge im Kommentarbereich nehmen keinen Einfluss mehr auf die kommentierte Erzählung, tragen aber zu ihrer Deutung bei. Auch bestärken sie die Blogger/-innen darin, weitere Erzählungen zu produzieren. Das Ausbleiben von Kommentaren kann dazu führen, dass Weblogs nicht mehr weiter geführt werden.

---

126 http://moewes.blog.de/2008/03/14/nur-gummilatschen-3878044#comments, Aufruf 18.3.08.

4.5 Funktionen des Erzählens im Weblog

4.5.1 »Grounding«

Das Erzählen im Weblog steht in einem funktionalen Zusammenhang mit der Konstitution von Blogger-Netzwerken. Es ist Teil der »Grounding«-Aktivitäten, wie sie im Kontext von Gruppen- bzw. Netzwerkbildungen stattfinden.[127]

> All forms of fellowship, community and solidarity depend upon meanings which are shared and can be taken as given, and no form of social communication or interaction is conceivable without some such ›common ground‹.[128]

Weblogerzählungen präsentieren immer auch Deutungen der dargestellten Erlebnisse und stellen diese zur Diskussion. Mit der zustimmenden Kommentierung durch die Leser/-innen werden sie zu Elementen des »common ground« des Netzwerkes, die in der weiteren Interaktionsgeschichte der Gruppe immer wieder zu bestätigen und zu aktualisieren sind.

Für die privaten Weblogs, die auf Netzwerkbildung zielen, ist auffällig, dass die »Grounding«-Aktivitäten parteipolitische oder weltanschauliche Themen weitgehend ausklammern, sie sich auf die Deutung von Erlebnissen und Erfahrungen im privaten und beruflichen Alltag beschränken. Anzunehmen ist, dass so Dissens vermieden werden soll, der die Netzwerkbeziehungen gefährden könnte.

4.5.2 Identitätskonstruktion und Selbstvergewisserung

Das Erzählen bietet – unabhängig vom spezifischen Erzählkontext – die Möglichkeit der Selbstdarstellung. Es wird eine »narrative Identität«[129] entworfen. Das Weblog bietet einen weiteren sozialen Kontext der Selbstdarstellung, der sich – in der Verbindung von medialer Schriftlichkeit und Interaktivität – von anderen sozialen Orten unterscheidet.

Die Blogger-Netzwerke können relativ leicht verlassen werden. Dies geschieht dadurch, dass das Bloggen als Aktivität aufgegeben wird, und etwa unter einem anderen Pseudonym in einem anderen Blogger-Netzwerk erneut Anschluss gesucht wird.[130] Die Folgen einer misslungenen Selbstdarstellung bzw. einer misslungenen Erzählung sind gering und der/die Blogger/in kann sich ihnen relativ leicht entziehen. Sie dokumentieren sich in negativen Kommentaren oder aber auch im Ausbleiben von Kommentaren.

---

127 Vgl. Clark (Anm. 119), S. 92ff.; Fairclough (Anm. 24), S. 55.
128 Fairclough (Anm. 24), S. 55.
129 Gabriele Lucius-Hoene/Arnulf Deppermann: *Rekonstruktion narrativer Identität. Ein Arbeitsbuch zur Analyse narrativer Interviews*, Opladen 2004, S. 52ff.
130 Hier gilt, worauf Luhmann – allerdings nicht mit Blick auf die digitalen Medien – hinweist: »Schrift hat die Möglichkeit, sich der sozialen Kontrolle zu entziehen.« Luhmann (Anm. 14), S. 127.

5. Zusammenfassung und Ausblick

Im Internet dokumentiert sich eine digitale »Mediatisierung«[131] von Wirklichkeitserzählungen. Sie vollzieht sich im Spannungsfeld nichtdigitaler Erzähltraditionen, die als Modell des digitalen Erzählens fungieren, und narrativer Innovationen, die durch die technologischen Möglichkeiten angestoßen sind.

Das Internet ist als Erzählumgebung von Wirklichkeitserzählungen erst in Ansätzen untersucht. Die vorliegenden Arbeiten konzentrieren sich auf das literarische Erzählen oder knüpfen an einen metaphorischen Erzählbegriff an. Detailuntersuchungen zu einzelnen narrativen Formen, wie sie sich in den verschiedenen digitalen Formaten entwickelt haben, fehlen noch weitgehend. Diese Forschungssituation hat verschiedene Gründe. Eine Schwierigkeit besteht in der Unüberschaubarkeit des Internets sowie in der Heterogenität der Erzählungen innerhalb des Internets. Auch liegen die Wirklichkeitserzählungen in ihrer Verbindung von Interaktivität und medialer Schriftlichkeit, in ihrer Multimedialität sowie in ihrer Orientierung an nichtliteraten Modellen des Erzählens quer zu den Gegenstandsbereichen der mit Erzählungen befassten Disziplinen. Weitere, auch interdisziplinäre Forschung ist hier dringend notwendig.

6. Kommentierte Bibliographie

Zur Lektüre seien die folgenden Arbeiten empfohlen, die sich allerdings auf fiktionale, literarische Formen des Erzählens konzentrieren und Wirklichkeitserzählungen nur am Rande thematisieren. Arbeiten, die sich ausschließlich mit dem faktualen Erzählen im Internet befassen, fehlen noch.

Harpold, Terry: »Digital Narrative«, in: David Herman/Manfred Jahn/Marie-Laure Ryan (Hg.): *Routledge Encyclopedia of Narrative Theory*, London/New York 2008, S. 108–112.
Montfort, Nick: »Narrative and Digital Media«, in: David Herman (Hg.): *The Cambridge Companion to Narrative*, Cambridge 2007, S. 172–188.
Pagnucci, Gian S./Mauriello, Nicholas (Hg.): *Re-Mapping Narrative: Technology's Impact on the Way we Write*, Cresskill/NJ 2008.

---

131 Zum Konzept der »Mediatisierung« vgl. Friedrich Krotz: *Mediatisierung: Fallstudien zum Wandel von Kommunikation*, Wiesbaden 2007.

Die Autorinnen und Autoren

Andreas von Arnauld, Dr. jur., ist Professor für Öffentliches Recht, insb. Völker- und Europarecht an der Helmut-Schmidt-Universität/Universität der Bundeswehr, Hamburg. Arbeitsschwerpunkte: Verfassungsrecht, Völkerrecht, Europarecht, europäische Rechtsvergleichung, Grundlagen des Rechts, Recht und Literatur.
  Ausgewählte Publikationen: (Hg.) *Recht und Spielregeln* (2003); *Rechtssicherheit. Perspektivische Annäherungen an eine idée directrice des Rechts* (2006); (Mitautor) »Heinrich Triepel und die Ästhetik des Rechts«, in: Heinrich Triepel: *Vom Stil des Rechts* (2007), S. V–XLII.

Brigitte Boothe, Dr. phil., ist Dipl.-Psychologin, Psychoanalytikerin (DPG, DGPT, FSP) und Professorin für Klinische Psychologie, Psychotherapie und Psychoanalyse an der Universität Zürich sowie Leiterin des Interdisziplinären Forums für Psychoanalyse an der Universität und der ETH Zürich (IPF).
  Ausgewählte Publikationen: *Der Patient als Erzähler in der Psychotherapie* (2004); »Die Ödipusdramaturgie, die Dramaturgie des todgeweihten Sohnes und die narrative Erschließung psychischer Situationen«, *Jahrbuch Literatur und Medizin* 1 (2007), S. 63–84; (Hg.) *Ordnung und Außer-Ordnung. Zwischen Erhalt und tödlicher Bürde* (2008).

Christina Brandt, Dr. phil., Studium der Germanistik und Biologie an der Universität Göttingen. 2002 Promotion im Fach Wissenschaftsgeschichte an der Technischen Universität Braunschweig. Zurzeit wissenschaftliche Mitarbeiterin am Max-Planck-Institut für Wissenschaftsgeschichte in Berlin.
  Ausgewählte Publikationen: *Metapher und Experiment. Von der Virusforschung zum genetischen Code* (2004); (Mithg.) *Wissensobjekt Mensch. Humanwissenschaftliche Praktiken im 20. Jahrhundert* (2008).

Stephan Jaeger, Dr. phil., ist Associate Professor of German Studies an der University of Manitoba (Winnipeg, Kanada); zuvor lehrte und forschte er in Boulder, Madison, Stettin, Gießen und Bielefeld. Arbeitsschwerpunkte: Literatur und Geschichte, Ästhetik und Narratologie von Geschichtsschreibung, europäische Moderne, Subjektivität und Lyriktheorie.
  Ausgewählte Publikationen: (Mithg.) *Historisierte Subjekte – Subjektivierte Historie* (2003); »Erzähltheorie und Geschichtswissenschaft«, in: Ansgar Nünning/Vera Nünning (Hg.): *Erzähltheorie transgenerisch, intermedial, interdisziplinär* (2002), S. 237–263; »Multiperspektivisches Erzählen in der Geschichtsschreibung des ausgehenden zwanzigsten Jahrhunderts: Wissenschaftliche Inszenierungen von Geschichte zwischen Roman und Wirklichkeit«, in: Ansgar Nünning/Vera Nünning (Hg.): *Multiperspektivisches Erzählen: Studien zur Theorie und Geschichte der Perspektiven-*

struktur narrativer Texte im englischen Roman des 18. bis 20. Jahrhunderts (2000), S. 323–346.

Bernhard Kleeberg, Dr. phil., ist Juniorprofessor für Wissenschaftsgeschichte der Geistes- und Sozialwissenschaften im Exzellenzcluster 16 »Kulturelle Grundlagen von Integration« der Universität Konstanz. Er war 1999 bis 2002 Mitglied des Sonderforschungsbereichs 511 »Literatur und Anthropologie« und 2003 bis 2006 Mitarbeiter am Max-Planck-Institut für Wissenschaftsgeschichte in Berlin, er lehrte und forschte an der Universität St. Gallen, der JLU Gießen und der London School of Economics. Forschungsschwerpunkte: Wissenschaftsgeschichte und Wissenschaftstheorie der Lebenswissenschaften, Soziologie und ökonomischen Theorien (19./20. Jh.).

Ausgewählte Publikationen: (Mithg.) *Die List der Gene. Strategeme eines neuen Menschen* (2001); *Theophysis. Ernst Haeckels Philosophie des Naturganzen* (2005); (Mithg.) *Knowing God, Believing Nature*. Special Issue of *Science in Context* 20 (2007), H. 3.

Christian Klein, Dr. phil., ist Wissenschaftlicher Mitarbeiter im Fachgebiet Neuere deutsche Literaturgeschichte an der Bergischen Universität Wuppertal. Er studierte Neuere deutsche Literatur, Linguistik und Soziologie in Kiel und an der FU Berlin; Promotion im Fach Allgemeine und Vergleichende Literaturwissenschaft; 2000 bis 2003 Mitglied des DFG-Graduiertenkollegs »Praxis und Theorie des künstlerischen Schaffensprozesses« an der Berliner Universität der Künste. Forschungsschwerpunkte: Literatur der Weimarer Republik und des Dritten Reichs, nicht-literarisches Erzählen (insb. Theorie der Biographie), Kult-Bücher.

Ausgewählte Publikationen: (Hg.) *Grundlagen der Biographik. Theorie und Praxis des biographischen Schreibens* (2002); *Ernst Penzoldt – Harmonie aus Widersprüchen. Leben und Werk* (2006); (Hg.) *Handbuch Biographie* (2009).

Matías Martínez, Dr. phil., ist Professor für Neuere deutsche Literaturgeschichte sowie Gründer und geschäftsführender Direktor des Zentrums für Erzählforschung (ZEF) an der Bergischen Universität Wuppertal; Forschungsschwerpunkte: Theorie und Geschichte des Erzählens, literarische Autorschaft, Romantik, moderne Lyrik.

Ausgewählte Publikationen: (Hg.) *Formaler Mythos. Beiträge zu einer Theorie ästhetischer Formen* (1996); (Mitautor) *Einführung in die Erzähltheorie* (7. Aufl. 2007); (Mithg.) *Rückkehr des Autors. Zur Erneuerung eines umstrittenen Begriffs* (1999).

Andreas Mauz, lic. phil., ist Assistent am Lehrstuhl für Systematische Theologie, insbesondere Hermeneutik und Fundamentaltheologie am Institut für Hermeneutik und Religionsphilosophie (IHR) der Theologischen Fakultät Zürich. Er studierte Evangelische Theologie und Germanistik in Basel, Tübingen und Zürich, war 2002 bis 2003 wissenschaftlicher Mitarbeiter des Schweizerischen Literaturarchivs (SLA, Bern) und 2004 bis 2006 Stipendiat am IHR der Theologischen Fakultät Zürich.

Publikationen zum Grenzbereich Theologie-Literatur(wissenschaft), zur Interpretationstheorie und Gegenwartsliteratur, editorische Arbeiten. Zuletzt erschienen: (Mithg.) *Religion und Gegenwartsliteratur. Spielarten einer Liaison* (2009).

Gary S. Schaal, Dr. phil., ist Professor für Politikwissenschaft, insbesondere Politische Theorie an der Helmut-Schmidt Universität/Universität der Bundeswehr, Hamburg, sowie Research Associate am Internationalen Zentrum für Kultur- und Technikforschung (IZKT) der Universität Stuttgart. Seine Forschungsinteressen sind zeitgenössische Politische Theorie, Demokratietheorie und Theorien der Deutungsmacht.

Ausgewählte Publikationen: (Mitautor) *Einführung in die Politischen Theorien der Moderne* (2. Aufl. 2009); (Mithg.) *Politische Theorien der Gegenwart*, 2 Bde. (3. Aufl. 2009); »Neoliberalismus, Responsivität und das Ende des Politischen. Zur zeitgenössischen Transformation liberaler Demokratien«, *vorgänge* 46 (2007), H. 4, S. 102–111.

Roy Sommer, Dr. phil., ist Professor für Anglistische Literatur-, Kultur- und Medienwissenschaft sowie Gründungsdirektor des Zentrums für Graduiertenstudien (ZGS) und Gründungsmitglied des Zentrums für Erzählforschung (ZEF) an der Bergischen Universität Wuppertal. Er ist Mitglied des Editorial Board der Zeitschrift *Storyworlds: Journal for Narrative Studies* (University of Nebraska Press). Zu seinen Forschungsschwerpunkten zählen multikulturelles Erzählen und Theorien der Interkulturalität, intermediale und kontextorientierte Narratologie sowie Postcolonial Studies.

Ausgewählte Publikationen: (Hg.) »Beyond ›Classical‹ Narratology«, Themenheft des *European Journal for English Studies* (2004); (Mithg.) *Narratology in the Age of Cross-Disciplinary Narrative Research* (2009).

Doris Tophinke, Dr. phil., ist Professorin für Allgemeine und Germanistische Sprachwissenschaft an der Universität Paderborn. Ihr Forschungsinteresse gilt u.a. den schrift-, sprach- und textkulturellen Entwicklungen in den digitalen Medien, hier etwa auch der Nutzung und Aneignung der digitalen Medien als Erzählkontext.

Ausgewählte Publikationen: »Lebensgeschichte und Sprache. Zum Konzept der Sprachbiografie aus linguistischer Sicht«, *Bulletin suisse de linguistique appliquée* 76 (2002), S. 1–14; »Regional schreiben: Weblogs zwischen Orthographie und Phonographie«, in: Helen Christen/Evelyn Ziegler (Hg.): *Sprechen, Schreiben, Hören – Zur Produktion und Perzeption von Dialekt und Standardsprache zu Beginn des 21. Jahrhunderts* (2008), S. 153–180.

MIX
Papier aus verantwortungsvollen Quellen
Paper from responsible sources
FSC® C105338

If you have any concerns about our products,
you can contact us on
ProductSafety@springernature.com

In case Publisher is established outside the EU,
the EU authorized representative is:
**Springer Nature Customer Service Center GmbH
Europaplatz 3, 69115 Heidelberg, Germany**

Printed by Libri Plureos GmbH
in Hamburg, Germany